U0943085

Legal Practice of Financial Leasing

融资租赁
法律实务操作指引

边荣灿 ◎ 著

中国政法大学出版社
2020 · 北京

图书在版编目（CIP）数据

融资租赁法律实务操作指引 / 边荣灿著.—北京:中国政法大学出版社,2020.5
ISBN 978-7-5620-9342-8

Ⅰ.①融… Ⅱ.①边… Ⅲ.①融资租赁－金融法－研究－中国 Ⅳ.①D922.282.4

中国版本图书馆CIP数据核字(2019)第274631号

书　名　融资租赁法律实务操作指引
RONGZI ZULIN FALÜ SHIWU CAOZUO ZHIYIN
出版者　中国政法大学出版社
地　址　北京市海淀区西土城路25号
邮　箱　fadapress@163.com
网　址　http://www.cuplpress.com（网络实名：中国政法大学出版社）
电　话　010-58908466(第七编辑部)　010-58908334(邮购部)
承　印　固安华明印业有限公司
开　本　720mm×960mm　1/16
印　张　27
字　数　445千字
版　次　2020年5月第1版
印　次　2020年5月第1次印刷
定　价　98.00元

规范性法律文件名称缩略语表

本书对多次涉及的法律法规、司法解释及其他规范性法律文件使用简称，不完全列举如下：

《中华人民共和国合同法》简称《合同法》

《中华人民共和国民事诉讼法》简称《民事诉讼法》

《中华人民共和国担保法》简称《担保法》

《中华人民共和国物权法》简称《物权法》

《中华人民共和国公司法》简称《公司法》

《最高人民法院关于审理融资租赁合同纠纷案件适用法律问题的解释》(法释〔2014〕3号) 简称《融资租赁司法解释》

《最高人民法院关于适用〈中华人民共和国民事诉讼法〉的解释》(法释〔2015〕5号) 简称《民事诉讼法解释》

《最高人民法院关于适用〈中华人民共和国担保法〉若干问题的解释》(法释〔2000〕44号) 简称《担保法司法解释》

序　言

随着市场经济的快速发展和改革的不断深入推进，融资租赁业务也日益呈现出复杂化、多元化的发展态势，其所涉及的法律事务也越来越多，越来越复杂。从融资租赁企业的角度看，由于业务的不断拓展，业务运行过程中涉及的诸多法律事务和法律纠纷日益增多，企业原有的法务人员由于受业务素养、专业化程度等因素影响，很难满足企业高效处理法律事务和法律纠纷的现实需要，融资租赁业务的快速发展对优秀的企业专业法务人员和融资租赁律师的需求越来越迫切。同时，由于目前关于融资租赁的理论研究成果较少，特别是高水平的理论研究成果稀缺，实践中出版的一些书籍大多都是从注释学的角度出发，局限于对相关法律、法规和司法解释的字面解释，理论高度和深度不够。作为融资租赁企业专业人员和专业律师，即使想深入研究和学习该项业务，也很难找到高水平的理论专著，学术论文的水平也参差不齐，且数量相对较少。融资租赁业务实践迫切需要高水平的理论支持，需要高水平的理论研究成果指导司法实践，但目前存在着现有理论研究深度、高度不够与司法实践对理论期待之间的突出矛盾，这一矛盾的存在不仅对司法实践产生了消极影响，而且也对融资租赁专业化人才的培养形成掣肘。

边荣灿于山东大学法学院硕士研究生毕业后先从事了三年律师工作，对民事诉讼和刑事诉讼业务都有切身的体验和了解。随后进入某融资租赁公司从事法务工作，在不断熟悉融资租赁法律实务和专业知识的基础上，潜心思考问题，研究问题，对融资租赁实践中的许多法律问题进行了深入的思考。基于一种责任感、使命感，为融资租赁企业和专业人士提供学习和研究的学术成果，他利用业余时间对融资租赁的许多实践性问题进行了系统研究和思考，最终形成了该部专著。该部专著突出了实践性、实用性、系统性，对于融资租赁企业和专业人士学习和研究融资租赁业务、提升专业技能、有效处理融资租赁实务必将发挥重要作用。

边荣灿作为我指导的硕士研究生，勤勉敬业，勤奋好学，在公司事务和家庭事务繁忙的情况下，尚笔耕不辍，著此专著，作为他的导师，实感欣慰，祝愿他在今后的专业化道路上走得更远。

是为序。

山东大学法学院　胡常龙

2019年11月5日

自　序

开始想创作这样一本实用性的书籍，是源于笔者自身日常工作的需求，作为公司负责法律事务的职员，每天都要面对繁杂的法律性事务。业务审核、合同审核、业务咨询、流程风险控制、逾期催收、招标工作（法律事务）、不良资产管理……要做好每一项工作，都需要有较好的法律基础并能结合工作实际经验，而熟知司法实际运作情况更是必不可少的要求。然而，融资租赁公司法律工作的水平并没有像融资租赁企业的发展一般欣欣向荣，更多的企业还是更加重视业务的开拓、市场的占有，对法律事务的重视程度还远远不够。重视程度不够导致的结果就是企业法务团队的实力相对较弱。然而随着融资租赁业务的不断发展，伴随着整体经济形势的下行，融资租赁行业纠纷不断涌现，诉讼案件量剧增。如何让融资租赁公司有限的法务人员更好地应对日益繁重的法律事务；如何在不增加成本的前提下，让相关人员更加得心应手地处理日常工作；如何让公司法务人员与顾问律师形成有效的沟通；如何让公司法务人员真正了解并参与公司不良资产处置工作，都是笔者日常思考较多的问题。

笔者为提高自身水平，几乎阅读了市面上所有与融资租赁相关的法律类书籍，这些书籍基本以法律条文为基础，围绕司法解释进行文理性解释或案例分析，对法务人员提高理论素养，提高对案件的理解水平有较大帮助。但日常工作中遇到的问题不是仅仅有法条以及相关案例就能解决的，业务合规性如何审查？各类合同如何起草、审核？各类变更说明函件如何签发？催收函如何起草？发送函件如何填写快递单，是否需要回执？出现风险问题如何与企业沟通？如何与顾问律师更高效地交流？如何完成法律事务招标工作？如何与律师谈判、签订委托合同？如何出具授权书？诉讼全流程都包括哪些阶段？另外还有诉前保全、诉中保全、强制执行公证、支付令、保全保险、执行异议，等等。以上问题即使是工作多年的“老手”，都未必全面了解。当初看似简单的工作，现在看来想做好也并不容易，对法务或风险管理人员的要求一点也不低，甚至要求法务人员比律师更清楚融资租赁法律事务全流程。

笔者力图通过自己的工作经验，从律师、法务工作者、学者（在该书创作的过程中笔者与相关法律专家、学者进行了多次沟通）多角度对融资租赁相关的法律事务进行阐释。该书力求实用性，对法律知识不做过多的理论提升，更多的是为大家解释原理，理顺流程，告知方法。希望该书能成为诸如一本通类的工具书摆在同行的书桌之上，帮助各位拨云见日。

目 录

第一章

融资租赁概述

一、融资租赁业务、公司最新的发展情况

融资租赁是一种外来的交易方式，它是指出租人根据承租人对租赁物和供货人的选择或者认可，将其从供货人处取得的租赁物按融资租赁合同的约定出租给承租人占有、使用，向承租人收取租金的交易活动。可以说融资租赁是一种基于资产的融资，是融资与融物的结合。[1]

融资租赁自 20 世纪 80 年代引入中国至今，已近 40 年时间。作为一种从美国引进的概念，直至今日，市场对融资租赁行业依然充满着误解。中国的融资租赁行业便在这样的质疑声中不断发展，并且现在看来发展态势良好。截至 2018 年 12 月底，全国融资租赁企业总数约 11 777 家，[2]行业注册资金以平均汇率折算，约 32 763 亿元。其中金融租赁 2262 亿元，内资租赁 2117 亿元，外资租赁 28 383 亿元。截至 2018 年年底，全国融资租赁合同余额约为 66 500 亿元。

从行业分布来看，融资租赁资产排名前几位的分别是能源设备、交通运输设备、基础设施及不动产、通用机械设备和工业装备。

笔者检索了中国裁判文书网，截至 2018 年年底，涉及融资租赁合同纠纷案件约 29 230 件，而在 2008 年为 860 件，2012 年为 4591 件，案件数量成倍数增长。其中一审案件 25 463 件，二审案件 3083 件，再审及其他案件 684 件。在全国各省市案件排名中，上海市 3501 件，居全国之首；湖南省、江苏省紧跟其后，分别为 2975 件、2400 件；然后是河南省 1461 件、广东省1321 件、北京市 1235 件、浙江省 1209 件、山东省 1081 件、陕西省 824 件、天津市 796 件。数量较少的是青海省 53 件、海南省 16 件、西藏自治区 4 件。案件

---

〔1〕 姜仲勤:《融资租赁在中国问题与解答》，当代中国出版社 2015 年版，第 1~2 页。

〔2〕 该数据来自天津滨海融资租赁研究院。

数量也基本反映了现阶段我国融资租赁行业的现状，案件数量多的地方也是融资租赁行业发展较好、融资租赁公司较多的区域。而数量较少的几个区域本身经济体量较小，工业规模不大，对融资租赁的需求不高。其中比较特殊的是天津市，作为北方融资租赁中心的天津市，案件数量只有796件，数量仅为上海市的1/6，与其北方融资租赁行业中心的地位并不相称。那么融资租赁合同纠纷案件具有哪些特点呢？以下是上海市第二中级人民法院对融资租赁合同纠纷的解读。[1]

（一）产业影响：实体经济形势对案件数量的传导作用显著

宏观经济形势和国内产业政策，对融资租赁合同纠纷案件受理数量的传导作用较为明显。融资租赁的标的物集中于实体产业中较为昂贵的特种设备等生产资料，如建筑工程业的挖掘机、印刷行业的高精密度打印设备等。受国内产业结构调整、基础建设需求放缓的影响，相关实体产业易出现波动，对承租人的正常经营和偿付能力造成较大影响，从而引发大量的融资租赁合同诉讼。随着国家经济结构的调整和落后产能的逐步淘汰，相关实体经济部门所受影响将会进一步加剧。受此影响，预计未来一段时期内，融资租赁合同纠纷诉讼案件量总体上仍可能呈上升趋势。

（二）纠纷当事人：涉诉主体的数量和范围不断扩展

融资租赁交易的当事人主体呈复杂化趋势。除典型的出卖人、出租人和承租人三方交易架构外，出租人出于风险控制的考虑，以增加回购人、保证人等方式将更多的利益相关方纳入到融资租赁交易体系中，从而最大限度地保护其权益。一旦涉诉，承租人、回购人、保证人均成为出租人主张其租金债权的对象，一笔融资租赁交易往往涉及数个回购人和保证人。预计今后融资租赁公司为加强融资风险的控制，在融资租赁交易过程中，不断扩展债务履行义务人、保证人的范围和数量将成为一种趋势，同时担保的方式也将更加多样复杂。在审结的144件案件中，涉回购的案件35件，涉售后回租的案件24件，融资租赁交易模式呈现出的新特点，将使融资租赁交易的法律关系日趋复杂，从而增加审理难度。

---

〔1〕《上海市第二中级人民法院关于融资租赁合同纠纷案件审理情况的调研报告》。

（三）交易地位：出租人的强势缔约地位明显

从融资租赁的交易模式和合同签订过程来看，出租人作为融资融物的提供方，处于较为强势的缔约地位，体现在三个方面：一是合同文本均系出租人事先拟定印制的格式化合同文本；二是承租人多为资金短缺的自然人和小微型企业，为及时使用设备投入生产经营，借助向融资租赁公司融资的方式转买为租，在涉及租金数额、支付周期、违约责任等重要合同条款的谈判磋商中，话语权受到较大限制；三是回购人为租赁设备的制造商和经销商，出于销售利益驱动，在回购合同的签订过程中对回购条件、回购价款、回购租赁物交付等重要约定上鲜有异议。笔者认为，在小微企业融资难的现状没有根本改观之前，融资租赁交易中小微企业、自然人等承租人的缔约相对弱势地位难以得到明显改观，融资租赁公司仍将处于缔约优势地位，融资租赁合同的框架和条款设计，仍将有利于融资租赁公司的利益保障。

（四）审理焦点：争议类型化和事实查明难度大

承租人、回购人、保证人对抗出租人租金请求权的抗辩理由呈定型化的倾向。主要表现为：第一，承租人的抗辩理由多为租赁物质量异议、回收租赁物的余值异议、租金数额异议；第二，回购人的抗辩理由集中于回购合同效力异议、出租人重复主张权利异议、回购条件异议、回购价款异议、回购租赁物的交付异议；第三，保证人的抗辩理由主要是保证合同效力异议。案件争议类型化将成为今后一段时间里融资租赁合同纠纷的一大特点。此外，承租人出庭应诉率不高。身处外省市的承租人较多，应诉不便，且应诉意识不强，增加了租金欠付情况以及租赁物现状的事实查明难度。

笔者列举以上数据，一方面为了说明通过融资租赁行业内几十年的努力，行业规模不断扩大、正在朝着更为健康、更为专业的市场进发；另一方面为的是说明中国的融资租赁市场以及行业还面临诸多问题。发展过程中诚然有许多问题尚需解决，如客户认知程度不高、交易架构尚需规范、尚未制定专门法律法规等，但逐步解决这些问题正是历史赋予业内人士的历史使命。

二、融资租赁的基本模式以及与经营性租赁的主要区别

融资租赁行业的分类有多种，最常见的有直接租赁、售后回租、转租赁、厂商租赁、委托租赁、联合租赁等。本书立足于融资租赁行业的法律问题，

因此对这样繁杂的分类不再赘述，仅介绍实践中最为常见的直接租赁业务、售后回租业务、转租赁业务、委托租赁业务，从概念上厘清这四种业务类型，从而保证本书的完整性。

（一）直接融资租赁

在我国直接融资租赁一般被称为“直租”或直接租赁，它是与售后回租相对应的业务种类，是指由三方（承租人、出租人、供应商）参与，由融资租赁合同和买卖合同构成的最基本的融资租赁模式。这里要指出的是承租人选择需要购买的租赁物，出租人根据承租人的指令购买相应的租赁物后出租给承租人使用，整个租赁期间承租人没有所有权但享有使用权。这一典型的融资租赁模式主要适用于固定资产、大型设备采购、企业技术设备改造升级等。〔1〕

案例： A影院为扩大规模，需采购放映设备，B租赁公司按照A影院的指定从C设备商处购得放映设备，分三年期出租给A影院，A影院按期支付租金。租赁期内设备所有权归租赁公司所有，租赁到期后，影院支付留购价款后，设备所有权转移。

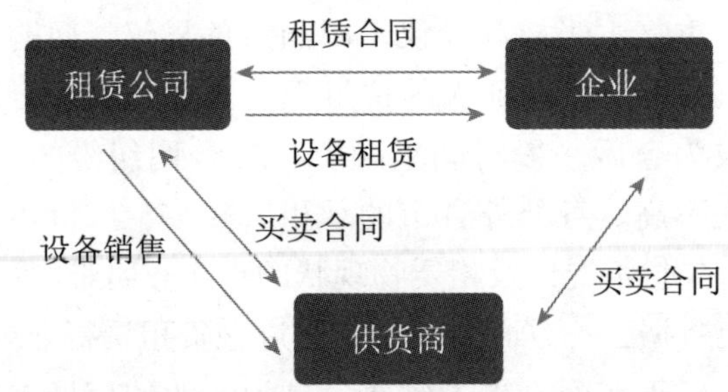

图1-1　直接融资租赁原理示意图

（二）售后回租

售后回租也称之为返还式租赁，指的是租赁物的实际所有权人通过购买合同售让物件给融资租赁公司，然后与融资租赁公司签订融资租赁合同，按

---

〔1〕 姜仲勤：《融资租赁在中国问题与解答》，当代中国出版社2015年版，第67页。

约定的条件，以按期支付租金的方式使用该租赁物，直到还完租金重新取得该物件的所有权。售后回租是一种比较特殊的产权交易，其标的物为固定资产，出租人从承租人处购得物件，取得该物件的所有权后，再通过融资租赁合同又将该物件的占有、使用、收益权转让给承租人，出租人仅保留处分权，而且该处分权也受到限制。售后回租实际上是一种资金融通。[1]

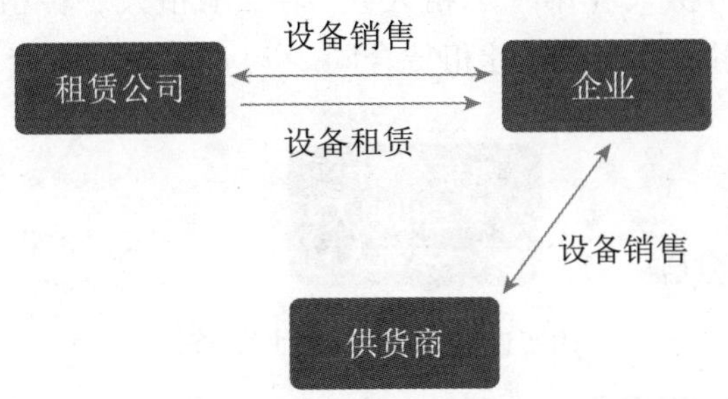

图 1-2　售后回租原理示意图

售后回租业务一直是一种具有争议的融资租赁模式，甚至行业内许多人都认为售后回租并不是真正的融资租赁。根据笔者的了解，确实在实践中出现问题最多的也是售后回租业务，司法实践中，很多售后回租业务有“假租赁真借贷”的嫌疑。在此笔者不再就这一模式是否属于融资租赁展开讨论，因为2013年最高人民法院的司法解释，以权威的形式认可了售后租赁模式，那么对于从业者而言更为重要的是如何做好售后回租业务中的风险防范。（此部分内容在项目审核部分将详细展开）

案例：A地铁集团与B租赁公司签署了融资租赁合同，为城市轨道建设获得了额度为20亿元的建设资金。A地铁集团将轨道交通1号线部分设备和车辆资产，出让给B租赁公司，3年内可根据需要提款20亿元，同时向B租赁公司租赁以上资产。租赁期内，B租赁公司只享有以上资产的名义所有权，不影响A地铁集团的正常运营，城市轨道建成后，在A地铁集团付清全部租金并支付资产残余价值后，可重新取得所有权。

[1] 最高人民法院民事审判第二庭编著：《最高人民法院关于融资租赁合同司法解释理解与适用》，人民法院出版社2016年版，第61页。

（三）转租赁

转租赁指以同一物件为标的物的融资租赁业务。在转租赁业务中，上一租赁合同的承租人同时是下一租赁合同的出租人，称为转租人。转租人从其他出租人处租入租赁物件再转租给第三人，转租人以收取租金差为目的，租赁物的所有权归第一出租方。转租赁至少涉及四个当事人：设备供应商，第一出租人，第二出租人（第一承租人）、第二承租人。转租至少涉及三份合同：购货合同、租赁合同、转让租赁合同。[1]

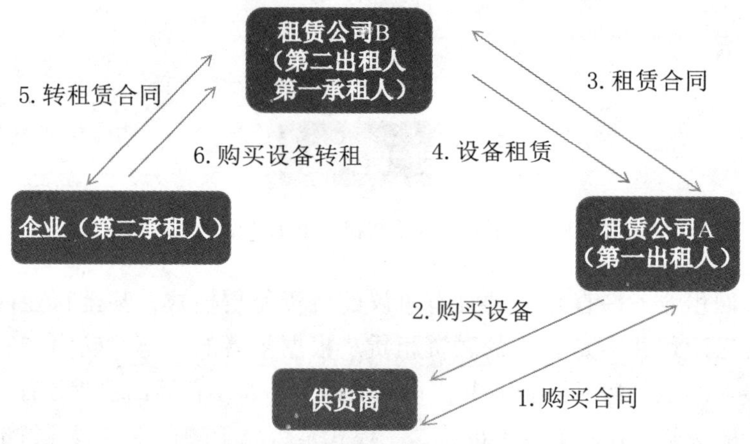

图 1-3　转租赁原理示意图

案件：2014年，A公司与B公司签订《回租租赁合同》《回租买卖合同》，约定B公司以租回使用为目的，向A公司出售合同附件所列涉案租赁物；A公司向B公司出资购买租赁物并租回给B公司使用；租赁物的所有权于合同生效之日起正式转归A公司所有，B公司对租赁物只有占有、使用权；租赁期限为36个月，B公司按约定向A公司支付租金；A公司同意B公司将上述租赁物分别转租给三个最终承租人：C有限公司、D有限公司、E公司使用。

[1] 任立华：《融资租赁法律风险防范指南》，中国经济出版社2018年版，第117页。

（四）委托租赁

委托租赁是拥有资金或设备的人委托非银行金融机构从事融资租赁，第一出租人同时是委托人，第二出租人同时是受托人。出租人接受委托人的资金或租赁标的物，根据委托人的书面委托，向委托人指定的承租人办理融资租赁业务。在租赁期内租赁标的物的所有权归委托人，出租人只收取手续费，不承担风险。这种委托租赁的一大特点就是让没有租赁经营权的企业，可以"借权"经营。[1]

当然还有杠杆租赁、结构化租赁等模式，此处不再详细介绍。

（五）融资租赁与经营性租赁

从实质上来讲，经营性租赁与融资租赁都是所有权属于出租人，使用权属于承租人的一种交易，都是对物件的有偿使用，两者很容易混为一谈。而笔者在工作实践中也常常发现这两个概念在客户头脑里是一个概念，而混淆这样的概念有时候会给自己带来巨大的经营风险。两者虽然相似，但是从细节处分析，又存在以下方面的不同：从交易主体来看，经营租赁涉及两方当事人（出租人，承租人），合同关系设定在一个合同中；融资租赁交易涉及三方当事人（承租人、出租人、经销商）。从法律依据来讲，经营租赁主要依照《合同法》第十三章的有关规定，而融资租赁以《合同法》第十四章为依据。而两者的根本差异在于融资租赁属于全额支付，即承租人在还租金时，要支付出租人购买设备时所支付的全部资金，而经营租赁属于非全额支付。

究其本质，融资租赁是融资与融物的结合，物件的购买选择权在于承租人，出租人对承租人物件的种类、购买渠道都不能施加影响，而物件的维修责任由承租人承担。经营租赁是单纯的融物，物件购买选择权在出租人，物件的维修责任由出租人承担。以上两点也是分清经营性租赁与融资租赁的简单办法。

三、融资租赁公司的分类

融资租赁公司根据分类标准的不同可以分为不同的类别，其中按股东背景的不同可分为银行系、厂商系、独立第三方。

---

[1] 任立华：《融资租赁法律风险防范指南》，中国经济出版社2018年版，第116页。

（1）银行系：是指以银行为主要股东设立的租赁公司，由于其强大的资金实力，以经营资金需求大的行业和资金批发式业务为主。

（2）厂商系：指租赁公司股东主要为设备生产厂商，租赁公司以帮助厂商设备促销为主要目的，以厂商的下游客户为主要服务对象。

（3）独立第三方：指非银行和厂商背景的独立第三方股东成立的租赁公司。这种租赁通常专业性较强，专注于一个或几个行业。

按审批监管机构不同，租赁公司分为金融租赁公司（由银监会审批监管），外商投资租赁公司和内资试点租赁公司（由商务部审批监管）。

（1）由银监会审批监管的金融租赁公司。

①股东要求：境内企业，最近1年的营业收入不低于50亿元；最近2年连续盈利；最近1年年末净资产率不低于30%；主营业务销售收入占全部营业收入的80%以上。②注册资本最低1亿元。③杠杆率、资本充足率8%。

（2）由商务部审批监管的外商投资租赁公司和内资试点租赁公司。

①外商投资租赁公司。

a. 要求外国投资者股东的总资产不得低于500万美元；高级管理人员应具有相应专业资质和不少于3年的从业经验。b. 注册资本不低于1000万美元。c. 杠杆率：风险资产一般不得超过净资产总额的10倍。

②内资试点租赁公司。

a. 股东要求内资企业，无其他特殊要求，设立时由各地商务主管部门推荐。b. 注册资本不低于17 000万元。c. 杠杆率：风险资产（含担保余额）不得超过资本总额的10倍。

不同类型的融资租赁公司，意味着监管模式的不同。对于租赁监管，详见附1《融资租赁企业监督管理办法》以及附2《金融租赁公司管理办法》。

笔者点评：我国现有的监管体系基本分为两套，而两套体系又针对三种不同类型的企业。其中第一套体系是2014年《金融租赁公司管理办法》规定的金融租赁公司的监管体系，也就是最早由中国人民银行审批，以及后来由银监会审批的持有金融许可证的金融租赁公司，由银监会即现在的中国银保监会来进行监管，界定它是非银行金融机构。实际上金融租赁公司更多的是按照银行业金融机构来进行监管，并且对其监管与管控也更加严格。

第二套监管体系是针对另外两类公司，一类是内资试点的融资租赁公司，另外一类是外商投资的融资租赁公司。这两类企业由商务部和省级商务主管部门进行监管。这两类融资租赁公司并非金融机构，而是有类金融属性的一般市场主体，对外商投资融资租赁公司原来主要依据《外商投资租赁业管理办法》来进行审批和监管，主要在审批环节对其进行监管，但实行备案管理后，几乎没什么监管，在2018年2月，《外商投资租赁业管理办法》已经废止。因此，外商投资融资租赁公司适用外商投资的一些基本法律法规，主要有《外资企业法》《中外合资经营企业法》等。

此外，外商投资融资租赁公司及内资试点融资租赁公司现在主要依据2013年《融资租赁企业监督管理办法》来进行监管，实行适度监管原则，因而形成两套监管体系、三类企业这个现状。而这三类企业的准入条件不一样，金融租赁公司的审批设立最严格，其次是内资试点融资租赁公司，由商务部及税务总局联合确认，现下放授权给自贸区商务主管部门和税务局，而外商投资融资租赁公司的准入最为宽松，实行备案管理。

那么两类监管客体具体在哪些方面存在差异呢?〔1〕

首先看业务范围，融资租赁企业，主要从事与融资租赁和租赁业务相关的租赁财产购买、租赁财产残值处理与维修、租赁交易咨询和担保等业务，但不得从事吸收存款、发放贷款、受托发放贷款等金融业务。而金融租赁公司，除可以从事租赁业务外，还可以吸收非银行股东3个月以上定期存款，进行同业拆借，以及经中国银行保险监督管理委员会（以下简称银保监会）批准，从事发债、资产证券化等业务，承担更多金融机构的职能。

再来看准入门槛，就股东资格而言，目前商务部对开办融资租赁企业并未设立具体的准入门槛，仅笼统要求申请设立融资租赁企业的境外投资者须符合外商投资的相关规定。而银保监会借鉴对金融机构监管的原则对金融租赁公司的股东资格进行了严格的规定。根据现行《金融租赁公司管理办法》，金融租赁公司的发起人应为：①中国境内外注册的具有独立法人资格的商业银行；②在中国境内注册的、主营业务为制造适合融资租赁交易产品的大型企业；③在中国境外注册的融资租赁公司；④银监会认可的其他发起人。同时，银监会对前三类发起人的具体资格要求均作出了明确的限定，比如，前

〔1〕 详见孙永州："银保监会监管下融资租赁公司监管走向"，载搜狐财经，http://www.sohu.com/a/238106765_100153721，最后访问日期：2019年6月20日。

述第二类“大型企业”作为金融租赁公司发起人，就应当具备下列条件：①有良好的公司治理结构或有效的组织管理方式；②最近一年的营业收入不低于50亿元人民币或等值的可自由兑换货币；③财务状况良好，最近2个会计年度连续盈利；④最近一年年末净资产不低于总资产的30%；⑤最近一年主营业务销售收入占全部营业收入的80%以上；等等。另外，银监会规定金融租赁公司的注册资本最低限额为一次性实缴的货币资本1亿元人民币或等值的可自由兑换货币，而商务部并未对融资租赁企业的注册资本作出要求。

再来看董事、高级管理人员任职资格，金融租赁公司董事和高管实行任职核准制度，上述人员必须满足银监会制订的《银行业金融机构董事（理事）和高级管理人员任职资格管理办法》规定的任职资格基本条件，也不能存在该办法规定的不适合担任金融机构董事或高管的情形。与《公司法》第146条相比，金融租赁公司董事和高级管理人员任职有更严格和更细致的要求。商务部对融资租赁企业的董事和高管并无特殊要求，与一般工商企业一样，只要符合《公司法》规定即可。

最后对比一下监管指标。目前，《金融租赁公司管理办法》为金融租赁公司设定了一系列的财务监管指标，如，①资本充足率不得低于银监会的最低监管要求；②单一客户融资集中度不得超过资本净额的30%；③单一集团客户融资集中度不得超过资本净额的50%；④单一客户关联度不得超过资本净额的30%；⑤金融租赁公司对全部关联方的全部融资租赁业务余额不得超过资本净额的50%；⑥单一股东关联度不得超过该股东在金融租赁公司的出资额，且应同时满足本办法对单一客户关联度的规定；⑦同业拆借比例不得超过资本净额的100%。如金融租赁公司未能达到该等监管指标，银监会有权依法责令限期整改，逾期未整改的，公司将面临暂停业务、限制股东权利等监管措施。除要求融资租赁企业的风险资产不得超过净资产总额的10倍外，商务部并未对融资租赁企业设定具体的监管指标，仅规定省级商务主管部门要定期对企业关联交易比例、风险资产比例、单一承租人业务比例、租金逾期率等关键指标进行分析。对于相关指标偏高、潜在经营风险加大的企业应给予重点关注。

笔者认为两者最明显的差异还在于融资方式不同。根据《商务部、国家税务总局关于从事融资租赁业务有关问题的通知》第8条之规定，商务部主管的融资租赁公司还不允许进行同业拆借业务以及未经银监会批准的其他金融业务。而金融租赁公司其资金来源通常为资本金、同业拆借、发行金融债券和租赁项目专项贷款等。此外，商租与金租的财税政策也不尽相同。

但是这种分体系监管的模式有可能在近期得到统一，商务部办公厅在2018年5月14日发布《关于融资租赁公司、商业保理公司和典当行管理职责调整有关事宜的通知》，将制定融资租赁公司（及商业保理公司、典当行）的业务经营和监管规则的职责划给中国银保监会，自2018年4月20日起，有关职责已由银保监会履行。截至2019年12月，银保监会并未针对非金融租赁公司发布新的监管规定。

那么非金融类的融资租赁公司是否面临强监管下的清理整顿呢？

在笔者看来，银保监会根据其制定的统一的监管规则，对非金融类融资租赁公司进行一次全行业清理整顿，让合格的企业继续经营、不合格的企业被撤销是必然的趋势。但是，融资租赁企业目前毕竟是类金融机构并非金融机构，被大规模关停取缔局面应该不会发生。而且银保监会现有的监管职能已经趋近饱和，再要对11 000多家企业进行整编整顿，就现有的人员配备来说，这个工作量几乎是天文数字。

从监管标准以及市场情况来分析，所有非金融类的融资租赁公司都要向金融租赁公司的监管标准看齐，从而彻底结束“一样业务、两样监管”的局面也不太现实，由于目前对金融租赁公司的监管要求远远严于其他融资租赁企业，如果“一刀切”，完全按照金融租赁公司的标准管理，那么大多数的融资租赁企业将无法继续经营。更何况让非金融类的融资租赁企业获得《金融许可证》、转为持牌金融机构，从目前非金融类融资租赁公司的庞大数量来看，这也几乎是不可能的。所以从现实情况来看，更可能的情况是银保监会有计划、有节奏地对行业进行适当的整顿与调整。逐步将金融强监管融入融资租赁公司的日常监管中。

四、融资租赁业务中涉及的最新法律法规

笔者在前文对行业监管政策进行了比较详细的说明，但本书的重点在于融资租赁业务中涉及的法律问题。因此，这一节中笔者将重点介绍与此相关的具体内容。截至本书出版之日，关于融资租赁行业的专门立法仍在研究、酝酿之中，逐步完善金融租赁行业法律法规早已成为管理部门、法学专家、

从业人员的共识。但是立法过程是严谨而缓慢的，短期内奢望融资租赁法的出台并不现实。现实工作中，我们更多参考的还是最高人民法院关于融资租赁行业的相关司法解释以及判例。司法解释是指由最高人民法院根据立法机构（全国人民代表大会，以下简称全国人大）的授权，在某项法律或者规则不清晰或不够清晰的情况下，对这些法律或者规则从司法的角度所做的解释，用于指导案件审判。可以说司法解释是对法律的重要补充。对于融资租赁行业，最高人民法院先后出台过两个司法解释。第一个是在 1996 年 5 月 28 日，最高人民法院发布的《最高人民法院关于审理融资租赁合同纠纷案件若干问题的规定》（已废止），第二个是在 2013 年 11 月 25 日，最高人民法院发布的《最高人民法院关于审理融资租赁合同纠纷案件适用法律问题的解释》。〔1〕

在对司法解释进行介绍前，首先将《合同法》第十四章的内容展示给各位读者，虽然《合同法》第十四章是在 1996 年《最高人民法院关于审理融资租赁合同纠纷案件若干问题的规定》之后出台的，但却是对融资租赁第一次进行系统化的法律规定。

（一）《合同法》

该法于 1999 年 3 月 15 日由全国人大第二次会议通过，其第十四章共 14 条，即第 237~250 条专门规定了融资租赁合同的内容。具体内容如下：

《中华人民共和国合同法》第十四章　融资租赁合同

第二百三十七条　融资租赁合同是出租人根据承租人对出卖人、租赁物的选择，向出卖人购买租赁物，提供给承租人使用，承租人支付租金的合同。

第二百三十八条　融资租赁合同的内容包括租赁物名称、数量、规格、技术性能、检验方法、租赁期限、租金构成及其支付期限和方式、币种、租赁期间届满租赁物的归属等条款。

融资租赁合同应当采用书面形式。

第二百三十九条　出租人根据承租人对出卖人、租赁物的选择订立的买卖合同，出卖人应当按照约定向承租人交付标的物，承租人享有与受领标的

〔1〕具体内容详见下文。在这一节，笔者将列举日常工作中常用的相关法律法规、司法解释以及权威的发布来源，以便于各位同仁查询、运用。

物有关的买受人的权利。

第二百四十条　出租人、出卖人、承租人可以约定，出卖人不履行买卖合同义务的，由承租人行使索赔的权利。承租人行使索赔权利的，出租人应当协助。

第二百四十一条　出租人根据承租人对出卖人、租赁物的选择订立的买卖合同，未经承租人同意，出租人不得变更与承租人有关的合同内容。

第二百四十二条　出租人享有租赁物的所有权。承租人破产的，租赁物不属于破产财产。

第二百四十三条　融资租赁合同的租金，除当事人另有约定的以外，应当根据购买租赁物的大部分或者全部成本以及出租人的合理利润确定。

第二百四十四条　租赁物不符合约定或者不符合使用目的的，出租人不承担责任，但承租人依赖出租人的技能确定租赁物或者出租人干预选择租赁物的除外。

第二百四十五条　出租人应当保证承租人对租赁物的占有和使用。

第二百四十六条　承租人占有租赁物期间，租赁物造成第三人的人身伤害或者财产损害的，出租人不承担责任。

第二百四十七条　承租人应当妥善保管、使用租赁物。

承租人应当履行占有租赁物期间的维修义务。

第二百四十八条　承租人应当按照约定支付租金。承租人经催告后在合理期限内仍不支付租金的，出租人可以要求支付全部租金；也可以解除合同，收回租赁物。

第二百四十九条　当事人约定租赁期间届满租赁物归承租人所有，承租人已经支付大部分租金，但无力支付剩余租金，出租人因此解除合同收回租赁物的，收回的租赁物的价值超过承租人欠付的租金以及其他费用的，承租人可以要求部分返还。

第二百五十条　出租人和承租人可以约定租赁期间届满租赁物的归属。对租赁物的归属没有约定或者约定不明确，依照本法第61条的规定仍不能确定的，租赁物的所有权归出租人。

笔者点评：在《合同法》专章规定融资租赁合同之前，融资租赁行业已经逐渐发展起来，但是因为没有法律和制度支撑，使得这一能解决企业或产品资金不足等问题的融资贸易方式没有得到充分的发展。而且在实践中产生了很大的争议，以至于在《合同法》尚未颁布实施之前，就在1996年先由最高人民法院发布了《最高人民法院关于审理融资租赁合同纠纷案件若干问题的规定》，先以司法解释的形式弥补了立法的不足，解决了那个时代融资租赁行业所面临的诉讼困境。《合同法》的颁布，可以说从根本上改变了融资租赁行业的法律营商环境，使融资租赁立法从无到有，为提高企业对融资租赁行业的认知度，为融资租赁后来的蓬勃发展奠定了法律基础。但是《合同法》从篇幅与内容上都不可能对融资租赁相关的法律内容进行全面的总结与规范，其只是对基本的内容进行了规范，使融资租赁合同成为有名合同。

（二）1996年《最高人民法院关于审理融资租赁合同纠纷案件若干问题的规定》（已废止）

该司法解释由于2013年新司法解释的发布而废止，其详细内容不再赘述，该规定主要对以下内容做了相关规定：①诉讼当事人以及法院选择；②无效合同的认定以及处理；③国家机关担保无效；④融资租赁的基本交易规则；⑤承租人破产时，出租人的对策选择以及租赁物件的处理；⑥诉讼时效问题。该司法解释可以说是融资租赁行业立法规范的开端，其为后来的《合同法》第十四章内容奠定了基础，具有重要的历史意义。

（三）2013年《最高人民法院关于审理融资租赁合同纠纷案件适用法律问题的解释》

随着我国融资租赁行业的快速发展，租赁公司数量呈现井喷式的增长，而以银行为背景的金融系融资租赁公司（金租），使得这一细分行业的规模急剧增长。市场发展必然带来更多的争议，仅仅依靠合同法及1996年司法解释已经无法满足现实的诉讼需要。这一行业急需更完善、更详尽的法律条文。在此背景下，2013年11月25日，最高人民法院发布了新的司法解释。

最高人民法院关于审理融资租赁合同纠纷案件适用法律问题的解释

（2013 年 11 月 25 日通过）

为正确审理融资租赁合同纠纷案件，根据《合同法》《物权法》《民事诉讼法》等法律的规定，结合审判实践，制定本解释。

1. 融资租赁合同的认定及效力

第一条　人民法院应当根据合同法第 237 条的规定，结合标的物的性质、价值、租金的构成以及当事人的合同权利和义务，对是否构成融资租赁法律关系作出认定。

对名为融资租赁合同，但实际不构成融资租赁法律关系的，人民法院应按照其实际构成的法律关系处理。

第二条　承租人将其自有物出卖给出租人，再通过融资租赁合同将租赁物从出租人处租回的，人民法院不应仅以承租人和出卖人系同一人为由认定不构成融资租赁法律关系。

第三条　根据法律、行政法规规定，承租人对于租赁物的经营使用应当取得行政许可的，人民法院不应仅以出租人未取得行政许可为由认定融资租赁合同无效。

第四条　融资租赁合同被认定无效，当事人就合同无效情形下租赁物归属有约定的，从其约定；未约定或者约定不明，且当事人协商不成的，租赁物应当返还出租人。但因承租人原因导致合同无效，出租人不要求返还租赁物，或者租赁物正在使用，返还出租人后会显著降低租赁物价值和效用的，人民法院可以判决租赁物所有权归承租人，并根据合同履行情况和租金支付情况，由承租人就租赁物进行折价补偿。

2. 合同的履行和租赁物的公示

第五条　出卖人违反合同约定的向承租人交付标的物的义务，承租人因下列情形之一拒绝受领租赁物的，人民法院应予支持：

①租赁物严重不符合约定的；

②出卖人未在约定的交付期间或者合理期间内交付租赁物，经承租人或者出租人催告，在催告期满后仍未交付的。

承租人拒绝受领租赁物，未及时通知出租人，或者无正当理由拒绝受领租赁物，造成出租人损失，出租人向承租人主张损害赔偿的，人民法院应予支持。

第六条　承租人对出卖人行使索赔权，不影响其履行融资租赁合同项下支付租金的义务，但承租人以依赖出租人的技能确定租赁物或者出租人干预选择租赁物为由，主张减轻或者免除相应租金支付义务的除外。

第七条　承租人占有租赁物期间，租赁物毁损、灭失的风险由承租人承担，出租人要求承租人继续支付租金的，人民法院应予支持。但当事人另有约定或者法律另有规定的除外。

第八条　出租人转让其在融资租赁合同项下的部分或者全部权利，受让方以此为由请求解除或者变更融资租赁合同的，人民法院不予支持。

第九条　承租人或者租赁物的实际使用人，未经出租人同意转让租赁物或者在租赁物上设立其他物权，第三人依据物权法第106条的规定取得租赁物的所有权或者其他物权，出租人主张第三人物权权利不成立的，人民法院不予支持，但有下列情形之一的除外：

①出租人已在租赁物的显著位置作出标识，第三人在与承租人交易时知道或者应当知道该物为租赁物的；

②出租人授权承租人将租赁物抵押给出租人并在登记机关依法办理抵押权登记的；

③第三人与承租人交易时，未按照法律、行政法规、行业或者地区主管部门的规定在相应机构进行融资租赁交易查询的；

④出租人有证据证明第三人知道或者应当知道交易标的物为租赁物的其他情形。

第十条　当事人约定租赁期间届满后租赁物归出租人的，因租赁物毁损、灭失或者附合、混同于他物导致承租人不能返还，出租人要求其给予合理补偿的，人民法院应予支持。

3. 合同的解除

第十一条　有下列情形之一，出租人或者承租人请求解除融资租赁合同的，人民法院应予支持：

①出租人与出卖人订立的买卖合同解除、被确认无效或者被撤销，且双方未能重新订立买卖合同的；

②租赁物因不可归责于双方的原因意外毁损、灭失，且不能修复或者确

定替代物的；

③因出卖人的原因致使融资租赁合同的目的不能实现的。

第十二条　有下列情形之一，出租人请求解除融资租赁合同的，人民法院应予支持：

①承租人未经出租人同意，将租赁物转让、转租、抵押、质押、投资入股或者以其他方式处分租赁物的；

②承租人未按照合同约定的期限和数额支付租金，符合合同约定的解除条件，经出租人催告后在合理期限内仍不支付的；

③合同对于欠付租金解除合同的情形没有明确约定，但承租人欠付租金达到两期以上，或者数额达到全部租金15%以上，经出租人催告后在合理期限内仍不支付的；

④承租人违反合同约定，致使合同目的不能实现的其他情形。

第十三条　因出租人的原因致使承租人无法占有、使用租赁物，承租人请求解除融资租赁合同的，人民法院应予支持。

第十四条　当事人在一审诉讼中仅请求解除融资租赁合同，未对租赁物的归属及损失赔偿提出主张的，人民法院可以向当事人进行释明。

第十五条　融资租赁合同因租赁物交付承租人后意外毁损、灭失等不可归责于当事人的原因而解除，出租人要求承租人按照租赁物折旧情况给予补偿的，人民法院应予支持。

第十六条　融资租赁合同因买卖合同被解除、被确认无效或者被撤销而解除，出租人根据融资租赁合同约定，或者以融资租赁合同虽未约定或约定不明，但出卖人及租赁物系由承租人选择为由，主张承租人赔偿相应损失的，人民法院应予支持。

出租人的损失已经在买卖合同被解除、被确认无效或者被撤销时获得赔偿的，应当免除承租人相应的赔偿责任。

4. 违约责任

第十七条　出租人有下列情形之一，影响承租人对租赁物的占有和使用，承租人依照合同法第245条的规定，要求出租人赔偿相应损失的，人民法院应予支持：

①无正当理由收回租赁物；

②无正当理由妨碍、干扰承租人对租赁物的占有和使用；

③因出租人的原因导致第三人对租赁物主张权利；

④不当影响承租人对租赁物占有、使用的其他情形。

第十八条　出租人有下列情形之一，导致承租人对出卖人索赔逾期或者索赔失败，承租人要求出租人承担相应责任的，人民法院应予支持：

①明知租赁物有质量瑕疵而不告知承租人的；

②承租人行使索赔权时，未及时提供必要协助的；

③怠于行使融资租赁合同中约定的只能由出租人行使对出卖人的索赔权的；

④怠于行使买卖合同中约定的只能由出租人行使对出卖人的索赔权的。

第十九条　租赁物不符合融资租赁合同的约定且出租人实施了下列行为之一，承租人依照合同法第241条、第244条的规定，要求出租人承担相应责任的，人民法院应予支持：

①出租人在承租人选择出卖人、租赁物时，对租赁物的选定起决定作用的；

②出租人干预或者要求承租人按照出租人意愿选择出卖人或者租赁物的；

③出租人擅自变更承租人已经选定的出卖人或者租赁物的。

承租人主张其系依赖出租人的技能确定租赁物或者出租人干预选择租赁物的，对上述事实承担举证责任。

第二十条　承租人逾期履行支付租金义务或者迟延履行其他付款义务，出租人按照融资租赁合同的约定要求承租人支付逾期利息、相应违约金的，人民法院应予支持。

第二十一条　出租人既请求承租人支付合同约定的全部未付租金又请求解除融资租赁合同的，人民法院应告知其依照合同法第248条的规定作出选择。

出租人请求承租人支付合同约定的全部未付租金，人民法院判决后承租人未予履行，出租人再行起诉请求解除融资租赁合同、收回租赁物的，人民法院应予受理。

第二十二条　出租人依照本解释第12条的规定请求解除融资租赁合同，同时请求收回租赁物并赔偿损失的，人民法院应予支持。

前款规定的损失赔偿范围为承租人全部未付租金及其他费用与收回租赁物价值的差额。合同约定租赁期间届满后租赁物归出租人所有的，损失赔偿范围还应包括融资租赁合同到期后租赁物的残值。

第二十三条　诉讼期间承租人与出租人对租赁物的价值有争议的，人民法院可以按照融资租赁合同的约定确定租赁物价值；融资租赁合同未约定或者约定不明的，可以参照融资租赁合同约定的租赁物折旧以及合同到期后租赁物的残值确定租赁物价值。

承租人或者出租人认为依前款确定的价值严重偏离租赁物实际价值的，可以请求人民法院委托有资质的机构评估或者拍卖确定。

5. 其他规定

第二十四条　出卖人与买受人因买卖合同发生纠纷，或者出租人与承租人因融资租赁合同发生纠纷，当事人仅对其中一个合同关系提起诉讼，人民法院经审查后认为另一合同关系的当事人与案件处理结果有法律上的利害关系的，可以通知其作为第三人参加诉讼。

承租人与租赁物的实际使用人不一致，融资租赁合同当事人未对租赁物的实际使用人提起诉讼，人民法院经审查后认为租赁物的实际使用人与案件处理结果有法律上的利害关系的，可以通知其作为第三人参加诉讼。

承租人基于买卖合同和融资租赁合同直接向出卖人主张受领租赁物、索赔等买卖合同权利的，人民法院应通知出租人作为第三人参加诉讼。

第二十五条　当事人因融资租赁合同租金欠付争议向人民法院请求保护其权利的诉讼时效期间为两年，自租赁期限届满之日起计算。

第二十六条　本解释自2014年3月1日起施行。《最高人民法院关于审理融资租赁合同纠纷案件若干问题的规定》（法发〔1996〕19号）同时废止。

本解释施行后尚未终审的融资租赁合同纠纷案件，适用本解释；本解释施行前已经终审，当事人申请再审或者按照审判监督程序决定再审的，不适用本解释。

笔者点评：该司法解释的出台是适应融资租赁市场发展，应对市场发展需求的必然产物，是对以往融资租赁行业法规的总结与细化。尤为重要的是，在该司法解释的制定过程中，紧紧围绕融资租赁行业的焦点争议，围绕司法实践中急需明确的理论。相比之前的法律与司法解释，更加具有针对性，也是至今为止，法院审理融资租赁案件应用最为广泛的法律依据。其中明确售后回租的法律地位，并强调了租赁物不可或缺，坚持了融资租赁融资与融物相结合的特征，鼓励行业约定，对经营许可进行了相关规范，解决了实践中融资租赁公司无经营许可的法律风险、对《物权法》设立的善意取得制度给出租人可能造成的损失，进行了有益的制度弥补。当然，该司法解释还谈不上成熟与完善，也是时代的产物。融资租赁法最终未能出台，始终成为行业一大遗憾。

（四）融资租赁法（尚未立法）

为了本书的完整性，笔者简单介绍2004年融资租赁法立法的过程，2004年全国人大常委会将融资租赁法纳入立法规划，并历经三次征求意见稿并送审，由于主管部门以及相关专家认为立法的条件还未成熟最终未能如愿。笔者相信时至今日，中国的融资租赁市场与15年前已经今非昔比，从市场规模、交易量、市场影响力方面都成为继银行、保险、信托之后的主流融资模式。关于融资租赁法立法的启动应该说条件早已成熟，笔者也希望更多的融资租赁行业从业者、行业协会、法律专家等能够各尽其能，奔走呼吁，争取早日将融资租赁法再次提到立法日程上来，相信这对融资租赁行业未来的发展至关重要，让我们一起期待这一天的到来。笔者将《〈中华人民共和国融资租赁法〉（草案）第三次征求意见稿》（附3）列出，供读者学习参考。

关于融资租赁系统化的法律法规基本以上述内容为主，其余散见于其他法律规定或最高人民法院司法解释中，但并未形成体系，笔者不再赘述。

附1　《融资租赁企业监督管理办法》

融资租赁企业监督管理办法

（2013年9月18日发布）

第一章　总　则

第一条　为促进我国融资租赁业健康发展，规范融资租赁企业的经营行为，防范经营风险，根据《合同法》、《物权法》、《公司法》等法律法规及商务部有关规定，制订本办法。

第二条　本办法所称融资租赁企业是指根据商务部有关规定从事融资租赁业务的企业。

本办法所称融资租赁业务是指出租人根据承租人对出卖人、租赁物的选择，向出卖人购买租赁物，提供给承租人使用，承租人支付租金的交易活动。

融资租赁直接服务于实体经济，在促进装备制造业发展、中小企业融资、企业技术升级改造、设备进出口、商品流通等方面具有重要的作用，是推动产融结合、发展实体经济的重要手段。

第三条 融资租赁企业应具备与其业务规模相适应的资产规模、资金实力和风险管控能力。申请设立融资租赁企业的境外投资者，还须符合外商投资的相关规定。

第四条 融资租赁企业应配备具有金融、贸易、法律、会计等方面专业知识、技能和从业经验并具有良好从业记录的人员，拥有不少于三年融资租赁、租赁业务或金融机构运营管理经验的总经理、副总经理、风险控制主管等高管人员。

第五条 融资租赁企业开展经营活动，应当遵守中华人民共和国法律、法规、规章和本办法的规定，不得损害国家利益和社会公共利益。

第六条 商务部对全国融资租赁企业实施监督管理。省级商务主管部门负责监管本行政区域内的融资租赁企业。

本办法所称省级商务主管部门是指省、自治区、直辖市、计划单列市及新疆生产建设兵团商务主管部门。

第七条 鼓励融资租赁企业通过直接租赁等方式提供租赁服务，增强资产管理综合能力，开展专业化和差异化经营。

第二章 经营规则

第八条 融资租赁企业可以在符合有关法律、法规及规章规定的条件下采取直接租赁、转租赁、售后回租、杠杆租赁、委托租赁、联合租赁等形式开展融资租赁业务。

第九条 融资租赁企业应当以融资租赁等租赁业务为主营业务，开展与融资租赁和租赁业务相关的租赁财产购买、租赁财产残值处理与维修、租赁交易咨询和担保、向第三方机构转让应收账款、接受租赁保证金及经审批部门批准的其他业务。

第十条 融资租赁企业开展融资租赁业务应当以权属清晰、真实存在且能够产生收益权的租赁物为载体。

融资租赁企业不得从事吸收存款、发放贷款、受托发放贷款等金融业务。未经相关部门批准，融资租赁企业不得从事同业拆借等业务。严禁融资租赁企业借融资租赁的名义开展非法集资活动。

第十一条　融资租赁企业进口租赁物涉及配额、许可等管理的，应由购买租赁物方或产权所有方按有关规定办理相关手续。

融资租赁企业经营业务过程中涉及外汇管理事项的，应当遵守国家外汇管理有关规定。

第十二条　融资租赁企业应当按照相关规定，建立健全财务会计制度，真实记录和反映企业的财务状况、经营成果和现金流量。

第十三条　融资租赁企业应当建立完善的内部风险控制体系，形成良好的风险资产分类管理制度、承租人信用评估制度、事后追偿和处置制度以及风险预警机制等。

第十四条　为控制和降低风险，融资租赁企业应当对融资租赁项目进行认真调查，充分考虑和评估承租人持续支付租金的能力，采取多种方式降低违约风险，并加强对融资租赁项目的检查及后期管理。

第十五条　融资租赁企业应当建立关联交易管理制度。融资租赁企业在对承租人为关联企业的交易进行表决或决策时，与该关联交易有关联关系的人员应当回避。

融资租赁企业在向关联生产企业采购设备时，有关设备的结算价格不得明显低于该生产企业向任何第三方销售的价格或同等批量设备的价格。

第十六条　融资租赁企业对委托租赁、转租赁的资产应当分别管理，单独建账。融资租赁企业和承租人应对与融资租赁业务有关的担保、保险等事项进行充分约定，维护交易安全。

第十七条　融资租赁企业应加强对重点承租人的管理，控制单一承租人及承租人为关联方的业务比例，注意防范和分散经营风险。

第十八条　按照国家法律规定租赁物的权属应当登记的，融资租赁企业须依法办理相关登记手续。若租赁物不属于需要登记的财产类别，鼓励融资租赁企业在商务主管部门指定的系统进行登记，明示租赁物所有权。

第十九条　售后回租的标的物应为能发挥经济功能，并能产生持续经济效益的财产。融资租赁企业开展售后回租业务时，应注意加强风险防控。

第二十条　融资租赁企业不应接受承租人无处分权的、已经设立抵押的、已经被司法机关查封扣押的或所有权存在其他瑕疵的财产作为售后回租业务的标的物。

融资租赁企业在签订售后回租协议前，应当审查租赁物发票、采购合同、登记权证、付款凭证、产权转移凭证等证明材料，以确认标的物权属关系。

第二十一条　融资租赁企业应充分考虑并客观评估售后回租资产的价值，对标的物的买入价格应有合理的、不违反会计准则的定价依据作为参考，不得低值高买。

第二十二条　融资租赁企业的风险资产不得超过净资产总额的10倍。

第二十三条　融资租赁企业应严格按照国家有关规定按时缴纳各种税款，严禁偷逃税款或将非融资租赁业务作为融资租赁业务进行纳税。

第三章　监督管理

第二十四条　商务部及省级商务主管部门依照法律、法规、规章和商务部有关规定，依法履行监管职责。

各级商务主管部门在履行监管职责的过程中，应依法加强管理，对所知悉的企业商业秘密应严格保密。

第二十五条　省级商务主管部门应通过多种方式加强对融资租赁企业的监督管理，对企业经营状况及经营风险进行持续监测；加强监管队伍建设，按照监管要求和职责配备相关人员，加强业务培训，提高监管人员监管水平。

第二十六条　省级商务主管部门应当建立重大情况通报机制、风险预警机制和突发事件应急处置机制，及时、有效地处置融资租赁行业突发事件。

第二十七条　在日常监管中，省级商务主管部门应当重点对融资租赁企业是否存在吸收存款、发放贷款、超范围经营等违法行为进行严格监督管理。一旦发现应及时提报相关部门处理并将情况报告商务部。

第二十八条　省级商务主管部门要定期对企业关联交易比例、风险资产比例、单一承租人业务比例、租金逾期率等关键指标进行分析。对于相关指标偏高、潜在经营风险加大的企业应给予重点关注。

商务主管部门可以根据工作需要委托行业协会等中介组织协助了解有关情况。

第二十九条　省级商务主管部门应于每年6月30日前向商务部书面上报上一年度本行政区域内融资租赁企业发展情况以及监管情况。如发现重大问题应立即上报。

第三十条　商务部建立、完善“全国融资租赁企业管理信息系统”，运用信息化手段对融资租赁企业的业务活动、内部控制和风险状况等情况进行了解和监督管理，提高融资租赁企业经营管理水平和风险控制能力。

第三十一条　融资租赁企业应当按照商务部的要求使用全国融资租赁企业管理信息系统，及时如实填报有关数据。每季度结束后15个工作日内填报上一季度经营情况统计表及简要说明；每年4月30日前填报上一年经营情况统计表、说明，报送经审计机构审计的上一年度财务会计报告（含附注）。

第三十二条　融资租赁企业变更名称、异地迁址、增减注册资本金、改变组织形式、调整股权结构等，应事先通报省级商务主管部门。外商投资企业涉及前述变更事项，应按有关规定履行审批、备案等相关手续。

融资租赁企业应在办理变更工商登记手续后5个工作日内登录全国融资租赁企业管理信息系统修改上述信息。

第三十三条　商务主管部门要重视发挥行业协会作用，鼓励行业协会积极开展行业培训、从业人员资质认定、理论研究、纠纷调解等活动，支持行业协会加强行业自律和依法维护行业权益，配合主管部门进行行业监督管理，维护公平有序的市场竞争环境。

第三十四条　融资租赁企业如违反我国有关法律、法规、规章以及本办法相关规定的，按照有关规定处理。

第四章　附　则

第三十五条　本办法由商务部负责解释。

第三十六条　本办法自2013年10月1日起施行。

附2　《金融租赁公司管理办法》

金融租赁公司管理办法

（2014年3月13日发布）

第一章　总　则

第一条　为促进融资租赁业务发展，规范金融租赁公司的经营行为，根据《中华人民共和国银行业监督管理法》、《中华人民共和国公司法》等法律法规，制定本办法。

第二条　本办法所称金融租赁公司，是指经银监会批准，以经营融资租赁业务为主的非银行金融机构。

金融租赁公司名称中应当标明“金融租赁”字样。未经银监会批准，任何单位不得在其名称中使用“金融租赁”字样。

第三条　本办法所称融资租赁，是指出租人根据承租人对租赁物和供货人的选择或认可，将其从供货人处取得的租赁物按合同约定出租给承租人占有、使用，向承租人收取租金的交易活动。

第四条　适用于融资租赁交易的租赁物为固定资产，银监会另有规定的除外。

第五条　本办法所称售后回租业务，是指承租人将自有物件出卖给出租人，同时与出租人签订融资租赁合同，再将该物件从出租人处租回的融资租赁形式。售后回租业务是承租人和供货人为同一人的融资租赁方式。

第六条　银监会及其派出机构依法对金融租赁公司实施监督管理。

第二章　机构设立、变更与终止

第七条　申请设立金融租赁公司，应当具备以下条件：

（一）有符合《中华人民共和国公司法》和银监会规定的公司章程；

（二）有符合规定条件的发起人；

（三）注册资本为一次性实缴货币资本，最低限额为 1 亿元人民币或等值的可自由兑换货币；

（四）有符合任职资格条件的董事、高级管理人员，并且从业人员中具有金融或融资租赁工作经历 3 年以上的人员应当不低于总人数的 50%；

（五）建立了有效的公司治理、内部控制和风险管理体系；

（六）建立了与业务经营和监管要求相适应的信息科技架构，具有支撑业务经营的必要、安全且合规的信息系统，具备保障业务持续运营的技术与措施；

（七）有与业务经营相适应的营业场所、安全防范措施和其他设施；

（八）银监会规定的其他审慎性条件。

第八条　金融租赁公司的发起人包括在中国境内外注册的具有独立法人

资格的商业银行，在中国境内注册的、主营业务为制造适合融资租赁交易产品的大型企业，在中国境外注册的融资租赁公司以及银监会认可的其他发起人。

银监会认可的其他发起人是指除符合本办法第九条至第11条规定的发起人以外的其他境内法人机构和境外金融机构。

第九条　在中国境内外注册的具有独立法人资格的商业银行作为金融租赁公司发起人，应当具备以下条件：

（一）满足所在国家或地区监管当局的审慎监管要求；

（二）具有良好的公司治理结构、内部控制机制和健全的风险管理体系；

（三）最近1年年末总资产不低于800亿元人民币或等值的可自由兑换货币；

（四）财务状况良好，最近2个会计年度连续盈利；

（五）为拟设金融租赁公司确定了明确的发展战略和清晰的盈利模式；

（六）遵守注册地法律法规，最近2年内未发生重大案件或重大违法违规行为；

（七）境外商业银行作为发起人的，其所在国家或地区金融监管当局已经与银监会建立良好的监督管理合作机制；

（八）入股资金为自有资金，不得以委托资金、债务资金等非自有资金入股；

（九）承诺5年内不转让所持有的金融租赁公司股权、不将所持有的金融租赁公司股权进行质押或设立信托，并在拟设公司章程中载明；

（十）银监会规定的其他审慎性条件。

第十条　在中国境内注册的、主营业务为制造适合融资租赁交易产品的大型企业作为金融租赁公司发起人，应当具备以下条件：

（一）有良好的公司治理结构或有效的组织管理方式；

（二）最近1年的营业收入不低于50亿元人民币或等值的可自由兑换货币；

（三）财务状况良好，最近2个会计年度连续盈利；

（四）最近1年年末净资产不低于总资产的30%；

（五）最近1年主营业务销售收入占全部营业收入的80%以上；

（六）为拟设金融租赁公司确定了明确的发展战略和清晰的盈利模式；

（七）有良好的社会声誉、诚信记录和纳税记录；

（八）遵守国家法律法规，最近2年内未发生重大案件或重大违法违规行为；

（九）入股资金为自有资金，不得以委托资金、债务资金等非自有资金入股；

（十）承诺5年内不转让所持有的金融租赁公司股权、不将所持有的金融租赁公司股权进行质押或设立信托，并在拟设公司章程中载明；

（十一）银监会规定的其他审慎性条件。

第十一条 在中国境外注册的具有独立法人资格的融资租赁公司作为金融租赁公司发起人，应当具备以下条件：

（一）具有良好的公司治理结构、内部控制机制和健全的风险管理体系；

（二）最近1年年末总资产不低于100亿元人民币或等值的可自由兑换货币；

（三）财务状况良好，最近2个会计年度连续盈利；

（四）遵守注册地法律法规，最近2年内未发生重大案件或重大违法违规行为；

（五）所在国家或地区经济状况良好；

（六）入股资金为自有资金，不得以委托资金、债务资金等非自有资金入股；

（七）承诺5年内不转让所持有的金融租赁公司股权、不将所持有的金融租赁公司股权进行质押或设立信托，并在拟设公司章程中载明；

（八）银监会规定的其他审慎性条件。

第十二条 金融租赁公司至少应当有一名符合第9条至第11条规定的发起人，且其出资比例不低于拟设金融租赁公司全部股本的30%。

第十三条 其他境内法人机构作为金融租赁公司发起人，应当具备以下条件：

（一）有良好的公司治理结构或有效的组织管理方式；

（二）有良好的社会声誉、诚信记录和纳税记录；

（三）经营管理良好，最近2年内无重大违法违规经营记录；

（四）财务状况良好，且最近2个会计年度连续盈利；

（五）入股资金为自有资金，不得以委托资金、债务资金等非自有资金入股；

（六）承诺5年内不转让所持有的金融租赁公司股权，不将所持有的金融租赁公司股权进行质押或设立信托，并在公司章程中载明；

（七）银监会规定的其他审慎性条件；

其他境内法人机构为非金融机构的，最近1年年末净资产不得低于总资产的30%；

其他境内法人机构为金融机构的，应当符合与该类金融机构有关的法律、法规、相关监管规定要求。

第十四条　其他境外金融机构作为金融租赁公司发起人，应当具备以下条件：

（一）满足所在国家或地区监管当局的审慎监管要求；

（二）具有良好的公司治理结构、内部控制机制和健全的风险管理体系；

（三）最近1年年末总资产原则上不低于10亿美元或等值的可自由兑换货币；

（四）财务状况良好，最近2个会计年度连续盈利；

（五）入股资金为自有资金，不得以委托资金、债务资金等非自有资金入股；

（六）承诺5年内不转让所持有的金融租赁公司股权、不将所持有的金融租赁公司股权进行质押或设立信托，并在公司章程中载明；

（七）所在国家或地区金融监管当局已经与银监会建立良好的监督管理合作机制；

（八）具有有效的反洗钱措施；

（九）所在国家或地区经济状况良好；

（十）银监会规定的其他审慎性条件。

第十五条　有以下情形之一的企业不得作为金融租赁公司的发起人：

（一）公司治理结构与机制存在明显缺陷；

（二）关联企业众多、股权关系复杂且不透明、关联交易频繁且异常；

（三）核心主业不突出且其经营范围涉及行业过多；

（四）现金流量波动受经济景气影响较大；

（五）资产负债率、财务杠杆率高于行业平均水平；

（六）其他对金融租赁公司产生重大不利影响的情况。

第十六条 金融租赁公司发起人应当在金融租赁公司章程中约定，在金融租赁公司出现支付困难时，给予流动性支持；当经营损失侵蚀资本时，及时补足资本金。

第十七条 金融租赁公司根据业务发展的需要，经银监会批准，可以设立分公司、子公司。设立分公司、子公司的具体条件由银监会另行制定。

第十八条 金融租赁公司董事和高级管理人员实行任职资格核准制度。

第十九条 金融租赁公司有下列变更事项之一的，须报经银监会或其派出机构批准。

（一）变更公司名称；

（二）变更组织形式；

（三）调整业务范围；

（四）变更注册资本；

（五）变更股权或调整股权结构；

（六）修改公司章程；

（七）变更公司住所或营业场所；

（八）变更董事和高级管理人员；

（九）合并或分立；

（十）银监会规定的其他变更事项。

第二十条 金融租赁公司变更股权及调整股权结构，拟投资入股的出资人需符合本办法第 8 条至第 16 条规定的新设金融租赁公司发起人条件。

第二十一条 金融租赁公司有以下情况之一的，经银监会批准可以解散：

（一）公司章程规定的营业期限届满或者公司章程规定的其他解散事由出现；

（二）股东决定或股东（大）会决议解散；

（三）因公司合并或者分立需要解散；

（四）依法被吊销营业执照、责令关闭或者被撤销；

（五）其他法定事由。

第二十二条 金融租赁公司有以下情形之一的，经银监会批准，可以向法院申请破产：

（一）不能支付到期债务，自愿或债权人要求申请破产的；

（二）因解散或被撤销而清算，清算组发现财产不足以清偿债务，应当申请破产的。

第二十三条　金融租赁公司不能清偿到期债务，并且资产不足以清偿全部债务或者明显缺乏清偿能力的，银监会可以向人民法院提出对该金融租赁公司进行重整或者破产清算的申请。

第二十四条　金融租赁公司因解散、依法被撤销或被宣告破产而终止的，其清算事宜，按照国家有关法律法规办理。

第二十五条　金融租赁公司设立、变更、终止和董事及高管人员任职资格核准的行政许可程序，按照银监会相关规定执行。

第三章　业务范围

第二十六条　经银监会批准，金融租赁公司可以经营下列部分或全部本外币业务：

（一）融资租赁业务；

（二）转让和受让融资租赁资产；

（三）固定收益类证券投资业务；

（四）接受承租人的租赁保证金；

（五）吸收非银行股东3个月（含）以上定期存款；

（六）同业拆借；

（七）向金融机构借款；

（八）境外借款；

（九）租赁物变卖及处理业务；

（十）经济咨询。

第二十七条　经银监会批准，经营状况良好、符合条件的金融租赁公司可以开办下列部分或全部本外币业务：

（一）发行债券；

（二）在境内保税地区设立项目公司开展融资租赁业务；

（三）资产证券化；

（四）为控股子公司、项目公司对外融资提供担保；

（五）银监会批准的其他业务。

金融租赁公司开办前款所列业务的具体条件和程序，按照有关规定执行。

第二十八条　金融租赁公司业务经营中涉及外汇管理事项的，需遵守国家外汇管理有关规定。

第四章 经营规则

第二十九条 金融租赁公司应当建立以股东或股东（大）会、董事会、监事（会）、高级管理层等为主体的组织架构，明确职责划分，保证相互之间独立运行、有效制衡，形成科学高效的决策、激励和约束机制。

第三十条 金融租赁公司应当按照全面、审慎、有效、独立原则，建立健全内部控制制度，防范、控制和化解风险，保障公司安全稳健运行。

第三十一条 金融租赁公司应当根据其组织架构、业务规模和复杂程度建立全面的风险管理体系，对信用风险、流动性风险、市场风险、操作风险等各类风险进行有效的识别、计量、监测和控制，同时还应当及时识别和管理与融资租赁业务相关的特定风险。

第三十二条 金融租赁公司应当合法取得租赁物的所有权。

第三十三条 租赁物属于国家法律法规规定所有权转移必须到登记部门进行登记的财产类别，金融租赁公司应当进行相关登记。租赁物不属于需要登记的财产类别，金融租赁公司应当采取有效措施保障对租赁物的合法权益。

第三十四条 售后回租业务的租赁物必须由承租人真实拥有并有权处分。金融租赁公司不得接受已设置任何抵押、权属存在争议或已被司法机关查封、扣押的财产或所有权存在瑕疵的财产作为售后回租业务的租赁物。

第三十五条 金融租赁公司应当在签订融资租赁合同或明确融资租赁业务意向的前提下，按照承租人要求购置租赁物。特殊情况下需提前购置租赁物的，应当与自身现有业务领域或业务规划保持一致，且与自身风险管理能力和专业化经营水平相符。

第三十六条 金融租赁公司应当建立健全租赁物价值评估和定价体系，根据租赁物的价值、其他成本和合理利润等确定租金水平。

售后回租业务中，金融租赁公司对租赁物的买入价格应当有合理的、不违反会计准则的定价依据作为参考，不得低值高买。

第三十七条 金融租赁公司应当重视租赁物的风险缓释作用，密切监测租赁物价值对融资租赁债权的风险覆盖水平，制定有效的风险应对措施。

第三十八条 金融租赁公司应当加强租赁物未担保余值的估值管理，定期评估未担保余值，并开展减值测试。当租赁物未担保余值出现减值迹象时，应当按照会计准则要求计提减值准备。

第三十九条　金融租赁公司应当加强未担保余值风险的限额管理，根据业务规模、业务性质、复杂程度和市场状况，对未担保余值比例较高的融资租赁资产设定风险限额。

第四十条　金融租赁公司应当加强对租赁期限届满返还或因承租人违约而取回的租赁物的风险管理，建立完善的租赁物处置制度和程序，降低租赁物持有期风险。

第四十一条　金融租赁公司应当严格按照会计准则等相关规定，真实反映融资租赁资产转让和受让业务的实质和风险状况。

第四十二条　金融租赁公司应当建立健全集中度风险管理体系，有效防范和分散经营风险。

第四十三条　金融租赁公司应当建立严格的关联交易管理制度，其关联交易应当按照商业原则，以不优于非关联方同类交易的条件进行。

第四十四条　金融租赁公司与其设立的控股子公司、项目公司之间的交易，不适用本办法对关联交易的监管要求。

第四十五条　金融租赁公司的重大关联交易应当经董事会批准。

重大关联交易是指金融租赁公司与一个关联方之间单笔交易金额占金融租赁公司资本净额5%以上，或金融租赁公司与一个关联方发生交易后金融租赁公司与该关联方的交易余额占金融租赁公司资本净额10%以上的交易。

第四十六条　金融租赁公司所开展的固定收益类证券投资业务，不得超过资本净额的20%。

第四十七条　金融租赁公司开办资产证券化业务，可以参照信贷资产证券化相关规定。

第五章　监督管理

第四十八条　金融租赁公司应当遵守以下监管指标的规定：

（一）资本充足率。金融租赁公司资本净额与风险加权资产的比例不得低于银监会的最低监管要求。

（二）单一客户融资集中度。金融租赁公司对单一承租人的全部融资租赁业务余额不得超过资本净额的30%。

（三）单一集团客户融资集中度。金融租赁公司对单一集团的全部融资租赁业务余额不得超过资本净额的50%。

（四）单一客户关联度。金融租赁公司对一个关联方的全部融资租赁业务余额不得超过资本净额的30%。

（五）全部关联度。金融租赁公司对全部关联方的全部融资租赁业务余额不得超过资本净额的50%。

（六）单一股东关联度。对单一股东及其全部关联方的融资余额不得超过该股东在金融租赁公司的出资额，且应同时满足本办法对单一客户关联度的规定。

（七）同业拆借比例。金融租赁公司同业拆入资金余额不得超过资本净额的100%。

经银监会认可，特定行业的单一客户融资集中度和单一集团客户融资集中度要求可以适当调整。

银监会根据监管需要可以对上述指标做出适当调整。

第四十九条　金融租赁公司应当按照银监会的相关规定构建资本管理体系，合理评估资本充足状况，建立审慎、规范的资本补充、约束机制。

第五十条　金融租赁公司应当按照监管规定建立资产质量分类制度。

第五十一条　金融租赁公司应当按照相关规定建立准备金制度，在准确分类的基础上及时足额计提资产减值损失准备，增强风险抵御能力。未提足准备的，不得进行利润分配。

第五十二条　金融租赁公司应当建立健全内部审计制度，审查评价并改善经营活动、风险状况、内部控制和公司治理效果，促进合法经营和稳健发展。

第五十三条　金融租赁公司应当执行国家统一的会计准则和制度，真实记录并全面反映财务状况和经营成果等信息。

第五十四条　金融租赁公司应当按规定报送会计报表及银监会及其派出机构要求的其他报表，并对所报报表、资料的真实性、准确性和完整性负责。

第五十五条　金融租赁公司应当建立定期外部审计制度，并在每个会计年度结束后的4个月内，将经法定代表人签名确认的年度审计报告报送银监会或其派出机构。

第五十六条　金融租赁公司违反本办法有关规定的，银监会及其派出机构应当依法责令限期整改；逾期未整改的，或者其行为严重危及该金融租赁公司的稳健运行、损害客户合法权益的，可以区别情形，依照《中华人民共和国银行业监督管理法》等法律法规，采取暂停业务、限制股东权利等监管措施。

第五十七条　金融租赁公司已经或者可能发生信用危机，严重影响客户合法权益的，银监会依法对其实行托管或者督促其重组，问题严重的，有权予以撤销。

第五十八条　凡违反本办法有关规定的，银监会及其派出机构依照《中华人民共和国银行业监督管理法》等有关法律法规进行处罚。金融租赁公司对处罚决定不服的，可以依法申请行政复议或者向人民法院提起行政诉讼。

第六章　附　则

第五十九条　除特别说明外，本办法中各项财务指标要求均为合并会计报表口径。

第六十条　本办法由银监会负责解释。

第六十一条　本办法自公布之日起施行，原《金融租赁公司管理办法》(中国银行业监督管理委员会令 2007 年第 1 号) 同时废止

附 3　《〈中华人民共和国融资租赁法〉(草案) 第三次征求意见稿》

《中华人民共和国融资租赁法》(草案) 第三次征求意见稿

第一章　总　则

第一条　(立法目的) 为规范融资租赁活动，维护融资租赁市场秩序，保护融资租赁当事人的合法权益，促进融资租赁业的健康发展，制定本法。

第二条　(定义) 本法所称融资租赁，是指出租人根据承租人对租赁物和供货人的选择，从供货人处取得租赁物，将租赁物出租给承租人，向承租人收取租金的交易活动，租赁期间届满时承租人可以续租、留购或返还租赁物，首次租赁期限最短为一年。出租人限于依法取得融资租赁经营资格的企业。适用于融资租赁交易的租赁物为机器设备等非消耗性动产，为个人、家庭消费目的的使用租赁物的不适用本法。

第三条　(特殊形式) 融资租赁包括回租赁、转租赁等特殊形式。回租赁是指出租人将从承租人作为供货人处取得的租赁物出租给承租人的融资租赁形式。转租赁是融资租赁合同的承租人作为出租人将同一租赁物进行再次

融资租赁的形式。租赁物的所有权归第一出租人。

第四条　（效力范围）在中华人民共和国境内从事融资租赁活动，应当遵守本法。

第五条　（经营原则）从事融资租赁活动应当遵守法律，遵循诚实信用原则和公平原则。

第六条　（主管部门及其职责）国务院商务部门为融资租赁业的主管部门，对全国融资租赁业进行综合协调、指导、管理和服务。省、自治区、直辖市人民政府商务部门为本行政区域内的融资租赁业的主管部门。

第七条　（监督管理原则）对融资租赁企业实施监督管理应当遵循依法、公开、公正、效率的原则。

第二章　融资租赁交易

第八条　（当事人范围）融资租赁交易的当事人包括出租人、承租人和供货人。

第九条　（要式）融资租赁交易的当事人订立供货合同和融资租赁合同应当采用书面形式。

第十条　（内容）融资租赁合同的内容包括租赁物名称、数量、规格、技术性能、检验方法、租赁期限、租金构成及其支付期限和方式、币种、租赁期间届满租赁物的归属等条款。

第十一条　（租金的确定）融资租赁合同的租金，可以根据出租人取得租赁物的大部分或者全部成本以及出租人的合理利润确定。

第十二条　（合同到期后租赁物的归属）对租赁期间届满租赁物的归属没有约定或者约定不明确，依照《中华人民共和国合同法》第 61 条的规定仍不能确定的，租赁物的所有权归出租人。

第十三条　（出租人变更供货合同的限制）未经承租人同意，出租人不得变更与承租人有关的供货合同内容。

第十四条　（转租赁合同的订立）转租赁应当经出租人同意。

第十五条　（告知义务）出租人应当保证供货人知悉出租人取得租赁物的目的是租给承租人。出租人应当保证承租人知悉供货合同的主要内容。

第十六条　（供货合同无效或撤销时融资租赁合同的处理）供货合同被确认无效或者撤销，融资租赁合同同时解除。融资租赁合同解除后当事人的损失，由供货合同被确认无效或者撤销的过错方承担。

第十七条　（承租人享有的买受人权利）供货人向承租人直接承担供货合同项下的全部义务。

第十八条　（承租人的受领义务）承租人应当按照约定的时间、地点和方式受领租赁物。

第十九条　（租赁物登记）租赁物应当在登记机关办理所有权登记，未办理登记的，出租人对租赁物的所有权不得对抗善意第三人。

第二十条　（租赁物瑕疵担保责任）租赁物不符合约定的，出租人不承担责任，但承租人依赖出租人的技能和判断确定租赁物或者出租人干预选择租赁物的除外。

第二十一条　（出租人平静占有担保责任）出租人应当保证承租人对租赁物的占有和使用，不因出租人的原因而受第三人主张权利的干扰。

第二十二条　（承租人善良保管义务）承租人应当妥善保管、使用租赁物，除合理的损耗及出租人同意的对租赁物的改变外，承租人应当使之处于交付时的状态。出租人不承担租赁期间租赁物的维修义务。

第二十三条　（产品责任和第三人损害责任）承租人占有租赁物期间，租赁物造成人身伤害或者他人财产损害的，出租人不承担责任。承租人使用租赁物造成人身伤害或者他人财产损害的，出租人不承担责任。

第二十四条　（风险承担）根据供货合同，租赁物毁损或者灭失的风险转移给出租人时，该风险即转移给承租人。供货人将租赁物直接交付给出租人的除外。在租赁期间，租赁物毁损或者灭失的风险由承租人承担。租赁物毁损或者灭失的，不影响承租人按照融资租赁合同应承担的义务。租赁物毁损或者灭失后，承租人能够按照出租人的要求修复租赁物或者购买同条件替代物的，融资租赁合同继续履行。租赁物不可修复或者不能就替代物达成一致的，融资租赁合同终止，承租人应当向出租人支付到期租金，并赔偿出租人的损失。

第二十五条　（融资租赁合同不可解约性）除非出租人违反本法第 21 条（出租人平静占有担保责任）、第 27 条（租赁物严重不符合合同约定时的处理）、第 28 条（未交付租赁物出租人的责任）的规定，承租人不得解除融资租赁合同。

第二十六条　（对供货人的索赔）供货人违反供货合同约定，承租人可以向供货人主张因供货人违约给承租人造成的损失。承租人直接向供货人行使索赔权的，出租人应予协助，索赔的费用和结果，由承租人承担和享有。

第二十七条　（租赁物严重不符合合同约定时的处理）租赁物严重不符合约定的，承租人可以选择解除融资租赁合同，并要求供货人赔偿损失。出租人因此受到的损失，由承租人向出租人赔偿，该项赔偿不受承租人向供货人索赔结果的影响。承租人也可以要求供货人更换、修理租赁物，因更换、修理租赁物给承租人造成的损失，由供货人赔偿。承租人接受租赁物或者更换、修理租赁物而使租赁物的价值减损的，该损失部分由供货人向承租人赔偿。出租人因此受到的损失，由承租人向出租人赔偿，该赔偿不受承租人向供货人索赔结果的影响，但租金应当适当降低。

第二十八条　（未交付租赁物出租人的责任）由于出租人的过错致使供货人没有履行供货义务的，出租人向承租人承担违约责任。

第二十九条　（承租人违约时出租人的救济）承租人应当按照约定支付租金。承租人连续两期未按约定支付租金的，出租人可以要求支付全部租金，也可以解除融资租赁合同，收回租赁物，并要求承租人赔偿损失。出租人要求解除融资租赁合同收回租赁物的，当事人约定租赁期间届满租赁物归承租人所有，收回的租赁物的价值超过承租人欠付的租金以及其他费用的，承租人可以要求部分返还；当事人约定租赁期间届满租赁物归出租人所有，收回的租赁物价值超过承租人欠付的租金以及其他费用的部分归出租人所有。

第三十条　（欠付租金偿还顺序）在承租人延迟支付租金的情形下，承租人向出租人支付的款项，应当按照欠付租金利息、违约金、损害赔偿金、租金的顺序偿还。

第三十一条　（出租人的取回权）承租人有其他严重违约或严重侵害出租人权益的行为时，出租人有权取回租赁物，由此造成的损失由承租人赔偿。出租人依前款规定，有权直接向承租人行使取回权，承租人应予配合。

第三十二条　（出租人免责）除本法第 33 条规定（出租人免责的例外）的情形外，供货人违约而出租人未违反供货合同义务的，对供货人的索赔不影响出租人向承租人行使融资租赁合同项下包括收取租金在内的权利。

第三十三条　（出租人免责的例外）出租人有下列情形之一，造成索赔逾期或者索赔失败的，应当承担相应的民事责任：

（一）明知或者应当知道租赁物有瑕疵而未告知承租人的；

（二）融资租赁合同约定由出租人行使对供货人的索赔权，而出租人怠于行使的；

（三）供货合同的索赔权只能由出租人行使，而出租人怠于行使的；

（四）在承租人行使索赔权时不予协助的。

第三十四条 （租赁物附合于他物）租赁物附合于其他动产、不动产上时，不改变出租人就租赁物享有的权利。租赁物附合后的动产、不动产转让时，在租赁物价值范围内的转让价款归出租人。

第三十五条 （租赁物非责任财产）租赁物不得作为承租人承担民事责任的财产。承租人破产的，租赁物不属于破产财产。

第三十六条 （出租人破产）出租人破产时，不得影响承租人在融资租赁合同项下的权利。除本法另有规定外，破产管理人不得解除融资租赁合同。

第三章 融资租赁业的监督管理

第三十七条 （监管职责）国务院商务部门对融资租赁企业实施监督管理，负责制订有关规章、审查批准融资租赁企业及其分支机构的设立和变更，监督检查融资租赁企业经营规则实施情况。

第三十八条 （设立审批）设立融资租赁企业应当经国务院商务部门及授权的省、自治区、直辖市人民政府商务部门批准。境内金融机构投资控股融资租赁企业的设立，应当经国务院金融监管机构批准。

第三十九条 （审查内容）审查批准融资租赁企业的设立，应当对股东的资金来源、财务状况和诚信状况进行审查。

第四十条 （设立条件）设立融资租赁企业，应当具备下列条件：

（一）注册资本的最低限额为人民币五千万元；

（二）有具备融资租赁专业知识和从业经历的高级管理人员；

（三）有健全的组织机构、经营管理制度、风险控制及风险处置制度。

第四十一条 （企业名称）融资租赁企业名称应当标明“融资租赁”字样，其他经营性组织名称不得含有“融资租赁”字样。

第四十二条 （经营规则）融资租赁企业经营应当遵循下列规则：

（一）风险资产不得超过净资产的十五倍；

（二）融资租赁和其他租赁资产比重不得低于总资产的百分之六十。

第四十三条 （财务制度）融资租赁企业应当依照法律和国家统一的财

务、会计制度及有关规定，建立、健全本单位的财务、会计制度。

第四十四条　（报告和审计）融资租赁企业应定期向监督管理部门报送业务经营情况报告和经会计师事务所审计的财务会计报告，以及监督管理部门要求报送的其他材料。

第四十五条　（金融租赁监管）境内金融机构投资控股融资租赁企业由国务院金融监管机构进行监督管理。国务院可以对境内金融机构投资控股融资租赁企业制定严于本章本条之前规定的规定。

第四十六条　（行业协会）融资租赁业协会是融资租赁业的全国性自律组织，接受国务院商务部门的业务指导。融资租赁业协会应当维护融资租赁企业的合法权益，反映融资租赁企业的建议和要求，为融资租赁企业提高管理能力和经营水平提供服务。

第四十七条　（登记机关）本法第19条（租赁物登记）规定的租赁物登记机关如下：

（一）以航空器、船舶、车辆作为租赁物的，为运输工具的登记部门；

（二）以设备和其他动产作为租赁物的，为租赁物所在地的工商行政管理部门。

第四十八条　（办理登记的条件）办理租赁物登记，应当向登记机关提供下列文件原件或者复印件：

（一）融资租赁合同；

（二）租赁物的取得凭证。

第四十九条　（登记资料的使用）登记机关登记的资料，应当允许查阅、抄录或者复印。

第四章　融资租赁业的促进

第五十条　（加速折旧、呆账准备、流转税缴纳）融资租赁的机器设备实行加速折旧。允许融资租赁企业提取呆账准备金并作税前扣除。融资租赁企业从事融资租赁业务，应当以其扣除融资成本后的净收入作为税基缴纳流转税。

第五十一条　（关税缴纳）在跨境融资租赁中，入境租赁物以各期次租金为完税价格分期缴纳关税。融资租赁企业要求一次性缴纳税款的，也可以以租金总额作为完税价格。

第五十二条　（承租人的特殊资质）承租人作为买受人取得租赁物时应

该享有的各种待遇，不应当因为承租人采用融资租赁方式、出租人在融资租赁期间拥有租赁物的所有权而受到影响。承租人办理相关行政许可手续应视同于出租人办理，但租赁物所有权不转移的除外。

第五十三条　（资金来源）国家采取措施鼓励和促进融资租赁企业扩大资金来源，增加融资渠道。

第五十四条　（鼓励方向）国家采取措施鼓励融资租赁企业对中小企业、贫困地区及其他符合国家扶持条件的项目、行业或地区开展融资租赁业务。

第五十五条　（信息服务）国家建立融资租赁公共信息服务系统，向融资租赁交易的当事人和其他社会公众提供信息服务。

第五章　法律责任

第五十六条　（非法经营处罚）非法设立的融资租赁企业及非法从事融资租赁业务的企业，由审查批准部门、工商行政管理部门依法查处，没收违法所得，并可视情节轻重处以100万元以下罚款。

第五十七条　（非法经营处罚）未经批准设立分支机构从事融资租赁业务的，由审查批准部门、工商行政管理部门责令限期改正、没收违法所得，并可视情节轻重处以50万元以下罚款。

第五十八条　（非法经营处罚）违反本法规定，有下列行为之一的，由审查批准部门查处，视情节轻重予以警告、通报、责令限期改正、停业整顿、关闭，并可处以10万元以上100万元以下的罚款：

（一）风险资产超过净资产十五倍的；

（二）融资租赁和其他租赁资产比重低于总资产百分之六十的。

第五十九条　（信息披露）融资租赁企业不按照本法第44条（报告和审计）规定提供相关资料的，由审查批准部门责令改正，逾期不改正的，处以5万元以上20万元以下罚款。

第六十条　（对监管部门工作人员的查处）有关工作人员在融资租赁监督管理工作中违反本法规定，滥用职权、徇私舞弊、玩忽职守、失职失察，依法给予行政处分，构成犯罪的，依法追究刑事责任。

第六十一条　（金融租赁监管罚则）境内金融机构投资控股融资租赁企业及国务院金融监管机构从事监督管理工作人员的违法行为，依照相关法律、国务院相关行政法规处罚。

第二章

融资租赁业务审核

笔者在开始撰写这一章节时，思考良久，因为毕竟进入融资租赁这一行业时间还很短，对整个行业以及具体业务的了解还不够深入、透彻，想写好本章难度确实很大。融资租赁虽然已是细分之细分领域，但细数起来涉及航空、船舶、医疗、汽车、基础设施、煤炭、钢铁、石油、天然气、新能源、工程机械等行业，想要面面俱到难度极高，甚至每个行业都可以用专门的章节来介绍。如何在一个较小的章节中谈到业务审核的核心问题呢？笔者尝试将接触过的融资租赁业务进行一定的归纳，整理出具有共性的问题，与读者共享。至于对行业更细化的分析也许只能等到笔者拥有更多的从业经验后才能实现了。

一、主体资格审核

主体资格审核问题涉及企业登记管理制度、经营范围管理制度、经营资质管理制度、许可证管理制度、从业资格管理制度等。[1]实践中对于企业主体的审核主要是根据企业工商登记查询以及备案的公司章程来核实，对于具体业务来说，尤其是医疗、航运等涉及经营资质、许可管理的行业应重点审查。这里可以结合相关的查询工具，如全国企业信用信息公示系统，第三方应用可参考查询天眼查、启信宝等，再加上企业提供的相关资质材料综合审核；还可以结合中国裁判文书网、被执行人信息网等对企业涉及的工商行政处罚、诉讼标的、被执行信息等进行综合判断。需要提醒读者注意的是，首先，在业务过程中很多时候审查人员都是凭借业务人员前期收集的基础材料来进行分析判断，但企业经营发展是一个动态的过程，而融资租赁公司的业务审批往往有一定的周期，在这个周期内企业可能会发生较大的变化，审查人员一定要留意客户的动态发展。其次，在主体查询核实过程中，如果发现

〔1〕 吴江水：《完美的合同》，北京大学出版社 2010 年版，第 62~63 页。

有重大的行政处罚或者涉诉、被执行信息，作为审查人一定要有刨根问底的精神，查清楚事情的来龙去脉，从而评估这些不良信息对主体经营的影响程度，而不是仅凭客户或业务人员出具的情况说明。

在这里笔者认为有必要强调一下，我国现在的金融行业基本都是高收益行业，那么高收益往往意味着高风险。这里的风险有市场变化的风险，有操作上的风险，有内部经营管理风险，但是这些风险还都是显而易见的。对于公司职员，尤其是业务人员来说，更为隐秘的是可能涉及的刑事风险。而金融行业从业人员的刑事法律风险防范意识薄弱。但是风险一旦爆发，对从业人员来说将严重影响其职业生涯甚至人生轨迹，因此，笔者有必要向读者再次提示相关风险。

无论是银行业务还是融资租赁业务，在业务的调查、审批过程中都会有诸多环节，而在这些环节中处处隐藏着风险，先来看一起笔者曾经经办的案件。

2014 年山东某企业因业务关系向当地某国有银行申请银行承兑汇票 1.2 亿元，承兑汇票开出后原业务取消，企业本应将银行承兑退回，但其为争取流动资金决定将这笔承兑汇票贴现，为争取更优惠的贴现利率，公司财务人员在网络上找到了浙江的 A 公司，而 A 公司事实上与山东某企业之间并没有贸易关系，A 公司是专门经营票据贴现业务的皮包公司，其给予山东某企业的贴现利率有很大的吸引力，事实上 A 公司也是用这样的贴现利率引诱企业上钩，因为这笔业务中 A 公司已经找到了急需资金的 B 公司，B 公司因为经营不善已经欠债累累，银行、民间借贷、高利贷高达 7000 多万元。而主动找上门来的该山东企业成为这些人眼中的“肥羊”，A 公司与 B 公司很快达成一致，B 公司通过银行将 1.2 亿元的银行承兑贴现，但该山东企业发现自己并不像当初对方承诺的那样可以控制资金，而是所有资金被 B 公司截流，除了配合这一过程的 A 公司实际控制人以及幕后的犯罪分子截取了巨额资金外，银行等债权人闻听 B 公司有大额进账后也纷纷出手，B 公司实际转给山东某企业 5000 余万元，剩余资金则被各个环节的犯罪嫌疑人瓜分，各债权人也通过控制 B 公司账户的方式截流了相关资金，共计 6000 多万元。该山东企业面临将近 7000 万元无法收回的重大风险。事实上这是犯罪嫌疑人一整套的配合运作，他们当初的目的就是侵占这笔资金。

我们抛开诈骗的其他环节，单看银行工作人员在其中承担了什么样的风险，这一案件中十几名银行工作人员被采取强制措施，其中徐某的涉案引发了很大的争议，徐某在本案中起到了什么作用呢？在侦查阶段，有诈骗人员透露，徐某是某银行高级客户经理，之前也找他办过业务，这次找他处理这笔 1.2 亿元的业务，但因额度不够转而由徐某介绍的另一家银行的孙行长负责贴现，而且徐某指导其制作虚假的增值税发票，但徐某到案后均予以否认。对于徐某，如果本案没有其他证据，仅仅凭借诈骗人之一的口供是不足以认定其犯罪事实的：第一，事前徐某没有与其他诈骗分子的共谋，也就是事前无共谋，事后也没有参与分赃；第二，能证明徐某指导伪造增值税发票的证据仅有同案一名被告的证言，徐某否认，证据一对一，很难认定；第三，即便徐某确实指导了相关业务增值税发票的修改，但其主观上也只是为了能办理贴现业务，而不是诈骗，也就是说如果情节严重有可能构成非法发放贷款罪；第四，徐某介绍贴现也是因为之前的业务关系，本身介绍贴现业务并不违法。如果案件仅仅到此，徐某即便存在某些违规行为也并不构成诈骗罪的共犯，但正是在案件过程中有诸多环节无法查明，导致其深陷刑事追诉之中。

这起案件经过律师四年艰苦的辩护，最终徐某得以无罪释放。但是四年时间对一个金融行业从业者来说损失太过惨重，纵使国家赔偿给予当事人一定的经济赔偿，但对当事人自身、对其家庭、对其未来的事业都造成了不可挽回的损失，教训不可谓不深刻。而就在笔者撰写本书的过程中，某国有银行分行也出现了大批业务人员因涉嫌诈骗罪、违法发放贷款罪而被采取刑事措施的情况。很多读者会说，银行业务有其特殊性，融资租赁作为类金融业务不会有这样的风险，但是笔者要强调的是，作为类金融的融资租赁行业同样面临这样的风险。自 2016 年年底远程医疗系列案件逐渐暴发，涉及全国几十家租赁公司以及 900 多家医院，累计投放总额近百亿元。远程公司经营不善导致大部分业务出现逾期从而产生了大量的诉讼，在诉讼过程中承租人为摆脱自身责任，向当地的公安机关报案称业务存在诈骗情形，并指出融资租赁公司业务人员也参与其中。笔者尚无法得知是否确实有融资租赁公司工作人员被牵扯其中，但这与前文提到的案件并无不同。笔者深知在现有的司法体制下，一旦有人被启动刑事追责程序，想要脱罪是极为困难的。不排除民事主体为维护自身利益采取极端手段，利用刑事手段插手经济纠纷。所以融资租赁业务本身的不规范操作也许并不会导致风险，而业务本身出现风险后，由于涉及重大的经济利益，在外力的干预下，就很容易使得办案机关简化办案逻辑，将业务人员在业务操作过程中的不规范行为上升至刑法上的评价并得出对业务人员极为不利的判断。避免此类风险的最简单办法就是依法合规操作，业务量对一个从业人员来说决定其利益大小及未来的发展，但是如果业务人员因此突破底线，有可能给其个人、家庭带来毁灭性的打击。再次提醒各位同仁谨慎对待此业务！

言归正传，在业务主体的审核中还有一个实务问题值得大家思考。那就是所谓的共同承租人。[1]在很多业务中，存在共同承租人的说法，即一个出租人对应两个承租主体，那么这种共同承租关系到底是融资租赁合同的共同承租主体还是担保关系主体？租赁物在一方实际占有、使用的情况下是否对融资租赁关系的本质产生影响？实践当中，当业务出现逾期风险时，共同承租人往往利用租赁物未实际使用等理由抗辩。那么共同承租作为一种创新的业务模式在法律上是怎么认定的呢？

首先，一般作为共同承租人出现在融资租赁业务中的企业往往都是关联性企业，作为共同承租人是两个企业之间协商一致的交易安排，在法律没有明文禁止的情况下，在不损害国家、集体、第三人利益的情况下，这样的合同关系应该被认定为合法有效。至于具体的占有和使用事宜可以由共同承租人自行协商确定。法院在融资租赁标的物真实存在并符合融资租赁架构的情形下，一般也会认可合同的效力。这里要提醒读者的是，首先要严格按照《物权法》《合同法》等相关法律规定，从共同承租人处取得租赁物的所有权，其次建议在支付租赁物购买价款、交付租赁物、租金支付等重大事项时取得共同承租人的一致确认，避免相关风险。

二、合同内容的合法性及融资租赁法律关系的认定

租赁物的审查，这里审查的主要依据是《融资租赁企业监督管理办法》《金融租赁公司管理办法》，审查人员应当根据具体项目租赁物的情况判断其是否符合《融资租赁企业监督管理办法》第10条“融资租赁企业开展融资租赁业务应当以权属清晰、真实存在且能够产生收益权的租赁物为载体”的规定。《金融租赁公司管理办法》第4条规定，适用于融资租赁交易的租赁物为固定资产，银监会另有规定的除外。《外商投资租赁业管理办法》虽已经废

[1] 张稚萍等主编：《融资租赁案件解析与实践指导》，中国经济出版社2018年版，第470页。

止，但其关于租赁物的规定也具有参考价值。

> 《外商投资租赁业管理办法》第 6 条
>
> 本办法所称租赁财产包括：①生产设备、通信设备、医疗设备、科研设备、检验检测设备、工程机械设备、办公设备等各类动产；②飞机、汽车、船舶等各类交通工具；③本条①、②项所述动产和交通工具附带的软件、技术等无形资产，但附带的无形资产价值不得超过租赁财产价值的 1/2。

以上是我国现有的关于租赁物的权威规定。国际上《国际融资租赁公约》[1]在其第 1 条就开门见山地规定，租赁物为成套设备、资本货币或其他设备。

无论从国内还是国际的规定来看，虽然租赁物涵盖的范围很广，差异明显，但是又有其共性。第一，租赁物必须真实存在，租赁物作为融资租赁业务的核心，如果租赁物是虚构的，则可能颠覆整个交易模式。没有租赁物，根本谈不上融资租赁法律关系的建立。这样的问题在售后回租模式中更为明显，这也是很多业内人士质疑售后回租模式的重要原因。很多业务中，企业都是以售后回租业务为名，实际上行资金借贷之实，从而规避法律。一旦业务发生风险，产生诉讼，法院在简单审查相关证据后，很容易得出案件名为租赁、实为借贷的判断。《最高人民法院关于审理融资租赁合同纠纷案件适用法律问题的解释》第 1 条规定，人民法院应当根据《合同法》第 237 条的规定，结合标的物的性质、价值、租金的构成以及当事人的合同权利和义务，对是否构成融资租赁法律关系作出认定。对名为融资租赁合同，但实际不构成融资租赁法律关系的，人民法院应按照其实际构成的法律关系处理。而基于融资租赁本身的性质，在融资租赁关系中对出租人有着更为全面的权利保护，而一旦认定为借贷关系或其他民事关系，会对融资租赁公司产生巨大的经营风险。

在融资租赁公司业务蓬勃发展的今天，我们更应该重视在业务发展过程中的风险问题，建议公司在发展业务的同时，守好依法合规的底线。尤其在操作售后回租业务时，应对租赁物清单中的租赁资产进行详细的核查，对每

---

〔1〕 江必新主编：《融资租赁合同纠纷》，法律出版社 2014 年版，第 28~31 页。

个租赁物都能做到特定化，从而在租赁物这一环节确保其具体性、特定化。同时，要仔细核对并保存能够证明租赁物所有权的凭证、购买合同、发票等，这样一旦产生争议便可以相互验证。最后也要提醒读者，在日常租后的管理中，也应该对租赁物及其现状予以关注并保留相关证据。

笔者介绍一起涉及租赁物的典型案例，读者通过案例的形式结合法律规定更容易理解租赁物的重要性。

案例一：[1]

上诉人（原审被告）：工银租赁公司

被上诉人（原审原告）：华纳公司

原审第三人：大江公司

原审第三人：建行开发区支行

基本案情：上诉人工银租赁公司因与被上诉人华纳公司，原审第三人大江公司、建行开发区支行金融租赁合同纠纷一案，不服安徽省铜陵市中级人民法院（2016）皖07民初25号民事判决，向本院提起上诉。工银租赁公司上诉请求：撤销一审判决，依法改判支持工银租赁公司的一审诉讼请求并由华纳公司承担本案全部诉讼费用。

事实和理由：一审以“《售后回租资产清单》及发票所记载、证实的租赁物与华纳公司实有机器设备严重不符，且华纳公司实有生产设备价值明显低于融资金额无法起到对租赁债权的担保作用”为由，认定案涉融资租赁合同仅有融资，没有融物属性，从而否定了租赁物的真实存在，这一认定是错误的。本案租赁物经过工银租赁公司和保险人公司的双重查验，是真实存在的。这些机器设备由华纳公司于2010年10月前购置并投入运营，在签署本案融资租赁合同之前，工银租赁公司实地查验了上述机器设备，确认其真实存在，并在显要处张贴标识后拍照存档。不仅如此，华纳公司于2012年5月17日在中国人民财产保险股份有限公司为上述机器设备投保财产一切险，并将工银租赁公司列为第一受益人。判断租赁物是否存在，应通过清点厂房和设备得出结论，租赁物最初的状态、之后在使用过程中是否发生过毁损灭失或者非法处分，应向华纳

[1] 安徽省高级人民法院（2017）皖民终174号民事判决书。

公司员工进行调查，而不应由破产管理人通过核对发票来得出结论。本案中，华纳公司是将自己正在使用的机器设备进行融资租赁的，包括造液设备、溶铜设备、生箔机组等都是铜箔生产企业必不可少的机器设备，它们不可能是虚构的。如果租赁物的真实价值低于租赁融资金额，当然会增加工银租赁公司收回融资租赁款的经营风险，但不能以此否定租赁物的真实存在，也不能以此否定案涉融资租赁合同的性质。一审在认定案涉《融资租赁合同》的性质是“名为融资租赁实为企业间借贷”后，直接认定其无效。根据《最高人民法院关于审理融资租赁合同纠纷案件适用法律问题的解释》第 1 条，对名为融资租赁合同，但实际不构成融资租赁法律关系的，人民法院应按照其实际构成的法律关系处理。因此，即使租赁物不存在，法院也应认定本案融资租赁合同实际构成借款合同，并按企业间借款合同来判断其合同效力。根据《最高人民法院关于审理民间借贷案件适用法律若干问题的规定》第 11 条，法人之间、其他组织之间以及它们相互之间为生产、经营需要订立的民间借贷合同，除存在《合同法》第 52 条、本规定第 14 条规定的情形外，当事人主张民间借贷合同有效的，人民法院应予支持。本案中并不存在《合同法》第 52 条规定的合同无效情形，也不存在上述司法解释第 14 条规定的高利转贷、非法集资等情形，案涉合同不应被认定为无效。

华纳公司辩称，一审诉讼是华纳公司提起的，工银租赁公司要求支持其一审诉讼请求是构成工银租赁公司对华纳公司一审诉讼请求的认可。一审法院认定事实清楚，工银租赁公司没有履行查验义务，所主张的设备是自始不存在的，案涉合同不具有融物的属性，不构成融资租赁关系。工银租赁公司没有融资租赁的资质，合同应该认定为无效，所以工银租赁公司不应对华纳公司相关设备取得所有权。

大江公司诉称，一审判决查明事实清楚，认定融资租赁合同无效证据充分，适用法律正确，请求二审法院予以维持。

建行开发区支行诉称，同意一审法院对案件事实的认定，以及对本案合同性质的认定。此外，本案中华纳公司与工银租赁公司之间存在恶意串通的情形，损害第三人建行开发区支行和大江公司的利益，具体体现在本案一审法大律师事务所尽职调查报告显示未见租赁物所有权瑕疵及抵押情形。因此，依据《合同法》第 52 条的规定，合同应该认定为无效。

华纳公司向一审法院起诉请求：①确认编号为2012工银租赁设备字004号《融资租赁合同》无效；②确认工银租赁公司对华纳公司动产不享有物权；③全部诉讼费用由工银租赁公司承担。

一审法院认定事实：2012年4月23日，工银租赁公司与华纳公司签订编号为2012工银租赁设备字004号《融资租赁合同》，约定：①华纳公司以筹措资金为目的，以回租方式向工银租赁公司转让租赁物，工银租赁公司根据华纳公司上述目的融资受让租赁物，租赁物为《售后回租资产清单》中载明的铜箔生产线设备，转让价款为1.5亿元；②工银租赁公司购买华纳公司转让的租赁物并回租给华纳公司使用，华纳公司承租租赁物须向工银租赁公司支付租金，租金支付按《租赁附表》（概算表）及《实际租金支付表》的规定办理；③租赁期限为四年，每三个月支付一次租金，共分16期，每期按等额本金方式支付，租金由租赁成本与租赁利息构成，租赁利息以中国人民银行公布的人民币三到五年期贷款基准利率（年6.9%）上浮15%计算，当中国人民银行调整基准利率，工银租赁公司以《租金调整通知书》通知华纳公司，对华纳公司欠付的租金部分，如遇利率上调，则按新租赁利率相应调整，如遇利率下调，则按原利率执行；④在租赁期内，华纳公司确保工银租赁公司是租赁设备的唯一合法所有权人，保证不会利用其对标的物的占有而在租赁物上设置对出租人不利的权利负担；⑤若华纳公司根本违约，工银租赁公司有权向华纳公司追索合同项下应付所有到期未付租金、滞纳金、未到期剩余租赁成本、留购价款或终止合同、取回租赁物，并要求赔偿损失等。上述合同附件一《售后回租资产清单》记载租赁资产包括造液系统设备等七大项共14套，附件二《租赁附表》记载起租日为2012年4月15日，应付租金总额为175 658 565.57元，租赁物留购价为1元。上述合同签订后，工银租赁公司于2012年4月28日将14 400万元合同款（扣除了600万元手续费）通过网银汇入华纳公司账户。2013年4月15日，上述融资租赁业务在中国人民银行征信中心办理了编号为00790111000098439636租赁初始登记。

2015年5月15日，一审法院裁定受理对华纳公司的破产清算申请，并指定安徽蓝天会计师事务所担任破产管理人。经华纳公司管理人申请，铜陵市衡平公证处于2016年5月13日对工银租赁公司申报债权资料（合同及33份发票复印件）与华纳公司存档合同及会计凭证中的发票原件、公司现有实物比对情况进行证据保全，作出（2016）皖铜公证字第2113号、第2114号公证书。公证书显示，工银租赁公司申报债权资料中的2份发票复印件在华纳公司找不到与之相对应的发票原件，另外31份发票复印件与华纳公司会计凭证中号码相同的发票原件记载的内容不一致：例如编号00777790发票，售后回租资产清单附件中的发票复印件记载名称为造液系统设备，金额为11 656 000元，发票原件记载名称为不锈钢花纹板，金额为104 104元。售后回租附件发票复印件总金额为179 512 567元，华纳公司与之相对应的发票原件总金额为10 688 652元。

一审法院认为，《合同法》第237条规定，融资租赁合同是出租人根据承租人对出卖人、租赁物的选择，向出卖人购买租赁物，提供给承租人使用，承租人支付租金的合同。可见融资租赁交易具有融资和融物的双重属性，其主要特征是租赁物的所有权在租赁期间归出租人所有，租赁物起着融资担保作用。案涉《融资租赁合同》系设备售后回租业务，出卖人和承租人均为华纳公司，按照约定，华纳公司应首先将生产设备的所有权让渡于工银租赁公司，工银租赁公司再将该设备出租给华纳公司。现双方当事人虽然办理了“所有权转移证书”，但因《售后回租资产清单》及发票所记载、证实的租赁物与（2016）皖铜公证字第2113号、第2114号公证书所证实的华纳公司实有机器设备严重不符，且华纳公司实有生产设备价值明显低于融资金额无法起到对租赁债权的担保作用，即案涉融资租赁合同仅有融资，没有融物属性。根据《最高人民法院关于审理融资租赁合同纠纷案件适用法律问题的解释》第1条的规定，案涉《融资租赁合同》的性质是名为融资租赁实为企业间借贷，应认定2012工银租赁设备字004号《融资租赁合同》无效。华纳公司无法按照合同的约定将项下租赁物交付给工银租赁公司，工银租赁公司也无法取得符合合同约定的设备的所有权，故不享有合同解除后的设备取回权。综上，案涉《融资租赁合同》名为融资租赁实为企业间借贷，华纳公司请求确认合同无效以及工银租赁公司不享有物权的诉讼请求，予以支持。案经一审法院审判委员会讨论决定，依照《物权法》第23条、《合同法》第237条、《最高人民法院关于审理融资租赁合同纠纷案件适用法律问题的解释》第1条的规定，判决：一、确认编号为2012工银租赁设备字004号《融资租赁合同》无效；二、确认工银租赁公司对华纳公司动产不享有物权。案件受理费408 123元，由工银租赁公司负担。

二审庭审中，工银租赁公司向法庭提交了下列证据：证据一，中国人民保险股份有限公司《财产险报销单》，证明2014年5月22日至2015年5月21日相关租赁物的投保情况，租赁物经过保险查验，租赁物是真实存在的。证据二，大江公司基本登记信息，证明大江公司保证人岳霆是大江公司董事。证据三，大江公司董事会决议及华纳公司董事会决议，证明对于本案涉及的融资租赁交易业务保证人大江公司完全知情且参与实际的决策。

华纳公司质证意见：对证据一真实性无异议，如果投保人是华纳公司，保单也应该在华纳公司，而不是在工银租赁公司处，保单上既无查验的设备清单，也没有发票信息。该证据不能证明其上诉观点。对证据二真实性无异议，但与本案没有关联性。证据三不能证明其上诉观点。

大江公司质证意见：四份新提交证据不能证明融资合同的租赁物是实际存在的，也不能证明融资合同是有效力的。

建行开发区支行质证意见：保险单与是否实际查验没有直接关联性；大江公司和华纳公司董事会决议对案涉合同效力不产生法律关联，与本案的争议焦点也没有直接关联。

华纳公司提交了下列证据：证据一，破产财产变卖合同，证明华纳公司所有的资产经合法程序处置，目前已经整体出售，工银租赁公司要求取回资产的目的不能实现。证据二，华纳公司债权人大会投票结果与工银租赁公司在第二次债权会议上的表决票，证明破产方案通过，工银租赁公司投弃权票。是对物权的放弃，只能享有相关的债权。

工银租赁公司质证意见：对证据一的真实性无异议，但不能证明华纳公司的主张。在没有完成拍卖的时候取回租赁物，在已经完成拍卖的时候就取回拍卖款，并不冲突。对证据二的真实性无异议，但不能证明其主张，工银租赁公司对于整体的变价方案没有反对意见，其主张对租赁物享有取得权，如果租赁物被拍卖应取得拍卖款。

大江公司、建行开发区支行质证意见：同意华纳公司举证意见。

二审法院的主要观点，本案二审争议焦点是：1. 案涉《融资租赁合同》的性质及效力如何认定；2. 一审判决是否存在法律适用错误。

①关于案涉《融资租赁合同》的性质及效力问题。《最高人民法院关于审理融资租赁合同纠纷案件适用法律问题的解释》第 1 条规定，“人民法院应根据合同法第 237 条规定，结合标的物的性质、价值、租金的构成以及当事人的合同权利义务，对是否构成融资租赁法律关系作出认定。对名为融资租赁合同，但实际上不构成融资租赁法律关系的，人民法院应按照实际构成的法律关系处理”。《合同法》第 237 条规定，“融资租赁合同是出租人根据承租人对出卖人、租赁物的选择，向出卖人购买租赁物，提供给承租人使用，承租人支付租金的合同”。从以上规定可以看出，融资租赁合同具有以下特征：一是通常涉及三方合同主体（即出租人、承租人、出卖人）并由两个合同构成即出租人与承租人之间的融资租赁合同以及出租人与出卖人就租赁物签订的买卖合同；二是出租人根据承租人对出卖人和租赁物的选择购买租赁物；三是租赁物的所有权在租赁期间归出租人享有。融资租赁合同具有融资与融物相结合的特点，融资租赁关系中包括两个交易行为，一是供货人和出租人之间的买卖合同，二是承租人与出租人之间的租赁合同。两个合同相互结合才能构成融资租赁合同关系，缺一不可。如无实际租赁物或者租赁物所有权未从出卖人处转移至出租人或者租赁物的价值明显偏低，则应认定该类融资租赁合同没有融物属性，系以融资租赁之名行借贷之实，应属借款合同。本案所涉《融资租赁合同》系动产设备售后回租业务，出卖人和承租人均为华纳公司，租赁物系华纳公司的部分生产设备。双方虽有工银租赁公司购买华纳公司租赁物即“造液系统等设备”的约定，但根据工银租赁公司提交的《售后回租资产清单》及发票复印件所记载的租赁物与（2016）皖铜公证字第 2113 号、第 2114 号《公证书》所证实的华纳公司实有机械设备严重不符。因增值税发票具有唯一性，同一编号的增值税发票不可能出现不同名称、价值的货物，工银租赁公司的主张与华纳公司同一编号的发票原件在价值及名称上均不符。其主张权利的发票与设备照片亦无法一一对应。工银租赁公司提供的租赁物保险单及调查法律意见书以证明当时履行对设备的“双重查验”，但调查法律意见书调查的只是设备复印件发票，租赁物保险单也仅是一种设立保障的形式，两者均不能证明工银租赁公司所主张设备客观存在。此外，涉案租赁物的价

值与约定的转让价款差异巨大，工银租赁公司所提交的设备发票的价款总额为179 512 567元，华纳公司与之相对应票号的发票原件的价款总额为10 688 652元，合同约定的货款为1.5亿元。同时，双方还约定了租金利息，可见，本案所述主合同系单纯的融资，并不具备融物特征。一审认定案涉《融资租赁合同》名为融资租赁实为企业间借贷并确认其无效正确，本院予以维持。

②关于一审是否存在适用法律错误的问题。一审法院根据案涉《融资租赁合同》仅有融资属性而无融物属性的事实，认定其名为融资租赁实为企业借贷，并在该院（2016）皖17民初42号民事判决中将所涉款项确认为普通破产债权，符合《最高人民法院关于审理融资租赁合同纠纷案件适用法律问题的解释》第1条第2款的规定，“人民法院应根据合同法第237条规定，结合标的物的性质、价值、租金的构成以及当事人的合同权利义务，对是否构成融资租赁法律关系作出认定。对名为融资租赁合同，但实际上不构成融资租赁法律关系的，人民法院应按照实际构成的法律关系处理”。并无适用法律错误。故对工银租赁公司的此节上诉理由亦不予支持。

综上所述，工银租赁公司的上诉请求不能成立，应予驳回。一审判决认定事实清楚，适用法律正确，应予维持。依照《民事诉讼法》第170条第1款第1项的规定，判决如下：

驳回上诉，维持原判。

案件终审后，工银租赁公司又向最高人民法院提出再审申请，工银租赁公司申请再审称，原判决存在《民事诉讼法》第200条第（6）项规定的再审事由，请求予以撤销，改判确认“2012工银租赁设备字004号”《融资租赁合同》于2015年7月16日解除，华纳公司向工银租赁公司返还租赁物或者相应的拍卖款，诉讼费用由华纳公司承担。

事实与理由：（一）原审诉讼程序错误。本案应作为安徽省高级人民法院（2017）皖民终174号案、安徽省铜陵市中级人民法院（2016）皖07民初25号案的反诉，与该案合并审理。（二）原判决认定案涉《融资租赁合同》仅有融资，没有融物属性，不构成融资租赁关系，属于适用法律错误。（三）即便《融资租赁合同》不构成融资租赁关系，属于企业间借贷，《融资租赁合同》仍为有效合同。（四）根据《中华人民共和国企业破产法》的规定，《融资租赁合同》因华纳公司破产已经解除，现租赁物已被华纳公司破产管理人拍卖，拍卖款应返还给工银租赁公司。

最高人民法院经审查认为，本案主要涉及《融资租赁合同》的性质和效力问题。原审查明，本案所涉《融资租赁合同》系动产设备售后回租业务，出卖人和承租人均为华纳公司，租赁物系华纳公司的部分生产设备。双方虽有工银租赁公司购买华纳公司租赁物即“造液系统等设备”的约定，但工银租赁公司提交的《售后回租资产清单》、增值税专用发票复印件所记载的租赁物与（2016）皖铜公证字第2113号、第2114号《公证书》所证实的华纳公司实有机械设备严重不符。工银租赁公司的尽职调查只是针对设备复印件发票，租赁物保险单也仅是一种保障形式，两者均不能证明工银租赁公司所主张的设备客观存在。此外，案涉租赁物的价值与约定的转让价款差异巨大，双方还约定了租金利息。基于以上事实，原判决认为本案所涉主合同系单纯的融资而不具有融物特征，并认定《融资租赁合同》名为融资租赁实为企业间借贷，并无不当。关于《融资租赁合同》的效力问题，本院（2018）最高法民再373号民事判决书已认定为有效，原判决对此问题的认定确有错误。但工银租赁公司在本案中的主要诉请为华纳公司返还租赁物或相应的拍卖款，因《融资租赁合同》性质为企业间借贷法律关系，故原判决对该诉请未予支持的处理结果，并无不当。此种情况下，本案不再对原判决关于《融资租赁合同》效力问题的认定进行纠正。关于工银租赁公司所提本案应与另案合并审理的问题，不属于《民事诉讼法》第200条规定的再审事由，本案不予审查。

最高人民法院最终认为，工银租赁公司的再审申请不符合《民事诉讼法》第200条第6项规定的情形。依照《民事诉讼法》第204条第1款，《最高人民法院关于适用〈中华人民共和国民事诉讼法〉的解释》第395条第2款之规定，裁定如下：

驳回工银租赁公司的再审申请。

笔者点评：本案的实际焦点在二审以及再审中都总结得非常到位，售后回租业务中，承租人主张租赁物实际不存在，而出租人没有足够的证据证明租赁物真实存在，即融资租赁合同的性质及其效力认定的问题。最终两级法院均以租赁物不真实存在为由，认定本案合同的性质并非融资租赁，而是名为融资租赁实为企业间的借贷行为。究其本质而言，案例中的交易并没有体现出融资租赁合同通过融物最终目的为融资的特性。这也是融资租赁与金融行业之间借贷最为本质的区别。从这个案例也可以看出，租赁物在融资租赁交易中，尤其是售后回租业务中，是极为重要的一个要素。案例中工银租赁公司虽然对此有所关注，但最终无法向法院证明租赁物真实存在，从书面证据来看，双方只有融资，而没有融物，仅有资金往来，法院判决不构成融资租赁法律关系符合《融资租赁司法解释》第1条，人民法院应当根据《合同法》第237条的规定，结合标的物的性质、价值、租金的构成以及当事人的合同权利和义务，对是否构成融资租赁法律关系作出认定。对名为融资租赁合同，但实际不构成融资租赁法律关系的，人民法院应按照其实际构成的法律关系处理的规定。

根据前文所述，租赁物对于整个融资租赁关系的成立起到至关重要的作用。那么如果业务架构没有问题，但是租赁物因各种原因没有实际到位，责任又由谁来承担呢？笔者认为对于融资租赁法律关系中的租赁物交付关系，一定要将这个问题放到整个融资租赁法律关系中去考量，结合融资租赁法律关系的本质来判断。我们来看接下来的一个案例。

案例二：〔1〕

上诉人（原审被告）：诸城中医医院

被上诉人（原审原告）：盈旺公司

诸城中医医院上诉请求：1. 请求撤销一审判决，并依法裁定驳回盈旺公司的起诉；2. 一审、二审案件受理费、保全费等全部诉讼费用由盈旺公司承担。

事实与理由：（一）一审法院认定事实不清。首先，诸城中医医院与盈旺公司虽然是融资租赁合同的当事人，而且合同标的额又特别巨大，但双方当事人一直未有过实质性接触，也未就合同事宜进行过实质性的探讨和谈判，诸城中医医院只是应北京远程视界眼科医院管理有限公司

〔1〕 济南市中级人民法院（2019）鲁01民终712号民事判决书。

的要求在盈旺公司提供的所有书面文件上进行盖章。单就这一点也不符合融资租赁合同的实质要件。其次，一审法院无视租赁物件一直没有交付这一客观事实，仅以《租赁物接收证明书》和《租赁物件验收合格证明书》就认定诸城中医医院已经收到设备并验收，完全背离了案件的基本客观事实。该两个证据实际上均是盈旺公司提供的众多格式文本的一部分，在签署所有格式文本的过程中一并让诸城中医医院盖章签署的。《租赁物接收证明书》和《租赁物件验收合格证明书》中根本没有接收时间和验收时间。因此，盈旺公司是无法回避设备一直没有交付这一客观事实的。另外，对于设备没有交付的事实，在诸城中医医院与北京远程视界眼科医院管理有限公司签订的《补充协议》中也已明确载明，而一审法院却未有提及。最后，对于《付款协议》，是对付款条件是否成就的约定，而该协议约定的6个条件中起码有两个条件是从形式上就不成就的，其中有第5条提供咨询服务方收到乙方支付的咨询服务费1 249 644.9元以及第6条卖方于合同签订3个月内将全部设备到位、验收合格并交付使用。对于第5条的咨询服务费，一审中盈旺公司根本就没提供该证据，对于交付事宜，应当是指实际交付，而不应只看书面的形式要件，更何况本案中设备交付和验收的形式要件（租赁物接收证明书和验收合格证明书）是盈旺公司早已拟定好的格式文本，在签署融资租赁合同和购买合同时一并签署的。根据本案的融资租赁合同和购买合同不难看出，本案所涉的设备属大宗医疗设备，对于是否实际交付并实际使用轻而易举便能落实到。（二）本案的融资租赁合同应当予以解除。基于本案融资租赁的设备一直没有交付也不可能交付的客观事实，同时基于北京远程视界眼科医院管理有限公司及其关联公司人去楼空，其实际控制人韩春善早已失联的客观事实，诸城中医医院签订融资租赁合同的目的已不能实现，根据《最高人民法院关于审理融资租赁合同纠纷案件适用法律问题的解释》第11条的规定，也应当依法解除融资租赁合同。

盈旺公司辩称，一审判决认定事实清楚，适用法律正确，应予维持。诸城中医医院主张租赁设备尚存部分未到位的情况，其与事实不符，首先，根据诸城中医医院盖章确认的《租赁物件接收证明书》及《租赁物件验收合格证书》，其已经证明了设备的到货情况，在诸城中医医院未提供相应证据证明设备到货情况的前提下，其应当承担举证不能的相应责任。其次，根据《融资租赁合同》及《购买合同》的规定，设备的到货及安装等风险应当由诸城中医医院自行承担，现诸城中医医院要求盈旺公司承担相应的违约责任，不仅与事实不符，而且也违背了《融资租赁合同》及《购买合同》的相关规定。

一审法院认定事实如下：2017 年 5 月 16 日，盈旺公司作为出租人，诸城中医医院作为承租人，双方就租赁数字眼底照相机（免散瞳眼底照相机）等设备签订《融资租赁合同》，约定：租赁期限自实际起租日至出租人收到本合同项下承租人应付的全部租金和应付的一切款项之日，至租赁期的最后一天，若承租人不存在违约行为，则其可行使留购、续租或退还租赁物件的权利，但承租人须提前60日书面通知出租人其期末选择；出租人完全根据承租人的选定和要求向供应商购买租赁物件并签订《购买合同》；租赁物件由供应商直接向承租人或指定的代理人交付。供应商向承租人交付租赁物之日为交付日，承租人应在交付日 5 日内签署并向出租人出具租赁物件接收证明书。若供应商没有在购买合同约定的地点、时间和方式直接向承租人或承租人指定的代理人交付租赁物件，或因不可抗力或国内运输、卸货和出库等原因造成租赁物延迟交付或租赁物件毁损、灭失时，出租人有权解除本合同并不承担责任，若出租人因此遭受到损失，承租人及供应商连带向承租人承担赔偿责任；承租人负责与供应商及其客户服务机构讨论决定租赁物件安装等，若供应商违约，包括但不限于租赁物件的迟延交付或提供的租赁物件与本合同约定的内容不符等情况，出租人不承担责任。基于租赁物件和租赁物件采购相关所发生的一切争议以及索赔、仲裁和诉讼均由承租人办理，全部费用和一切法律后果由承租人承担，出租人在任何情况下不负任何责任；承租人若因本条前述原因遭受损害，应与租赁物件供应商、制造商、维修服务商协商或提起索赔。承租人同意，即使出现前款欠款，无论承租人能否通过索赔得到补偿，也无论索赔是否在进行中，均不影响本合同的效力，承租人均应按本合同规定向出租人支付租金及一切应付款项，若对出租人造成损失，承租人应负赔偿责任；如承租人迟延付款，自租金支付日起，每迟延一日，按所欠租金额计算每日万分之八的逾期利息，该项逾期利息自租金支付日起至付款日为止逐日计算，出租人有权从承租人每次支付的款项中首先抵偿逾期利息，直至所有逾期利息清偿完毕为止；承租人违约的，出租人有权要求承租人立即支付本合同下的全部逾期利息、所有到期和未到期租金、留购款及其他应付款项，全额租赁保证金作为违约金不予退还，向承租人追讨因执行或保护本协议下出租人权利而产生的费用，包括但不限于诉讼费、保全费、执行费、合理的律师费、代理费、咨询服务费、收回和处分租赁物件而发生的费用等。

《融资租赁合同》附件《实际租金支付表》载明：设备总价款 17 852 070 元，实际起租日为 2017 年 5 月 16 日，第 1 期租金日为 2017 年 6 月 10 日，租赁保证金 1 785 207 元，于本合同签署日后 5 日内支付，租赁期限 36 个月，实际支付日期为每月 10 日，每期租金 549 589 元，租金合计 19 785 204 元；起租后至租赁期满时若承租人无违约或存在违约但已全部得以救济，租赁期满五日内退还租赁保证金；承租人须于每一租金日之前五个工作日将所需款项汇入出租人指定的银行账户内作为向出租人缴付的租金。

2017 年 5 月 16 日，诸城中医医院向盈旺公司出具付款起租确认书。

2017 年 5 月 16 日，盈旺公司作为买方，北京远程视界眼科医院管理有限公司作为卖方、诸城中医医院为使用方，签订《购买合同》，三方就融资租赁设备和价格、设备运输和包装、设备的交付、货款的支付、所有权和风险、质量保证、违约等作出了约定。在上述合同签订后，诸城中医医院在租赁物件接收证明书及租赁物件验收合格证书上盖章，确认收到租赁物并验收合格。

2017 年 5 月 16 日，盈旺公司与北京远程视界眼科医院管理有限公司签订《付款协议》，约定盈旺公司在收到以下文件及款项后，向北京远程视界眼科医院管理有限公司支付金额 17 852 070 元：（1）盈旺公司收到诸城中医医院支付的 GM-2017-0503 租赁合同项下全部租赁保证金。（2）承租人出具的付款起租确认书。（3）北京远程视界眼科医院管理有限公司开具的全额设备款收据及发票。（4）北京远程视界眼科医院管理有限公司出具的付款通知书及收款收据。（5）提供咨询服务方收到北京远程视界眼科医院管理有限公司支付的咨询服务费人民币 1 249 644.9 元。（6）卖方于合同签订 3 个月内将设备全部到位、验收合格并交付使用。同日，北京远程视界眼科医院管理有限公司向盈旺公司出具资金收据，证明收到盈旺公司支付价款 17 852 070 元。

2017年5月22日，北京远程视界眼科医院管理有限公司向盈旺公司开具增值税专用发票数额共计17 852 070元。2017年5月25日，诸城中医医院向盈旺公司支付租赁保证金1 785 207元，2017年6月16日，盈旺公司以电汇方式向北京远程视界眼科医院管理有限公司转账17 852 070元。

截至盈旺公司起诉，诸城中医医院按照合同约定支付前13期租金（至2018年6月10日），自2018年7月10日第14期及以后的租金未支付。

一审法院认为，本案系融资租赁合同纠纷。盈旺公司、诸城中医医院签订的《融资租赁合同》系当事人真实意思表示，无违反法律、行政法规强制性规定情形，属有效合同。诸城中医医院自2018年7月10日起未再支付租金，盈旺公司要求其支付到期及未到期租金共计12 640 547元及留购款1000元，理由正当、于法有据，予以支持。诸城中医医院在租赁物件接收证明书、租赁物件验收合格证书上盖章，应视为已收到租赁物，现其辩称未收到租赁物，但未能提交证据证明，不予采信，即使盈旺公司未收到租赁物，根据《融资租赁合同》的约定，诸城中医医院仍应承担支付租金等款项的义务。诸城中医医院辩称本案涉及经济犯罪，但未提交证据予以证明，不予采信。综上，依照《合同法》第60条、第107条、第109条、第237条、第248条，《最高人民法院关于审理融资租赁合同纠纷案件适用法律问题的解释》第3条、第6条，《民事诉讼法》第64条规定，判决如下：一、诸城中医医院于判决生效之日起10日内支付盈旺公司租金12 640 547元；二、诸城中医医院于判决生效之日起10日内支付盈旺公司第8期、第10期、第13期逾期付款利息共计9034.34元，2018年7月11日后逾期利息（以实际欠付租金为基数，自2018年7月11日起至实际履行之日止，按年利率24%标准）；三、诸城中医医院已支付的租赁保证金1 785 207元，按照（一）上述第二项逾期付款利息、（二）上述第一项应付租金的顺序予以抵充；四、诸城中医医院于判决生效之日起10日内支付盈旺公司留购款1000元；五、诸城中医医院于判决生效之日起10日内支付盈旺公司律师代理费损失100 000元；六、驳回盈吐公司的其他诉讼请求。案件受理费100 136元，减半收取计50 068元，由盈旺公司负担1170元，诸城中医医院负担48 898元，财产保全费5000元，由诸城中医医院负担。

经审理本院认定，一审判决认定事实属实，本院予以确认。

本院另查明：诸城中医医院、盈旺公司、北京远程视界眼科医院管理有限公司签订的《购买合同》约定，设备由卖方直接向使用方交付。

本院认为，《合同法》第237条规定，“融资租赁合同是出租人根据承租人对出卖人、租赁物的选择，向出卖人购买租赁物，提供给承租人使用，承租人支付租金的合同”。根据该规定，融资租赁法律关系一般涉及“三方主体”“两个合同”，即出租人、承租人、出卖人三方主体，涉及买卖和租赁两个合同关系。三方当事人在合同中的权利和义务各不相同。在融资租赁合同关系中，出租人应履行购买租赁物的义务，即按照买卖合同的要求向出卖人支付价款，以保证出卖人向承租人交付租赁物。本案中，盈旺公司与诸城中医医院的《融资租赁合同》签订后，按照合同约定，盈旺公司、诸城中医医院及北京远程视界眼科医院管理有限公司又签订了设备《购买合同》，盈旺公司按照诸城中医医院的指示，向北京远程视界眼科医院管理有限公司购买设备，并根据诸城中医医院盖章确认的《租赁物件接收证书》及《租赁物件验收合格证明书》，向设备出卖方支付了全部设备款，至此，盈旺公司的合同义务已经履行完毕，并不存在违约情形。诸城中医医院虽然抗辩未收到设备，但在其出具了《租赁物件接收证明书》及《租赁物件验收合格证书》的情况下，未有相反证据推翻该两份证明，且未有证据证实盈旺公司对此存在过错。另外，按照《融资租赁合同》及《购买合同》的约定，设备出卖方系诸城中医医院指定，设备交付亦由出卖方直接向诸城中医医院交付，故即使诸城中医医院主张的设备未交付事实属实，其也应向出卖方主张权利。

同理，本案审理的是盈旺公司与诸城中医医院之间的融资租赁合同法律关系，北京远程视界科技集团有限公司、北京远程视界眼科医院管理有限公司不是必须参加本案诉讼的当事人，一审程序无误。

综上，诸城中医医院的上诉请求不能成立，本院不予支持；一审判决认定事实清楚，适用法律正确，应予维持。依照《民事诉讼法》第170条第1款第（1）项之规定，判决如下：

驳回上诉，维持原判。

本判决为终审判决。

笔者点评：在人民法院审理的一系列涉及融资租赁合同纠纷案件中，对于租赁物未能交付的情况均有较为明确的说理，法院基本都是站在融资租赁关系本质的角度，将租赁物交付义务固定在承租人与出卖人之间，因为租赁物以及租赁物生产厂家都是承租人指定，除非能证明出租人对租赁物以及租赁物厂家的选择施加了实质性的影响，否则，无论租赁物是否到位，承租人均应承担相应的付款义务，而不能以租赁物未到位为由，拒绝支付租金。对于承租人而言，要慎重选择租赁物以及出卖人，因为一旦出现问题，承租人只能根据合同追究卖方不能交付的责任。这里笔者想要强调的是，在融资租赁公司业务发展过程中，应该向客户充分说明融资租赁关系的本质以及涉及的法律关系，可能存在的法律风险，从而为业务最终的合法存续以及明确责任承担打好基础。在笔者处理的若干纠纷中，客户大多对融资租赁本身的特点并不熟悉，仅仅认为是一种类贷款性质的融资方式或者与经营性租赁相混淆。在业务正常开展的前提下，这种想法不会有太大的问题，但是一旦出现风险，很容易产生争议，给交易各方带来不必要的麻烦。

随着市场的不断发展，出现了几类特殊的租赁物。第一类是生物资产。实践中，动物类生物性资产和植物类生物性资产都有成为回租型融资租赁标的物的先例，如2016年11月27日，辉山乳业公布，与融资租赁公司订立融资租赁协议，租赁资产为4万余头奶牛，公司将以7.5亿元人民币（约8.42亿港元）现金为对价向融资租赁公司出售租赁资产，其后以租赁本金总额7.5亿元回租有关资产，为期5年，固定年息率6.2%。2016年12月2日，中地乳业为旗下中地廊坊的6293头奶牛和中地天镇的5295头奶牛，与融资租赁公司签署融资租赁合同，双方开展奶牛租赁业务，为期36个月。

那么生物资产作为融资租赁的标的物应满足什么条件呢？笔者认为生物资产应为“生产性生物资产”且生物资产应特定化，需具体可标识，租赁期间，应考虑并约定清楚生物资产的置换问题、自然孳息归属及因养殖风险带来的毁损灭失风险。

第二大类是文化资产作为融资租赁的标的物有逐步放开的趋势。当前主流观点认为软件、技术等不能单独作为融资租赁的标的物。但是实践中已有所突破，如2015年9月北京率先出台《北京市服务业扩大开放综合试点实施方案》，明确提出著作权、专利权、商标权等无形文化资产可进行融资性售后回租，并迅速获得市场认可，在繁荣文化、促进经济发展方面发挥了重要作用。2017年9月，国务院印发《国家技术转移体系建设方案》，提出要完善多元化投融资服务，开展知识产权证券化融资试点，鼓励商业银行开展知识产权质押贷款业务，该方案从侧面反映出国家鼓励将知识产权作为标的物进行融资。但这里要提醒读者注意的是，毕竟在法律层面现在还并未明确支持文化资产作为融资租赁标的物，一旦产生争议恐难以认定其融资租赁关系，因此在操作此类业务时应持谨慎态度。

三、担保审查

担保是为了保障债权实现而设置的法律措施，我国《担保法》中规定的担保方式有保证、抵押、质押、留置和定金。融资租赁法律关系中的担保人主要指在融资租赁业务中为承租人向出租人清偿租金提供担保义务的人。这里首先要谈到担保人的资格问题，《担保法》规定，具有代为清偿债务能力的法人、其他组织或者公民，可以作为保证人。国家机关不得为保证人，但经国务院批准为使用外国政府或者国际经济组织贷款进行转贷的除外；学校、幼儿园、医院等以公益为目的的事业单位、社会团体不得为保证人；企业法人的分支机构、职能部门不得为保证人；企业法人的分支机构有法人书面授权的，可以在授权范围内提供保证。因此，根据法律规定，除非有特殊情形，否则国家机关、公益性事业单位、社会团体、企业法人的分支机构、职能部门均不得作为保证人为他人提供担保。

那么保证的方式有哪些呢？我们经常听到无限连带责任担保，这是不是一个规范的说法呢？我们看看《担保法》本身是如何规定的：保证的方式有一般保证、连带责任保证。一般保证，是指当事人在保证合同中约定，债务人不能履行债务时，由保证人承担保证责任的保证。在一般保证情况下，保证人享有先诉抗辩权，即"一般保证的保证人在主合同纠纷未经审判或者仲裁，并就债务人财产依法强制执行仍不能履行债务前，对债权人可以拒绝承担保证责任"（《担保法》第17条第2款）。连带责任保证，是指当事人在保证合同中约定保证人与债务人对债务承担连带责任的保证。在连带责任保证的情况下，保证人不享有先诉抗辩权，即"连带责任保证的债务人在主合同规定的债务履行期届满没有履行债务的，债权人可以要求债务人履行债务，也可以要求保证人在其保证范围内承担保证责任"（《担保法》第18条第2

款）。

当事人对保证方式没有约定或者约定不明确的，保证人按照连带责任保证承担保证责任。

这两种保证之间的区别是什么？连带责任保证与一般保证区别的重要标志在于：一般保证的保证人享有先诉抗辩权，即债权人必须先行对主债务人主张权利，在经强制执行仍不能得到清偿的情况下，才能要求保证人承担保证责任。而连带责任保证的保证人不享有先诉抗辩权。在担保债务已经开始计算诉讼时效的情形下，不再适用保证期间的规定。上述情况表明，保证人在不同的保证方式中所处的地位不同，其利益受到法律保护的程度也有差异。一般而言，在一般保证中，保证人的地位较优越，往往并不实际承担任何责任；而在连带责任保证中，保证人的地位不太有利，只要债务人不履行其债务，保证人就得满足债权人提出的承担保证责任的请求，于此场合，法律对保证人和债务人同等保护。因此在实践中一般都选用连带责任保证的方式。所以在表述担保方式时，先讲明是否为保证担保，如为保证担保再论述是一般保证还是连带责任保证，而不是无限连带责任担保。

四、第三方回购的性质

这里笔者再提出一个理论上有争议的问题，在融资租赁业务中常常包含厂家回购条款，销售商为了降低出租人的风险，提高融资租赁公司的积极性，以促进销售为目的向出租人提供回购义务。很多时候公司都将其视为一种担保，但是仔细分析我国现有法律规定，担保法明确规定了五种担保方式：保证、抵押、质押、留置和定金。其中并没有规定回购这种方式，也就是说回购并不是《担保法》规定的典型的担保方式，笔者认同理论上回购只是具有一定担保性质的附条件的买卖合同的说法。[1]在这里不能依照《担保法》的相关法律规定来规范，而应按照合同法的约定来处理。这里就要求公司在制定回购协议时，在协议中明确回购的标的、回购条件、回购价款或计算方式、回购标的物的交付以及债权转移等条款。

那么司法实践中对第三方回购又是怎么认定的呢？来看接下来的一则案例。

---

〔1〕 张稚萍等主编：《融资租赁案件解析与实践指导》，中国经济出版社 2018 年版，第 475 页。

案例三：[1]

原告：平安国际融资租赁有限公司

被告：路通宇公司

被告：新南方公司

被告：华东重汽公司

第三人：泽瑞重汽公司

基本事实与主要争议：2014年9月17日，原告与被告路通宇公司签订了编号2014PAZL1909-ZL-01的《售后回租赁合同》，该合同约定：原告为出租人，被告路通宇公司为承租人；原告根据被告的要求向被告路通宇公司购买租赁物，并回租给被告路通宇公司使用，被告路通宇公司承租、使用该租赁物并向原告支付租金；租赁期间36个月，自起租日起算，起租日为原告根据合同约定实际支付租赁物协议价款的当日（以原告开立的银行汇票上载明的出票日期为准）；租金支付期次共36期，每期租金131 012元，租金总额4 716 432元，如中国人民银行同期贷款基准利率发生调整的，租金应作相应调整；保证金467 900元，鉴于本合同项下被告路通宇公司应向原告提供保证金，原告应向被告路通宇公司支付租赁物协议价款，为减少付款路径，方便付款操作，原告与被告路通宇公司同意上述保证金在原告按本合同约定向被告路通宇公司支付租赁物协议价款时直接抵扣；原告与被告路通宇公司确认租赁物协议价款为4 211 100元；留购价款100元，被告路通宇公司于最后一期租金日支付给原告，原告同意租赁期满且被告路通宇公司全部履行完毕合同约定的义务，包括全部租金和出现合同约定情况（如有时）增加的税款、利息和违约金等付清及向原告支付租赁物留购价款后，原告向被告路通宇公司出具租赁物所有权转移证明书，将租赁物所有权转移给被告路通宇公司；如果在合同签署后任何时间，被告路通宇公司未按时、足额支付原告任一期租金和/或合同项下其他应付款项，原告有权加速到期，要求被告路通宇公司或连带责任保证人立即付清全部到期和未到期租金及其他应付款项，并偿付相应违约金，违约金按本合同约定计算；当被告路通宇公司未按约支付到期应付租金、加速到期款及其他款项，延迟期间就

---

〔1〕 浦东新区人民法院（2015）浦民六（商）初字第19921号判决书。

迟付部分被告路通宇公司向原告支付延迟付款的违约金，违约金按每超过一天为延迟付款金额的万分之八计算。被告路通宇公司向原告出具《租赁物接收证明》，确认完整接收租赁合同项下的租赁物，原告拥有该租赁物的独立、完整所有权。租赁物为型号 ZZ4256V324HD1B 的汕得卡牌重型半挂牵引车 10 台，涉案车辆于 2014 年 9 月 3 日办理了机动车注册登记，载明所有权人为被告路通宇公司。原告向被告路通宇公司发送《起租通知书》，载明起租日为 2014 年 9 月 25 日及各期租金金额、支付期限。被告路通宇公司向原告出具《资金收据》，载明已经收到涉案《售后回租赁合同》项下约定的款项 4 211 100 元。原告与被告路通宇公司还就涉案车辆签订了《抵押合同》，约定被告路通宇公司将涉案车辆抵押给原告。

2014 年 9 月 17 日，原告与被告新南方公司、百通公司分别签订《保证合同》，被告李某某、肖某某、孙某某、刘某某向原告出具《保证函》，根据上述《保证合同》及《保证函》，被告新南方公司、百通公司、李某某、肖某某、孙某某、刘某某均确认为被告路通宇公司在涉案《售后回租赁合同》项下的相应义务承担连带保证责任，保证范围为被告路通宇公司应向原告支付的租金、利息、违约金、损害赔偿金、租赁物留购价款及其他应付款项和原告为实现权利支出的诉讼费、律师费、执行费等费用；保证期间为《保证合同》或《保证函》签署日至主债务履行期届满之日起两年。

2014 年 9 月 17 日，原告与被告华东重汽公司签订编号 2014PAZL-1909-HG-01 的《回购协议》，约定：被告华东重汽公司同意在发生本协议列明的任一回购情形时，应以本协议约定的回购价款向原告购买涉案《售后回租赁合同》项下租赁物和/或租赁债权，当购买时租赁物已经毁损或灭失时，则被告华东重汽公司的回购义务为以本协议约定的回购价款购买租赁债权，即涉案《售后回租赁合同》项下原告对承租人享有的合同权利；租赁合同项下发生以下任一情形的，被告华东重汽公司应按照本协议的约定履行回购义务，(1) 无论何种原因，承租人欠付租金达到两期（含两期）以上，或者欠付租金数额达到全部租金百分之十五以上的，(2) 租赁合同解除或终止时（各方正常履行完毕合同义务而终止的情形除外），发生第一种回购情形时，原告根据租赁合同及相应担保文件的约定要求承租人履行租金支付义务并要求担保人承担担保责任，如承租人和/或担保人在原告提出要求后15个工作日内仍未能履行租金支付义务和/或承担担保责任的，则原告向被告华东重汽公司发出《回购通知书》，被告华东重汽公司按照本协议的约定支付回购价款及履行其他回购义务；回购价款=租赁合同项下到期未付租金+违约金+未到期租金所对应的租赁成本+留购价款+其他合理费用，其中，未到期租金所对应的租赁成本的计算方式为未到期租金×（租赁合同约定的租赁成本/租赁合同约定的租金总额）；被告华东重汽公司在原告发出书面《回购通知书》之日起的5个工作日内，按照《回购通知书》载明的金额向原告支付回购价款；被告华东重汽公司未在约定的时间内足额支付回购价款和/或新增回购价款的，每逾期一日应按逾期未付金额的日万分之五的标准向原告支付违约金。

上述合同签订后，原告依约向被告路通宇公司支付了租赁物协议价款，并向被告路通宇公司发送起租通知书。被告路通宇公司自第8期租金开始未支付剩余租金，剩余未付租金合计3 744 726.04元，扣除保证金467 900元后为3 276 826.04元。原告通过诉讼方式向被告路通宇公司主张涉案《售后回租赁合同》加速到期，涉案民事起诉状等诉讼材料于2016年7月6日送达被告路通宇公司；原告通过诉讼方式向被告华东重汽公司主张回购责任，涉案民事起诉状等诉讼材料于2016年7月6日送达被告华东重汽公司。

另查明，被告路通宇公司、第三人泽瑞重汽公司向原告出具《确认函》，载明被告路通宇公司与原告签订了涉案《售后回租赁合同》，该合同项下租赁物件均采购自第三人泽瑞重汽公司，所有物件已由第三人泽瑞重汽公司交付至被告路通宇公司，所有物件的所有权均已完整、独立地归被告路通宇公司所有；被告路通宇公司与第三人泽瑞重汽公司就所有物件的交易所签署的买卖合同等如与本确认函有不一致之处，以本确认函为准，该等不一致之处均自始无效。第三人泽瑞重汽公司向被告路通宇公司开具了金额为467 900元的机动车销售统一发票十份。

本案争议焦点有三，一是被告路通宇公司在将涉案车辆出卖给原告时是否取得了涉案车辆所有权，以及原告是否取得了涉案车辆所有权，二是《售后回租赁合同》的效力，三是被告华东重汽公司是否应当承担回购责任。

针对上述争议焦点，法院一一给出了自己的裁判理由。关于争议焦点一，被告华东重汽公司认为涉案车辆系被告路通宇公司向第三人泽瑞重汽公司购买，双方合同约定路通宇公司通过按揭付款方式购买车辆，在未还完款之前，车辆属于供方，而路通宇公司至今未按约定还款，故未取得所有权，属于无权处分，因此原告明知或应当知道被告路通宇公司对租赁物没有所有权或处分权，原告对涉案租赁物也不构成善意取得，且涉案车辆以抵押形式抵押给被告，表明原告自认对涉案车辆没有取得所有权。被告路通宇公司认为其已经按照与第三人泽瑞重汽公司的约定，付清了首付款，车辆所有权在涉案融资租赁业务开展前已经属于被告路通宇公司。原告认为第三人泽瑞重汽公司与被告路通宇公司共同出具《确认函》，确认融资租赁业务开展时车辆所有权归属于被告路通宇公司，该确认函合法有效，被告路通宇公司有权就涉案车辆与原告开展售后回租赁业务，相关业务开展后原告就涉案车辆办理了自物抵押，不影响车辆所有权现归属于原告的事实。对此，法院认为，第三人泽瑞重汽公司与被告路通宇公司共同向原告出具《确认函》，明确涉案《售后回租赁合同》项下租赁物件所有权均已完整、独立地归被告路通宇公司所有，被告路通宇公司与第三人泽瑞重汽公司就所有物件的交易所签署的买卖合同等如与本确认函有不一致之处，以本确认函为准。此为第三人泽瑞重汽公司的真实意思表示，故被告路通宇公司有权就涉案车辆与原告进行售后回租赁业务。原告与被告路通宇公司在《售后回租赁合同》中对涉案车辆的所有权均有明确约定，即在原告向被告路通宇公司出具所有权转移证明书之前，原告对租赁物拥有完整、独立的所有权；《合同法》第242条亦规定，出租人享有租赁物的所有权。据此，原告对涉案车辆有所有权，其对涉案车辆进行以原告为抵押权人的登记，不影响涉案车辆的所有权归属。

关于争议焦点二，本案原告与被告路通宇公司之间系售后回租业务模式，属于合法的融资租赁业务模式，租赁物的名称、型号、购买发票及价格指向明确，租赁物真实存在，租金由租赁本金即原告向被告路通宇公司支付的设备购买款和租赁利息组成，约定的初始租赁利率为年利率7.51%并按中国人民银行基准利率的调整而调整，并且租赁期限及其他权利义务的约定均符合《合同法》关于融资租赁合同的相关规定，不存在合同无效的法定情形，故原告与被告路通宇公司之间的交易构成融资租赁法律关系合法有效，并非借贷关系，各方当事人均应按照约定全面履行自己的义务。根据《合同法》第248条的规定，承租人应当按照约定支付租金，承租人经催告后在合理期限内仍不支付租金的，出租人可以要求支付全部租金；根据涉案《售后回租赁合同》第8.1.1条和第8.2.1条的约定，被告路通宇公司未按时足额支付原告任一期租金或其他应付款项的，原告有权宣布加速到期，要求被告路通宇公司立即付清全部租金及其他应付款项，并偿付相应的违约金，违约金按合同约定计算。本案原告作为融资租赁的出租人，已按约履行了涉案《售后回租赁合同》项下的相应义务，而被告路通宇公司未能按约支付相应的租金，显已构成违约，原告主张涉案《售后回租赁合同》加速到期并要求被告路通宇公司立即付清全部到期和未到期租金及其他款项、违约金的条件已经成就，原告以全部未付租金及留购价款（扣除保证金后合计3 276 926.04元）以及违约金作为诉讼主张，具有合同及法律依据。

关于争议焦点三，原告与被告华东重汽公司签订的《回购协议》，系双方的真实意思表示，不存在合同无效的法定情形，各方当事人均应按照约定全面履行自己的义务。涉案《回购协议》明确约定了原告向被告华东重汽公司转让车辆所有权及债权的方式，被告华东重汽公司作为具有完全民事行为能力的法人主体，在此商事行为中，应具备认识和理解相应条款之能力，在合同签订时对合同约定系属明知和接受，现又认为《回购协议》系格式合同，条款无效，该辩称意见，法院不予采纳；被告华东重汽公司还认为《回购协议》系其受被告路通宇公司与原告欺诈而签订，对此，被告华东重汽公司并未提供相应证据证明欺诈事实的存在，法院对该辩称意见不予采纳。现根据双方《回购协议》，承租人即被告路通宇公司欠付租金已经达到两期以上，根据该协议，原告在要求承租人履行租金支付义务及要求保证人承担保证责任后的15个工作日内承租人及保证人仍未履行租金支付义务或担保责任的，原告向被告华东重汽公司发出《回购通知书》，被告华东重汽公司应当支付回购价款。原告未提供其向承租人及全部保证人就连续两期以上的租金欠付进行催告的相应证据，但原告对承租人及保证人的起诉可认为是催告，在本案诉讼期间，承租人及保证人亦未履行租金支付义务或保证责任；原告未提供其向被告华东重汽公司发送书面《回购通知书》的相应证据，但原告通过诉讼方式要求被告华东重汽公司承担回购责任，应认为自原告起诉状副本送达被告华东重汽公司之日（2016年7月6日），原告已向被告华东重汽公司完成了回购的通知行为，鉴于《回购协议》约定自原告要求承租人和保证人履行相应义务后15个工作日未果的，则原告得向被告华东重汽公司发送回购通知，因此，法院确认被告华东重汽公司收到有效的回购通知之日为承租人及各保证人中最迟收到原告起诉状副本的日期（2016年7月6日）起15个工作日后的次日（2016年7月28日）。综上，被告华东重汽公司履行回购价款支付义务的条件已经成就，被告华东重汽公司应当依约履行回购价款支付义务。关于回购价款，原告主张系截至原告追加诉讼请求之日即2016年3月18日为区分是否到期的界点，回购价款为截至2016年3月18日已经到期的未付租金1 423 501.84元，加上未到期租金所对应的租赁成本2 052 935.19元，加上留购价款100元，合计3 476 537.03元；其中，未到期租金所对应的租赁成本的计算方式为：截至2016年3月18日尚未到期的租金×租赁合同约定的租赁成本÷租赁合同约定的租金总额。该计算方式计算的金额符合《回购协议》的约定，同时也低于以法院确定的原告进行有效回购通知之日即2016年7月28日为是否到期的界点计算的回购价款金额，故法院对原告主张的计算方式予以确认。但法院注意到，第一，以原告追加诉讼请求之日即2016年3月18日为区分是否到期的界点，截至2016年3月18日已经到期的未付租金应为1 294 544.94元，尚未到期的租金为2 450 181.10元；第二，涉案租赁合同约定的租金总额应为4 716 432元；第三，原告向被告路通宇公司主张的全部未付租金中扣除了保证金467 900元，但计算被告华东重汽公司的回购价款中的未到期租金所对应的租赁成本时，未扣除保证金。对此，法院依据原告主张的追加诉讼请求之日即2016年3月18日为区分是否到期的界点，根据涉案租赁合同约定的租金总额，同时以原告实际主张的扣除保证金后的租金额来计算回购价款，确认未到期租金所对应的租赁成本应为1 769 893.84元（截至2016年3月18日尚未到期的租金并扣除保证金后为该租赁合同约定的租赁成本4 211 100元÷租赁合同约定的租金总额4 716 432元），回购价款合计应为3 064 538.78元（1 294 544.94元+1 769 893.84元+100元）。关于回购价款的违约金，原告主张自被告华东重汽公司收到回购通知后第六日起按万分之五每日计算，原告该项主张未超过合同约定，法院予以确认，现法院确认的原告进行有效回购通知之日为2016年7月28日，其后第六日为2016年8月3日，法院据此确定回购价款违约金的计算起点。

关于被告路通宇公司、华东重汽公司提出原告就同一笔债务既要求承租人、担保人承担违约责任，又要求回购人承担回购责任，属于重复主张权利的抗辩意见，法院认为，原告与被告华东重汽公司的《回购协议》，与被告新南方公司、百通公司签订的《保证合同》，以及被告李某某、肖某某、孙某某、刘某某向原告出具的《保证函》，都是为了保证《售后回租赁合同》的履行，现承租人路通宇公司逾期未付租金，原告有权依据上述合同及保证函的约定，要求回购人被告华东重汽公司，与保证人新南方公司、百通公司、李某某、肖某某、孙某某、刘某某承担相应责任。本案承租人、保证人、回购人中任何一方履行了相应的付款义务，则其他当事人的民事责任份额亦相应减少。

法院作出判决：①被告路通宇公司应于本判决生效之日起10日内向原告平安国际融资租赁有限公司支付租金及留购价款共计3 276 926.04元（应付租金3 744 726.04元及留购价款100元扣除保证金467 900元）；②被告路通宇公司应于本判决生效之日起10日内向原告平安国际融资租赁有限公司偿付截至2016年7月6日的迟延付款违约金252 977.75元以及自2016年7月7日起至款项实际清偿之日止的迟延付款违约金（以3 276 826.04元为基数，按年利率24%的标准，以实际欠款天数计算）；③被告新南方公司、百通公司、李某某、肖某某、孙某某、刘某某对被告路通宇公司的上述第①项、第②项付款义务承担连带清偿责任，被告新南方公司、百通公司、李某某、肖某某、孙某某、刘某某履行保证责任后，有权向被告路通宇公司追偿；④被告华东重汽公司应于本判决生效之日起10日内向原告平安国际融资租赁有限公司支付回购价款3 064 538.78元及违约金（以3 064 538.78元为基数自2016年8月3日起计算至实际清偿日）；⑤如果被告路通宇公司、新南方公司、百通公司、李某某、肖某某、孙某某、刘某某、华东重汽公司任何一方履行了上述判决主文中相应的给付义务，则其他当事人相对于原告平安国际融资租赁有限公司相应的给付义务予以免除。如果未按本判决指定的期间履行给付金钱义务，应当依照《民事诉讼法》第253条规定，加倍支付迟延履行期间的债务利息。

笔者点评：上海地区作为南方地区融资租赁行业的中心，上海地区的法院每年处理的案件数量也在全国名列前茅，浦东新区法院对该案的审理以及判决就彰显了其理解、把握融资租赁相关法律、法规审理案件的高水平。因此，笔者对案例只是稍加删减，读者有兴趣可以检索全文阅读，必定对提高自身水平有极大的帮助。回到前文提到的主题，该案也基本代表了司法实践中对于回租业务中回购合同效力的基本态度。在直租业务中回购合同的效力判断也基本相似。法院在判决中也基本明确了“回购合同是一种兼有保证合同与所有权转移类合同性质的双务合同”。且多数情况下，回购诉讼与融资租赁合同本诉都会合并审理。

最后要提醒读者的是，如果业务中存在回购合同或回购条款，还要注意以下问题：第一，回购合同的管辖应与融资租赁合同保持一致，避免因回购合同、融资租赁合同纠纷分两次向两个不同的法院起诉；第二，回购条件应清晰明确；第三，尽量约定“不见物回购”，即不以融资租赁标的物的交付作为回购方回购的前提，避免回购人可能向租赁公司主张下次担保责任的风险。

五、与担保相关的其他几类问题

（一）担保人未取得内部决议情形下提供担保的效力

在融资租赁业务过程中基本都会涉及担保合同的签订，根据《公司法》第16条的规定，在公司对外提供担保时，应取得董事会、股东会或者股东大会的决议。如果法定代表人在没有按照上述法律规定取得内部决议的情形下自行代表公司签署担保文件的，该行为是否有效取决于相对人是否知道或应当知道法定代表人超越权限订立担保合同。对于担保相对方来讲，这里的应当知道，是接受担保的一方应当对法定代表人是否已取得内部授权文件进行“形式上的审查”。最高人民法院在相关判例中，对《公司法》第16条进行了限制性的规定，认为该内容具有公示作用，作为接受担保的一方应当知晓。也就是说，仅仅凭借法定代表人签章的行为还不能认定接受担保方的善意，要与是否取得股东会决议等的形式审查相结合才能认定接受担保一方为善意。

笔者建议：在融资租赁公司接受担保行为时，应该对《公司法》第 16 条进行正确的解读，要求提供担保的一方提供其章程规定的有权机构同意该担保行为的决议或决定，从而完成融资租赁公司的形式审查义务，避免因只有法定代表人签章而产生不利于自己的结果。

（二）事业单位提供担保是否有效〔1〕

融资租赁公司在业务过程中，很多时候会遇到事业单位提供担保的问题。一方面有增信措施会减少业务的风险系数，但另一方面到底事业单位的担保是否有效又无从得知，这里笔者对这一问题进行简单的梳理。《担保法》明确规定，“学校、幼儿园、医院等以公益为目的的事业单位不得为保证人”。但是问题又出现了，现阶段我国的事业单位又分为多种类型，具体包括从事公益服务的事业单位、从事生产经营活动的事业单位、根据法律授权从事行政职能的事业单位。鉴于实践中事业单位职能的复杂性，在判断其是否可以提供担保时要综合判断，首先要关注事业单位的职能范围，这里就要查看事业单位法人证书，看上面记载的业务范围以及宗旨；其次要关注事业单位的经费来源。笔者认为现阶段根据《担保法》《物权法》的相关规定，对于从事公益性质的事业单位均不得作为保证人或以其公益设施提供担保。但从事生产经营活动的事业单位则相反，如果没有其他导致合同无效的情形，担保行为一般应当认定为有效。对于承担行政职能的事业单位也不能作为保证人出现，这一点可以对比国家机关的相关规定。当然随着我国事业单位改革的最终落地，以上问题将逐步得到解决。

笔者建议：融资租赁公司在接受事业单位担保时，可以对照上述原则进行审查，在接受事业单位担保时应谨慎对待。

（三）关于中国人民银行征信中心动产融资统一登记公示系统（以下简称中登网）登记的性质以及相关规定

1. 中登网登记

在融资租赁交易中，由于租赁物存在所有权人与实际占有、使用、受益

〔1〕 张稚萍等主编：《融资租赁案件解析与实践指导》，中国经济出版社 2018 年版，第 386 页。

人的物理分离，且截至目前没有法定的交易登记机关，这样对于承租人而言，存在重复融资的机会，对于出租人而言存在被重复融资的风险。目前，对融资租赁公司而言，主要的登记系统是中登网、商务部全国融资租赁企业管理信息系统。那么实践中这两个登记是否都能产生对抗第三人的效果呢？

首先我们来看一下《中国人民银行关于使用融资租赁登记公示系统进行融资租赁交易查询的通知》。

中国人民银行关于使用融资租赁登记公示系统进行融资租赁交易查询的通知

（2014 年 3 月 28 日发布）

中国人民银行上海总部，各分行、营业管理部，省会（首府）城市中心支行，副省级城市中心支行；国家开发银行，各政策性银行，国有商业银行，股份制商业银行，中国邮政储蓄银行：

为保护融资租赁交易当事人和第三人的合法权益，促进资产支持融资行业的健康发展，维护金融资产安全，降低信贷交易风险，根据《中华人民共和国物权法》、《中华人民共和国合同法》和《中华人民共和国商业银行法》等法律法规，现就使用融资租赁登记公示系统进行融资租赁交易查询的有关事项通知如下：

一、中国人民银行征信中心建立的融资租赁登记公示系统，通过互联网为全国范围内的机构提供租赁物权利登记公示与查询服务。各单位要充分认识利用融资租赁登记公示系统进行融资租赁交易登记与查询在明确金融资产权属状况、预防交易风险、保护交易安全方面的积极意义。

二、融资租赁公司等租赁物权利人开展融资租赁业务时，可以在融资租赁登记公示系统办理融资租赁登记，公示融资租赁物权利状况，避免因融资租赁物占有与所有分离导致的租赁物权属冲突。

融资租赁公司等租赁物权利人，在融资租赁登记公示系统办理租赁物登记时，应按照中国人民银行征信中心发布的登记规则如实填写登记事项，公示融资租赁合同中载明的租赁物权属状况，并对登记内容的真实性、完整性和合法性负责。

三、银行等机构作为资金融出方在办理资产抵押、质押和受让等业务时，应当对抵押物、质物的权属和价值以及实现抵押权、质权的可行性进行严格审查，并登录融资租赁登记公示系统查询相关标的物的权属状况，以避免抵押物、质物为承租人不具有所有权的租赁物而影响金融债权的实现。

请中国人民银行分支机构将本通知转发至辖区内地方性金融机构，并加强组织协调，做好贯彻落实工作。执行过程中若发现问题，请及时报告中国人民银行。

根据上述通知，要求银行等机构在办理相关业务时，应查询中登网核实标的物的所有权情况，避免债权无法实现。而天津市更是扩大了查询义务主体，要求银行、金融资产管理公司、信托公司、财务公司、汽车金融公司等金融机构在办理抵押、质押、受让业务时，应该查询中登网，确定标的物权属。[1]但这仅仅是天津市的地方性政策，并不具有普遍性。在司法实践中，法院基本认可金融机构在办理资产交易业务时负有查询中登网的义务，也就是说如果金融机构在开展相关业务时并未查询中登网，则不适用善意取得物权的相关规定。在这里要提醒读者注意的是，关于金融机构的具体范围每个省、每个法院可能有不同的标准，不能一概而论。建议租赁公司在中登网进行详细公示登记的同时，采取其他能够起到公示作用的方式来公示自己的所有权，如给租赁物加贴标签、购买合同或发票加盖标识等。那么租赁公司在进行业务时，更要注意查询中登网的相关信息，避免因未履行查询义务而被认定存在过失。

2. 《应收账款质押登记办法》

2019年11月22日，中国人民银行发布了《应收账款质押登记办法》。此次修订重点是为了适应近年融资租赁、保证金质押、存货和仓单质押等登记业务的发展。此次修订不仅增加了其他动产和权利担保交易登记的参照条款，还将初始登记和展期登记最短期限均调整为1个月。笔者将《应收账款质押登记办法》列出，方便大家交流学习。

---

〔1〕 张稚萍等主编：《融资租赁案件解析与实践指导》，中国经济出版社2018年版，第436页。

附1 《应收账款质押登记办法》

应收账款质押登记办法

（2019年11月22日发布）

第一章 总 则

第一条 为规范应收账款质押登记，保护质押当事人和利害关系人的合法权益，根据《中华人民共和国物权法》等相关法律规定，制定本办法。

第二条 本办法所称应收账款是指权利人因提供一定的货物、服务或设施而获得的要求义务人付款的权利以及依法享有的其他付款请求权，包括现有的和未来的金钱债权，但不包括因票据或其他有价证券而产生的付款请求权，以及法律、行政法规禁止转让的付款请求权。

本办法所称的应收账款包括下列权利：

（一）销售、出租产生的债权，包括销售货物，供应水、电、气、暖，知识产权的许可使用，出租动产或不动产等；

（二）提供医疗、教育、旅游等服务或劳务产生的债权；

（三）能源、交通运输、水利、环境保护、市政工程等基础设施和公用事业项目收益权；

（四）提供贷款或其他信用活动产生的债权；

（五）其他以合同为基础的具有金钱给付内容的债权。

第三条 本办法所称应收账款质押是指《中华人民共和国物权法》第二百二十三条规定的应收账款出质，具体是指为担保债务的履行，债务人或者第三人将其合法拥有的应收账款出质给债权人，债务人不履行到期债务或者发生当事人约定的实现质权的情形，债权人有权就该应收账款及其收益优先受偿。

前款规定的债务人或者第三人为出质人，债权人为质权人。

第四条 中国人民银行征信中心（以下简称征信中心）是应收账款质押的登记机构。

征信中心建立基于互联网的登记公示系统（以下简称登记公示系统），办理应收账款质押登记，并为社会公众提供查询服务。

第五条　中国人民银行对征信中心办理应收账款质押登记有关活动进行管理。

第六条　在同一应收账款上设立多个权利的，质权人按照登记的先后顺序行使质权。

第二章　登记与查询

第七条　应收账款质押登记通过登记公示系统办理。

第八条　应收账款质押登记由质权人办理。质权人办理质押登记的，应当与出质人就登记内容达成一致。

质权人也可以委托他人办理登记。委托他人办理登记的，适用本办法关于质权人办理登记的规定。

第九条　质权人办理应收账款质押登记时，应当注册为登记公示系统的用户。

第十条　登记内容包括质权人和出质人的基本信息、应收账款的描述、登记期限。

出质人或质权人为单位的，应当填写单位的法定注册名称、住所、法定代表人或负责人姓名、组织机构代码或金融机构编码、工商注册号、法人和其他组织统一社会信用代码、全球法人机构识别编码等机构代码或编码。

出质人或质权人为个人的，应当填写有效身份证件号码、有效身份证件载明的地址等信息。

质权人可以与出质人约定将主债权金额等项目作为登记内容。

第十一条　质权人应当将填写完毕的登记内容提交登记公示系统。登记公示系统记录提交时间并分配登记编号，生成应收账款质押登记初始登记证明和修改码提供给质权人。

第十二条　质权人应当根据主债权履行期限合理确定登记期限。登记期限最短 1 个月，最长不超过 30 年。

第十三条　在登记期限届满前 90 日内，质权人可以申请展期。

质权人可以多次展期，展期期限最短 1 个月，每次不得超过 30 年。

第十四条　登记内容存在遗漏、错误等情形或登记内容发生变化的，质权人应当办理变更登记。

质权人在原质押登记中增加新的应收账款出质的，新增加的部分视为新的质押登记。

第十五条　质权人办理登记时所填写的出质人法定注册名称或有效身份证件号码变更的，质权人应当在变更之日起4个月内办理变更登记。

第十六条　质权人办理展期、变更登记的，应当与出质人就展期、变更事项达成一致。

第十七条　有下列情形之一的，质权人应当自该情形产生之日起10个工作日内办理注销登记：

（一）主债权消灭；

（二）质权实现；

（三）质权人放弃登记载明的应收账款之上的全部质权；

（四）其他导致所登记权利消灭的情形。

质权人迟延办理注销登记，给他人造成损害的，应当承担相应的法律责任。

第十八条　质权人凭修改码办理展期、变更登记、注销登记。

第十九条　出质人或其他利害关系人认为登记内容错误的，可以要求质权人变更登记或注销登记。质权人不同意变更或注销的，出质人或其他利害关系人可以办理异议登记。

办理异议登记的出质人或其他利害关系人可以自行注销异议登记。

第二十条　出质人或其他利害关系人应当在异议登记办理完毕之日起7日内通知质权人。

第二十一条　出质人或其他利害关系人自异议登记之日起30日内，未将争议起诉或提请仲裁并在登记公示系统提交案件受理通知的，征信中心撤销异议登记。

第二十二条　应出质人或其他利害关系人、质权人的申请，征信中心根据对出质人或其他利害关系人、质权人生效的法院判决、裁定或仲裁机构裁决撤销应收账款质押登记或异议登记。

第二十三条　质权人办理变更登记和注销登记、出质人或其他利害关系人办理异议登记后，登记公示系统记录登记时间、分配登记编号，并生成变更登记、注销登记或异议登记证明。

第二十四条　质权人开展应收账款质押融资业务时，应当严格审核确认应收账款的真实性，并在登记公示系统中查询应收账款的权利负担状况。

第二十五条 质权人、出质人和其他利害关系人应当按照登记公示系统提示项目如实登记，并对登记内容的真实性、完整性和合法性负责。办理登记时，存在提供虚假材料等行为给他人造成损害的，应当承担相应的法律责任。

第二十六条 任何单位和个人均可以在注册为登记公示系统的用户后，查询应收账款质押登记信息。

第二十七条 出质人为单位的，查询人以出质人的法定注册名称进行查询。

出质人为个人的，查询人以出质人的身份证件号码进行查询。

第二十八条 征信中心根据查询人的申请，提供查询证明。

第二十九条 质权人、出质人或其他利害关系人、查询人可以通过证明编号在登记公示系统对登记证明和查询证明进行验证。

第三章 征信中心的职责

第三十条 征信中心应当采取技术措施和其他必要措施，维护登记公示系统安全、正常运行，防止登记信息泄露、丢失。

第三十一条 征信中心应当制定登记操作规则和内部管理制度，并报中国人民银行备案。

第三十二条 登记注销或登记期限届满后，征信中心应当对登记记录进行电子化离线保存，保存期限为15年。

第四章 附 则

第三十三条 征信中心按照国务院价格主管部门批准的收费标准收取应收账款登记服务费用。

第三十四条 权利人在登记公示系统办理以融资为目的的应收账款转让登记，参照本办法的规定。

第三十五条 权利人在登记公示系统办理其他动产和权利担保登记的，参照本办法的规定执行。

本办法所称动产和权利担保包括当事人通过约定在动产和权利上设定的、为偿付债务或以其他方式履行债务提供的、具有担保性质的各类交易形式，包括但不限于融资租赁、保证金质押、存货和仓单质押等，法律法规另有规定的除外。

第三十六条　本办法由中国人民银行负责解释。

第三十七条　本办法自2020年1月1日起施行。《应收账款质押登记办法》（中国人民银行令〔2017〕第3号发布）同时废止。

第三章

合同起草及审核

一、直接租赁业务合同

融资租赁合同主要条款包括融资租赁关系的定义、租赁物选择及交付验收、租金支付、租赁物所有权、租赁物质量瑕疵与索赔、租赁物保险、担保措施、租赁物处置、违约处理、合同生效及争议解决等，以下就如何起草、审核上述条款内容进行示范，仅供参考，起草人、审核人可根据实际情况对合同内容进行添加或修改。

一般来说直接租赁业务合同的要素条款包括下列内容。

（一）交易主体信息

在这一款中应写明交易主体的正式名称，法定代表人名称、通讯地址（可送达地址）、联系人以及联系方式。这里要提醒读者注意的是，合同主体是否合格的问题存在于所有合同中，是合同的必备内容。在合同主体资格方面出现错误，属于较为低级的错误。这里面涉及企业登记管理制度、经营范围管理制度、经营资质管理制度、许可证管理制度、从业资格管理制度。

签订以及履行合同的资格问题主要是指合同主体对交易标的是否具有合法的处分权利，代理人是否具有签订合同的合法有效授权以及公司章程是否授权该合同主体进行相应的活动。首先，核对企业营业执照以及公司章程（工商备案版），从而核实其代理人资格以及授权书是否明确等；其次，要确认其所用公章或合同专用章是否为备案公章或合同专用章，只要加盖了单位公章，签字人是否为法定代表人或授权代理人并非决定因素，但如果企业采用未经备案的公章或专用章，则会给交易带来巨大的法律风险。最后，在审查过程中，如果交易对方临时变更签约主体，则必须对交易的新主体进行审查，以防止相关风险。

（二）租金条款以及租赁期

该条款约定了出租人向承租人支付租赁物买卖价款并取得租赁物所有权后，按照融资租赁协议规定起租，承租人按照租金支付表应定期支付的租赁，而租金由本金以及租赁利息组成。一是应标明本金以及租息分别为多少（或表明详见租赁附表），二是币种要标注明确，金额书写（大小写）应规范。这里笔者将相关会计规范列出，读者可以参考使用。

（1）中文大写金额数字运用正楷或行书填写，如壹、贰、叁、肆、伍、陆、柒、捌、玖、拾、佰、仟、万、亿、元、角、分、零、整（正）等字样。不得用一、二（两）、三、四、五、六、七、八、九、十、廿、卅、毛、另（或）填写，不得自造简化字。

（2）中文大写金额数字到"元"停止的，在"元"之后，应写"整"（或"正"）字，在"角"之后可不写"整"（或"正"）字。大写金额数字有"分"的，"分"后边不写"整"（或"正"）字。

（3）中文大写金额数字前应标明"人民币"字样，大写金额数字应紧接"人民币"字样填写，不得留有空白。大写金额数字前未印"人民币"字样的，应加填"人民币"三字。在收据和结算凭据大写金额栏内不得预印固定的"仟、佰、拾、万、仟、佰、拾、元、角、分"字样。

（4）阿拉伯小写金额数字中有"0"时，中文大写应按照汉语语言规则、金额数字构成和避免涂改的要求进行书写。举例如下：

①阿拉伯数字中有"0"时，中文大写金额要写"零"字。如￥1409.50，应写成人民币壹仟肆佰零玖元伍角。

②阿拉伯数字中接连有几个"0"时，中文大写金额中能够只写一个"零"字。如￥6007.14，应写成人民币陆仟零柒元壹角肆分。

③阿拉伯金额数字万位或元位是"0"，或许数字中接连有几个"0"，万位、元位也是"0"，但千位、角位不是"0"时，中文大写金额中可以只写一个零字，也可以不写"零"字。如￥1680.32，应写成人民币壹仟陆佰捌拾元零叁角贰分，也可写成人民币壹仟陆佰捌拾元叁角贰分；又如￥107 000.53，应写成人民币壹拾万柒仟元零伍角叁分，也可写成人民币壹拾万零柒仟元伍角叁分。

④阿拉伯金额数字角位是"0"，而分位不是"0"时，中文大写金额

“元”后边应写“零”字。如￥16 409.02，应写成人民币壹万陆仟肆佰零玖元零贰分；又如￥325.04，应写成人民币叁佰贰拾伍元零肆分。

⑤阿拉伯小写金额数字前面，均应填写人民币符号“￥”（或草写￥）。阿拉伯小写金额数字要认真填写，不得连写分辨不清。

（三）账户信息

在这一条款中，一般会列出出租人的收款账户，这里提醒读者一点，在合同制作过程中往往忽略细节问题，尤其企业收款账号可能有多个，在合同制作时要仔细核对名称、账号，避免出现错误，虽然可以通过补充协议或账户变更通知书的形式修改，但终归会对公司的形象产生一定的不良影响，应尽力避免。

（四）首付款、保证金等条款

在融资租赁业务中很多时候会有首付款或保证金条款的设置，只要按照谈判情况，正确填写即可。

（五）合同生效或提前结束的条件

在融资租赁业务中，常常会约定符合一定的条件合同才会生效，即附条件生效的合同，可根据具体情况进行约定。而如果业务有提前结束可能的，一般也会约定提前结束的条件，例如，自起租日起××月内，承租方不得中止或终止对租赁物的租赁，并不得以任何理由提出变更本租赁合同要求。租赁期开始××月后，若乙方要求提前结束租赁合同，则应提前一个月书面通知甲方，并征得甲方书面同意。甲方同意后，乙方向甲方一次性支付提前结束款、乙方其他应付款项和甲方为收回及管理租赁物而产生的费用等（如有），上述款项收讫后，甲方将租赁物所有权转移给乙方，本合同终止。乙方应支付的提前结束款包括但不限于如下款项，具体以双方签署的提前结束协议约定为准：一是未支付的全部租金；二是租赁物留购价款。

（六）开具发票的要求

如对开具发票有特殊要求的可在本条款中约定。

（七）具体的担保方式

在主合同中明确担保方式。

(八) 起租日的约定等

在这里可以对起租日进行相应的约定，如付款即起租：买卖合同项下出租人方支付第一笔租赁物价款之日即起租，不以租赁物实际交付为前提。融资租赁关系的设立自出租人支付买卖合同约定的第一笔租赁物价款之时，即视为出租人向承租人全面履行了合同项下租赁物的交付义务，双方就该租赁物形成租赁关系；依据承租人与卖方的约定条款执行租赁物的验收，与出租人无关，验收过程和结果均不影响出租人与承租人的租赁和债权债务关系。

关于融资租赁合同的一般条款：笔者为读者提供了一般条款以及附件的样本，读者可以在具体业务中参考使用。

融资租赁合同（一般条款）

第一条　融资租赁关系的设立

1.1 本合同项下的融资租赁关系，是指甲方根据乙方的要求及乙方对卖方和租赁物的完全自主选定，向卖方购买租赁物，租赁给乙方使用，乙方同意按本合同约定租入租赁物并向甲方支付租金，租赁期间届满且乙方履行完毕本合同项下的全部义务后，甲方将租赁物所有权转让给乙方。

1.2 自甲方根据买卖合同约定支付合同约定第一笔价款之时起，即视为甲方向乙方全面履行了租赁物的交付义务，双方就该租赁物形成租赁关系；乙方根据与卖方约定条款执行租赁物的验收，与甲方无关，验收过程和结果均不影响甲方与乙方的租赁关系和债权债务关系。

第二条　定义

2.1 租赁成本：租赁物购买价款及甲乙双方同意的其他费用。

2.2 首付款：指由乙方自己实际承担的租赁物的购买价款，该等款项由乙方作为其应偿还的租赁成本依据本合同的约定支付给甲方。

2.3 保证金：作为履行本合同的保证，乙方应向甲方支付保证金。甲方不就保证金向乙方计付利息，对保证金的收取不构成租金金额的减少。

若乙方未履行或未完全履行本合同项下义务，甲方有权以保证金按违约金、逾期租金占用利息、其他应付款项、应付未付租金、留购价款的顺序冲抵乙方对甲方的债务（甲方有权自行决定变更上述款项清偿顺序）。冲抵后，乙方应根据甲方要求及时补足保证金至本合同约定的保证金的初始金额。或乙方未按要求补足保证金，甲方有权使用乙方其后每次支付的租金或其他款项优先补足保证金及逾期利息。在甲方确认乙方完整履行了本合同项下义务后，保证金若有剩余的，剩余的保证金于租赁期限届满后三（3）个工作日内退还乙方。

在保证金未发生抵扣或抵扣后乙方补足的情况下，甲方有权决定是否以该保证金冲抵最后一期租金，乙方应足额缴纳抵扣不足部分。

2.4 租金变更：如果根据本合同约定发生租金调整的，则甲方以“租金变更通知书”通知乙方，乙方应根据该租金变更通知书支付租金。

2.5 租金支付日：指乙方应向甲方支付每期租金之日。该租金支付日为租金实际到账（甲方账户）日，以银行凭证记载的日期为准。租金支付日为非工作日的，自动提前至上一个工作日。乙方承担租金支付时所发生的各项费用。

2.6 合同有效期：指从本合同生效之日至甲方收到乙方支付的本合同项下所有租金和应付款项后出具租赁物所有权转移证明书之日。

2.7 担保人：指为乙方履行本合同项下义务提供担保（包括但不限于保证、抵押、质押、定金等）的自然人、法人或其他组织。

2.8 基准利率/同期贷款基准利率：指中国人民银行不时制定、调整并公布的，以年利率表示的且与租赁期间同等期间的人民币贷款利率。

第三条　租赁物的购买

3.1 乙方以承租、使用为目的，以融资租赁方式向甲方承租租赁物；乙方根据自己的需要选定租赁物及卖方，自行与卖方商定租赁物的名称、规格、型号、数量、性能、质量、技术标准、技术服务、价格、交货地点、交货时间、质量保证等《买卖合同》中的所有条款。乙方确认其作出上述选择和决定并未依赖甲方的技能和判断，也未受到甲方的任何影响或干涉。乙方对上述自主选择与决定承担全部责任和风险，在任何情况下，甲方均不对此承担任何责任。

3.2 甲方、乙方与卖方签署有关租赁物的买卖合同。

3.3 有关本项目的相关手续、批准、许可或相应证明文件或经营资质由乙方办理。若因上述手续不全而致使甲方发生任何费用或影响租赁物的购置及发生的损失，包括资金闲置损失等，由乙方承担；甲方不承担责任，乙方在本合同项下按时、足额支付租金及其他义务不变。

3.4 租赁物运抵交货地点、设置场所的运输按照买卖合同的约定办理，对由承运人或其他原因造成的所有损失，甲方均不承担责任。

3.5 租赁物由卖方根据《买卖合同》约定的时间、地点和方式直接向乙方履行交付义务。乙方按《买卖合同》约定向甲方出具《租赁物签收证明》。若发生包括但不限于卖方延迟交付租赁物，或与相关买卖合同约定内容不符，或在安装、调试、验收过程中及质量保证期间发现租赁物存在质量瑕疵，或其他与租赁物有关的任何问题，乙方应根据买卖合同或者乙方与卖方自行签订的协议行使索赔权，甲方不承担责任，乙方在本合同项下按时、足额支付租金及其他义务不变。

3.6 甲、乙双方确认，乙方向甲方首付款的支付构成租赁物的购买价款，甲方无须就该等首付款向乙方支付任何利息或收益且该等首付款一经支付即不予退还。双方进一步确认，乙方向甲方支付首付款并不影响甲方对租赁物唯一且完整的所有权。

3.7 如乙方迟延支付首付款和/或保证金和/或其他应由乙方支付的费用，造成租赁物迟延或不能交货等一切损失和后果，由乙方承担。

3.8 乙方负担租赁物购置过程中发生的所有费用和税款。

3.9 本合同期限内，由于我国法律规定的变更或我国政府有关税种、税目、税率变更等因素，使得以本合同和/或担保文件和/或《买卖合同》为基础的交易所适用的税款发生变化而给甲方增加额外税款或费用（包括但不限于各级管理机构对租赁物所有权人征收相关税款或费用以及此后国家新开征的任何税款或费用）（“额外税费”），该等额外税费由乙方承担。

3.10 除另有书面约定，甲方除向卖方支付租赁物购买价款及承担因从事融资租赁业务应自行缴纳的印花税（但不包括《买卖合同》以及担保文件项下的印花税）和企业所得税外，因本合同、担保文件及《买卖合同》的签署和履行而发生的全部税款和费用，包括但不限于购买、出租、留购租赁物以及进行登记所发生的税款和费用以及相关的律师费，均由乙方承担，并由乙方直接支付，甲方对此不承担任何责任，且不影响甲方对全部租赁物的完整的所有权。除非另有书面约定，乙方应自行负担因购买和安装租赁物所需缴纳的所有税款（包括但不限于增值税、印花税等）及费用。

3.11 租赁物运达安装或使用地点后由乙方承担保管责任。

3.12 除支付租赁物货款外，买卖合同中所发生的其他争议以及索赔等均由乙方自行处理，费用由乙方承担。

3.13 若买卖合同项下任意一笔设备价款的支付前提条件实际上已全部成就，但因乙方原因导致该等条件未全部成就，或虽然已全部成就但乙方仍要求甲方不予支付的，由此导致甲方在买卖合同项下承担的任何义务或责任均应由乙方承担。

3.14 乙方若违反前述任何条款，或出现前述任何情况，乙方仍应按本合同的约定支付租金及其他款项。

第四条 租赁物的所有权和使用权

4.1 所有权：甲方自向卖方支付《买卖合同》项下租赁物第一笔购买价款之日即取得租赁物所有权，在租赁物所有权根据本合同约定转移至乙方之前，甲方对租赁物（包括任何零部件、替换件、更新件、附件和辅助件）拥有完整、独立的所有权，因此：

4.1.1 未经甲方书面同意，乙方不得出售、转让、分租、转租租赁物；不得在租赁物上设置任何抵押权或其他担保权益；不得以租赁物投资入股、被人民法院查封；乙方不得将租赁物作为其承担其民事责任的财产或在发生乙方破产时将租赁物纳入乙方破产财产范畴；不得进行其他任何侵害甲方所有权的行为。否则，乙方应承担一切法律责任。

4.1.2 甲方有权在租赁物上附设甲方作为所有者的标志，乙方有义务配合、协助甲方附设该所有者标志，且乙方有义务在合同有效期内维护该所有者标志，不得掩盖、涂改、拆除，否则应承担由此产生的一切法律责任。

4.1.3 甲方或甲方委托的代理人有权检查租赁物的使用、损坏、维修等状况，乙方应给予配合和协助。未经甲方书面同意，乙方不得对租赁物进行附合、混合或加工等（正常维修和保养除外）。如乙方在租赁物上添加、更换零部件或对租赁物进行升级、更新，则乙方所更换或添加零部件的所有权自动免费归甲方所有，乙方不得主张任何权利。

4.1.4 在保证乙方享有本合同项下权利及不影响乙方正常使用的条件下，甲方可将本合同约定的全部或部分权利转让或质押给第三方，或以租赁物设定抵押等他项权利，同时本合同效力不受影响。乙方在此确认，甲方转让、质押或抵押行为无须取得乙方同意，并放弃对甲方行使上述权利的对抗权利，无条件配合甲方对上述权利的行使。乙方依约履行本合同，甲方保证乙方依照本合同约定，享有对租赁物的使用权和租赁期间届满后的所有权。

4.2 使用权：在租赁期间内乙方拥有本合同项下租赁物的使用权，因此：

4.2.1 乙方有权在设置场所安装和使用租赁物。未经甲方书面同意，乙方不得擅自改变租赁物的设置场所和使用环境。

4.2.2 乙方因正常需要而更换租赁物的零部件时，应使用租赁物原生产厂家的同规格、同型号的零部件。乙方自行与卖方或制造商确定租赁物的全部维修保养等事宜，甲方对此不承担责任。乙方应自行承担因对租赁物的占有、使用、维修、维护、保养而发生的各种费用。

4.2.3 乙方应仅按照租赁物的设计用途及正常商业用途使用租赁物。

4.2.4 乙方占有租赁物期间，租赁物造成第三人的人身和/或财产损失的，全部责任均由乙方承担；若甲方因此遭受到任何索赔、诉讼，或垫付费用(包括但不限于诉讼费、保全费、公证费、律师费及其他费用等)，导致甲方支付任何款项的，乙方应无条件立即给予赔偿；乙方的上述赔偿义务在本合同被撤销、终止或届满后继续有效。

4.2.5 乙方从事的一切行为均不得损坏租赁物，均不得阻碍或改变租赁物原来的用途和功能。

4.2.6 乙方有义务合理和适宜地保护租赁物，并对租赁物的灭失或毁损负有赔偿义务。

4.2.7 无论乙方是否有权按照本合同约定于租期届满时取得租赁物所有权，在租赁期间及全部租赁债务清偿完毕前，乙方不得以租赁物所有人或未来所有人等身份就租赁物签订任何文件或出具任何承诺或为任何其他处分行为。

4.2.8 自起租日起，无论承租人是否实际使用租赁物，均不影响承租人依据本合同的约定向出租人支付租金及其他款项的义务。

第五条　租赁物质量瑕疵与索赔

5.1 非因甲方原因造成的如下事项：包括卖方不交货、延迟交货，或所交货物的品质规格、技术性能和数量等条件不符合买卖合同的约定，或在安装调试、操作过程中有质量瑕疵等情况，或租赁物在实际使用中不能达到乙方所期待的效果等，甲方均不承担任何责任，由乙方直接向卖方行使索赔权，并承担由此而产生的一切费用。

5.2 如因前款原因造成的甲方为履行本合同实际支付的租赁物货款、信用证开证费、增值税款等税费和其他费用及利息，由乙方负担。

5.3 如果发生因租赁物自身原因（如技术因素、质量问题等）致使第三人或租赁物等遭受损害时，乙方直接向卖方追索。

5.4 经乙方要求，甲方应就索赔事宜给予合理协助，因此而产生的一切费用应由乙方承担。若乙方与卖方就索赔事宜达成赔偿协议，该等协议应事先取得甲方的书面同意。同时，双方确认，基于买卖合同所发生的相关争议以及索赔、仲裁或诉讼由乙方自负费用，自行办理，法律后果由乙方承担。

5.5 在发生第5.1款或其他影响租赁物正常投入使用的事件时，无论乙方是否提起索赔、索赔是否尚在进行中、是否能够获得补偿，本合同的效力与履行不受影响，乙方在本合同项下按时、足额支付租金及其他义务不变。

第六条　租赁物的毁损或灭失

6.1 根据买卖合同约定的不同交货条件，租赁物毁损及灭失的风险，自由卖方直接转移至乙方起至本合同有效期终止，由乙方承担，包括但不限于投保范围内的风险或其他未投保风险。若发生该等毁损、灭失情形，承租人在本合同项下的租金支付及其他义务不受任何影响。

6.2 若租赁物损毁及灭失的风险发生时，乙方应及时采取适当的财产保全措施以防止损失的扩大，同时必须立即通知甲方，并在甲方要求的合理期间内由乙方依照甲方选择确定的如下一种或几种方式进行处理，并由乙方负担全部费用：

6.2.1 将租赁物复原或修理至完全正常使用状态。

6.2.2 更换经甲方认可的与租赁物同等型号、性能的零部件、配件或物件。更换后的租赁物自动免费成为甲方所有的财产，乙方对甲方的所有权不持任何异议，同时保证甲方对该等更换后的租赁物所享有的权利不受任何其他第三人的影响。

6.2.3 在前两款的情形下，本合同继续执行，乙方在本合同项下按时、足额支付租金及其他义务不变。

6.3 在第 6.1 款、第 6.2 款情形下，复原/修理后的租赁物所有权仍属于甲方所有，因此而发生的一切相关费用、成本、损失等，全部由乙方承担。

6.4 租赁物毁损到无法修理的程度时，乙方应在甲方通知的时间内，向甲方支付本合同项下违约金、逾期租金占用利息、全部到期和未到期租金（包括甲方已支付的任何增值税等税费）及其他应付款项及甲方为管理租赁物而产生的全部费用（如有）等。

6.5 乙方将第 6.4 款规定的所有应付款项支付给甲方后，甲方将租赁物（以其当时状态）的所有权及对第三者的权利（如有）转移给乙方，届时本合同终止。

第七条　保险

7.1 本合同项下租赁物投保事宜约定见合同要素表的约定。

7.2 如发生保险事故，乙方应在二十四小时内通知甲方和保险公司。

7.3 因发生保险事故取得的保险赔偿金，甲方有权根据下述原则之一办理：

7.3.1 作为第 6.2 款所需费用的支付，保险赔偿金不足以支付的，由乙方承担。

7.3.2 作为第 6.4 款及其他乙方应付给甲方的款项，保险赔偿金不足以支付的，由乙方补足。

7.4 甲方将取得的保险赔偿金按照第 7.3 款办理之后，保险赔偿金仍有剩余的，由甲方支付给乙方。

7.5 如因乙方怠于保险索赔而致理赔未成，乙方应当赔偿甲方的全部损失，包括向甲方支付本合同项下违约金、逾期租金占用利息、全部到期及未到期租金（包括甲方已支付的任何增值税等税费）及为管理租赁物而产生的全部费用（如有）等。

7.6 乙方向保险公司索赔程序是否完成及保险公司赔偿与否以及赔偿金额的多少均不影响乙方履行本合同项下包括按时、足额支付租金（包括甲方已支付的任何增值税等税费）等所有义务。

7.7 如果租赁物发生保险范围以外的损害的，乙方应自付费用将租赁物恢复原状，乙方按时足额支付租金的义务不变。无法恢复的，参照本合同第六条执行。

第八条　乙方的承诺与保证

8.1 乙方承诺其签署并履行本合同已获得所有必需的授权或批准，签订和履行本合同不违反乙方章程、内部规范性文件和相关法律法规的规定，与乙方签订的其他合同项下的义务均无抵触。

8.2 乙方应遵守国家的相关行业法律、法规、政策、制度，合法经营，包括但不限于所从事的业务符合乙方营业执照、相关行业资质文件所列范围，租赁物的引进符合国家法律、法规、规章规定并取得合法文件。乙方不得从事法律、法规、规章、政策、制度所不允许的行为、业务。乙方应按规定办理各类许可证、执照的年审、年检等工作。

8.3 乙方未依赖甲方而自主选择租赁物与卖方，将自行承担卖方不履行《买卖合同》约定的风险。

8.4 无论发生何种情况，乙方都将按照《买卖合同》的约定接收租赁物，若因乙方不接收租赁物而给甲方造成的任何损失，由乙方承担。

8.5 乙方保证在本合同履行完毕前，依甲方要求，按季向甲方报送乙方的资产负债表、损益表等财务报表，并保证其所出具的所有财务报表符合中国有关的法律法规，报表真实、客观地表明了乙方的财务状况，乙方所提供的所有文件、资料和签名盖章均为真实、有效、完整、准确且无任何隐瞒。

8.6 乙方保证在实施承包、租赁经营、股份制改造、合并（兼并）、合资（合作）、分立、设立子公司、产权转让及其他可能影响甲方权益的行为时，提前取得甲方的书面同意。

8.7 担保人发生破产、歇业、被撤销、被兼并、被查封等影响担保能力的情况时，乙方保证及时书面通知甲方并另行提供经甲方认可的担保，否则，甲方有权解除本合同并要求乙方提前支付所有租金及其他应付款项，且甲方将解除与卖方的买卖合同，停止向卖方支付租赁物购买价款，由此产生的全部责任包括但不限于甲方及卖方的全部经济损失，均由乙方承担。

8.8 乙方确认，本合同履行完毕前，甲方可以随时要求乙方提供通过企业信用信息基础数据库和银行信贷登记咨询系统查询的信用信息。

8.9 乙方确认，本合同签订后，甲方有权自行在中国人民银行征信中心融资租赁登记公示系统对交易的相关内容进行登记。

8.10 乙方确认无条件配合甲方与第三方就本《融资租赁合同》项下应收

租赁款开展保理业务、应收账款质押、资产转让业务，包括但不限于以下工作：

8.10.1 积极配合甲方指定的第三方进行尽职调查，提供第三方所要求的相关资料，并提供相关便利。

8.10.2 无条件配合甲方与第三方开展保理业务、应收账款质押业务时需要进行的应收租赁款质押工作，并按相关要求在回执单上进行签章。

如乙方未按甲方要求办理甲方与第三方的保理业务、应收账款质押业务，则视为乙方根本违约，甲方有权选择要求乙方立即支付违约金、逾期租金占用利息、全部到期未付租金、未到期租金及其他应付款项，本合同终止；甲方也可以解除本合同，取回全部租赁物，并要求乙方立即支付违约金、逾期租金占用利息、到期未付租金、未到期租金及其他应付款项。

8.11 乙方保证无条件配合甲方在租赁物上标记甲方的标识。甲方有权对租赁物进行远程监控，乙方同意完全按照甲方的要求安装、设置远程监控装置。

8.12 对甲方到乙方生产经营地查看租赁物，乙方应予以配合，并应向甲方提供必要的文件、资料、经营数据等。

8.13 乙方名称、地址、法定代表人等发生变化，不影响本合同的执行，乙方应在变化发生后10日内将变更情况以书面形式通知甲方。

第九条　权利保护事项和补救措施

9.1 起租前，由于乙方违反本合同而给甲方造成的相关损失（包括甲方支付的货款、为购买设备垫付的保险、运输、其他费用及利息等），由乙方负责赔偿。具体赔偿金额以甲方向乙方发出的书面通知为准。

9.2 如果在本合同签署后任何时间，发生以下情形之一时，甲方有权采取9.3款约定的救济措施：

9.2.1 乙方未按时、足额支付甲方任一期租金和/或本合同项下其他应付款项。

9.2.2 乙方未经甲方书面同意及未按照本合同约定条件占有、使用租赁物或就租赁物做其他处置、侵犯甲方租赁物所有权的。

9.2.3 乙方向甲方作出的任何陈述或保证存在虚假、遗漏及错误情形。

9.2.4 乙方非正常及违反公平原则出售、转移、出租或以其他方式处理其业务或资产，或乙方的财产或权利的全部或任何实质部分被没收、扣押、征用、查封、强制执行或被剥夺，足以影响乙方履行本合同能力的。

9.2.5 乙方发生分立、合并、兼并、收购等变更情况或者乙方停止经营任何主要部分的业务，或者乙方提出或者被提出有关诉讼、破产、歇业等，或有关部门就上述事项作出批准或决定时，本合同效力不受影响。但若甲方认为上述情况的发生影响乙方履行本合同的能力的。

9.2.6 未经甲方书面同意，乙方出售重大资产和/或提前清偿其他债务和/或放弃和/或减免其他债权和/或为第三方提供任何形式的担保，足以影响乙方履行本合同能力的。

9.2.7 乙方或乙方关键岗位人员已被或将被行政或司法等处罚（包括但不限于罚款、停业、治理整顿、采取强制措施、刑罚等），足以影响乙方履行本合同能力的。

9.2.8 因任何行政机关和司法机关的判决、裁定等，认定租赁物所有权非甲方所有。

9.2.9 乙方在甲乙双方之间和/或与其他当事人已签署或将要签署的所有合同、协议（包括但不限于融资租赁合同、买卖合同、担保合同等）中出现任一、部分或全部违约，或出现影响乙方履行本合同项下义务的其他情形。

9.2.10 乙方违反本合同项下的其他约定的。

9.2.11 乙方或担保人在向甲方出具的或与甲方签署的任一担保（包括但不限于保证、抵押、质押、定金等）文件项下存在违约情形的。

9.2.12 甲方有理由认为并无义务提供证据证明乙方或担保人有丧失或可能丧失履行债务能力的下列情况之一的：

（1）经营状况严重恶化；

（2）转移财产或抽逃资金；

（3）丧失商业信誉；

（4）乙方或担保人违反在本合同中作出的陈述和承诺；

（5）因违反经营行为受到行政处罚；

（6）在其他金融机构有到期债务未能偿还引起诉讼；

（7）企业或企业的法定代表人卷入或即将卷入重大的刑事案件、经济纠纷或其他法律纠纷；

（8）乙方或担保人发生其他重大事项可能影响其在本合同项下义务的履

行，又不能在该时间内恢复履行能力或提供适当担保的。

9.3 对第9.2款约定的事项，甲方有权采取下列一种或多种措施：

9.3.1 加速到期，要求乙方立即付清本合同项下全部到期和未到期应付未付租金（包括甲方已支付的任何增值税等税费）及其他应付款项，并按本合同约定的利率及实际占用天数计支付相应的逾期租金占用利息；及就逾期未付租金支付违约金，计算方法：逾期未付金额×0.05%×逾期未付天数。乙方或本合同项下的连带责任保证人未按甲方要求支付加速到期全部款项的，甲方有权取回并处置租赁物。

9.3.2 解除本合同，要求卖方停止对乙方的技术服务及咨询，取回并处置租赁物，并要求乙方赔偿甲方所遭受的损失。

9.3.3 在第9.3.1款和第9.3.2款的情形下，甲方取回并处置租赁物，有权以处置租赁物所获款项抵偿本合同项下乙方应向甲方支付的违约金、逾期租金占用利息、到期和未到期应付未付租金（包括甲方已支付的任何增值税等税费）及其他所有应付款项和费用。抵偿后剩余款项（如有）退还乙方；未能抵偿部分，甲方有权向乙方和担保人继续追偿。当甲方处置租赁物时，乙方应无条件自负费用（包括需补缴的税款、消除障碍等）按甲方要求退回租赁物（完好状态下）给甲方并按甲方要求办理向甲方的过户手续（如需），否则，由甲方自行取回租赁物发生的必要费用和成本，应由乙方承担，甲方有权在处置租赁物所获款项中予以扣除。处置租赁物过程中，甲方有权聘请有资质的中介机构对租赁物剩余价值进行评估。

9.3.4 向乙方追回甲方就乙方违约行为行使任何权利所发生的律师费用及其他合理支出，包括甲方在租赁物购买过程中产生的增值税款等税费、处置费用、处置过程中产生的增值税等税费。同时乙方还应配合进行相关工作并提供相应文件。

9.3.5 要求担保人对上述义务的履行承担连带担保责任及处置抵押物、质物（如有）。

9.4 甲方在采取前款规定的处置方法时，并不免除本合同约定的乙方所应承担的义务。

9.5 如甲方通过上述措施及在本合同项下所收到的款项不足以清偿乙方所欠甲方全部款项时，乙方应根据甲方指定的方法和顺序偿还债务。

9.6 甲方未能依约履行本合同项下义务，包括在乙方按照本合同的约定履行的情况下，干扰、阻碍乙方对租赁物的依约使用，甲方承担因此对乙方造成的直接损失。

9.7 如果因买卖合同被解除、被确认无效或者被撤销导致本合同解除的，乙方应赔偿甲方因此遭受的包括履行利益在内的全部损失。同时，因买卖合同被解除、被确认无效或者被撤销而享有对卖方的索赔权，则甲方将该等索赔权全部转让给乙方，乙方接受这种转让，直接向卖方行使索赔权。

第十条　租赁期间届满后租赁物的处置

10.1 乙方于最后一期租金日向甲方支付留购价款。

10.2 甲方同意在租赁期间届满，并且乙方全部履行完毕本合同约定的义务，包括全部租金（以及甲方已支付的任何增值税等税费）和出现本合同约定情况（如有时）增加的税款、利息和违约金等付清及向甲方支付租赁物留购价款后，租赁物所有权转移给乙方。届时，甲方向乙方出具租赁物所有权转移证明书。

第十一条　争议的解决及法律的适用

11.1 有关本合同的一切争议，甲、乙双方首先应通过友好协商解决。协商不能解决时，甲、乙双方均有权向合同签订地有管理权的人民法院提起诉讼。甲方为维护本合同项下权益所产生的一切费用（包括法院费用、律师费、执行费用及其他有关的费用）由乙方承担。

11.2 在诉讼过程中，除合同有关方对本合同有争议的正在进行的诉讼部分外，本合同的其他部分应继续履行。

11.3 本合同及本合同项下双方的权利和义务适用中华人民共和国法律，并按照中国法律解释。

第十二条　其他条款

12.1 合同有效期内由于我国法律、政策规定的变更或我国政府或租赁物出口国有关税项、税率变更等因素，使得以此合同为基础的交易发生变化给甲方增加额外税金和/或费用，则该税金和/或费用由乙方承担。

12.2 本合同经甲、乙双方签署于本合同约定的生效条件满足后生效。本合同签署之日起届满三个月，如本合同约定的生效条件没有全部满足，则届时甲方有权决定本合同是否终止。如果甲方决定本合同终止，则不因此对甲方产生任何责任和义务，但因甲方原因造成本合同约定的生效条件没有全部满足而被终止的除外。根据买卖合同约定，甲方解除买卖合同的，则届时甲方有权解除本合同。

12.3 本合同各方相互发出的与本合同有关的通知、要求，应以书面方式作出，发送至本合同要素表列出的有关方的住所（本合同中统称“通讯地址”）后，即为充分通知。任何一方如变更其通讯地址，应自变更之日起2日内，以书面形式通知对方，否则，由未通知方承担由此而引起的相关责任。任何一方在本合同项下发出的通知或文件：（i）采用亲自或委托递交的以被通知方或其收件代理人签收之日为送达日期；（ii）采用邮政特快专递或同城（包括市区与郊区）挂号邮件进行邮递的则以邮件寄出之日后的第3日为送达日期；（iii）以其他邮寄方式发出则以寄出之日后的第7日为送达日期；依照上述规定而确定的送达日期与被通知方实际收到的日期或正式签收日期不一致时，以其中最早的日期为准。任何一方变更其联系方式应及时书面通知另一方，否则另一方仍有权将变更前的联系方式视为有效。

12.4 一旦因本合同发生任何纠纷而诉诸法院，本合同要素表所列明的地址将作为各自的接收诉讼文书等文件的司法送达地址。该通讯地址适用于包括一审、二审、再审、执行及督促程序等各个诉讼阶段。如任一方通讯地址或联系方式变更，该方应及时告知受诉法院、其他相关各方变更后的通讯地址或联系方式。如因：（i）提供的通讯地址或联系方式不确切、不真实；（ii）通讯地址变更后未及时书面通知其他相关各方和受诉法院；（iii）受送达人或指定接收人拒绝签收的，导致诉讼文书无法实际送达或未及时送达，受诉法院将诉讼文书邮寄或直接送达约定的通讯地址即视为有效送达，以邮寄方式送达的，以邮寄回执上注明的退回之日视为送达之日，以直接送达方式送达的，送达人当场在送达回证上记明情况之日视为送达之日。

12.5 本合同构成双方权利义务的全部，构成甲、乙双方之间与租赁有关的全部协议，并取代在此之前与本合同涉及交易有关的任何承诺、协议或陈述，无论是口头的还是书面的，且本合同所规定的双方的权利，只能以书面形式明确地表示放弃或改变。甲方未能或延误行使本合同项下权利以及准许乙方延期付款均不构成甲方放弃或改变其权利，同时也不影响、减少、限制或损害甲方行使该权利。

12.6 甲、乙双方在此声明并保证各自所提供的全部资料及陈述均客观真实且无任何误导。

12.7 本合同如需办理公证，公证费由乙方支付，公证行为发生后，公证费不予退还。本合同公证机关由甲方指定。

12.8 本合同一式　份，甲方执　份，乙方执　份，如需办理公证，则公证机关保存一份，如办理抵押登记需要，则抵押登记机关保存相应份数，各份合同具有同等法律效力。

附件1　租赁物清单

租赁物清单

序号	名称	数量	规格	型号	出厂编码	单价：元	金额：元	安置地点	备注

出租人（盖章）：　　　　　　　　承租人（盖章）：

法定代表人/授权代表：　　　　　　法定代表人/授权代表：

附件2　付款起租确认书

付款起租确认书

致：

鉴于：

贵我双方分别作为出租人与承租人于　　年　　月　　日签署了编号为　　的《融资租赁合同》。贵我双方以及　　（以下称“供应商”）签署了编号为　　　　的《买卖合同》。

我方现声明如下：

我方作为承租人自主选择上述交易的租赁物及租赁物的制造商和供应商。我方对租赁物的名称、规格、型号、性能、质量、数量、技术指标和品质、服务和维护、技术保证及价格、交货、安装、验收时间等享有全部的决定权，并直接与供应商商定。我方对上述自主选择和决定负全部责任，在任何情况下，贵公司作为出租人不承担除支付货款以外的任何责任。贵公司完全根据我方的选定和要求向供应商购买租赁物。

根据融资租赁合同规定，我方确认在贵司对供应商支付第一笔货款之日起，上述融资租赁合同正式起租。融资租赁合同起租后，我方将无条件同意按融资租赁合同的约定按时、足额支付租金和其他应付款项。

承租人（公章）：

法定代表人/授权代表：

日期：

附件 3　租赁物接受证书

租赁物接受证书

致：

兹确认，　　　　有限公司（“卖方”）已根据编号为　　　　的《买卖合同》，将编号为　　　　的《融资租赁合同》项下的全部租赁物于上述《买卖合同》约定的地点交付给我方，我方已经于该日验收完毕并接受。

我方进一步确认，上述租赁物质量完好，符合编号为　　　　的《融资租赁合同》的约定。

承租人（公章）：
法定代表人/授权代表：
日期：

二、买卖合同

融资租赁（直租）买卖合同中涉及三方，卖方（以下简称甲方）、买方（以下简称乙方）和承租人（以下简称丙方）。主要合同条款包括租赁物条款，租赁物购买价款及支付，租赁物的交付、验收、质量保证，索赔权转移，所有权与风险承担，各方权利和义务，违约责任等条款。

买卖合同的合同要素中，除了一般的商务信息外，重点要关注对交货地点时间的约定，并表明设备安装、验收及免费保修期由承租方和卖方自行约定。对于买卖合同基本要素，在上文对租赁合同的讲解中已经列出，这里不再赘述，读者有兴趣可以翻看前面的章节。

笔者仅将买卖合同一般条款以及附件样本列出，以供读者参考。

买卖合同（一般条款）

第一条　合同设立的前提

1.1 甲方根据丙方对乙方和乙方设备（即为《融资租赁合同》中的租赁物）的完全自主选定，向乙方购买设备，以租给丙方使用，丙方向甲方支付租金。

1.2 甲方与丙方已签订了编号为　　　的《融资租赁合同》，甲方基于丙方对租赁物和卖方的选择签署本《买卖合同》（以下简称本合同），并将本合同项下的租赁物出租给丙方使用。

第二条　甲、乙、丙三方共同确认

2.1 为履行本合同，甲方按本合同约定将设备价款支付至乙方指定账户后，即完成甲方在本合同项下作为买方的所有义务，在购买过程中发生的资金风险和货物风险均由乙方和丙方承担。如发生租赁合同项下丙方应付甲方款项（首付款和/或保证金）与本合同甲方应付乙方设备价款抵扣情况，致使本合同项下丙方直接向乙方支付相应款项的，则无论针对该等款项发生任何争议（包括该部分款项的支付责任等），均由乙方和丙方自行解决。

2.2 甲方依约支付设备价款（设备价款为设备运抵交货地点的价格，设

备价款包括：设备出厂价、包装、仓储费、增值税款等甲方为履行本合同应缴纳的全部税款、运输费、运输保险费、安装调试的一切费用、设备验收后整机免费保修和在约定期限内提供质量保证服务的全部费用、所有随机装箱的零件及人工费用，但易耗品除外）。丙方因与乙方发生设备质量纠纷而要求甲方暂缓支付设备价款的，由此导致的任何争议由乙方直接向丙方主张。

2.3 乙方承担本合同设备在本合同约定交货地点交付前的所有风险，包括但不限于因设备质量、数量、包装、运输、保险等产生的风险，设备在本合同约定交货地点交付后所有风险由丙方承担。

2.4 如果非甲方原因造成租赁合同和/或本合同无法履行或未完全履行或提前解除，且存在：（i）租赁合同项下丙方应付甲方款项（首付款和/或保证金）与本合同甲方应付乙方设备价款抵扣情况，致使本合同项下丙方直接向乙方支付相应款项的，和/或（ii）本合同项下尚未支付款项的，则涉及事宜由乙方与丙方自行解决，包括但不限于租赁合同项下前述（i）所述首付款和/或保证金可能涉及的退还事宜等。

2.5 基于丙方通过甲方以融资租赁的方式引入本合同项下的租赁物，租赁物（包括但不限于名称、规格、技术性能、检验方式、数量、质量、价格、售后服务等）和乙方均由丙方自主选定，甲方没有任何干预，故乙方交付的租赁物数量不符、质量存有瑕疵，以及因迟延运输、卸货等原因造成租赁物的迟延交付或未交付，甲方不承担任何责任，租赁合同项下丙方按时、足额支付租金及其他义务不变。

2.6 甲方自支付本合同约定的第一笔设备价款（如以不同方式付款的，则以首先支付的部分设备价款的时间为准）后即取得本合同项下所有设备完整的、独立的所有权。如甲方未支付任一笔设备价款之前设备已签收，则自标的物签收日起甲方即取得本合同项下所有设备完整的、独立的所有权。

第三条　设备运输及保险

3.1 乙方负责设备在本合同约定的交货地点交付之前的运输并承担运输费用；设备在交货地点交付后的运输由丙方负责并承担运输费用。本合同另有约定的除外。

3.2 设备包装：设备采用制造商工厂标准包装，或符合行业标准及国家标准的其他包装。

3.3 设备保险：乙方负责设备在交货地点交付之前的运输保险，保险额不少于设备价款，乙方承担相应的费用及因保险原因（包括但不限于保险金额不足、险种缺陷及理赔不及时等）产生的各种损失。丙方负责设备在交货地点交付之后的运输保险，保险额不少于设备价款，丙方承担相应的费用及因保险原因（包括但不限于保险金额不足、险种缺陷及理赔不及时等）产生的各种损失。本合同另有约定的除外。

第四条　设备的交货

4.1 交货与接收

4.1.1 设备在交货地点由乙方直接向丙方交货。丙方应在交货地点接受设备当日向甲方出具租赁物签收证明；如丙方未按前述约定出具该租赁物签收证明，则视为设备已在完好状态下向丙方交付。

4.1.2 设备在交货地点交接时，丙方需会同乙方对设备进行开箱检查，如与合同中约定的不相符，丙方应于发现后3个工作日内书面通知甲方。

4.2 因乙方原因导致逾期交货的，视为乙方交货违约。在此种情况下，乙方应按照逾期交货金额0.05%/日计算，向甲方支付逾期交货违约金。如逾期超过30日（自本合同载明的预计交货时间起算），甲方有权解除本合同并不承担任何责任，同时，乙方应向甲方返还已付的全部款项，并支付设备总价5%的违约金给甲方。丙方为乙方的该等义务对甲方负有连带担保责任；丙方向甲方偿还后，获得向乙方追偿的权利。在丙方全面履行融资租赁合同项下义务的情况下，乙方支付的逾期交货违约金可由甲方转付给丙方弥补丙方因逾期交货遭受的损失。因逾期交货给丙方造成损失的，丙方有权直接要求乙方赔偿。

4.3 乙方在合同约定的交货地点完成向丙方的交货手续后，应办理丙方的签收事宜，并在交货签收后的5个工作日内将签收单据直接传真甲方。

第五条　设备检验、安装、调试、验收

5.1 乙、丙双方确认以本合同约定的设备品质规格、技术性能作为设备安装、调试及验收标准。丙方在安装、调试、验收过程中发现设备的品质规格、技术性能和数量等不符合本合同约定的，丙方应于发现后3个工作日内将上述情况书面通知甲方、乙方。

5.2 设备安装调试完毕后3个工作日内，由乙方与丙方对设备进行验收，并以丙方出具《设备验收合格确认书》为准，丙方应将《设备验收合格确认书》一份交甲方留存。

第六条　权利保护事项和补救措施

6.1 乙方向甲方和丙方保证，按照本合同要求提供的设备，交货时不存在材料、生产工艺和所有权方面缺陷，并符合设备在发货之日有效的设备制造商产品规格和质量标准，为全新第一手设备。本合同项下的设备如属于进口设备，则已按照我国的进口法律、法规和政策办理全部进口手续，包括进口审批、进口清关、缴纳进口税款，进口商检等，属合法纳税进口设备，因此产生的任何问题，由乙方负责；如甲方要求，乙方须在甲方要求的期间内向甲方提供合同设备进口报关单。

6.2 如乙方所交设备（包括设备品种、型号、规格等）不符合本合同约定，则甲方、丙方有权采用以下方法中的一种方法向乙方索赔：

6.2.1 乙方应按照甲方、丙方要求修理或调换设备等补救措施，并承担全部相关费用，修理及新更换部件的质量保证期须作相应延长，并赔偿由此给甲方、丙方带来的全部损失。

6.2.2 如无法修理，或修理、调换后仍不符合本合同约定的，甲方有权要求退货，同时，乙方应退还退货部分的设备价款给甲方，并承担与此有关的全部费用。

6.2.3 如通过前述方式仍不能满足甲方或丙方要求，或乙方交付的设备严重不符合本合同约定，甲方有权解除本合同。同时，乙方应返还甲方已付的全部款项，并承担与此有关的全部费用，以及支付设备总价5%的违约金给甲方。

6.3 鉴于本合同中的乙方及设备均由丙方自主选定，若乙方不能履行、不能完全履行、迟延履行或履行不符合本合同约定条件的，包括但不限于乙方交付设备迟延、所交设备的品质规格、技术性能和数量等条件不符合购买合同的约定等情况，甲方有权将对乙方的索赔权转让给丙方，丙方接受、乙方认可该索赔权的转让。索赔权转让后，丙方直接向乙方索赔。若丙方与乙方达成赔偿协议，应在3日内通知甲方，并将签订协议副本交甲方留存；若丙方就赔偿事宜提起仲裁或诉讼，索赔的费用和结果，均由丙方承担和享有。

6.4 如丙方就本合同项下的租赁物与乙方签订其他任何形式的合同，乙、丙方承诺不会损害甲方在本合同项下的权利。如甲方因此遭受任何损失，乙、丙双方应偿还甲方支付的全部款项（如有），并赔偿甲方在本合同、租赁合同及附件项下的全部损失。

6.5 如果乙方或丙方出现经营状况严重恶化；转移财产、抽逃资金，以逃避债务；丧失商业信誉或有可能丧失履行债务能力的其他情形时，甲方有权中止付款。对方在合理期限内未恢复履行能力并且未提供适当担保的，甲方有权解除合同。

6.6 一方非因法定或约定事由未经其他两方书面同意擅自解除或终止本合同的，应向其他两方分别支付合同总价款10%的违约金。若因乙方单方解除合同的，还应全额退还甲方已支付的货款及按0.05%/日计算的资金占用违约金。

第七条　培训

乙方有义务提供与设备相关的管理培训、技术培训、维修培训及丙方要求的其他培训，培训计划和费用均由乙方、丙方自行协商后确定。

第八条　不可抗力

8.1 由于不可抗力事件发生，直接影响本合同的履行或者不能按约定的条件履行时，遇不可抗力的任何一方，应及时通知另外两方，以减轻可能给对方造成的损失，并在不可抗力发生10日内提供事件详情及本合同不能履行的理由的书面证明，在取得有关机构的不可抗力证明后，按其对履行本合同影响的程度，由合同三方协商，允许延期履行、部分履行或者不履行合同，并根据情况可部分或全部免于承担违约责任。

8.2 不可抗力结束或影响消除后，受不可抗力影响一方应立即通知其他方。各方应在不可抗力结束或其影响消除后继续履行合同义务，合同期限相应延长。

8.3 如不可抗力影响持续超过10日致使其中一方无法继续履行合同义务，则任何一方当事人均有权书面通知其他方解除合同。

第九条　争议的解决及法律的适用

9.1 有关本合同的一切争议，合同有关方应通过友好协商解决。协商不能解决时，各方一致同意任一方当事人向本合同签订地有管辖权的人民法院提起诉讼。因诉讼发生的一切费用（包括法院费用、律师费、执行费用及其他有关的费用）由丙方承担。

9.2 在诉讼过程中，除合同有关方对本合同有争议的正在进行的诉讼部分外，本合同的其他部分应继续履行。

9.3 本合同适用中华人民共和国法律。

第十条　附则

10.1 本合同签署之日起届满三个月，如仍未生效，则届时甲方有权决定本合同和租赁合同是否解除。如果甲方决定本合同和租赁合同解除，甲方无须承担任何责任和义务。本合同签署之日起届满六个月，如合同约定的第一笔设备价款支付条件没有全部满足，则届时甲方有权决定是否向乙方支付第一笔设备价款及任何款项，并不因甲方不支付设备价款及任何款项对甲方产生任何责任和义务，但因甲方原因造成本合同约定的第一笔设备价款支付前提没有全部满足而未支付及本合同另有约定的除外。

10.2 甲方有权单方决定豁免全部或部分支付前提条件或决定延长全部或部分支付前提条件的实现期限。

10.3 在本合同履行期间，如任一笔设备价款支付前提条件未在本合同约定的时间内满足的，则届时甲方有权解除本合同和融资租赁合同。甲方解除本合同的，本合同未履行事宜，由乙方和丙方协商解决。

10.4 本合同所列设备（租赁物）由乙方直接与丙方办理交接和验收事宜。如存在技术合同或其他相关服务协议，在不与本合同冲突的前提下，由乙、丙双方按另外的约定执行。

10.5 本合同各方相互发出的与本合同有关的通知、要求，应以书面方式作出，发送至本合同要素表列出的有关方的住所（本合同中统称“通讯地址”）后，即为充分通知。任何一方如变更其通讯地址，应自变更之日起2日内，以书面形式通知对方，否则，由未通知方承担由此而引起的相关责任。任何一方在本合同项下发出的通知或文件：(i) 采用亲自或委托递交的以被通知方或其收件代理人签收之日为送达日期；(ii) 采用邮政特快专递或同城（包括市区与郊区）挂号邮件进行邮递的则以邮件寄出之日后的第 3 日为送达日期；(iii) 以其他邮寄方式发出则以寄出之日后的第 7 日为送达日期；依照上述规定而确定的送达日期与被通知方实际收到的日期或正式签收日期不一致时，以其中最早的日期为准。任何一方变更其联系方式应及时书面通知另一方，否则另一方仍有权将变更前的联系方式视为有效。

10.6 一旦因本合同发生任何纠纷而诉诸法院，本合同要素表所列明的地址将作为各自的接收诉讼文书等文件的司法送达地址。该通讯地址适用于包括一审、二审、再审、执行及督促程序等各个诉讼阶段。如任一方通讯地址或联系方式变更，该方应及时告知受诉法院、其他相关各方变更后的通讯地址或联系方式。如因：(i) 提供的通讯地址或联系方式不确切、不真实；(ii) 通讯地址变更后未及时书面通知其他相关各方和受诉法院；(iii) 受送达人或指定接收人拒绝签收的，导致诉讼文书无法实际送达或未及时送达，受诉法院将诉讼文书邮寄或直接送达至约定的通讯地址即视为有效送达，以邮寄方式送达的，以邮寄回执上注明的退回之日视为送达之日，以直接送达方式送达的，送达人当场在送达回证上记明情况之日视为送达之日。

10.7 甲方享有本合同约定的各种权利和救济措施，不妨碍甲方享有《合同法》及其他法律法规规定的任何其他权利和救济措施。

10.8 本合同经甲、乙、丙三方签署，于融资租赁合同生效后生效。本合同正本一式　份，甲、乙、丙三方各执　份，各份合同具有同等法律效力。乙方和丙方签署的相关合同、协议等法律文件与本合同发生冲突的，以本合同约定为准。

附件　付款通知书

付款通知书

致：

鉴于我方与贵司签订的编号为　　的《融资租赁合同》及我方、贵司与　签订的编号为　　的《买卖合同》已经生效，且我方已选定《买卖合同》附件 1《设备（租赁物）清单》所列各项设备为融资租赁合同项下的租赁设备，并确认　　为租赁物的供货方即《买卖合同》的乙方。

请贵方按《买卖合同》的约定向　　　　　　　有限公司支付购买价款，共计人民币　　　　元（大写：人民币　　　　元整），支付账户为《买卖合同》项下乙方指定账号。

丙方（承租人）：

年　　月　　日

三、售后回租业务合同

售后回租合同的要素条款与直接租赁合同基本一致，读者可参考上文相关章节。

笔者列出售后回租合同的一般条款，以供读者参考。

售后回租合同（一般条款）

第一条　售后回租的性质和目的

1.1 甲方根据乙方的要求向乙方购买本合同记载的租赁物，并回租给乙方使用，乙方向甲方承租，使用该租赁物并向甲方支付租金。

1.2 租赁物的名称、规格型号、购置日期、数量、购置原值、供应商、安置地点等。

第二条　定义

2.1 保证金：作为履行本合同的保证，不计利息。保证金担保范围为本合同项下乙方应付的任何租金（包括甲方已支付的任何增值税等税费）、逾期租金占用利息、违约金、租赁物留购价款及其他所有乙方应付款项。甲方有权以保证金冲抵乙方对甲方的任何欠款。在甲方用保证金冲抵乙方对甲方的欠款后，乙方应立即补足保证金至本合同约定的初始金额。在租赁期间结束前6个月，且保证金未发生抵扣或抵扣后乙方已全额补足的情况下，甲方有权直接以保证金按以下顺序冲抵乙方应付款项：（1）违约金；（2）逾期租金占用利息；（3）最后一期或几期租金；（4）留购价款。如保证金完成上述冲抵后仍有剩余，则甲方退还乙方剩余保证金。除上述甲方单方将保证金冲抵乙方应付款项的情形之外，在本合同解除或终止之前，乙方无权要求将保证金冲抵任何欠款。

2.2 租金变更：如果根据本合同约定发生租金调整的，则甲方应以“租金变更通知书”通知乙方，乙方应根据该租金变更通知书支付租金。

2.3 租金日：本合同约定的乙方应支付的每期租金的租金日为租金实际到账（甲方账户）日，以银行凭证记载的日期为准。租金支付日为非工作日的，自动提前至上一个工作日。乙方承担租金支付时所发生的各项费用。

2.4 合同有效期：指从本合同生效之日至甲方收到乙方支付的本合同项下所有租金和应付款项后出具租赁物所有权转移证明之日。

2.5 担保人：指为乙方履行本合同项下义务提供担保（包括但不限于保证、抵押、质押、定金等）的自然人、法人或其他组织。

第三条　租赁物的购买与交付

3.1 乙方以融通资金为目的，向甲方出售其自有的本合同约定的租赁物件，并保证其对所出售租赁物享有完整、独立的所有权和处分权。

3.2 乙方须向甲方提供甲方认为合理、必要的各种批准或许可证明。

3.3 甲方根据所有权转让协议约定向乙方支付租赁物协议价款。

3.4 租赁物由乙方交付给甲方，乙方同时把租赁物从甲方处租回，故本合同项下租赁物不发生实际交付，租赁物即被视为在完整状态下由甲方向乙方交付完毕，乙方应向甲方出具《租赁物接收证明》予以确认，但乙方不能以其未出具《租赁物接收证明》为由对甲方已根据合同的约定向其交付租赁物提出异议。

3.5 租赁物的所有权在甲方支付租赁物协议价款的同时转移给甲方（如分次支付租赁物协议价款，则所有权在甲方支付第一笔租赁物协议价款的同时转移给甲方），并且，该所有权转移视为乙方在租赁物现有状态下向甲方交货。

3.6 上述所有权转移同时视为甲方将租赁物交付乙方。

3.7 基于售后回租，甲方对租赁物质量瑕疵和权利瑕疵等不承担责任。

第四条　租赁物的所有权和使用权

4.1 所有权：在租赁物所有权根据本合同约定转移至乙方之前，甲方对租赁物拥有完整、独立的所有权，因此：

4.1.1 甲方有权在租赁物上附设甲方作为所有者的标志，乙方有义务配合、协助甲方附设该所有者标志，且乙方有义务在合同有效期内维护该所有者标志。

4.1.2 在乙方履行完毕本合同项下所有义务前，租赁物的所有权始终属于甲方，乙方在租赁期限内只享有占有和使用权。未经甲方书面同意，乙方不得在租赁期内将租赁物销售、转让、转租、抵押、质押、留置、投资入股、抵偿、设立诉讼保全，或以其他任何方式侵害出租人对租赁物的所有权。

4.1.3 为确保甲方对租赁物的所有权，乙方需将租赁物抵押登记于甲方名下，乙方无条件配合办理抵押登记相关手续，并承担相关费用。

4.1.4 甲方有权随时了解租赁物的使用、损坏、维修等状况，乙方应给予配合和协助。

4.1.5 在保证乙方享有本合同项下所有权利及不影响乙方正常使用的条件下，甲方可向任何第三方转让其对租赁物的所有权，或以租赁物设定抵押等担保行为，同时本合同效力不受影响。乙方依约履行本合同，甲方保证乙方按照本合同约定，对租赁物在租赁期间内享有使用权和租赁期间届满缴纳所有应付款项后的所有权。

4.1.6 无论乙方是否有权按照本合同约定于租期届满时取得租赁物所有权，在租赁期间及全部租赁债务清偿完毕前，乙方不得以租赁物所有人或未来所有人等身份就租赁物签订任何文件或出具任何承诺或为任何其他处分行为。

4.1.7 对乙方可能损害租赁物的任何行为，甲方均有权予以制止，并有权要求乙方采取一切必要的补救措施，乙方必须办理。乙方发生违约情形时，甲方或其授权人有权直接进入租赁物存放地点取回租赁物，乙方必须无条件予以配合。

4.1.8 乙方应采取任何必要和积极的行为使甲方免于任何第三人针对租赁物的强制执行或其他实际侵害甲方之租赁物所有权的行为。若发生该等侵害甲方所有权的情形，乙方应立即通知甲方并自费负责排除该等侵害。若甲方针对该等情形自行采取措施，乙方应根据甲方要求支付甲方因此而产生的一切费用（包括但不限于出租人为此而支出的诉讼费、保全费、评估费、律师费、公证费、赔偿金及其他相关费用等）。

4.2 使用权：在租赁期间内乙方拥有本合同项下租赁物的使用权，因此：

4.2.1 乙方有权在设置场所安装和使用租赁物。未经甲方书面同意，乙方不得擅自改变租赁物的设置场所和使用环境。

4.2.2 乙方在租赁期限内对租赁物有充分和排他的占有权以及与之不可分割的使用权和通过使用获得收益的权利。乙方应自行承担因对租赁物的占有、使用而发生的各种费用。

4.2.3 乙方应当按照租赁物的设计用途及正常商业用途使用租赁物，并自行承担费用取得使用租赁物必要的登记、许可和同意，且应符合租赁物占有、使用相关的法律、法规等规定。

4.2.4 乙方应严格按照租赁物使用说明书或操作手册等要求妥善保管、使用租赁物，不得使用不合格人员操作租赁物。

4.2.5 乙方应履行对租赁物的维修、维护、保养义务，并保证租赁物处于完好运转状态。乙方因正常需要更换租赁物的零部件时，应使用租赁物原生产厂家的同规格、同型号的或为租赁物而设计的改进型或先进型的零部件代替原部件，以保证该等更换不会降低租赁物的价值。乙方自行负责租赁物的全部维修保养等事宜，甲方对此不承担责任。

4.2.6 未经甲方书面同意，乙方不得对租赁物进行附合、混合或加工等（正常维修和保养除外）。乙方对租赁物的维修、维护和保养进行的任何更换、添附或更新的零部件、装置和服务，自动成为租赁物的组成部分并且免费转归甲方所有。

4.2.7 租赁物附接或嵌入地下或建筑物并不改变甲方对租赁物的处分权。乙方上级部门或股东单位的任何指令、乙方同任何第三方（包括政府机构）的任何契约、乙方法人地位或股权结构的任何改变以及乙方的破产，均不改变甲方对租赁物的处分权，任何其他债权方均无权处置租赁物。

4.2.8 乙方上述维修、维护和保养行为对租赁期限的持续计算、乙方支付义务及本合同履行不发生影响。

4.2.9 甲方和其代理人有权检查租赁物和租赁物的维护记录，并观察租赁物的使用，如甲方在任何时候有理由认为租赁物被错误使用或滥用，甲方有权进行完整的设备检查维护并由乙方承担费用。

4.2.10 自起租日起，无论乙方是否实际使用租赁物，均不影响乙方依据本合同及相关附件的约定向甲方支付租金及其他款项的义务。

4.2.11 在本合同履行完毕之前，因乙方未妥善保管、使用租赁物，致使租赁物遭受损失的，乙方应对甲方承担赔偿责任，甲方有权采取本合同约定的适当救济。

4.2.12 乙方同意并确认，鉴于本合同性质，本合同项下租赁物原属乙方自有，甲方对租赁物的质量瑕疵及相关索赔不承担任何责任。

4.2.13 乙方占有租赁物期间，租赁物对乙方及第三人造成的任何财产损失或人身伤害，全部责任均由乙方承担。若甲方因此遭受到任何索赔、诉讼或垫付费用，导致甲方支付任何款项（包括但不限于因此支出的诉讼费、保全费、评估费、律师费用、公证费、赔偿金或其他相关费用等）的，乙方应无条件立即给予赔偿。乙方的该赔偿义务在本合同被撤销、终止或届满后继续有效。

第五条　租赁物的灭失或毁损

5.1 乙方在此确认，自其接收租赁物起至其在本合同项下的全部责任和义务履行完毕为止租赁物灭失及毁损的风险（包括但不限于任何原因导致租赁物失去全部或部分使用功能，灭失，被盗，被抢，被政府征收征用，按照政府规定报废，以及甲方认为不可修复的损坏等）由乙方承担，乙方在本合同项下的租金支付及其他义务不受任何影响。

5.2 乙方有义务合理和适宜地保护租赁物，并对租赁物的灭失或毁损负有赔偿义务。

5.3 在本合同有效期间内，如租赁物遭受灭失及毁损，乙方应及时采取有效措施以防止损失的扩大，同时必须立即通知甲方。甲方可选择如下约定的一种或几种方式进行处理，并由乙方负担全部费用。将租赁物复原或修理至完全正常使用状态。

更换经甲方认可的与租赁物同等型号、性能的部件、配件或物件。更换后的租赁物自动免费成为甲方所有的财产，乙方对甲方的所有权不持任何异议，同时保证甲方对该等更换后的租赁物所享有的权利不受任何其他第三人的影响。

在前两项情形下，本合同继续执行，乙方在本合同项下按时、足额支付租金及其他义务不变。

5.4 如甲方依据合理判断认为租赁物因任何原因出现灭失或毁损导致无法从物理上或从经济上修复至正常使用状态时，则甲方有权选择如下方式之一处理：

(1) 要求乙方向甲方支付违约金、逾期租金占用利息、所有到期未付租金、未到期租金（包括甲方已支付的任何增值税等税费）以及本合同项下其他应付款项。乙方应立即将款项一次性全部支付至甲方指定账户。在乙方履行完毕上述款项的支付义务后，双方在本合同项下的权利义务终止。

(2) 要求乙方自行承担费用替换经甲方认可的与原租赁物在性能、价值上相同的租赁物，该等替换租赁物自动成为本合同项下的租赁物，本合同项下租赁继续进行且乙方在本合同项下的义务不受任何影响。

5.5 租赁物灭失或毁损到无法修理的程度时，乙方应在甲方通知的时间内，向甲方支付本合同项下全部到期和未到期租金（包括甲方已支付的任何增值税等税费）、逾期租金占用利息、违约金、其他应付款项及甲方为管理租赁物而产生的全部费用等。乙方将所有应付款项支付给甲方后，甲方将租赁物（以其当时状态）的所有权及对第三者的权利（如有）转移给乙方，届时合同终止。

第六条　租赁期间租赁物的保险

6.1 本合同项下租赁物投保事宜约定见合同要素表的约定。

6.2 如发生保险事故，乙方应在二十四小时内通知甲方和保险公司，提供出险原因、报告有关情况，并会同甲方及时向保险公司办理索赔事宜。

6.3 取得的保险赔偿金，甲方有权按照下述原则之一办理：

6.3.1 作为第 5.3 款所需费用的支付，保险赔偿金不足以支付的，由乙方承担。

6.3.2 作为第 5.5 款及其他乙方应付给甲方的款项。乙方不受甲方向保险公司索赔及结果影响，均应向甲方支付本合同项下的租金（包括甲方已支付的任何增值税等税费）及其他应付款项。保险赔偿金不足以支付第 5.5 款及其他乙方应付给甲方的款项的，乙方应补足。

6.4 按照第 6.3 款办理之后，保险赔偿金仍有剩余的，由甲方支付给乙方。

6.5 如因乙方怠于保险索赔而致理赔未成，乙方应当赔偿甲方的全部损失，包括向甲方支付本合同项下全部到期及未到期租金（包括甲方已支付的任何增值税等税费）、逾期租金占用利息、违约金及为管理租赁物件而产生的全部费用（如有）等。

6.6 乙方向保险公司索赔程序是否完成及保险公司赔偿与否以及赔偿金额的多少均不影响乙方履行本合同项下包括按时、足额支付租金（包括甲方已支付的任何增值税等税费）等所有义务。

6.7 如果租赁物发生保险范围以外的损害的，乙方应自付费用将租赁物恢复原状，乙方按时足额支付租金的义务不变。无法恢复的，参照本合同第5条执行。

第七条　乙方的承诺与保证

7.1 乙方是按照中国有关的法律和法规，正式组建并有效存续的公司，具有签署和履行本合同的资格和能力。

7.2 乙方承诺其签署并履行本合同已获得所有必需的授权或批准，签订和履行本合同不违反乙方章程、内部规范性文件和相关法律法规的规定，与乙方签订的其他合同项下的义务均无抵触。

7.3 乙方应遵守国家的相关行业法律、法规、政策、制度，合法经营，包括但不限于所从事的业务符合乙方营业执照、相关行业资质文件所列范围，符合国家法律、法规、规章规定并取得合法文件。乙方不得从事法律、法规、规章、政策、制度所不允许的行为、业务。乙方应按规定办理各类许可证、执照的年审、年检等工作。

7.4 乙方为签署并履行本合同已经采取了一切必要的内部措施，其签署本合同的代表系经正当授权签署本合同并以本合同约束乙方。

7.5 乙方签署本合同或履行其在本合同项下义务的行为均不会与如下规定发生冲突，导致对该等规定的违反或构成不履行该等规定：

(1) 截至本合同签署之日适用于乙方的章程或规章的任何规定；

(2) 任何法律、法规、规章或任何政府机关或机构的授权或批准；

(3) 乙方作为一方当事人或受之约束的任何协议或合同的任何规定。

7.6 乙方保证截至本合同生效之日，乙方为本合同租赁物的合法所有权人，对租赁物具有完全的处分权。租赁物不存在抵押权、质押权、优先权、留置权、查封扣押及其他等任何权利瑕疵及负担。

7.7 乙方在履行完毕本合同约定的全部义务之前，必须确保甲方对租赁物的所有权，向第三方明确告知租赁物所有权归属甲方，反驳任何由第三方提出的所有权请求。

7.8 租赁物在转让和租赁过程中所产生的税费由乙方承担，甲方收取的租金中不包括该款项。

7.9 乙方保证在实施承包、租赁经营、股份制改造、合并（兼并)、合资(合作)、分立、设立子公司、产权转让及其他可能影响甲方权益的行为前，须取得甲方的书面同意。

7.10 担保人发生破产、歇业、被撤销、被兼并、被查封等情况时，乙方保证及时书面通知甲方并另行提供经甲方认可的担保。

7.11 本合同生效后，乙方应配合甲方向有关部门办理租赁物转让登记及其他相关登记。

7.12 乙方确认本合同签订后，甲方有权自行在中国人民银行及商务部等融资租赁登记公示系统对交易的相关内容进行登记。

7.13 乙方同意，在本合同租赁期内，甲方有权将本合同项下甲方的全部或部分权利转让、质押给第三人，或将租赁物抵押给第三人。乙方在此确认，甲方转让、质押或抵押行为无需取得乙方同意，并放弃对甲方行使上述权利的对抗权利，无条件配合甲方对上述权利的行使。

7.14 乙方确认无条件配合甲方与第三方就本合同项下应收租赁款开展保理业务、应收账款质押业务，包括但不限于以下工作：

7.14.1 积极配合甲方指定的第三方进行尽职调查，提供第三方所要求的相关资料，并提供相关便利；

7.14.2 无条件配合甲方与第三方开展保理业务、应收账款质押业务时需要进行的应收租赁款质押工作，并按相关要求在回执单上进行签章。

如乙方未按甲方要求办理甲方与第三方的保理业务、应收账款质押等业务，则视为乙方违约，甲方有权选择要求乙方立即支付违约金、逾期租金占用利息、全部到期未付租金、未到期租金及其他应付款项，本合同终止；甲方亦有权单方解除本合同，取回全部租赁物，并要求乙方立即支付违约金、逾期租金占用利息、到期未付租金及其他应付款项。

7.15 乙方确认不存在任何可能对设备或承租人财务状况产生不利影响或削弱其履行本合同项下义务能力的未决诉讼、税收或环境索赔、程序、争议、监管或强制执行程序（乙方应将在本合同以及附件签署后可能发生的前述情况立即通知甲方）。

第八条　合同的变更、解除及违约责任

8.1 乙方确认，本合同生效后至甲方向乙方支付租赁物购买价款（如分笔支付则为每笔租赁物购买价款）前，如甲方有理由认为并无义务提供证据证明乙方或担保方出现经营状况恶化、企业或企业的法定代表人卷入或即将卷入刑事案件、经济纠纷或其他法律纠纷等有丧失或可能丧失履行债务能力的情况，有权书面通知乙方解除本合同取消本租赁交易，停止向乙方支付租赁物价款，且甲方对此不承担任何责任。

8.2 如果在本合同签署后任何时间，发生以下情形之一时，甲方有权采取8.3款约定的救济措施：

8.2.1 乙方未按时、足额支付甲方任一期租金和/或本合同项下其他应付款项。

8.2.2 乙方未经甲方书面同意及未按照本合同约定条件占有、使用租赁物或就租赁物做其他处置、侵犯甲方租赁物所有权的。

8.2.3 乙方向甲方作出的任何陈述或保证存在虚假、遗漏及错误情形。

8.2.4 乙方非正常及违反公平原则出售、转移、出租或以其他方式处理其业务或资产，或乙方的财产或权利全部或任何实质部分被没收、扣押、征用、查封、强制执行或被剥夺，足以影响乙方履行本合同能力的。

8.2.5 乙方发生分立、合并、兼并、收购等变更情况或乙方停止经营任何主要部分的业务，或者乙方提出或者被提出有关诉讼、破产、歇业等，或有关部门就上述事项作出批准或决定时，本合同效力不受影响。但若甲方认为上述情况的发生影响乙方履行本合同的能力的。

8.2.6 未经甲方书面同意，乙方出售重大资产和/或提前清偿其他债务和/或放弃和/或减免其他债权和/或为第三方提供任何形式的担保，足以影响乙方履行本合同能力的。

8.2.7 乙方或乙方关键岗位人员已被或将被行政或司法等处罚（包括但不限于罚款、停业、治理整顿、采取强制措施、刑罚等）或合理时间内无法

取得联系，足以影响乙方履行本合同能力的。

8.2.8 因任何行政机关和司法机关的判决、裁定等，认定租赁物所有权非甲方所有。

8.2.9 乙方在甲乙双方之间和/或与其他当事人已签署或将要签署的所有合同、协议（包括但不限于融资租赁合同、售后回租合同、销售合同、融资协议等）中出现任一、部分或全部违约，或出现影响乙方履行本合同项下义务的其他情形。

8.2.10 乙方违反本合同项下的其他约定的。

8.2.11 乙方或担保人在向甲方出具的或与甲方签署的任一担保（包括但不限于保证、抵押、质押、定金等）文件项下存在违约情形的。

8.3 对第8.2款约定的事项，甲方有权采取下列一种或多种措施：

8.3.1 加速到期，要求乙方立即付清本合同项下全部到期和未到期应付租金（包括甲方已支付的任何增值税等税费）及其他应付款项，并偿付相应的、逾期租金占用利息、违约金，违约金按本合同约定计算。乙方或担保人未按甲方要求支付加速到期全部款项的，甲方有权取回并处置租赁物。

8.3.2 解除本合同，取回处置租赁物，并要求乙方赔偿甲方所遭受的损失。

8.3.3 在第8.3.1款和第8.3.2款的情形下，甲方取回并处置租赁物，有权以处置租赁物所获款项抵偿本合同项下乙方应向甲方支付的到期和未到期应付未付租金（包括甲方已支付的任何增值税等税费）及其他所有应付款项和费用；抵偿后剩余款项（如有）退还乙方，未能抵偿部分，甲方有权向乙方和担保人继续追偿。甲方自行取回租赁物发生的必要费用和成本，应由乙方承担，甲方有权在处置租赁物所获款项中予以扣除。处置租赁物过程中，甲方有权聘请有资质的中介机构对租赁物剩余价值进行评估。

对于租赁物处理价款，甲方有权按如下顺序支付：

（1）甲方因实施取回、转移、保管、修理、处理租赁物或执行本合同所产生的全部成本，包括但不限于诉讼费、保全费、评估费、律师费以及其他费用和支出；

（2）乙方应支付的违约金、逾期租金占用利息、到期未付租金、全部未到期租金以及甲方因此而遭受的任何损失；

（3）其他任何应付未付款项。

若处理价款不足补偿甲方的上述款项，乙方仍应就不足部分进行赔偿，若有剩余，归乙方所有。

8.3.4 向乙方追回甲方就乙方违约行为行使任何权利所发生的律师费用及其他合理支出，包括设备的增值税等税费、处置费用等。同时乙方还应配合进行相关工作并提供相应文件。

8.3.5 要求担保人对上述义务履行连带担保责任及/或处置抵押物、质物（如有）。

8.4 甲方在采取前款规定的处置方法时，并不免除本合同约定的乙方所应承担的义务。

8.5 租赁期限内，甲方有理由认为并无义务提供证据证明乙方或担保方有丧失或可能丧失履行债务能力的下列情况之一的，甲方有权在任何时候要求乙方立即支付违约金、逾期租金占用利息、全部到期未付租金、未到期租金及其他应付款项，本合同权利义务终止。或通知乙方解除本合同，收回租赁物，要求乙方立即支付违约金、逾期租金占用利息、全部到期未付租金及其他应付款项，也有权自行收回租赁物，由此产生的全部责任包括但不限于甲方的全部经济损失，均由乙方承担：

（1）经营状况恶化；

（2）转移财产或抽逃资金；

（3）丧失商业信誉；

（4）乙方违反在本合同中作出的陈述和保证；

（5）因违法经营行为受到行政处罚；

（6）有到期债务未能偿还或需代其被保证人偿还债务；

（7）企业或企业的法定代表人卷入或即将卷入刑事案件、经济纠纷或其他法律纠纷；

（8）主体资格丧失；

（9）乙方发生其他重大事项可能影响其在本合同项下义务的履行，又不能在该时间内恢复履行能力或提供符合甲方要求的担保；

（10）其他影响本合同履行的情形。

8.6 租赁期限内，租赁物因乙方与其他各方间的纠纷被人民法院采取查封等保全或执行措施时，甲方有权自行或委托乙方代理甲方尽一切手段协助甲方取回租赁物，取回租赁物中产生的包括但不限于诉讼费、律师费、评估费、差旅费等全部费用均由乙方承担。乙方应据实赔偿在租赁物取回过程中给甲方造成的全部损失。

甲方委托乙方行使代理权，乙方应予以协助，否则，甲方可以立即要求乙方支付违约金、逾期租金占用利息、全部到期未付租金和未到期租金及其他应付款项。

乙方应承担在本合同项下的付款义务，包括但不限于诉讼费、律师费、评估费、差旅费等费用，不因租赁物因乙方与其他各方间的纠纷被人民法院采取查封等保全或执行措施而减免。

8.7 本合同签订后，乙方如需提前结束或终止租赁合同，应按照合同要素表中“提前结束”条款执行。

8.8 逾期租金占用利息以应付未付款项金额为基数按本合同约定的利率及实际占用天数计算至全部付清之日止；违约金以应付未付款项金额为基数按逾期天数乘以未付款项的万分之五计算至全部付清之日止，计算方法为：逾期付款金额×0.05%×逾期付款天数。

第九条　租赁物的处置

9.1 乙方于最后一期租金日向甲方支付留购价款。

9.2 本合同租赁期限届满，乙方全部履行完毕本合同约定的义务，包括全部租金（包括甲方已支付的任何增值税等税费）和出现本合同约定情况增加的增值税等税款、利息、逾期租赁占用利息、违约金和损害赔偿金等付清及向甲方支付租赁物留购价款后，租赁物将按“届时状况届时地点”自动转归乙方所有，租赁物所有权转移给乙方。届时，甲方向乙方出具租赁物所有权转移证明。

第十条　信息披露

10.1 乙方确认，甲方或甲方委托的代理人有权检查租赁物的使用和完好情况，检查乙方生产经营等运营情况，乙方应提供一切方便。

10.2 乙方保证在本合同履行完毕前，依甲方要求，按季向甲方报送乙方的资产负债表、损益表等财务报表，并随时向甲方提供甲方要求的其他资料，并保证其所提供的资料符合中国有关的法律法规，真实、客观地表明乙方的状况；乙方所提供的所有文件、资料和签名盖章均为真实、有效、完整、准确且无任何隐瞒。

10.3 乙方确认本合同履行完毕前，甲方有权随时通过企业信用信息基础数据库和银行信贷登记咨询系统查询乙方的信用信息，乙方予以配合。乙方承诺：在租赁期内，应甲方要求每半年向甲方至少提供一次可在中国人民银行征信查询系统对乙方及担保人进行征信查询的授权书，以便甲方定期了解乙方及担保人的征信情况。

10.4 乙方名称、送达地址、法定代表人等发生变化，不影响本合同的执行，但乙方应在变化发生后10日内将变更情况以书面形式通知甲方。

10.5 除前4款约定之外，乙方同意按甲方要求向甲方提供能反映乙方真实经营管理状况的其他资料和书面情况说明。

第十一条　租赁物的征用和征收

租赁期限内，如由于国防动员需要等原因导致租赁物被政府征用或征收，乙方应立即书面通知甲方。政府支付的相应补偿及优惠政策属于甲方所有，所有政府补偿应首先用于支付本合同项下乙方应向甲方支付的违约金、逾期租金占用利息、到期未付租金、未到期租金以及其他应付款项。如政府补偿不足以支付上述款项的，差额部分应由乙方补足。

第十二条　不可抗力

12.1 发生不可抗力，受不可抗力影响一方应立即书面通知其他方并采取补救措施以减少损失。

12.2 不可抗力发生之日起10日内，受不可抗力影响一方应向其他方提供不可抗力详情和损失情况报告及相关证明。

12.3 受不可抗力影响一方因该等不可抗力不能履行或迟延履行本合同项下义务的，在不可抗力影响程度内，部分或全部免除责任。但不可抗力并不能免除受影响一方在该等事件发生前根据本合同约定应履行的义务。

12.4 不可抗力结束或影响消除后，受不可抗力影响一方应立即通知其他方。各方应在不可抗力结束或其影响消除后继续履行合同义务，合同期限相应延长。

12.5 如不可抗力影响持续超过30日致使其中一方无法继续履行合同义务，则任何一方当事人均有权书面通知其他方解除本合同。

第十三条　争议的解决及法律的适用

13.1 有关本合同的一切争议，甲乙双方首先应通过友好协商解决。协商不能解决时，双方一致同意向本合同签订地有管辖权的人民法院提起诉讼。因诉讼发生的一切费用（包括法院费用、律师费、执行费用及其他有关债权维护费用）由乙方承担。

13.2 在诉讼过程中，除合同有关方对本合同有争议的正在进行的诉讼部分外，本合同的其他部分应继续履行。

13.3 本合同及本合同项下双方的权利和义务适用中华人民共和国法律，并按照中华人民共和国法律解释。

第十四条　其他条款

14.1 本合同有效期内由于我国法律、政策规定的变更或我国政府或租赁物出口国有关税项、税率变更等因素，使得以此合同为基础的交易发生变化给甲方增加额外税金和/或费用，则该税金和/或费用由乙方承担。

14.2 甲方根据国家税收法律法规向乙方开具相应类型的票据。

14.3 本合同经甲、乙双方盖章或法定代表人或授权代表签章并于本合同约定的生效条件满足后生效。本合同签署之日起届满一个月，如本合同约定的生效条件没有全部满足，则届时甲方有权决定本合同是否解除。如果甲方决定本合同解除，甲方无需承担责任和义务。自所有权转让协议生效之日起届满一个月，如所有权转让协议约定的支付前提条件没有全部满足，则届时甲方有权解除本合同、所有权转让协议及相关协议。

为避免歧义，除非本合同已经由甲方签署并生效，甲方无须就合同承担任何责任，即使甲方向乙方交付填写完毕的本合同、乙方已经签署本合同或乙方已经向甲方支付任何款项。本合同构成双方就租赁物租赁事宜的完整协议，取代双方先前任何书面或口头承诺、陈述或协议。除非另有约定，本合同仅可由双方签署书面文件方式予以变更。

14.4 本合同权利义务自甲方收到乙方支付的本合同项下所有租金、名义价款、逾期租金占用利息、违约金以及其他应付款项之日时终止。

14.5 融资租赁合同被确认无效或被认定构成其他法律关系后，甲方有权要求乙方返还租赁物，并赔偿给甲方造成的损失，损失赔偿范围为乙方全部未付租金及其他费用与收回租赁物价值的差额；或者甲方有权要求乙方支付违约金、逾期租金占用利息、到期未付租金、未到期租金及其他应付款项。乙方对此无异议。

14.6 本合同各方相互发出的与本合同有关的通知、要求，应以书面方式作出，发送至本合同要素表列出的有关方的住所（本合同中统称“通讯地址”）后，即为充分通知。任何一方如变更其通讯地址，应自变更之日起2日内，以书面形式通知对方，否则，由未通知方承担由此而引起的相关责任。任何一方在本合同项下发出的通知或文件：(i) 采用亲自或委托递交的以被通知方或其收件代理人签收之日为送达日期；(ii) 采用邮政特快专递或同城（包括市区与郊区）挂号邮件进行邮递的则以邮件寄出之日后的第3日为送达日期；(iii) 以其他邮寄方式发出则以寄出之日后的第7日为送达日期；依照上述规定而确定的送达日期与被通知方实际收到的日期或正式签收日期不一致时，以其中最早的日期为准。任何一方变更其联系方式应及时书面通知另一方，否则另一方仍有权将变更前的联系方式视为有效。

14.7 一旦因本合同发生任何纠纷而诉诸法院，本合同要素表所列明的地址将作为各自的接收诉讼文书等文件的司法送达地址。该通讯地址适用于包括一审、二审、再审、执行及督促程序等各个诉讼阶段。如任一方通讯地址或联系方式变更，该方应及时告知受诉法院、其他相关各方变更后的通讯地址或联系方式。如因：(i) 提供的通讯地址或联系方式不确切、不真实；(ii) 通讯地址变更后未及时书面通知其他相关各方和受诉法院；(iii) 受送达人或指定接收人拒绝签收的，导致诉讼文书无法实际送达或未及时送达，受诉法院将诉讼文书邮寄或直接送达约定的通讯地址即视为有效送达，以邮寄方式送达的，以邮寄回执上注明的退回之日视为送达之日，以直接送达方式送达的，送达人当场在送达回证上记明情况之日视为送达之日。

14.8 公证

甲方有权要求对本合同办理具有强制执行效力的公证。在本合同经甲方和乙方双方办理具有强制执行效力的公证后，乙方不履行或不完全履行合同约定的义务，甲方有权向公证机关申请执行证书，并向有管辖权的人民法院申请执行，乙方愿意接受强制执行。就公证本合同及相关文件所产生的公证费用由乙方承担。

14.9 甲乙双方在此声明并保证各自所提供的全部资料及陈述均客观真实

且无任何误导。

14.10 本合同一式四份，甲、乙双方各执两份，如需办理公证，则公证机关保存一份，如办理抵押登记需要，则抵押登记机关保存相应份数，各份合同具有同等法律效力。

四、所有权转让协议

所有权转让协议是售后回租业务中独有的合同形式，其合同基本要素与上述租赁合同、买卖合同并无根本差别，重点在于所有权转让协议的一般条款。笔者在此也提供一份样本，供读者参考、使用。

所有权转让协议

第一条　协议设立的前提

1.1 乙方享有本协议附件所列《租赁物清单》项下的租赁物（以下简称“租赁物”）的完整所有权。

1.2 根据相关法律法规，以售后回租交易方式，乙方将本协议约定的租赁物转让给甲方并租回使用，甲、乙双方签署了编号为　　　　　　　的《售后回租合同》。现甲、乙双方经协商一致，就租赁物所有权转让事宜签署本协议。

第二条　转让价款支付

2.1 在乙方满足上述协议要素表约定的支付前提条件后，甲方向乙方支付本协议之附件所列《租赁物清单》项下的相应租赁物的转让价款。

2.2 本协议项下甲方向乙方支付的租赁物转让价款，乙方仅能用于满足日常生产经营中的资金需求，不得挪作他用。

2.3 非因甲方原因，乙方未符合《售后回租合同》约定的合同生效条件或因乙方的任何其他原因而使甲方未在本协议签订后30日内向乙方支付全部租赁物转让价款的，甲方有权选择下列2.3.1、2.3.2或2.3.3条规定的任何一种救济方式：

2.3.1 终止《售后回租合同》及本协议且不承担任何责任。且乙方应根据如下情况向甲方支付相应费用：

(1) 甲方尚未支付租赁物转让价款的，乙方应在甲方发出解除本协议的书面通知书后3日内，向甲方支付终止费（终止费为全部租赁物转让价款的1%），并支付甲方为签署本合同所支出的费用，包括但不限于差旅费、律师费、评估费及其他相关费用；

(2) 甲方已向乙方支付全部或部分租赁物转让价款的，乙方应在甲方发出解除本协议的书面通知书后3日内，向甲方返还甲方全部已支付的租赁物转让价款、终止费（终止费为全部租赁物转让价款的1%）及《售后回租合同》项下的任何应付款项，并支付甲方为签署本合同所支出的费用，包括但不限于差旅费、律师费、评估费及相关费用。甲方在收到乙方支付的上述全部款项之日，租赁物清单项下的全部租赁物的所有权按“现状”转移给乙方，且不附带甲方任何保证；

(3) 如乙方未能在甲方发出解除本协议的书面通知书后3日内，支付上述(2)约定的全部款项，则甲方除有权要求乙方继续支付该款项外，有权根据上述《售后回租合同》第8条的约定，收回租赁物或要求乙方返还租赁物；

(4) 乙方应承担甲方因行使上述(1)条、(2)条或(3)条约定的权利或向相关法院申请强制执行其在上述(1)条、(2)条或(3)条约定的权利所发生的全部开支和费用（包括但不限于诉讼费、保全费、审计、评估费、鉴定费、行政性收费、律师费及其他相关费用和支出等）。

2.3.2 经甲方同意，乙方向甲方支付全部违约金、逾期租金占用利息后，双方继续履行本协议、上述《售后回租合同》；

2.3.3 双方另行协商的其他方式。

2.4 双方在此确认，本协议签署之后，因甲方监管机构或其他相关政府部门采取行政措施或其他非因甲方原因导致甲方不能在双方约定的日期向乙方支付全部或部分租赁物转让价款的，甲方对此不承担任何责任，但应及时通知乙方。甲方和乙方可另行协商租赁物转让价款支付的日期。无论双方是否就租赁物转让价款支付的日期另行达成一致，乙方不得因此向甲方提出任何索赔。

第三条 租赁物

3.1 本协议项下租赁物为本协议之附件所列《租赁物清单》（本协议附件

《租赁物清单》与编号　　　　　　　的《售后回租合同》应一致，如有不一致，以《售后回租合同》为准）项下的全部租赁物及附属于其上的零件、附件、替换件和软件，具体的名称、商标、规格、型号、质量、数量、技术标准、技术保证及检验标准和方法等信息全部由转让方提供并认可，转让方对其真实性、完整性负责。

3.2 各方就该等租赁物融资租赁事宜已签署《售后回租合同》。

3.3 租赁物的任何税费事项（包括若是进口设备所需缴纳的任何税款，减免税进口设备的售后回租未改变进口设备的实际使用状况）由乙方办理与承担，并由乙方承担由此产生的一切法律责任与后果。

第四条　租赁物所有权的转移

4.1 租赁物的所有权在甲方支付租赁物协议价款的同时转移给甲方（如分次支付租赁物协议价款，则租赁物所有权在甲方支付第一笔协议价款的同时转移给甲方）。并且，该租赁物所有权的转移视为乙方在租赁物现有状态下向甲方交货。

若根据有关法律法规的规定，所有权转移须办理有关登记审批手续的，则乙方应自费办理该登记审批等手续，以确保所有权合法转移至甲方。因租赁物转让所发生的一切税费以及有关的税务风险（如有）均由乙方承担。

4.2 上述租赁物所有权转移的同时视为甲方将租赁物交付给乙方，乙方应向甲方签署租赁物接收证明。

第五条　租赁物的质量担保

5.1 乙方保证所转让的租赁物没有质量瑕疵，租赁物完整、完好且正常使用。

5.2 乙方保证甲方将上述租赁物交付时，如果租赁物存在质量瑕疵等，甲方不承担责任，乙方不得对租赁物的质量提出异议或要求甲方承担任何法律责任。

第六条　租赁物的权利担保

6.1 乙方保证其向甲方转让的租赁物由乙方合法取得，履行了取得租赁物所有必要的程序，已分别完成了为获取租赁物所有权的所有必需的外部和内部审批和许可手续，包括但不限于招投标、取得行政主管机关必要的批准或备案等，乙方是租赁物的唯一合法的所有权人。乙方向甲方转让租赁物不违反乙方签订的任何法律文件，也不违反乙方的任何股东、主管机关、债权人的任何利益或要求。

6.2 乙方保证在甲方支付协议价款前，对租赁物享有合法、独立、完整的所有权和处分权，租赁物所有权转移前或同时，租赁物不存在权利上的瑕疵或限制，权属不存在任何争议、没有任何第三方对其享有任何追索的权利，未被司法机关查封、扣押且租赁物上不存在任何其他瑕疵；乙方未曾、将来也不会在租赁物上为甲方以外的任何第三方设定任何抵押权和/或任何形式的担保权益。

6.3 乙方保证其向甲方转让的租赁物的文件、证照是齐备的，负责在甲方支付租赁物协议价款的当日（如分次支付租赁物协议价款，则在甲方支付第一笔租赁物协议价款当日）办理完毕租赁物所有权转移的必要手续，并承担因此发生的一切费用及责任。

6.4 乙方保证其向甲方提供的任何材料和文件，包括但不限于租赁物买卖合同、付款凭证和原始发票等，均合法、真实、完整、有效，所有复印件均与原件相符，所有材料和文件（包括本协议及《售后回租合同》等）中的签字和盖章均真实有效。

6.5 鉴于回租的性质，对于租赁物可能存在的权利瑕疵或限制，乙方不得要求甲方承担责任。

第七条　租赁物升级等技术支持

7.1 租赁物所需要的技术或服务支持等，由乙方自行解决。

7.2 乙方若有上述需要，应根据其与售后服务商签订的技术或服务等合同向其主张相应权利。

第八条　不可抗力

如发生任何不可预见、不能避免并不能克服的不可抗力事件，包括但不限于地震、台风、水灾、火灾及其他自然灾害、战争、暴乱和同类军事行动、国内动乱、罢工、怠工、疫病、禁运、没收财产、政府发布禁止令或采取其他限制和行动，受不可抗力事件影响一方应立即向另一方发出书面通知和事故报告以及相关证明文件，任何情况下该等通知不得迟于不可抗力事件发生后3个工作日，且受不可抗力影响一方已做出合理商业努力减少损失并采取补救措施。在前述条件下，受不可抗力事件影响方因该等不可抗力事件而不能履行或迟延履行本合同项下义务并提供其已做出合理商业努力减少损失并采取补救措施的相关证明的，在不可抗力事件的影响程度内，部分或全部免除责任。

第九条　违约责任

9.1 甲、乙双方应严格遵守本协议。如乙方违反本协议第四条和/或第五条的约定，乙方仍须按双方签署的《售后回租合同》履行全部义务；甲方有权要求乙方立即支付全部到期和未到期租金、逾期租金占用利息、违约金、租赁物留购价款及乙方其他所有应付款项，赔偿甲方因租赁物质量、权利瑕疵或限制所遭受的损失。

9.2 如乙方违反本协议项下任何条款或乙方作为承租人构成《售后回租合同》规定的承租人违约，甲方有权立即解除本协议和/或《售后回租合同》，并要求乙方赔偿甲方在本协议项下以及甲方作为出租人在《售后回租合同》项下所遭受的全部损失；甲方对该等解除不对乙方承担任何责任。

第十条　协议的修订和转让

10.1 除非甲、乙双方书面同意，否则对本协议的任何增加或修订对双方均无约束力。

10.2 未经甲方事先书面同意，乙方不得转让本协议或本协议项下的任何权利或义务。

第十一条　争议的解决

11.1 对于与本协议有关的任何疑义和争议，甲、乙双方应通过友好协商解决，若协商不成，双方约定本协议诉讼管辖法院为本协议签订地有管辖权的人民法院。因诉讼发生的一切费用（包括法院费用、律师费、执行费用及其他有关的债权维护费用）均由乙方承担。

11.2 在诉讼过程中，除协议有关方对本协议有争议的正在进行的诉讼部分外，本协议的其他部分应继续履行。

11.3 本协议适用中华人民共和国法律。

第十二条 其他

12.1 本协议签署之日起届满一个月，如本协议仍未生效，则届时甲方有权解除本协议和《售后回租合同》。甲方有权单方决定豁免全部或部分协议生效条件。

12.2 本协议各方相互发出的与本协议有关的通知、要求，应以书面方式作出，发送至本协议要素表列出的有关方的住所（本协议中统称“通讯地址”）后，即为充分通知。任何一方如变更其通讯地址，应自变更之日起2日内，以书面形式通知对方，否则，由未通知方承担由此而引起的相关责任。任何一方在本合同项下发出的通知或文件：(i) 采用亲自或委托递交的以被通知方或其收件代理人签收之日为送达日期；(ii) 采用邮政特快专递或同城（包括市区与郊区）挂号邮件进行邮递的则以邮件寄出之日后的第3日为送达日期；(iii) 以其他邮寄方式发出则以寄出之日后的第7日为送达日期；依照上述规定而确定的送达日期与被通知方实际收到的日期或正式签收日期不一致时，以其中最早的日期为准。任何一方变更其联系方式应及时书面通知另一方，否则另一方仍有权将变更前的联系方式视为有效。

12.3 一旦因本协议发生任何纠纷而诉诸法院，本协议要素表所列明的地址将作为各自的接收诉讼文书等文件的司法送达地址。该通讯地址适用于包括一审、二审、再审、执行及督促程序等各个诉讼阶段。如任一方通讯地址或联系方式变更，该方应及时告知受诉法院、其他相关各方变更后的通讯地址或联系方式。如因：(i) 提供的通讯地址或联系方式不确切、不真实；(ii) 通讯地址变更后未及时书面通知其他相关各方和受诉法院；(iii) 受送达人或指定接收人拒绝签收的，导致诉讼文书无法实际送达或未及时送达，受诉法院将诉讼文书邮寄或直接送达约定的通讯地址即视为有效送达，以邮寄方式送达的，以邮寄回执上注明的退回之日视为送达之日，以直接送达方式送达的，送达人当场在送达回证上记明情况之日视为送达之日。

12.4 本协议一式　份，甲、乙双方各执　份，各份协议具有同等法律效力。

五、合同执行过程中的相关合同文本样式

在融资租赁合同签订后，根据业务发展的不同阶段，融资租赁公司要签订各类合同或协议，对租赁物、支付方式、租金等进行调整，这里就需要起草众多的协议文本，笔者总结了一些常用的协议文本，读者可以在遇到具体业务时参考使用。

（一）租赁物变更协议

租赁物变更协议

甲方：
通讯地址：
法定代表人：
联系人：
电　话：
邮　编：

乙方：
通讯地址：
法定代表人：
联系人：
电　话：
邮　编：

丙方：
通讯地址：
法定代表人：
联系人：
电　话：
邮　编：

鉴于：

1. （以下简称甲方）作为出租人，（以下简称乙方）作为承租人，于 年 月 日签订了编号为【 】的《融资租赁合同》。

2. 乙方由于自身原因，选用另一型号设备，指示甲方变更《买卖合同》项下的购买设备及《融资租赁合同》项下的租赁物。为保障甲方权利的实现，甲、乙、丙三方本着自愿、公平、公正的原则，一致同意签订本补充协议，以兹共同遵守。

一、标的物变更

双方确认《买卖合同》项下的购买标的及《融资租赁合同》项下的租赁物变更如下：

(1) 租赁物及所有权。乙、丙方确认，变更后的租赁物（具体见附件）完整所有权自变更之日起自动归甲方所有。

(2)《融资租赁合同》除租赁标的物变更外，其他条款内容不变，乙方仍应按《融资租赁合同》约定履行各项义务。

二、购买价款

2.1《买卖合同》购买标的物变更、购买价款按实调整，其他条款内容不变。原设备与变更后设备的差价由乙方承担，乙方应向甲方支付因变更设备导致设备购买总金额超出融资租赁本金部分款项，融资租赁合同项下发生的其他所有税项（包括但不限于印花税）及费用均由乙方自行承担。乙方需将上述款项支付至甲方并由甲方代付至丙方。

2.2 乙方承担相关价款、税项及费用等款项并不影响甲方根据融资租赁合同获得并享有设备的完整所有权的权利。

2.3 乙方应在本协议签订后 2 日内将本协议第二条规定的款项支付至甲方指定账户，丙方应在收到相关款项后于收款后 3 日内将相关收款凭证加盖公章后寄送至甲方，邮寄地址参照融资租赁合同。甲方收款账户为：

开户行：

户名：

银行账号：

2.4 丙方应当在本协议签订后 5 日内按变更后的设备和价款全额向甲方开具增值税专用发票（适用税率 16%，未免疑义，上述载明的设备价款的金额均为含增值税的金额）。

三、租金支付

3.1 乙方保证，乙方支付的其他一切款项不影响乙方按原融资租赁合同相关条款及时足额支付租金的义务；

3.2 乙方向甲方支付的租金以甲方制作的《实际租金支付表》为准。

四、争议解决

本协议约定为甲、乙、丙三方的真实意思表示，涉及本合同的一切争议，各方应友好协商解决。如协商不能解决，任何一方应将争议提交甲方所在地人民法院诉讼解决。甲方为维护本合同项下权益所产生的律师费、诉讼费、公证费、评估费、鉴定费、差旅费等因债权维护发生的所有费用一律由乙方承担。

五、其他

本协议一式　份，甲方持　份，乙、丙方各持　份，具有同等法律效力。

甲方：

法定代表人（或委托代理人）：

签订日期：　　　年　　月　　日

乙方：

法定代表人（或委托代理人）：

签订日期：　　　年　　月　　日

丙方：

法定代表人（或委托代理人）：

签订日期：　　　年　　月　　日

签订地：

（二）代付说明

代付说明

致：

我司现委托　　　　　　向　　　　支付相关费用（包括但不限于首付款、保证金、手续费、保险费用、每期租金、罚息等）。

　　　　向　　　　支付前述的款项后，即视为我司对　履行完毕相应金额（具体金额以　实际收到的金额为准）的付款义务，　　应根据实际收款情况，向我司开具相应金额、相应科目的正式税务发票。

因　　　　　　　　代为付款而导致其与我司可能发生的债权债务关系及发票关系，由我司自行承担，与　无关。

特此说明。

公司（盖章）

年　　月　　日

---------------骑---------缝-------章------------------

回　　执

致：

贵公司送达的《代付说明》收悉。

公司（盖章）

收件人：

年　　月　　日

(三) 账户调整通知书

账户调整通知书

致：

　　　　年　　月　　日贵公司与我司共同签署了编号为　　　　的《　　　合同》。

根据上述《　　　合同》，我公司特此通知贵司：《　　　合同》项下我公司的账户变更为如下账户，自通知书发出之日起，《　　　合同》项下的款项　　　元应支付至如下账户：

户名：

开户行：

账号：

本通知书一经发出即生效。

公司（盖章）

法定代表人/授权代表：

年　　月　　日

---------------骑---------缝--------章------------------

回　　执

致：

贵公司送达的《账户调整通知书》收悉。

有限公司（盖章）
收件人：
年　　月　　日

（四）租金调整通知书

租金调整通知书

致：

关于编号为　　　　的《融资租赁合同》项下租金调整事宜。

按照贵方与我方于　　年　　月　　日签署的编号为　　　　　的《融资租赁合同》，由于【租赁利率/租赁成本】发生变化，因此，特对《融资租赁合同》项下租金作如下调整：

租金调整日：　　年　　月　　日

调整后《融资租赁合同》项下的《实际租金支付表》为：

《融资租赁合同》约定的词语用于本通知书时，具有相同的含义。

出租人：　　（盖章）
法定代表人/授权代表：
年　　月　　日

--------------骑--------缝-------章-----------------

回　　执

致：

贵公司送达的《租金调整通知书》收悉。

有限公司（盖章）
收件人：
年　　月　　日

（五）债权转让通知书

债权转让通知书

致：　　　　　　有限公司（买方）

鉴于：

我公司与贵公司自　　　　年　月　日签订并履行合同编号为　　　　的商务合同《外协产品买卖合同》（该商务合同形式包括但不限于合同、订单等，以及产生的全部单据均属于该期间商务合同的一部分）。目前，我公司仍按《外协产品买卖合同》约定及贵公司的相关订单安排生产并向贵公司供货。

根据我公司与　　　　公司于　　　年　月　日签署的编号为　　的《保理业务合同》，我公司已将上述商务合同有效期内产生的　　万元应收账款债权及相关权利转让给　　　　操作保理业务，对于　　　　已同意受让的上述《外协产品买卖合同》项下我公司对贵公司享有的具体每一笔应收账款的转让，我公司不再通知贵公司。

请贵公司按以下方式于到期日前支付上述应收账款，支付至以下银行账户：

户名：

开户行：

账号：

若贵公司采用票据形式付款，请贵公司将票据送达　　　　，或通知　　派人前往贵公司取票。地址及联系方式如下：

地址：

联系人：

联系电话：

特请贵公司付款时注明“支付编号为　　　　　号商业发票款”字样。

如果上述应收账款与贵公司的记载有所出入或贵公司存在任何争议或纠纷，请贵公司及时通知我公司及　　　。除非　　　　书面同意，贵公司不得采取除上述方式以外的任何其他方式付款。

本通知书一式三份，贵公司、我公司及　　　　各留存一份。

特此通知，并感谢贵公司的大力合作。

有限公司（卖方签章）

年　　月　　日

---------------骑---------缝--------章------------------

回　　执

致：

贵公司送达的《债权转让通知书》收悉。

有限公司（盖章）

收件人：

年　　月　　日

（六）逾期租金催收函

租金逾期催收函

致承租人：

贵公司与我公司于　　年　月　日签订的编号为　　　　的《融资租赁协议》（以下简称“《租赁协议》”）约定，本期（第　期）租金将于　年　月　日到期，租金金额为　　　元（大写：　　　　）。贵公司应分别于　　年　月　日、　月　日、　月　日、　月　日、　月　日、　月　日向我公司支付租金　　　元（大写：　　　），但贵公司至今未如期支付。按照合同约定，截至　　年　月　日，上述　笔租金及违约金金额合计为　　　　元（大写：　　　）。请贵公司做好支付上述　期租金及对应违约金的准备，并于　　　日前将上述款项及本期租金汇入我公司以下账户：

名　　称：

开 户 行：

账　　号：

本催收函与租赁合同具有同等法律效力。

特此函告。

--------------骑---------缝-------章------------------

回　执

致：

贵公司送达的《租金逾期催收函》收悉。

有限公司（盖章）

收件人：

年　　月　　日

（七）合同终止协议

合同终止协议

甲方：

乙方：

丙方：

鉴于：

甲乙双方签订了编号为　　　　　　的《融资租赁合同》。甲、乙、丙三方签订了合同编号为　　　　　　　　　的《买卖合同》，各方在公平、公正、平等的基础上，经协商一致，就解除　　　　融资租赁事宜达成如下协议，以资共同遵守。

1. 自本协议生效之日起，编号为　　　　　　　　　的《买卖合同》和编号为　　　　　的《融资租赁合同》终止，各方不再享有上述合同约定的权利，也不再履行上述合同约定的义务。

2. 各方确认，编号为　　　　　　的《买卖合同》和编号为　　　　　　的《融资租赁合同》不存在任何法律、经济纠纷以及违约责任。

3. 编号为　　　　　的《买卖合同》和编号为　　　　　　　的《融资租赁合同》终止后，各方应保守在合作中知悉的披露方商业信息，严格履行保密义务。

4. 因本协议发生争议，各方应友好协商，协商不成的提交本协议签订地人民法院诉讼解决。

5. 本协议由各方签字盖章后生效。协议书一式三份，由三方各执一份，各份均具有同等的法律效力。

甲方：

法定代表人或授权委托人：

签订日期：

乙方：

法定代表人或授权委托人：

签订日期：

丙方：
法定代表人或授权委托人：
签订日期：

(八) 保密协议

保密协议

甲　　方：
联系地址：
乙　　方：
联系地址：

以上协议各方合称“协议各方”及/或“全体协议方”，单独一方简称“协议一方”及/或“某一协议方”，接受信息一方简称“接受方”，披露信息一方简称“披露方”。

鉴于：

协议各方正在就一项可能进行的商业交易（“潜在交易”）开展商务谈判，双方在洽谈及后期交易履行过程中，均因工作需要可能接触或互相透露“保密信息”（如下第一条之定义），且任何一方均承认如向第三方披露任何该等保密信息将会损害对方商业及其他利益。为了有效保护双方的保密信息，双方特约定如下：

第一条　保密信息

1.1 本协议所称保密信息包括：

1.1.1 任何由甲方向乙方透露、递交、交流或者提供的，包括但不限于和研究、分析、钻研、推测、预测、前瞻、服务、软件、过程、模板、图形和财务相关的任何信息、文件、记录和数据；

1.1.2 任何一方的内部运营信息；

1.1.3 双方协商过程中所涉及的商业敏感内容；

1.1.4 双方协商中或已签署的任何协议条款内容、与本次潜在交易相关的商业资料的沟通和讨论内容；

1.1.5 除上述信息外，按照乙方要求所提供的所有非公司直接公开公示信息、材料及载体。

上述保密信息可以以数据、文字及记载上述内容的资料、光盘、软件、图书等有形媒介体现，也可通过法律法规认可的其他介质形式传递。

1.2. 保密信息的例外：

协议双方确认本协议所称保密信息不应当包括下列信息：

1.2.1 未经披露方透露，本协议签署时已经合法为公众所知的信息。

1.2.2 在披露方透露信息前，接受方已有记录表明该信息已在被透露前在没有保密义务的前提下（据接受方所知），为接受方所拥有。

1.2.3 接受方在没有保密义务的情况下，从第三方合法获取的信息，并且第三方也是在没有保密义务的前提下获得该信息的（据接受方所知）。

1.2.4 在未使用任何保密信息及侵犯协议相对方或任何第三方的前提下，由某一协议方自行独立开发的信息。

1.2.5 任何适用法律要求向有权证券交易所、监管部门或政府机关（包括但不限于中国证监会、交易所等）、法院、公安机关披露的。

1.2.6 某一协议方向其任何专业顾问披露的。

1.2.7 并非由于接受信息一方的错误而进入公有领域的。

第二条　保密义务

2.1 接受方应对保密信息采取有效保密措施（包括但不限于接受方为保护其自有保密信息所采用的措施）。

2.2 接受方应保证不将保密信息用于自身利益或任何其他方的利益，不将保密信息用于任何与潜在交易无关的目的或事宜。

2.3 接受方保证，未经披露方事先书面同意，不得泄露、告知、公布、发表、出版或以其他任何方式或使任何第三方（包括不知悉保密信息的接受方的职员或接受方的其他合作方等）知悉本协议项下的任何保密信息。

2.4 双方除按本协议规定的许可外，不得传播、透露保密信息的全部或部分。但为执行本合同，保密信息可向本方的代表、顾问以及确需获悉保密信息以辅助本方履行其义务的员工披露。一方保证，在上述本方代表、顾问和员工知悉保密信息之前，向其提示保密信息的机密性与应承担的保密义务，并保证上述代表、顾问与员工同意接受本协议条款的约束。根据此项保证，一方向对方赔偿因上述代表、顾问、员工违约披露、使用保密信息造成的一切直接或间接损失、费用（包括但不限于调查取证费、工商查询费、律师费等）与其他支出。

2.5 协议一方披露的保密信息的所有权由披露方保有。接受方将不直接、间接侵犯或损害披露方对保密信息的所有权。本合同的任何内容都不构成给予接受方除本合同明确约定外的任何其他许可或权利。

2.6 在潜在交易进行的可能性被否定或形成定论后，经披露方的书面要求，所有由披露方提供给接受方的材料或文件均应及时归还给披露方，包括已披露文件的所有复印件，相关费用由接受方承担。经披露方选择，接受方可以书面形式证明上述已披露文件已被销毁。

第三条　协议期限

3.1 本协议经由双方法定代表人或授权代表签字盖章之日起生效。

3.2 本协议保密期限：本协议约定的保密义务长期有效。但在协议被终止后，接受方在本协议的要求下，维持保密信息的秘密性和严格限制保密信息的使用的义务，仍从协议终止之日起继续持续24个月。

3.3 本协议独立于交易行为而单独成立。本协议的终止，应当不对披露方按照有关知识产权保护法的规定而享有的权利或补救措施产生影响。

第四条　违约责任

接受方应对披露方无论以任何形式提供的保密信息实行严格保密。无论故意与过失，应立即停止侵害，并在第一时间采取一切必要措施防止保密信息的扩散，尽最大可能消除影响。同时，接受方应就一切有意及无意、直接及间接泄露保密信息的行为向披露方承担赔偿责任。赔偿金包括一切直接、间接损失及由此而支出的费用等（包括但不限于调查取证费、工商查询费、律师费等）。

第五条　争议解决

因本协议的订立、效力、内容、解释或履行所发生的一切争议，双方应通过友好协商解决。若协商不成的，任何一方均可向原告人民法院提起诉讼。

第六条　其他

6.1 本协议一式两份，双方各执一份，各份具有同等法律效力。

6.2 本协议未尽事宜，由双方协商一致后签署补充协议，补充协议与本协议具有同等法律效力。

（九）保证合同

保证合同

（适用于法人或其他组织提供特定合同的保证担保）

保证人：
债权人：
合同签订日：　　　　年　　　月　　　日
合同签订地：

保证合同特别条款

保证人：
统一社会信用代码：
法定代表人：
通讯地址：
电话：　　　　　　　　传真：
联系人：
债权人：
统一社会信用代码：
法定代表人：
通讯地址：
电话：　　　　　　　传真：

保证人和债权人兹根据《中华人民共和国合同法》《中华人民共和国担保法》等法律法规和规章，经平等自愿、协商一致，依照如下合同条款及《保证合同基本条款》，于合同封面页所载合同签订日期及合同签订地订立本合同，承诺信守。

1. 主债务人：

2. 被担保的主合同：

2.1 主合同为债权人与主债务人之间编号为　　　　的《　　　合同》

及其有效修订与补充。

2.2 本合同下的被担保债权（担保范围）为主合同项下债权人的全部债权，包括主债务人在主合同项下的全部付款义务、陈述、保证、承诺与责任，主债权本金［　　　　　（金额大写）　　　　　　元整，主债权实际发生额高于该数额的，以实际发生额为准］以及孳息收益、逾期利息、违约金、损害赔偿金、租赁物留购价款、其他应付款项及实现债权和担保权益的费用（以下简称“被担保款项”）。

2.3 主合同下的债务履行期为　　　年　　月　　日至　　　年　　月　　日，具体以主合同为准。

3. 附件（以下附件为本合同的组成部分）：

4. 强制执行公证：

□本合同订立日起　　　日内订立赋予本合同强制执行效力的公证协议并办妥公证。

□本合同无须办理强制执行公证。

5. 特别约定：

6. 保证人在此确认：该合同非格式合同，保证人与债权人就本合同条款进行了充分协商，保证人对合同各项条款尤其是有关保证人责任或权利限制的条款已充分了解并同意遵守，双方达成的修订和补充（如有）已在特别约定栏或补充协议中写明；经充分审阅及与债权人协商讨论，保证人完全理解并同意包括合同特别条款、基本条款和合同附件在内的本合同所有内容，并无疑问或异议。

7. 双方签署如下：

保证人（盖章）：　　　　　　　　债权人（盖章）：
法定代表人　　　　　　　　　　　法定代表人
或授权代表：　　　　　　　　　　或授权代表：

保证合同基本条款

第一条　定义与解释

1.1 在本合同中，除非另有明确说明，否则下列词语具有如下含义：

本合同：指由以下全部文件所共同构成的整体：保证合同特别条款、保证合同基本条款、本合同列明的其他合同附件以及其他依法有效确定本合同项下双方权利义务的文件（包括但不限于补充协议、承诺函等）；但在引述本合同条款时如无不同说明则专指合同特别条款和基本条款中的相应条款。

法律法规：指在中华人民共和国境内除港澳台地区以外的大陆地区适用的法律、行政法规及最高人民法院的司法解释。

1.2 在本合同项下的或依据本合同做成的任何文件中，除非该文件另有明确说明，否则，已在本合同中定义的词语在该文件中仍具有相同的含义。

第二条　保证担保的主要内容

2.1 保证人依照本合同的条款条件为本合同所列主债务人（主合同下的债务人）向债权人提供连带责任保证担保。

2.2 保证人在此不可撤销地向债权人担保债务人按期足额支付其在主合同（包括其任何修改和补充，下同）项下应付的任何款项（无论是租金、逾期利息、违约金、损害赔偿金、租赁物留购价款、其他应付款项及主合同项下的全部陈述、保证、承诺、义务与责任）。

2.3 债权人作出的关于任何被担保款项或本保证合同项下应付款项未付的申明，除非有明显错误，应对保证人具有约束力，并应得到保证人的立即履行。

2.4 保证人在本合同项下保证担保的范围为本合同第一条所指的主债权外，还及于由此产生的：

2.4.1 债务人在主合同项下应偿付的全部款项及其孳生利息。

2.4.2 债务人违反主合同而产生的逾期利息、违约金和损害赔偿金。

2.4.3 保证人违反本合同项下的义务而产生的违约金。

2.4.4 债权人因债务人或保证人违约而遭受的损失。

2.4.5 债权人为实现主债权和保证债权的费用（包括但不限于催收费用、诉讼费、仲裁费、财产保全费、律师费、差旅费、执行费、评估费、公证费、送达费、公告费、拍卖费等）。

2.5 合同双方对保证担保的范围没有约定或者约定不明确的，保证人应当对全部债务承担责任。

2.6 合同双方在保证合同中约定的保证责任范围超过法定的保证责任范围的，对保证合同的效力没有影响，但超过法定保证责任范围的部分没有强制执行的效力。

第三条　保证方式

3.1 本合同的保证方式为不可撤销的连带责任保证。

3.2 保证人对主合同中的债务人的债务承担连带责任，无论因任何原因，债务人不履行或不能履行部分或全部主合同项下债务，债权人有权直接要求保证人承担保证责任。保证人应根据债权人书面通知立即履行本合同项下的保证责任。债务人未支付相应款项的，保证人应立即代为清偿；债务人违反其作出的承诺、保证、陈述、确认以及未为相应行为的，保证人应立即支付相当于主债权人预期可得利益金额的现金。

3.3 两个以上保证人对同一债务同时或者分别提供保证时，各保证人与债权人没有约定保证份额的，应当认定为连带共同保证。

3.4 连带共同保证的债务人在主合同规定的债务履行期届满没有履行债务的，债权人可以要求债务人履行债务，也可以要求任何一个保证人或者同时要求全部保证人承担全部保证责任。

第四条　保证期间

4.1 本合同下的保证期间为主合同下被担保债务的履行期届满（含约定期限届满以及依照约定或法律法规的规定提前到期，下同）之日起两年。

4.2 如果被担保债务应当分期履行，则债权人有权在主合同项下任何一期债务的履行期届满之日起至最后一期债务履行期满之次日起两年内要求保证人就担保范围内的该期债务履行保证责任，并有权在因该期债务逾期而依照主合同约定或法律法规的规定而宣布提前到期之日起两年内要求保证人就其担保范围内已被债权人宣布提前到期的全部债务履行保证责任。

4.3 主合同展期的，以展期后所确定的主合同最终履行期限之日为主合同履行期限届满之日，保证期间延至展期后重新确定的债务履行期限届满之日后两年之日。

第五条　特别约定

5.1 本合同下保证人向债权人提供的是独立的连带责任保证担保；即使主

合同项下存在其他担保（含类似担保的其他安排），保证人也仍然就本合同约定的担保范围内的债务向债权人直接承担第一顺序的连带保证责任，其责任范围不因其他担保的存在、增减、撤销或有效与否而减免，也不因债权人放弃或变更其他担保项下的权利或顺位而减免；保证人履行其保证责任并不以债权人对主债务人、其他担保人或/及担保物提出权利主张、提起诉讼/仲裁或者申请/进行强制执行为前提。

5.2 本保证合同项下的担保不影响债权人就主合同项下的债权所持有的任何其他保证、抵押、质权或担保权益，且本保证合同项下的保证也不受其他保证、抵押、质权或担保权益的影响。

5.3 保证人的担保责任不因债权人委托第三方行使其在主合同项下的权利、履行其在主合同项下的义务而减免。

5.4 保证人在此同意，债权人与债务人无须通知保证人或取得保证人同意，可以对主合同的任何条款（包括但不限于主合同数量、价款、债务人义务履行时间、地点、方式或其他条件等）进行变更、补充或解除，保证人仍然对变更后的主合同项下债务承担连带保证责任。

5.5 债权人依法将主债权转让给第三人的，无须保证人同意，本合同的效力不受债权人变更的影响，保证人在原保证担保的范围内向继受债权人承担保证责任。

5.6 如主合同或主合同下融资租赁法律关系被司法机关等有权机关确认为无效或被撤销，则保证人对于债务人因此应向债权人返还的全部款项或赔偿损失等形成的所有债务也承担连带保证责任。无论主合同最终被认定为何种法律关系，保证人对于在该法律关系项下的债务人的任何支付义务均承担保证责任。

5.7 保证期间，债权人许可债务人转让债务的，应当取得保证人书面同意，保证人对未经其同意转让的债务，不再承担保证责任。

5.8 债权人在主合同项下加速主合同到期或解除主合同等，有权要求保证人立即履行保证责任，包括向债权人支付主合同项下全部到期和未到期的所有租金、逾期利息、违约金、损害赔偿金、租赁物留购价款及其他应付款项和债权人实现权利的费用（包括诉讼费用、仲裁费用、律师费用、公证费用、执行费用等）。

第六条　承诺与保证

保证人承诺并保证在本合同履行完毕之前履行如下义务：

6.1 保证人具有订立和履行本合同的资格和能力，代表保证人签署本合同的人士已获得充分授权，有权代表保证人订立本合同。

6.2 保证人订立和履行本合同不违反其章程等组织文件、法律法规和金融规章以及其应遵守的其他法律文件，并已经获得任何必要的内部与外部的授权、许可与备案等手续，以确保本合同对其具有法律约束力并可依法强制执行。

6.3 保证人始终是依法成立且持续经营的法律实体并会及时办妥年检等法定手续，就保证人的财务与经营状况以及与本合同有关的其他重要信息，保证人均会及时向债权人如实完整地提供。

6.4 保证人与主债务人之间不存在对本合同的效力或可撤销性产生影响的关联关系或纠纷，如有上述事项则保证人已以书面形式向债权人如实进行了完整说明，且保证人已采取有效措施确保本合同及本合同项下的保证担保合法有效。

6.5 保证人已经充分了解主合同的内容，自愿为主债务人提供担保，对主债务人在主合同项下的付款及其他义务承担连带保证责任。

6.6 本合同经签署后生效，即对保证人构成合法、有效和具有约束力的义务，可以按其条款付诸实施。

6.7 保证人在签署及/或履行本保证合同都不会引致以下情形：

6.7.1 违反或触犯任何法律和条例、保证人的章程或成立文件；

6.7.2 违反或触犯保证人签订的任何契约或协议或对保证人本身或其任何资产有约束力的文件；

6.7.3 超越保证人保证的权限（无论是受保证人的章程或其他协议所限制的），或超越保证人董事会的权限；

6.7.4 行使其对债务人享有的债的请求权、追偿权，从而与债权人对债务人的债权形成竞争。

6.8 保证人没有拖欠任何应付之其他债务，亦未在保证人已签下的任何契约、信托契约、协议或其他文件中发生或因任何事情的发生和存在而构成任何文件中所定下的违约事件。

6.9 没有人正在任何法院、仲裁委员会和政府机关对保证人或其资产提出诉讼或仲裁，此诉讼将会严重影响保证人的财务、业务、资产及其他状况。

6.10 保证人在本合同项下所承担的责任为直接的、无条件的。

6.11 保证人已经向债权人充分和准确地披露了其在本保证合同签约日时存在的全部实际的重要债务；保证人向债权人提供的最近审定的年度财务报表已经按照有关法律法规与条件以及公认的常用会计原则编制妥当。上述财务报表连同其所附记录均真实和清楚地反映了该报表所涉及期间保证人的财务状况，同时自上述财务报表完成后，保证人的营运、业务、资产、债务（财产或其他）状况未发生实际不利变化；保证人没有任何未在其最近审定财务报表或其所附记录未予以披露的任何重要债务或任何重要的未实现的损失或预期的损失；保证人在本保证合同项下的全部应付款项无任何税项引致的扣减或预扣。

6.12 保证人向债权人提供（无论是否遵循本保证书的任何条款而提供）关于保证人的一切资料，均在提供资料的当日为真实的、完全的和准确的。

6.13 在本合同签署之日起，保证人不得恶意转移财产以逃避履行本合同项下义务；未经债权人书面同意，在保证期间不得再向第三方提供担保。

6.14 保证人在接到债权人书面要求承担保证责任的书面催款通知之日起 5 个工作日内，应无条件向债权人支付债务人的全部到期应付而未付的款项，并放弃一切抗辩权。

6.15 接受并积极配合债权人对其财务状况和经营状况的检查和监督，及时提供债权人要求的资料及信息，包括但不限于每年 4 月底之前向债权人提供其经审计的上年度完整财务报表（含附注）及其审计报告，并于每季度首月向债权人提供上季度末的资产负债表、损益表、现金流量表等财务报表的副本（如有经审计的半年度或季度财务报表则应提供审计后的完整报表及其审计报告）；并保证所提供文件、资料和信息是真实、准确和完整的。

6.16 保证人若进行合并、分立、减少注册资本、申请停业整顿/接管/解散/破产或其他影响保证人主体存续或持续经营的事项，应提前至少 30 天书面通知债权人并获得债权人的书面同意；若第三方申请或行政/司法机构命令保证人停业整顿/接管/解散/破产，或者暂停或注销保证人的主营业务或重大业务的经营许可，则保证人应在知悉后尽快（最晚不超过 3 个工作日）书面通知债权人，并及时采取措施加以补救；如发生重大资产减损、偿付危机、诉讼、仲裁、受到主管机关调查等影响或可能影响承担保证责任情形的，应提前30日书面通知债权人；客观上无法提前通知的，应于情形发生的当日书面通知债权人。发生前述情形时，向债权人提供令其满意的新担保主体或者新担保方式。

6.17 保证人签署并履行本合同项下义务不侵犯保证人任何债权人的利益，也不会有任何保证人的债权人提出涉及本合同的任何权利主张或异议。

6.18 保证期间，保证人变更工商登记事项、前十大股东、董事、财务负责人或联系地址时，发生机构变更、撤销或其他足以影响其保证能力的变故，保证人提前5日书面通知债权人，本合同项下的全部义务由变更后的机构承担或由保证人在10日内落实为债权人所接受的新的保证人。

6.19 提供给债权人的财务报表与其他资料信息都是真实、完整、合法且有效的，不存在任何欺诈、重大遗漏或重大误导。

6.20 在本合同项下的义务，不受其上级主管单位的任何指令的影响，也不因其解散、破产、重组、更改组织章程以及其他任何变化而有所改变，债权人拥有法定追索权。在本保证合同项下承担的义务是无条件的和绝对的，即使由于解散、破产、重组、更改组织章程、分立、合并或其他事件的发生使得丧失了独立法人的资格等原因，本合同仍不得进行修改、放弃或撤销，并仍应持续有效。保证人的承继人（包括因重组、改组或合并等原因而承继）受本合同的约束并继续承担本保证合同项下的保证责任。保证人在发生或决定发生上述事项之日起10个工作日内通知债权人，否则承担因此给债权人造成的损失。保证人承诺：债权人在保证人发生上述事项时，有权要求保证人提供其他具有代为清偿债务能力的保证人和/或其他担保方式。

6.21 督促债务人及时、完全及适当地履行主合同，一旦知悉债务人发生主合同下的违约，尽力采取补救措施并毫不迟延地通知债权人。

第七条　违约及救济权利

7.1 发生下列任一项或多项情形时，构成保证人的违约事件：

7.1.1 保证人未能（或者明确表示或以行为表明其不会）完全适当地履行其在本合同项下的承诺、保证、义务或责任。

7.1.2 保证人的任何重大的信贷融资、担保、赔偿或其他偿债责任到期不能履行，或者被暂停或注销主营业务或重大业务的经营许可，或者进入停业整顿/接管/解散/宣告破产等程序。

7.1.3 保证人的财务或经营状况发生重大不利变化，或产生不良信用记录，或涉及对其偿债能力或对本合同的履行产生重大不利影响的纠纷或行政处罚等，或者发生对债权人债权或担保权益产生严重不利影响的其他情况。

7.1.4 主合同履行期间，债务人死亡、宣告失踪或丧失民事行为能力致使债权人债权落空，或者债务人有违约情形等。

7.2 债务人未能按期足额偿还主合同债务，或者发生主合同项下的违约事件的，债权人有权要求保证人就其担保范围内的主合同债务履行保证责任。保证人发生本合同下的违约事件时，债权人有权根据本合同的约定或/及法律法规的规定行使违约救济权利，包括但不限于要求纠正违约，就该项被担保款项应付之日到实际支付之日期间向债权人支付逾期未付款项万分之五的违约金，及因此给债权人造成经济损失且违约金数额不足以弥补所受损失的，依法行使担保权益及留置权、宣布主合同项下的全部或部分债务立即到期、公告催收、要求赔偿损失以及要求偿付债权人为实现债权和担保权益而发生的费用（包括但不限于诉讼/仲裁费用、评估/鉴定/拍卖等处置费用、律师费用、调查取证费用、差旅费及其他合理费用）等。

7.3 债权人行使权利而收回的款项按下列顺序清偿其债权：（1）实现债权和担保权益的费用以及保证人应承担的其他费用；（2）损害赔偿金；（3）违约金；（4）逾期利息；（5）孳息收益；（6）本金；（7）其他应付款项；但债权人可变更上述清偿顺序。保证人有多笔已到期应还款项的，以债权人确定的偿还顺序为准。

7.4 一方遭受不可抗力且该方在不可抗力发生后5个工作日内向另一方提供有权机构证明的，可依法免除该方相应的违约责任，但为避免疑问双方确认，保证人发生不可抗力后可依法免除相应的违约责任，但仍有义务履行担保范围内的还款责任。

第八条　适用法律与争议解决

8.1 保证合同及本保证合同项下各方的权利和义务受中华人民共和国法律管辖，按照中华人民共和国法律解释。

8.2 本保证合同未尽事宜或条款内容不明确，合同双方当事人可以根据本合同的原则、合同目的、交易习惯及关联条款的内容，按照通常理解对本保证合同作出合理解释。该解释具有约束力，除非解释与法律或本合同相抵触。

8.3 在本保证合同履行期间，凡因履行本保证合同所发生的或与本保证合同有关的一切争议、纠纷，各方可协商解决。协商不能解决时，各方一致同意向本保证合同签订地有管辖权的人民法院提起诉讼。因诉讼发生的一切费用（包括法院费用、律师费用、执行费用及其他有关的费用）由保证人承担。

第九条　不可抗力

9.1 如果本合同任何一方因受不可抗力事件影响而未能履行其在本合同项下的全部或部分义务，该义务的履行在不可抗力事件妨碍其履行期间应予终止。

9.2 声称受到不可抗力事件影响的一方应尽可能在最短的时间内通过书面形式将不可抗力事件的发生通知另一方，并在该不可抗力事件发生后5日内向另一方提供关于此种不可抗力事件及其持续时间的适当证据及合同不能履行或者需要延期履行的书面资料。声称不可抗力事件导致其对本合同的履行在客观上成为不可能或不实际的一方，有责任尽一切合理的努力消除或减轻此等不可抗力事件的影响。

9.3 不可抗力事件发生时，双方应立即通过友好协商决定如何执行本合同。不可抗力事件或其影响终止或消除后，双方须立即恢复履行各自在本合同项下的各项业务。如不可抗力及其影响无法终止或消除而致使合同任何一方丧失继续履行合同的能力，则双方可协商解除合同或暂时延迟合同的履行，且遭遇不可抗力一方无须为此承担责任。当事人迟延履行后发生不可抗力的，不能免除责任。

9.4 本合同所称“不可抗力”是指受影响一方不能合理控制的，无法预料或即使可预料到也不可避免且无法克服，并于本合同签订日之后出现的，使该方对本合同全部或部分的履行在客观上成为不可能或不实际的任何事件。此等事件包括但不限于自然灾害如水灾、火灾、旱灾、台风、地震，以及社会事件如战争（无论曾否宣战）、动乱、罢工，政府行为或法律法规等。

第十条　附　则

10.1 本合同附件构成本合同的组成部分，除本合同正文或附件中另有明确书面约定的以外，附件与本合同正文不一致时应以本合同正文为准。

10.2 本保证合同各方相互发出的与本保证合同有关的通知、要求，应以书面方式作出，发送至本保证合同封面页列出的有关方的地址（本合同中统称“通讯地址”）后，即为充分通知。任何一方如变更其通讯地址，应自变更之日起2日内，以书面形式通知对方，否则，由未通知方承担由此而引起的相关责任。任何一方在本合同项下发出的通知或文件：（i）采用亲自或委托递交的以被通知方或其收件代理人签收之日为送达日期；（ii）采用邮政特快专递或同城（包括市区与郊区）挂号邮件进行邮递的则以邮件寄出之日后的第三日为送达日期；（iii）以其他邮寄方式发出则以寄出之日后的第七日为送达日期；依照上述规定而确定的送达日期与被通知方实际收到的日期或正式签收日期不一致时，以其中最早的日期为准。任何一方变更其联系方式应及时书面通知另一方，否则另一方仍有权将变更前的联系方式视为有效。

10.3 一旦因本合同发生任何纠纷而诉诸法院，本合同封面页所列明的地址将作为各自的接收诉讼文书等文件的司法送达地址。该通讯地址适用于包括一审、二审、再审、执行及督促程序等各个诉讼阶段。如任一方通讯地址或联系方式变更，该方应及时告知受诉法院、其他相关各方变更后的通讯地址或联系方式。如因：（i）提供的通讯地址或联系方式不确切、不真实；（ii）通讯地址变更后未及时书面通知其他相关各方和受诉法院；（iii）受送达人或指定接收人拒绝签收的，导致诉讼文书无法实际送达或未及时送达，受诉法院将诉讼文书邮寄或直接送达约定的通讯地址即视为有效送达，以邮寄方式送达的，以邮寄回执上注明的退回之日视为送达之日，以直接送达方式送达的，送达人当场在送达回证上记明情况之日视为送达之日。

10.4 除本合同另有约定的以外，任何一方对于在订立和履行本合同过程中获取的属于另一方的商业秘密和另一方明确要求保密的其他未公开信息，在上述信息丧失保密性之前负有保密义务，未经另一方书面许可不得公开披露也不得披露给任何第三方；但一方依照有关法律法规的规定或者有权机关或其上市的交易所的要求而进行披露的，或者为本合同之目的合理披露给该方的审计师、财务顾问、法律顾问或其他中介机构的（该方应要求上述机构和人士承担保密义务），不视为违反保密义务。

10.5 本合同的效力独立于主合同、主合同下的其他担保及任何合同/协议/承诺，而不受上述文件的有效性和可执行性的影响。本合同的任何条款或内容被依法撤销或被认定为无效时，其他条款和内容的效力不受影响，仍为有效。一方违约时另一方未行使相应的救济权利不应被视为是放弃权利或者是对违约的许可。

10.6 在本保证合同项下，保证人应当全额支付担保范围内的债务，不得提出任何抵销主张，亦不得附带任何条件。但不得违反法律的相关强制性规定。

10.7 债权人给予保证人的履行本保证合同项下义务的任何宽容、宽限、优惠或延缓均不影响、损害或限制债权人依据本保证合同和法律而享有的一切权利；并不视为债权人对本保证合同项下的权利和权益的放弃，也不免除保证人在本保证合同项下所应承担的任何责任和义务。但不得违反法律的相关强制性规定。

10.8 债权人延迟行使其在本保证合同项下的权利，并不构成对这些权利的放弃，任何单独地或部分地行使这些权利，并不影响对此项权利的进一步行使，也不影响对任何其他权利的行使。但不得违反法律的相关强制性规定。

10.9 本合同有效期内，合同双方任何一方不得擅自变更或解除合同。本保证合同经各方书面同意，可以修改或补充；本保证合同的任何修改、补充和附件均构成本保证合同不可分割的一部分。

10.10 本合同由保证人和债权人签字或盖章之日起生效。本合同正本一式三份（如需公证等手续则应再多签相应份数正本），债权人持两份、保证人持一份，每份正本具有同等效力。

保证人：
法定代表人/授权代表：
日期：

债权人：
法定代表人/授权代表：
日期：

（十）保证函（自然人）

保证函

（保证人为自然人）

保证人：

债权人：

合同签订日：　　　　年　　月　　日

订立地点：

保证函

有限公司：

融资租赁/售后回租合同之保证

保证人：　　、　　（为夫妻关系）应　　　　　　（以下简称"债务人"）要求，在此为债务人履行贵公司与债务人之间于　　年　月　日签署的编号为　　　　　　　　　的《融资租赁合同》/《售后回租合同》及其附表、附件（以下简称"主合同"）之目的，为贵公司利益保证人分别陈述并保证如下：

1. 保证人是具有中国国籍、具有民事权利能力和完全民事行为能力的自然人，具有作为保证人的法定资格和代为清偿债务的能力。

2. 保证人愿意为债务人在上述主合同项下之全部和任何义务承担连带保证责任。本函项下的保证是独立的；不受贵公司持有债务人及其他第三人任何方式的担保的影响，也不因贵公司放弃或变更其他担保项下的权利或顺位而减免，即无论贵公司对主合同项下的债权是否拥有其他担保（包括但不限于保证、抵押、质押、保函、备用信用证、保证金、履约保险等），贵公司均有权直接要求保证人承担担保责任，保证人根据贵公司要求支付主债务，不得以贵公司对主债务人、其他担保人或/及担保物提出权利主张、提起诉讼/仲裁或者申请/进行强制执行为前提。以法律所允许的情况为限，保证人在此不可撤销地放弃对贵公司行使一切抗辩权。

3. 因履行本保证函发生诉讼，保证人自愿将其所有财产接受法院的保全查封与强制执行。

4. 保证人担保范围为债务人在主合同项下应履行的全部义务包括但不限于应向贵公司支付的租金、逾期利息、违约金、损害赔偿金、租赁物留购价款及其他应付款项和贵公司实现权利的费用（包括但不限于诉讼费用、仲裁费用、律师费用、公证费用、执行费用等）。

5. 保证人保证期间为自主合同确定的债务履行期届满之次日起 2 年；如主合同确定的债权分批到期，则每批保证期间为本批债务起始日至最后一批债务履行期满之次日起 2 年；如债权人根据主合同之约定加速主合同到期，则保证期间为自债务起始日至债权人向债务人通知的还款日之次日起 2 年。

6. 保证人在此同意，贵公司与债务人无须通知保证人或取得保证人同意，可以对上述主合同的任何条款，如债务人义务履行时间、地点、方式或其他条件进行变更或解除，保证人仍然对变更后的该主合同承担连带保证责任。但如贵公司与债务人增加债务人应支付的租金金额和/或变动债务人应支付租金期限的，则应事先征得保证人同意，但是由于人民银行贷款利率变动而引起的租金变动除外。

7. 保证人在此同意，有下列情况之一的，贵公司即有权直接要求保证人支付债务人应付的所有款项：

7.1 债权人依据主合同约定或法律规定解除主合同，而其主合同项下的债权未实现或未能全部实现。

7.2 债务人依据主合同约定的其他情形需提前履行债务，而主合同项下的债权未实现或未能全部实现。

7.3 债务人未按照主合同约定的每期租金偿付期限、金额和币种向债权人按期足额支付租金和其他应付款项。

7.4 主合同履行期间，债务人发生破产、关闭、停产、合并、转产、重整等情况影响债务人按主合同约定支付租金和其他应付款项。

7.5 主债务履行期届满，主合同项下的债权全部或部分未受清偿。

7.6 保证人违反本函的约定或者发生其他严重违约行为。

8. 贵公司在主合同项下加速主合同到期或解除主合同，保证人同意立即履行保证责任，包括向贵公司支付主合同项下全部到期和未到期的所有租金、逾期利息、违约金、损害赔偿金、租赁物留购价款及其他应付款项和贵公司实现权利的费用（包括诉讼费用、仲裁费用、律师费用、公证费用、执行费用等）。

9. 无须征得保证人同意，贵公司可将主合同以及本保证函项下的债权转让与第三方，保证人仍在原担保范围内承担担保责任。

10. 保证期间，如保证人担保能力降低，贵公司有权要求保证人提供新的担保，保证人须在债权人发出通知之日起 3 日内提供符合债权人要求的新的担保。

11. 保证期间，债权人有权随时通过银行征信系统查询保证人的信用信息；接受债权人对保证人的资金和财产状况进行监督、检查，并提供足够反映保证人资信情况的相关资料；应债权人要求提供的材料，保证人保证提供的所有资料真实、有效、完整、合法且无任何隐瞒。

12. 保证人保证债务人能够按照主合同的约定向债权人履行债务（包括分期履行）。如债务人未按主合同的约定履行到期债务时，保证人保证在接到债权人的代为清偿通知之日起 1 日内履行保证责任，向债权人履行主合同的债务清偿责任。

13. 本保证函项下的款项将以人民币汇到贵公司指定的收款账户。

14. 贵公司与债务人之间在主合同项下之争议或该主合同条款的无效或不可执行，或任何行为、过失、事件，或债务人破产、无偿债能力均不影响保证人在本保证函项下的义务；如主合同或主合同下融资租赁法律关系被司法机关等有权机关确认为无效或撤销，则保证人对于债务人因此应向贵公司返还的全部款项或赔偿损失等形成的所有债务也承担连带保证责任；无论主合同最终被认定为何种法律关系，保证人对于在法律关系项下的债务人的任何支付义务均承担保证责任。

15. 保证人同意：本保证函适用中国法律并按照该法律进行解释，就本保证函所发生的或与本保证函有关的任何诉讼，接受主合同诉讼管辖法院的管辖。

16. 任何根据本保证函发出的或与本保证函有关的通知、同意、协议或其他通讯应当采取书面形式（包括传真、邮递、电报、电挂），并送至本保证函中所列明的保证人送达地址。贵公司向保证人发送的文件：如以专人送递，在交付后即被视为送达；如以投邮方式发送的，在寄出后 3 天即被视为送达；如以图文传真发送，在收到保证人机器的确认讯号时即被视为送达。保证人发给贵公司的文件，则在贵公司实际收到后视为送达。

17. 一旦因本保证函发生任何纠纷而诉诸法院，本保证函中所列明的送达地址将作为保证人接收诉讼文书等文件的司法送达地址。该送达地址适用于包括一审、二审、再审、执行及督促程序等各个诉讼阶段。如保证人送达地址或联系方式变更，保证人应及时告知受诉法院、受益人变更后的送达地址或联系方式。如因：(1) 提供的送达地址或联系方式不确切、不真实；(2) 送达地址变更后未及时书面通知受益人和受诉法院；(3) 受送达人或指定接收人拒绝签收的，导致诉讼文书无法实际送达或未及时送达，受诉法院将诉讼文书邮寄或直接送达约定的送达地址即视为有效送达，以邮寄方式送达的，以邮寄回执上注明的退回之日视为送达之日，以直接送达方式送达的，送达人当场在送达回证上记明情况之日视为送达之日。

18. 保证人在此声明，上述陈述与保证为不可撤销、无条件之保证，非经贵公司事先书面同意，保证人之连带保证责任不得终止或解除。

19. 保证人确认，本保证函非格式合同，经双方充分协商制定。保证人已仔细阅读并完全理解本合同的内容。本保证函自保证人签字之日起生效，并在保证人履行完毕保证责任之前持续有效。保证人信息（包括身份证复印件、结婚证复印件）详见附件。

20. 本保证函正本一式三份，债权人持两份，保证人持一份，每份正本具有同等效力。

保证人：　　　　　　　　　　（签字）

身份证号码：

日期：

附件

保证人联系方式

保证人		联系电话		传真	
通讯地址				邮编	
保证人		联系电话		传真	
通讯地址				邮编	

第四章

常用函件以及签发函件的要点

一、常用函件

融资租赁公司在经营过程中，除了业务沟通类函件外，涉及最多的法律函件是催收函和律师函。当客户出现业务逾期后，一般业务人员会跟进催收，为了保持良好的合作关系，一般开始阶段，如果客户不是系统性风险，公司会给客户留出一定时间，与其先沟通还款事项。但是从法律层面，当客户出现逾期后，应及时向客户出具书面的《债务逾期催收通知书》《担保人履行责任通知书》，这一方面是为了提醒客户尽快还款，另一方面也是为未来可能的诉讼做好准备，起到中断诉讼时效的效果。

而在电话催收、上门催收、发函催收无效的情况下，融资租赁公司应及时采取相应措施，而向业务主体、各担保人发送正式的律师函有时候会起到意想不到的好效果。这里要提醒读者注意的是，发送律师函本身是一件严肃的事情，一旦向对方出具了律师函，那么就表明企业郑重向逾期客户警告，如再不采取措施将面临诉讼等后果。既然是一件严肃的事情，那么在聘请律师出具律师函的过程中，公司应该对业务进行整体的梳理，并向律师做全面的告知，律师函中的事实、数据要做到真实、精准，不夸大，不弄虚作假，不威胁恐吓。因为不细致、不准确的律师函一旦发出，在未来的诉讼中将成为一份对企业不利的证据，对企业而言得不偿失。

二、签发过程中应注意的要点

在融资租赁公司日常业务中，经常会签发各类邮件。从法律角度看，这种日常看似最简单的工作，轻则会影响案件的审理时间，重则会影响重人案件的胜负。因为公司发出的各类函件，很有可能成为诉讼中的关键证据。到底该如何签发法律文书，签发过程中应该注意哪些细节？首先我们来看一个因为送达文书出现问题的案例。

案例：[1]

再审申请人（一审原告、二审上诉人）：丹阳农行

被申请人（一审被告、二审被上诉人）：八宝酒公司

再审申请人因与被申请人八宝酒公司借款合同纠纷一案，不服江苏省高级人民法院（2014）苏商终字第0088号民事判决，向本院申请再审。本院依法组成合议庭对本案进行了审查，现已审查终结。

丹阳农行申请再审称，依据《民事诉讼法》第200条第2项、第6项的规定，本案应予再审。

一、丹阳农行于2009年4月1日、2010年12月28日、2012年11月20日采用邮寄方式催收债权，依法应当产生诉讼时效中断的法律后果。二审判决认为不产生诉讼时效中断的效力，系适用法律错误。《最高人民法院关于审理民事案件适用诉讼时效制度若干问题的规定》（法释〔2008〕11号）第10条第1款第2项规定，“当事人一方以发送信件或者数据电文方式主张权利，信件或者数据电文到达或者应当到达对方当事人的，应当认定为《民法通则》第140条规定的‘当事人一方提出要求’，产生诉讼时效中断的效力”。丹阳农行于2009年4月、2010年12月及2012年11月采用邮寄方式催收债权，快递单或邮寄单上的收件人地址与八宝酒公司当时营业执照的地址一致，收件人也是八宝酒公司，同时该快递单或邮寄单加盖了快递公司印章或交邮印章，表明丹阳农行已经按照八宝酒公司当时的营业执照地址邮寄了书面催收文件主张债权，该快递单理应到达八宝酒公司，上述邮寄催收依法应当产生诉讼时效中断的法律后果。其次，在丹阳农行提供邮件底单及邮寄内容的基础上，八宝酒公司并未能提供相反证据推翻丹阳农行的证据，依法也应当认定债权人主张了权利，诉讼时效应当中断。《最高人民法院关于债权人在保证期间以特快专递向保证人发出逾期贷款催收通知书但缺乏保证人对邮件签收或拒收的证据能否认定债权人向保证人主张权利的请示的复函》[(2003)民二他字第6号]明确规定，“债权人通过邮局以特快专递的方

〔1〕 最高人民法院（2015）民申字第134号民事裁定书。

式向保证人发出逾期贷款催收通知书，在债权人能够提供特快专递邮件存根及内容的情况下，除非保证人有相反证据推翻债权人所提供的证据，应当认定债权人向保证人主张了权利”。原判决以未能提供邮件回执等证据证明催收债权的信件已经到达八宝酒公司，不能认定为有效催收了债权为由，认定丹阳农行的邮寄催收不产生诉讼时效中断的效力，没有任何法律依据，是适用法律错误。(2003) 民二他字第6号是2003年最高人民法院的复函，当时速递公司不是很普遍，而催收时的2009年，速递公司很多，且2008年司法解释对此并未做特别要求。故2009年4月1日通过顺丰公司的催收同样是有效的，构成诉讼时效中断。

二、二审法院仅根据八宝酒公司当庭陈述就认定“八宝酒公司当时处于歇业状态”，对认定的该事实缺乏证据证明，符合《民事诉讼法》第200条第2项应当再审之规定。

本院审查查明，丹阳农行证明其2009年4月1日向八宝酒公司催收债权的证据为顺丰速运511021752667号邮寄公司存根联。

本院认为，丹阳农行申请再审的法律依据主要是法释〔2008〕11号第10条的规定和 (2003) 民二他字第6号答复。根据法释〔2008〕11号第10条第2项的规定，当事人一方以发送信件或者数据电文方式主张权利，信件或者数据电文到达或者应当到达对方当事人的，应当认定为《民法通则》第140条规定的“当事人一方提出要求”，产生诉讼时效中断的效力。(2003) 民二他字第6号答复的主要内容为：债权人通过邮局以特快专递的方式向保证人发出逾期贷款催收通知书，在债权人能够提供特快专递邮件存根及内容的情况下，除非保证人有相反证据推翻债权人所提供的证据，应当认定债权人向保证人主张了权利。丹阳农行主张其于2009年4月1日、2010年12月28日、2012年11月20日通过信件向八宝酒公司主张了债权，并提交了相应的证据。其2009年4月1日向八宝酒公司主张债权是通过顺丰公司寄送邮件，其证据为顺丰公司的寄件存根。该证据能够证明丹阳农行已将邮件交邮，但是不能证明邮件到达或者应当到达八宝酒公司。(2003) 民二他字第6号规定的邮寄方式是特定的，即通过邮局的特快专递。顺丰公司并非邮局，仅是一般的快递公司。丹阳农行应提供邮件回执等证据证明邮件已经到达八宝酒公司，但是丹阳农行并未提交。二审判决认为丹阳农行未有效催收债权，不产生诉讼时效中断的效力，不属于适用法律确有错误。无论八宝酒公司当时的营业状态如何，因丹阳农行的证据尚不能证明其已经送达了催收信件，原审认定八宝酒公司营业状态是否缺乏证据证明并不影响案件的审理结果。故法院对丹阳农行的第二个再审申请理由不再审查。

综上，丹阳农行的再审申请不符合《民事诉讼法》第200条第2项、第6项规定的情形。法院依照《民事诉讼法》第204条第1款之规定，裁定如下：

驳回丹阳农行的再审申请。

笔者点评：根据最高人民法院的复函，以及上述案例中法院的说理情况，我们可以看出实践中根据法释〔2008〕11号第10条第2项的规定，当事人一方以发送信件或者数据电文方式主张权利，信件或者数据电文到达或者应当到达对方当事人的，应当认定为《民法通则》第140条规定的“当事人一方提出要求”，产生诉讼时效中断的效力。但是如果采用非邮局特快专递的形式，不仅要提供发出邮件的证明，还需要提供邮件已经送达的证明。案例中债权人通过顺丰公司寄送邮件，其证据为顺丰公司的寄件存根。该证据能够证明债权人已将邮件交邮，但是不能证明邮件到达或者应当到达债务人。而(2003)民二他字第6号最高人民法院的复函中规定的邮寄方式是特定的，即通过邮局的特快专递。顺丰公司并非邮局，仅是一般快递公司。无论债务人当时的营业状态如何，债权人均应提供邮件回执等证据证明邮件已经到达债务人，否则，应认定未有效催收债权，不产生诉讼时效中断的效力。

附1 最高人民法院复函

最高人民法院关于债权人在保证期间以特快专递向保证人发出逾期贷款催收通知书但缺乏保证人对邮件签收或拒收的证据能否认定债权人向保证人主张权利的请示的复函

（［2003］民二他字第6号）

河北省高级人民法院：

你院［2003］冀民二请字第1号请示收悉。经研究，答复如下：

债权人通过邮局以特快专递的方式向保证人发出逾期贷款催收通知书，

在债权人能够提供特快专递邮件存根及内容的情况下，除非保证人有相反证据推翻债权人所提供的证据，应当认定债权人向保证人主张了权利。

此复。

最后，公司法务人员或相关业务人员需要特别注意以下细节问题：

(1) 保留好发件存根（中国邮政 EMS 为纸质存根加盖邮戳，顺丰速运为打印存根。对于法律函件的邮寄最好选择中国邮政，在司法实践中一般认可债权人通过邮局以特快专递的方式向债务人或者保证人发出逾期催收通知的效力，为避免因细节问题影响诉讼，读者最好选用中国邮政）。

(2) 在文件名称一栏中明确所发函件的名称。

(3) 要求快递公司提供回执单（中国邮政 EMS 现为纸质回执单且需在柜台办理或与收件人员具体要求，顺丰速运为电子回执单，电子回执单生成后打印归档）。

第五章

如何进行法律事务招标

一、概述

当租赁公司产生逾期项目或不良资产后，很多时候我们都要面对以诉讼的方式进行债权的回收，那么如何进行法律事务的招标就成为一件很实际的工作，尤其是对于具有国有背景的融资租赁公司更是如此，其不仅仅受《招标投标法》《招标投标法实施条例》制约，还要受到国资委以及内部审计的多重约束。如何合法、合规地进行法律事务招标工作，往往令法务人员非常头疼，而且由于法律事务，尤其是诉讼类案件往往对效率要求极高，如果因为招标耽误了最佳的诉讼或者保全时机，即便最终程序得以启动，也无法取得应有的良好效果。在这一章，笔者不想宽泛地去谈所有的招标方式及其利弊，因为毕竟本书主要针对的是融资租赁公司的法律事务，而法律事务中更多的是诉讼类的招标。

二、招标的方式、特点

一般的招标方式包括：

（1）公开招标。以招标公告的方式邀请不特定的供应商参加投标的采购方式。

（2）邀请招标。从符合资格条件的供应商中邀请三家以上，以投标邀请书的方式邀请其参加投标的采购方式。

（3）竞争性谈判。竞争性谈判小组与符合资格条件的供应商就采购事宜进行谈判，供应商按照谈判文件的要求提交响应文件和报价，谈判小组对响应文件进行评审和比较，确定符合采购需求、质量和服务等的基础上按照最低评标价法确定成交候选人的采购方式。

（4）竞争性磋商。竞争性磋商小组与符合资格条件的供应商就采购事宜进行磋商，供应商按照磋商文件的要求提交响应文件和报价，磋商小组对响应文件进行评审和比价，以综合评分法确定成交候选人的采购方式。

（5）询价。询价小组向符合资格条件的供应商发出采购询价通知书，要求供应商一次报出不得更改的价格，采购人从询价小组提出的成交候选人中确定成交供应商的采购方式。

（6）单一来源采购。从某一特定供应商处采购货物、工程和服务等的采购方式。

根据诉讼业务的特点，笔者认为在众多招标方式中最为适合诉讼类业务的招标方式是询价、竞争性磋商、竞争性谈判这三种方式，如果是一般的、法律关系清晰的、标的较小的案件可以直接采用询价的方式，这样会较快地了解律所对案件的判断以及相关报价情况，尽快让案件进入诉讼程序。如果是法律关系较为复杂、标的较大的案件，可以采用竞争性磋商或竞争性谈判的方式，这两种方式的主要区别在于定标方式不同，其招标的主要内容、流程基本一致，这里重点介绍竞争性磋商的主要流程。

三、招标流程

（1）立项。公司有具体案件需要进行竞争性磋商，首先应该按照公司内部审批流程立项，也就是通过法务部或风险管理部制作招标请示，由公司内部决策机构同意对具体案件进行招标工作。

（2）选择备选投标人。立项后，法务部门可以在内部法律顾问储备库（或当地国资委/产权交易中心等法律服务商储备库）中按照案件性质、律所（重点是律师）的规模、专业水平、以前案件的处理效果、律师团队是否敬业、法务人员与律师沟通是否顺畅几个方面入手，选择3家或3家以上的备选投标人。关于如何与律师进行有效的沟通以及如何判断一个律所或律师是否适合自己公司的具体案件将在下一章里详细介绍。

（3）确定磋商小组成员。小组成员一般为3人或3人以上的单数，磋商小组的成员最好由熟悉具体项目情况的相关人员以及法务或风险控制人员组成，如果案件较为复杂可适当选取部分行业专家作为外部补充。

（4）制作竞争性磋商文件。磋商文件是招标过程中最主要的文件之一，在磋商文件中发标人将本次招标的主要内容进行一一介绍。该文件的主要内容包括：①竞争性磋商邀请函；②项目说明；③投标人须知，这一部分中又包括总则、文件说明、响应文件的编制、响应文件的提交、磋商、评审和评标、合同条款等；④附件。为了更加方便读者使用或参考，笔者整理了一份竞争性磋商文件的模板（见本章附件3），希望能给各位同仁的工作带来帮助。

（5）发布邀请函和发售招标文件。这里要注意发出邀请函的时间限制，竞争性谈判、竞争性磋商一般不少于5日。

（6）资格审查。资格审查可以采用预审或者后审方式，预审要成立预审小组。

（7）磋商。磋商过程建议由专门人员主持，提前做好各项准备工作，协调好磋商小组成员的时间，提前将相关材料发送给小组成员，以便小组成员能更多地了解要磋商的项目情况，更有针对性地在磋商中提问。提前与参与磋商的律师联系，确认时间以及参与磋商的人员名单。这些准备工作都是为了确保当天的磋商能够有序、顺利进行。

（8）评标。评标将按照招标文件中公开载明的方式进行，评标的方法一般有最低评标价法、综合评分法或法律规定的其他办法。根据笔者的经验，最为适合的法律（诉讼）事务的方法还是综合评分法，因为律师的服务质量决定其服务价格，评标中小组成员最好能从各个层面对律师进行评价，而不是只看价格，这与物资采购不同，低价往往无法保证质量。

（9）定标。磋商小组根据评标结果确定中标人，这里需要提醒大家原则上排名第一的中标候选人为中标人，但我们在评标时应顺序列出两名候选人，目的是防止排名第一的候选人放弃中标、因不可抗力不能履行合同或被查实有影响中标结果的违规行为时有候补候选人。重新投标耗时耗力，也会影响诉讼的进度。

（10）中标公示。磋商结果确定后，中标公告应在相应的平台进行公示，一般公示期不得少于3日。

（11）发送中标通知书。公示期满后，如果对结果没有异议或者经调查不成立的，应该向中标人发出中标通知书，并同时将中标结果通知所有未中标的投标人。这里笔者想提醒大家的是，无论什么事都应该有始有终，公司法务部门要保持与律所或律师的良好合作，需要注意更多的细节，因为这些细节往往意味着一种尊重，所以无论结果如何，即便是没有中标的律所，公司法务人员也应该及时联系，告知结果以及将来如有机会愿意再次合作的意愿。

这样既符合制度要求，也为之后的良好合作打下基础。

四、合同签订

按照上述环节，招标流程基本已经结束，中标人也已经确定，那么接下来，招标人与中标人将组织合同的谈判、签约。这里要注意，合同的签订应在招标的基础上订立，不能与招标文件或其实质内容相背离，合同价格不得高于评标价格。笔者接触过很多公司的法务人员或者分管领导，大家对律师的收费标准都感到很疑惑，我的案子到底应该支付多少律师费？律师的报价有什么标准？律师费为什么这么高？在这里笔者给大家简单介绍一下律师费的构成以及参照标准，供各位读者参考。

律师事务所一般为合伙制，执业律师一般分为提成律师与授薪律师，于此对应在律所里的薪资分配一般分为提成制和授薪制。提成律师按照自己经办案件收费的金额，依据提前定好的比例提取报酬（该比例根据律所的规模以及管理制度不同一般在60%~80%)，除此之外所有的费用都要自己承担。授薪律师一般是与律所合伙人合作，每月按照固定数额拿取薪资，不承担相关的费用。那么代理民商事案件根据什么标准来收费呢？笔者以山东省法律市场为例进行介绍。

民商事案件一般以标的额大小为计算律师费的主要依据，具体标准如下。

(1) 代理一般民事案件。

①不涉及财产关系的：800~10 000元/件。

②涉及财产关系的：每件基础服务费1000~2000元。争议财产标的额超过1万元的，按下列比例分段累进计算。

争议标的额计费比率为：

1万~10万元部分5%~6%；

10万~100万元部分4%~5%；

100万~500万元部分3%~4%；

500万~1000万元部分2%~3%；

1000万~5000万元部分1%~2%；

5000万元以上部分0.5%~1%。

(2) 代理民事诉讼案件的申诉。

①不涉及财产关系的：1000~10 000元/件。

②涉及财产关系的：按照代理涉及财产关系的民事诉讼案件的收费标准执行。

（3）计时收费。

办理以上所列法律服务事项，也适用于计时收费，收费标准为：100~2000元/小时。不足1小时的按1小时计；办理法律服务事项花费在旅途的时间，折半计算。[1]

律师一般在与公司商定代理价格时，会综合考虑案件的标的、案件办理的难度、案件的审级、案件处理的周期等多种因素，在上述比例的基础上给予一定的折扣。律师代理的方式有一般代理和风险代理，一般代理是律师按照合同约定全额收取律师费（分期支付）再进行代理活动的方式。风险代理是指委托代理人与当事人之间的一种特殊委托诉讼代理，委托人不预先支付代理费，案件执行后委托人按照执行到位债权的一定比例付给代理人作为报酬。如果败诉或者执行不能，代理人将得不到任何回报；如果债权一旦执行到位，被代理人将按照约定的高额比例支付给代理人，这对双方来讲都存在一定风险，所以称为风险代理。风险代理又细分为全风险代理、半风险代理两种。全风险代理需根据案件的具体情况，与律师协商确定，一般根据案件结果按比例收费，一般为合同标的额的10%~30%。半风险代理前期支付一定基本律师费用后，再根据结果按比例支付律师费，此比例低于上述全风险代理。一般采用风险代理的案件都是存在一定办案难度或执行财产信息不明确、存在执行难度的案件，而难度越大，律师收取的比例越高，当然这里律师也要承担更大的风险，风险代理的收入听起来很诱人，但是很多案件律师甚至连代理费都无法收回。

根据笔者之前的介绍，读者应该对律师费的收取标准以及代理方式有了初步的了解，但是律师费的高低还会受到地域、律师团队本身水平、当地司法环境等因素的制约而产生变化。所以您支出的律师费，一定是律师根据案件的综合情况进行核算后给出的，每一分钱都有其合理的依据。一个优秀而负责的律师团队对一个诉讼案件的重要性不言自明，而这样一个团队的运转一定是有成本的，所以不要再跟律师谈哪个律所、哪个律师收费有多低，如

[1] 该标准为2017年之前的相关标准，2017年8月15日山东省物价局省司法厅颁布了新的律师收费标准指导意见，但该计算方式仍作为律师计算代理费的依据使用。

果真有律师可以不计成本，又能保证效果，那么要么他另有所图、要么是个骗子。

合同的签订还涉及费用的支付方式、双方的权利义务、保密条款的设置、管辖地的约定等内容。如果您聘用的是一个优秀的律师团队，那么在签订合同的过程中这个团队也一定会让您感受到其专业和责任心，作为公司来讲，只要将自己的诉求合理地告知律师即可。尤其要提醒读者注意的是，如果对律师工作有明确的要求或者标准，而这样的要求或者标准又与律师费的支付挂钩时，一定在提前协商的前提下，在合同中有明确的约定，以免之后产生争议。与律师沟通的过程中，公司法务人员要大胆地提出自己的看法，不要因为对方是律师就对律师的方案全盘接受，要记住你自己就是法律专业人士，只不过岗位不同而已，切记！

附 1 《中华人民共和国招标投标法》

中华人民共和国招标投标法

（2017 年 12 月 27 日修正）

第一章 总 则

第一条 为了规范招标投标活动，保护国家利益、社会公共利益和招标投标活动当事人的合法权益，提高经济效益，保证项目质量，制定本法。

第二条 在中华人民共和国境内进行招标投标活动，适用本法。

第三条 在中华人民共和国境内进行下列工程建设项目包括项目的勘察、设计、施工、监理以及与工程建设有关的重要设备、材料等的采购，必须进行招标：

（一）大型基础设施、公用事业等关系社会公共利益、公众安全的项目；

（二）全部或者部分使用国有资金投资或者国家融资的项目；

（三）使用国际组织或者外国政府贷款、援助资金的项目。

前款所列项目的具体范围和规模标准，由国务院发展计划部门会同国务院有关部门制订，报国务院批准。法律或者国务院对必须进行招标的其他项目的范围有规定的，依照其规定。

第四条　任何单位和个人不得将依法必须进行招标的项目化整为零或者以其他任何方式规避招标。

第五条　招标投标活动应当遵循公开、公平、公正和诚实信用的原则。

第六条　依法必须进行招标的项目，其招标投标活动不受地区或者部门的限制。任何单位和个人不得违法限制或者排斥本地区、本系统以外的法人或者其他组织参加投标，不得以任何方式非法干涉招标投标活动。

第七条　招标投标活动及其当事人应当接受依法实施的监督。有关行政监督部门依法对招标投标活动实施监督，依法查处招标投标活动中的违法行为。对招标投标活动的行政监督及有关部门的具体职权划分，由国务院规定。

第二章　招　标

第八条　招标人是依照本法规定提出招标项目、进行招标的法人或者其他组织。

第九条　招标项目按照国家有关规定需要履行项目审批手续的，应当先履行审批手续，取得批准。招标人应当有进行招标项目的相应资金或者资金来源已经落实，并应当在招标文件中如实载明。

第十条　招标分为公开招标和邀请招标。公开招标，是指招标人以招标公告的方式邀请不特定的法人或者其他组织投标。邀请招标，是指招标人以投标邀请书的方式邀请特定的法人或者其他组织投标。

第十一条　国务院发展计划部门确定的国家重点项目和省、自治区、直辖市人民政府确定的地方重点项目不适宜公开招标的，经国务院发展计划部门或者省、自治区、直辖市人民政府批准，可以进行邀请招标。

第十二条　招标人有权自行选择招标代理机构，委托其办理招标事宜。任何单位和个人不得以任何方式为招标人指定招标代理机构。招标人具有编制招标文件和组织评标能力的，可以自行办理招标事宜。任何单位和个人不得强制其委托招标代理机构办理招标事宜。依法必须进行招标的项目，招标人自行办理招标事宜的，应当向有关行政监督部门备案。

第十三条　招标代理机构是依法设立、从事招标代理业务并提供相关服务的社会中介组织。招标代理机构应当具备下列条件：

（一）有从事招标代理业务的营业场所和相应资金；

（二）有能够编制招标文件和组织评标的相应专业力量；

第十四条　招标代理机构与行政机关和其他国家机关不得存在隶属关系或者其他利益关系。

第十五条　招标代理机构应当在招标人委托的范围内办理招标事宜，并遵守本法关于招标人的规定。

第十六条　招标人采用公开招标方式的，应当发布招标公告。依法必须进行招标的项目的招标公告，应当通过国家指定的报刊、信息网络或者其他媒介发布。招标公告应当载明招标人的名称和地址、招标项目的性质、数量、实施地点和时间以及获取招标文件的办法等事项。

第十七条　招标人采用邀请招标方式的，应当向三个以上具备承担招标项目的能力、资信良好的特定的法人或者其他组织发出投标邀请书。投标邀请书应当载明本法第 16 条第 2 款规定的事项。

第十八条　招标人可以根据招标项目本身的要求，在招标公告或者投标邀请书中，要求潜在投标人提供有关资质证明文件和业绩情况，并对潜在投标人进行资格审查；国家对投标人的资格条件有规定的，依照其规定。招标人不得以不合理的条件限制或者排斥潜在投标人，不得对潜在投标人实行歧视待遇。

第十九条　招标人应当根据招标项目的特点和需要编制招标文件。招标文件应当包括招标项目的技术要求、对投标人资格审查的标准、投标报价要求和评标标准等所有实质性要求和条件以及拟签订合同的主要条款。国家对招标项目的技术、标准有规定的，招标人应当按照其规定在招标文件中提出相应要求。招标项目需要划分标段、确定工期的，招标人应当合理划分标段、确定工期，并在招标文件中载明。

第二十条　招标文件不得要求或者标明特定的生产供应者以及含有倾向或者排斥潜在投标人的其他内容。

第二十一条　招标人根据招标项目的具体情况，可以组织潜在投标人踏勘项目现场。

第二十二条　招标人不得向他人透露已获取招标文件的潜在投标人的名称、数量以及可能影响公平竞争的有关招标投标的其他情况。招标人设有标底的，标底必须保密。

第二十三条　招标人对已发出的招标文件进行必要的澄清或者修改的，应当在招标文件要求提交投标文件截止时间至少 15 日前，以书面形式通知所有招标文件收受人。该澄清或者修改的内容为招标文件的组成部分。

第二十四条　招标人应当确定投标人编制投标文件所需要的合理时间；但是，依法必须进行招标的项目，自招标文件开始发出之日起至投标人提交投标文件截止之日止，最短不得少于20日。

第三章　投　标

第二十五条　投标人是响应招标、参加投标竞争的法人或者其他组织。依法招标的科研项目允许个人参加投标的，投标的个人适用本法有关投标人的规定。

第二十六条　投标人应当具备承担招标项目的能力；国家有关规定对投标人资格条件或者招标文件对投标人资格条件有规定的，投标人应当具备规定的资格条件。

第二十七条　投标人应当按照招标文件的要求编制投标文件。投标文件应当对招标文件提出的实质性要求和条件作出响应。招标项目属于建设施工的，投标文件的内容应当包括拟派出的项目负责人与主要技术人员的简历、业绩和拟用于完成招标项目的机械设备等。

第二十八条　投标人应当在招标文件要求提交投标文件的截止时间前，将投标文件送达投标地点。招标人收到投标文件后，应当签收保存，不得开启。投标人少于三个的，招标人应当依照本法重新招标。在招标文件要求提交投标文件的截止时间后送达的投标文件，招标人应当拒收。

第二十九条　投标人在招标文件要求提交投标文件的截止时间前，可以补充、修改或者撤回已提交的投标文件，并书面通知招标人。补充、修改的内容为投标文件的组成部分。

第三十条　投标人根据招标文件载明的项目实际情况，拟在中标后将中标项目的部分非主体、非关键性工作进行分包的，应当在投标文件中载明。

第三十一条　两个以上法人或者其他组织可以组成一个联合体，以一个投标人的身份共同投标。联合体各方均应当具备承担招标项目的相应能力；国家有关规定或者招标文件对投标人资格条件有规定的，联合体各方均应当具备规定的相应资格条件。由同一专业的单位组成的联合体，按照资质等级较低的单位确定资质等级。联合体各方应当签订共同投标协议，明确约定各方拟承担的工作和责任，并将共同投标协议连同投标文件一并提交招标人。

联合体中标的，联合体各方应当共同与招标人签订合同，就中标项目向招标人承担连带责任。招标人不得强制投标人组成联合体共同投标，不得限制投标人之间的竞争。

第三十二条　投标人不得相互串通投标报价，不得排挤其他投标人的公平竞争，损害招标人或者其他投标人的合法权益。投标人不得与招标人串通投标，损害国家利益、社会公共利益或者他人的合法权益。禁止投标人以向招标人或者评标委员会成员行贿的手段谋取中标。

第三十三条　投标人不得以低于成本的报价竞标，也不得以他人名义投标或者以其他方式弄虚作假，骗取中标。

第四章　开标、评标和中标

第三十四条　开标应当在招标文件确定的提交投标文件截止时间的同一时间公开进行；开标地点应当为招标文件中预先确定的地点。

第三十五条　开标由招标人主持，邀请所有投标人参加。

第三十六条　开标时，由投标人或者其推选的代表检查投标文件的密封情况，也可以由招标人委托的公证机构检查并公证；经确认无误后，由工作人员当众拆封，宣读投标人名称、投标价格和投标文件的其他主要内容。招标人在招标文件要求提交投标文件的截止时间前收到的所有投标文件，开标时都应当当众予以拆封、宣读。开标过程应当记录，并存档备查。

第三十七条　评标由招标人依法组建的评标委员会负责。依法必须进行招标的项目，其评标委员会由招标人的代表和有关技术、经济等方面的专家组成，成员人数为五人以上单数，其中技术、经济等方面的专家不得少于成员总数的三分之二。前款专家应当从事相关领域工作满八年并具有高级职称或者具有同等专业水平，由招标人从国务院有关部门或者省、自治区、直辖市人民政府有关部门提供的专家名册或者招标代理机构的专家库内的相关专业的专家名单中确定；一般招标项目可以采取随机抽取方式，特殊招标项目可以由招标人直接确定。与投标人有利害关系的人不得进入相关项目的评标委员会；已经进入的应当更换。评标委员会成员的名单在中标结果确定前应当保密。

第三十八条　招标人应当采取必要的措施，保证评标在严格保密的情况下进行。任何单位和个人不得非法干预、影响评标的过程和结果。

第三十九条　评标委员会可以要求投标人对投标文件中含义不明确的内容作必要的澄清或者说明，但是澄清或者说明不得超出投标文件的范围或者改变投标文件的实质性内容。

第四十条　评标委员会应当按照招标文件确定的评标标准和方法，对投标文件进行评审和比较；设有标底的，应当参考标底。评标委员会完成评标后，应当向招标人提出书面评标报告，并推荐合格的中标候选人。招标人根据评标委员会提出的书面评标报告和推荐的中标候选人确定中标人。招标人也可以授权评标委员会直接确定中标人。国务院对特定招标项目的评标有特别规定的，从其规定。

第四十一条　中标人的投标应当符合下列条件之一：

（一）能够最大限度地满足招标文件中规定的各项综合评价标准；

（二）能够满足招标文件的实质性要求，并且经评审的投标价格最低；但是投标价格低于成本的除外。

第四十二条　评标委员会经评审，认为所有投标都不符合招标文件要求的，可以否决所有投标。依法必须进行招标的项目的所有投标被否决的，招标人应当依照本法重新招标。

第四十三条　在确定中标人前，招标人不得与投标人就投标价格、投标方案等实质性内容进行谈判。

第四十四条　评标委员会成员应当客观、公正地履行职务，遵守职业道德，对所提出的评审意见承担个人责任。评标委员会成员不得私下接触投标人，不得收受投标人的财物或者其他好处。评标委员会成员和参与评标的有关工作人员不得透露对投标文件的评审和比较、中标候选人的推荐情况以及与评标有关的其他情况。

第四十五条　中标人确定后，招标人应当向中标人发出中标通知书，并同时将中标结果通知所有未中标的投标人。中标通知书对招标人和中标人具有法律效力。中标通知书发出后，招标人改变中标结果的，或者中标人放弃中标项目的，应当依法承担法律责任。

第四十六条　招标人和中标人应当自中标通知书发出之日起30日内，按照招标文件和中标人的投标文件订立书面合同。招标人和中标人不得再行订立背离合同实质性内容的其他协议。招标文件要求中标人提交履约保证金的，中标人应当提交。

第四十七条　依法必须进行招标的项目，招标人应当自确定中标人之日起15日内，向有关行政监督部门提交招标投标情况的书面报告。

第四十八条　中标人应当按照合同约定履行义务，完成中标项目。中标人不得向他人转让中标项目，也不得将中标项目肢解后分别向他人转让。中标人按照合同约定或者经招标人同意，可以将中标项目的部分非主体、非关键性工作分包给他人完成。接受分包的人应当具备相应的资格条件，并不得再次分包。中标人应当就分包项目向招标人负责，接受分包的人就分包项目承担连带责任。

第五章　法律责任

第四十九条　违反本法规定，必须进行招标的项目而不招标的，将必须进行招标的项目化整为零或者以其他任何方式规避招标的，责令限期改正，可以处项目合同金额千分之五以上千分之十以下的罚款；对全部或者部分使用国有资金的项目，可以暂停项目执行或者暂停资金拨付；对单位直接负责的主管人员和其他直接责任人员依法给予处分。

第五十条　招标代理机构违反本法规定，泄露应当保密的与招标投标活动有关的情况和资料的，或者与招标人、投标人串通损害国家利益、社会公共利益或者他人合法权益的，处5万元以上25万元以下的罚款；对单位直接负责的主管人员和其他直接责任人员处单位罚款数额百分之五以上百分之十以下的罚款；有违法所得的，并处没收违法所得；情节严重的，禁止其一年至二年内代理依法必须进行招标的项目并予以公告，直至由工商行政管理机关吊销营业执照；构成犯罪的，依法追究刑事责任。给他人造成损失的，依法承担赔偿责任。

前款所列行为影响中标结果的，中标无效。

第五十一条　招标人以不合理的条件限制或者排斥潜在投标人的，对潜在投标人实行歧视待遇的，强制要求投标人组成联合体共同投标的，或者限制投标人之间竞争的，责令改正，可以处1万元以上5万元以下的罚款。

第五十二条　依法必须进行招标的项目的招标人向他人透露已获取招标文件的潜在投标人的名称、数量或者可能影响公平竞争的有关招标投标的其他情况的，或者泄露标底的，给予警告，可以并处1万元以上10万元以下的罚款；对单位直接负责的主管人员和其他直接责任人员依法给予处分；构成犯罪的，依法追究刑事责任。前款所列行为影响中标结果的，中标无效。

第五十三条 投标人相互串通投标或者与招标人串通投标的，投标人以向招标人或者评标委员会成员行贿的手段谋取中标的，中标无效，处中标项目金额千分之五以上千分之十以下的罚款，对单位直接负责的主管人员和其他直接责任人员处单位罚款数额百分之五以上百分之十以下的罚款；有违法所得的，并处没收违法所得；情节严重的，取消其一年至二年内参加依法必须进行招标的项目的投标资格并予以公告，直至由工商行政管理机关吊销营业执照；构成犯罪的，依法追究刑事责任。给他人造成损失的，依法承担赔偿责任。

第五十四条 投标人以他人名义投标或者以其他方式弄虚作假，骗取中标的，中标无效，给招标人造成损失的，依法承担赔偿责任；构成犯罪的，依法追究刑事责任。依法必须进行招标的项目的投标人有前款所列行为尚未构成犯罪的，处中标项目金额千分之五以上千分之十以下的罚款，对单位直接负责的主管人员和其他直接责任人员处单位罚款数额百分之五以上百分之十以下的罚款；有违法所得的，并处没收违法所得；情节严重的，取消其一年至三年内参加依法必须进行招标的项目的投标资格并予以公告，直至由工商行政管理机关吊销营业执照。

第五十五条 依法必须进行招标的项目，招标人违反本法规定，与投标人就投标价格、投标方案等实质性内容进行谈判的，给予警告，对单位直接负责的主管人员和其他直接责任人员依法给予处分。前款所列行为影响中标结果的，中标无效。

第五十六条 评标委员会成员收受投标人的财物或者其他好处的，评标委员会成员或者参加评标的有关工作人员向他人透露对投标文件的评审和比较、中标候选人的推荐以及与评标有关的其他情况的，给予警告，没收收受的财物，可以并处3000元以上5万元以下的罚款，对有所列违法行为的评标委员会成员取消担任评标委员会成员的资格，不得再参加任何依法必须进行招标的项目的评标；构成犯罪的，依法追究刑事责任。

第五十七条 招标人在评标委员会依法推荐的中标候选人以外确定中标人的，依法必须进行招标的项目在所有投标被评标委员会否决后自行确定中标人的，中标无效。责令改正，可以处中标项目金额千分之五以上千分之十以下的罚款；对单位直接负责的主管人员和其他直接责任人员依法给予处分。

第五十八条　中标人将中标项目转让给他人的，将中标项目肢解后分别转让给他人的，违反本法规定将中标项目的部分主体、关键性工作分包给他人的，或者分包人再次分包的，转让、分包无效，处转让、分包项目金额千分之五以上千分之十以下的罚款；有违法所得的，并处没收违法所得；可以责令停业整顿；情节严重的，由工商行政管理机关吊销营业执照。

第五十九条　招标人与中标人不按照招标文件和中标人的投标文件订立合同的，或者招标人、中标人订立背离合同实质性内容的协议的，责令改正；可以处中标项目金额千分之五以上千分之十以下的罚款。

第六十条　中标人不履行与招标人订立的合同的，履约保证金不予退还，给招标人造成的损失超过履约保证金数额的，还应当对超过部分予以赔偿；没有提交履约保证金的，应当对招标人的损失承担赔偿责任。中标人不按照与招标人订立的合同履行义务，情节严重的，取消其二年至五年内参加依法必须进行招标的项目的投标资格并予以公告，直至由工商行政管理机关吊销营业执照。因不可抗力不能履行合同的，不适用前两款规定。

第六十一条　本章规定的行政处罚，由国务院规定的有关行政监督部门决定。本法已对实施行政处罚的机关作出规定的除外。

第六十二条　任何单位违反本法规定，限制或者排斥本地区、本系统以外的法人或者其他组织参加投标的，为招标人指定招标代理机构的，强制招标人委托招标代理机构办理招标事宜的，或者以其他方式干涉招标投标活动的，责令改正；对单位直接负责的主管人员和其他直接责任人员依法给予警告、记过、记大过的处分，情节较重的，依法给予降级、撤职、开除的处分。个人利用职权进行前款违法行为的，依照前款规定追究责任。

第六十三条　对招标投标活动依法负有行政监督职责的国家机关工作人员徇私舞弊、滥用职权或者玩忽职守，构成犯罪的，依法追究刑事责任；不构成犯罪的，依法给予行政处分。

第六十四条　依法必须进行招标的项目违反本法规定，中标无效的，应当依照本法规定的中标条件从其余投标人中重新确定中标人或者依照本法重新进行招标。

第六章　附　则

第六十五条　投标人和其他利害关系人认为招标投标活动不符合本法有

关规定的有权向招标人提出异议或者依法向有关行政监督部门投诉。

第六十六条 涉及国家安全、国家秘密、抢险救灾或者属于利用扶贫资金实行以工代赈、需要使用农民工等特殊情况，不适宜进行招标的项目，按照国家有关规定可以不进行招标。

第六十七条 使用国际组织或者外国政府贷款、援助资金的项目进行招标，贷款方、资金提供方对招标投标的具体条件和程序有不同规定的，可以适用其规定，但违背中华人民共和国的社会公共利益的除外。

第六十八条 本法自2000年1月1日起施行。

附2 《中华人民共和国招标投标法实施条例》

中华人民共和国招标投标法实施条例

（2017年3月1日修订）

第一章 总 则

第一条 为了规范招标投标活动，根据《中华人民共和国招标投标法》（以下简称招标投标法），制定本条例。

第二条 招标投标法第3条所称工程建设项目，是指工程以及与工程建设有关的货物、服务。

前款所称工程，是指建设工程，包括建筑物和构筑物的新建、改建、扩建及其相关的装修、拆除、修缮等；所称与工程建设有关的货物，是指构成工程不可分割的组成部分，且为实现工程基本功能所必需的设备、材料等；所称与工程建设有关的服务，是指为完成工程所需的勘察、设计、监理等服务。

第三条 依法必须进行招标的工程建设项目的具体范围和规模标准，由国务院发展改革部门会同国务院有关部门制订，报国务院批准后公布施行。

第四条 国务院发展改革部门指导和协调全国招标投标工作，对国家重大建设项目的工程招标投标活动实施监督检查。国务院工业和信息化、住房城乡建设、交通运输、铁道、水利、商务等部门，按照规定的职责分工对有关招标投标活动实施监督。

县级以上地方人民政府发展改革部门指导和协调本行政区域的招标投标

工作。县级以上地方人民政府有关部门按照规定的职责分工，对招标投标活动实施监督，依法查处招标投标活动中的违法行为。县级以上地方人民政府对其所属部门有关招标投标活动的监督职责分工另有规定的，从其规定。

财政部门依法对实行招标投标的政府采购工程建设项目的政府采购政策执行情况实施监督。

监察机关依法对与招标投标活动有关的监察对象实施监察。

第五条　设区的市级以上地方人民政府可以根据实际需要，建立统一规范的招标投标交易场所，为招标投标活动提供服务。招标投标交易场所不得与行政监督部门存在隶属关系，不得以营利为目的。

国家鼓励利用信息网络进行电子招标投标。

第六条　禁止国家工作人员以任何方式非法干涉招标投标活动。

第二章　招　标

第七条　按照国家有关规定需要履行项目审批、核准手续的依法必须进行招标的项目，其招标范围、招标方式、招标组织形式应当报项目审批、核准部门审批、核准。项目审批、核准部门应当及时将审批、核准确定的招标范围、招标方式、招标组织形式通报有关行政监督部门。

第八条　国有资金占控股或者主导地位的依法必须进行招标的项目，应当公开招标；但有下列情形之一的，可以邀请招标：

（一）技术复杂、有特殊要求或者受自然环境限制，只有少量潜在投标人可供选择；

（二）采用公开招标方式的费用占项目合同金额的比例过大。

有前款第二项所列情形，属于本条例第7条规定的项目，由项目审批、核准部门在审批、核准项目时作出认定；其他项目由招标人申请有关行政监督部门作出认定。

第九条　除招标投标法第66条规定的可以不进行招标的特殊情况外，有下列情形之一的，可以不进行招标：

（一）需要采用不可替代的专利或者专有技术；

（二）采购人依法能够自行建设、生产或者提供；

（三）已通过招标方式选定的特许经营项目投资人依法能够自行建设、生产或者提供；

(四) 需要向原中标人采购工程、货物或者服务，否则将影响施工或者功能配套要求；

(五) 国家规定的其他特殊情形。

招标人为适用前款规定弄虚作假的，属于招标投标法第四条规定的规避招标。

第十条 招标投标法第12条第2款规定的招标人具有编制招标文件和组织评标能力，是指招标人具有与招标项目规模和复杂程度相适应的技术、经济等方面的专业人员。

第十一条 国务院住房和城乡建设、商务、发展改革、工业和信息化等部门，按照规定的职责分工对招标代理机构依法实施监督管理。

第十二条 招标代理机构应当拥有一定数量的取得招标职业资格的专业人员。取得招标职业资格的具体办法由国务院人力资源社会保障部门会同国务院发展改革部门制定。

第十三条 招标代理机构在招标人委托的范围内开展招标代理业务，任何单位和个人不得非法干涉。

招标代理机构代理招标业务，应当遵守招标投标法和本条例关于招标人的规定。招标代理机构不得在所代理的招标项目中投标或者代理投标，也不得为所代理的招标项目的投标人提供咨询。

第十四条 招标人应当与被委托的招标代理机构签订书面委托合同，合同约定的收费标准应当符合国家有关规定。

第十五条 公开招标的项目，应当依照招标投标法和本条例的规定发布招标公告、编制招标文件。

招标人采用资格预审办法对潜在投标人进行资格审查的，应当发布资格预审公告、编制资格预审文件。

依法必须进行招标的项目的资格预审公告和招标公告，应当在国务院发展改革部门依法指定的媒介发布。在不同媒介发布的同一招标项目的资格预审公告或者招标公告的内容应当一致。指定媒介发布依法必须进行招标的项目的境内资格预审公告、招标公告，不得收取费用。

编制依法必须进行招标的项目的资格预审文件和招标文件，应当使用国务院发展改革部门会同有关行政监督部门制定的标准文本。

第十六条 招标人应当按照资格预审公告、招标公告或者投标邀请书规定的时间、地点发售资格预审文件或者招标文件。资格预审文件或者招标文件的发售期不得少于5日。

招标人发售资格预审文件、招标文件收取的费用应当限于补偿印刷、邮寄的成本支出，不得以营利为目的。

第十七条　招标人应当合理确定提交资格预审申请文件的时间。依法必须进行招标的项目提交资格预审申请文件的时间，自资格预审文件停止发售之日起不得少于5日。

第十八条　资格预审应当按照资格预审文件载明的标准和方法进行。

国有资金占控股或者主导地位的依法必须进行招标的项目，招标人应当组建资格审查委员会审查资格预审申请文件。资格审查委员会及其成员应当遵守招标投标法和本条例有关评标委员会及其成员的规定。

第十九条　资格预审结束后，招标人应当及时向资格预审申请人发出资格预审结果通知书。未通过资格预审的申请人不具有投标资格。

通过资格预审的申请人少于3个的，应当重新招标。

第二十条　招标人采用资格后审办法对投标人进行资格审查的，应当在开标后由评标委员会按照招标文件规定的标准和方法对投标人的资格进行审查。

第二十一条　招标人可以对已发出的资格预审文件或者招标文件进行必要的澄清或者修改。澄清或者修改的内容可能影响资格预审申请文件或者投标文件编制的，招标人应当在提交资格预审申请文件截止时间至少3日前，或者投标截止时间至少15日前，以书面形式通知所有获取资格预审文件或者招标文件的潜在投标人；不足3日或者15日的，招标人应当顺延提交资格预审申请文件或者投标文件的截止时间。

第二十二条　潜在投标人或者其他利害关系人对资格预审文件有异议的，应当在提交资格预审申请文件截止时间2日前提出；对招标文件有异议的，应当在投标截止时间10日前提出。招标人应当自收到异议之日起3日内作出答复；作出答复前，应当暂停招标投标活动。

第二十三条　招标人编制的资格预审文件、招标文件的内容违反法律、行政法规的强制性规定，违反公开、公平、公正和诚实信用原则，影响资格预审结果或者潜在投标人投标的，依法必须进行招标的项目的招标人应当在修改资格预审文件或者招标文件后重新招标。

第二十四条　招标人对招标项目划分标段的，应当遵守招标投标法的有关规定，不得利用划分标段限制或者排斥潜在投标人。依法必须进行招标的项目的招标人不得利用划分标段规避招标。

第二十五条　招标人应当在招标文件中载明投标有效期。投标有效期从提交投标文件的截止之日起算。

第二十六条　招标人在招标文件中要求投标人提交投标保证金的，投标保证金不得超过招标项目估算价的2%。投标保证金有效期应当与投标有效期一致。

依法必须进行招标的项目的境内投标单位，以现金或者支票形式提交的投标保证金应当从其基本账户转出。

招标人不得挪用投标保证金。

第二十七条　招标人可以自行决定是否编制标底。一个招标项目只能有一个标底。标底必须保密。

接受委托编制标底的中介机构不得参加受托编制标底项目的投标，也不得为该项目的投标人编制投标文件或者提供咨询。

招标人设有最高投标限价的，应当在招标文件中明确最高投标限价或者最高投标限价的计算方法。招标人不得规定最低投标限价。

第二十八条　招标人不得组织单个或者部分潜在投标人踏勘项目现场。

第二十九条　招标人可以依法对工程以及与工程建设有关的货物、服务全部或者部分实行总承包招标。以暂估价形式包括在总承包范围内的工程、货物、服务属于依法必须进行招标的项目范围且达到国家规定规模标准的，应当依法进行招标。

前款所称暂估价，是指总承包招标时不能确定价格而由招标人在招标文件中暂时估定的工程、货物、服务的金额。

第三十条　对技术复杂或者无法精确拟定技术规格的项目，招标人可以分两阶段进行招标。

第一阶段，投标人按照招标公告或者投标邀请书的要求提交不带报价的技术建议，招标人根据投标人提交的技术建议确定技术标准和要求，编制招标文件。

第二阶段，招标人向在第一阶段提交技术建议的投标人提供招标文件，投标人按照招标文件的要求提交包括最终技术方案和投标报价的投标文件。

招标人要求投标人提交投标保证金的，应当在第二阶段提出。

第三十一条　招标人终止招标的，应当及时发布公告，或者以书面形式通知被邀请的或者已经获取资格预审文件、招标文件的潜在投标人。已经发售资格预审文件、招标文件或者已经收取投标保证金的，招标人应当及时退还所收取的资格预审文件、招标文件的费用，以及所收取的投标保证金及银行同期存款利息。

第三十二条　招标人不得以不合理的条件限制、排斥潜在投标人或者投标人。

招标人有下列行为之一的，属于以不合理条件限制、排斥潜在投标人或者投标人：

（一）就同一招标项目向潜在投标人或者投标人提供有差别的项目信息；

（二）设定的资格、技术、商务条件与招标项目的具体特点和实际需要不相适应或者与合同履行无关；

（三）依法必须进行招标的项目以特定行政区域或者特定行业的业绩、奖项作为加分条件或者中标条件；

（四）对潜在投标人或者投标人采取不同的资格审查或者评标标准；

（五）限定或者指定特定的专利、商标、品牌、原产地或者供应商；

（六）依法必须进行招标的项目非法限定潜在投标人或者投标人的所有制形式或者组织形式；

（七）以其他不合理条件限制、排斥潜在投标人或者投标人。

第三章　投标

第三十三条　投标人参加依法必须进行招标的项目的投标，不受地区或者部门的限制，任何单位和个人不得非法干涉。

第三十四条　与招标人存在利害关系可能影响招标公正性的法人、其他组织或者个人，不得参加投标。

单位负责人为同一人或者存在控股、管理关系的不同单位，不得参加同一标段投标或者未划分标段的同一招标项目投标。

违反前两款规定的，相关投标均无效。

第三十五条　投标人撤回已提交的投标文件，应当在投标截止时间前书面通知招标人。招标人已收取投标保证金的，应当自收到投标人书面撤回通知之日起5日内退还。

投标截止后投标人撤销投标文件的，招标人可以不退还投标保证金。

第三十六条　未通过资格预审的申请人提交的投标文件，以及逾期送达或者不按照招标文件要求密封的投标文件，招标人应当拒收。

招标人应当如实记载投标文件的送达时间和密封情况，并存档备查。

第三十七条　招标人应当在资格预审公告、招标公告或者投标邀请书中载明是否接受联合体投标。

招标人接受联合体投标并进行资格预审的，联合体应当在提交资格预审申请文件前组成。资格预审后联合体增减、更换成员的，其投标无效。

联合体各方在同一招标项目中以自己名义单独投标或者参加其他联合体投标的，相关投标均无效。

第三十八条　投标人发生合并、分立、破产等重大变化的，应当及时书面告知招标人。投标人不再具备资格预审文件、招标文件规定的资格条件或者其投标影响招标公正性的，其投标无效。

第三十九条　禁止投标人相互串通投标。

有下列情形之一的，属于投标人相互串通投标：

（一）投标人之间协商投标报价等投标文件的实质性内容；

（二）投标人之间约定中标人；

（三）投标人之间约定部分投标人放弃投标或者中标；

（四）属于同一集团、协会、商会等组织成员的投标人按照该组织要求协同投标；

（五）投标人之间为谋取中标或者排斥特定投标人而采取的其他联合行动。

第四十条　有下列情形之一的，视为投标人相互串通投标：

（一）不同投标人的投标文件由同一单位或者个人编制；

（二）不同投标人委托同一单位或者个人办理投标事宜；

（三）不同投标人的投标文件载明的项目管理成员为同一人；

（四）不同投标人的投标文件异常一致或者投标报价呈规律性差异；

（五）不同投标人的投标文件相互混装；

（六）不同投标人的投标保证金从同一单位或者个人的账户转出。

第四十一条　禁止招标人与投标人串通投标。

有下列情形之一的，属于招标人与投标人串通投标：

（一）招标人在开标前开启投标文件并将有关信息泄露给其他投标人；

（二）招标人直接或者间接向投标人泄露标底、评标委员会成员等信息；

（三）招标人明示或者暗示投标人压低或者抬高投标报价；

（四）招标人授意投标人撤换、修改投标文件；

（五）招标人明示或者暗示投标人为特定投标人中标提供方便；

（六）招标人与投标人为谋求特定投标人中标而采取的其他串通行为。

第四十二条　使用通过受让或者租借等方式获取的资格、资质证书投标的，属于招标投标法第33条规定的以他人名义投标。

投标人有下列情形之一的，属于招标投标法第33条规定的以其他方式弄虚作假的行为：

（一）使用伪造、变造的许可证件；

（二）提供虚假的财务状况或者业绩；

（三）提供虚假的项目负责人或者主要技术人员简历、劳动关系证明；

（四）提供虚假的信用状况；

（五）其他弄虚作假的行为。

第四十三条　提交资格预审申请文件的申请人应当遵守招标投标法和本条例有关投标人的规定。

第四章　开标、评标和中标

第四十四条　招标人应当按照招标文件规定的时间、地点开标。

投标人少于3个的，不得开标；招标人应当重新招标。

投标人对开标有异议的，应当在开标现场提出，招标人应当当场作出答复，并制作记录。

第四十五条　国家实行统一的评标专家专业分类标准和管理办法。具体标准和办法由国务院发展改革部门会同国务院有关部门制定。

省级人民政府和国务院有关部门应当组建综合评标专家库。

第四十六条　除招标投标法第37条第3款规定的特殊招标项目外，依法必须进行招标的项目，其评标委员会的专家成员应当从评标专家库内相关专业的专家名单中以随机抽取方式确定。任何单位和个人不得以明示、暗示等任何方式指定或者变相指定参加评标委员会的专家成员。

依法必须进行招标的项目的招标人非因招标投标法和本条例规定的事由，不得更换依法确定的评标委员会成员。更换评标委员会的专家成员应当依照前款规定进行。

评标委员会成员与投标人有利害关系的，应当主动回避。

有关行政监督部门应当按照规定的职责分工，对评标委员会成员的确定方式、评标专家的抽取和评标活动进行监督。行政监督部门的工作人员不得担任本部门负责监督项目的评标委员会成员。

第四十七条　招标投标法第 37 条第 3 款所称特殊招标项目，是指技术复杂、专业性强或者国家有特殊要求，采取随机抽取方式确定的专家难以保证胜任评标工作的项目。

第四十八条　招标人应当向评标委员会提供评标所必需的信息，但不得明示或者暗示其倾向或者排斥特定投标人。

招标人应当根据项目规模和技术复杂程度等因素合理确定评标时间。超过三分之一的评标委员会成员认为评标时间不够的，招标人应当适当延长。

评标过程中，评标委员会成员有回避事由、擅离职守或者因健康等原因不能继续评标的，应当及时更换。被更换的评标委员会成员作出的评审结论无效，由更换后的评标委员会成员重新进行评审。

第四十九条　评标委员会成员应当依照招标投标法和本条例的规定，按照招标文件规定的评标标准和方法，客观、公正地对投标文件提出评审意见。招标文件没有规定的评标标准和方法不得作为评标的依据。

评标委员会成员不得私下接触投标人，不得收受投标人给予的财物或者其他好处，不得向招标人征询确定中标人的意向，不得接受任何单位或者个人明示或者暗示提出的倾向或者排斥特定投标人的要求，不得有其他不客观、不公正履行职务的行为。

第五十条　招标项目设有标底的，招标人应当在开标时公布。标底只能作为评标的参考，不得以投标报价是否接近标底作为中标条件，也不得以投标报价超过标底上下浮动范围作为否决投标的条件。

第五十一条　有下列情形之一的，评标委员会应当否决其投标：

（一）投标文件未经投标单位盖章和单位负责人签字；

（二）投标联合体没有提交共同投标协议；

（三）投标人不符合国家或者招标文件规定的资格条件；

（四）同一投标人提交两个以上不同的投标文件或者投标报价，但招标文件要求提交备选投标的除外；

（五）投标报价低于成本或者高于招标文件设定的最高投标限价；

（六）投标文件没有对招标文件的实质性要求和条件作出响应；

（七）投标人有串通投标、弄虚作假、行贿等违法行为。

第五十二条　投标文件中有含义不明确的内容、明显文字或者计算错误，评标委员会认为需要投标人作出必要澄清、说明的，应当书面通知该投标人。投标人的澄清、说明应当采用书面形式，并不得超出投标文件的范围或者改变投标文件的实质性内容。

评标委员会不得暗示或者诱导投标人作出澄清、说明，不得接受投标人主动提出的澄清、说明。

第五十三条　评标完成后，评标委员会应当向招标人提交书面评标报告和中标候选人名单。中标候选人应当不超过3个，并标明排序。

评标报告应当由评标委员会全体成员签字。对评标结果有不同意见的评标委员会成员应当以书面形式说明其不同意见和理由，评标报告应当注明该不同意见。评标委员会成员拒绝在评标报告上签字又不书面说明其不同意见和理由的，视为同意评标结果。

第五十四条　依法必须进行招标的项目，招标人应当自收到评标报告之日起3日内公示中标候选人，公示期不得少于3日。

投标人或者其他利害关系人对依法必须进行招标的项目的评标结果有异议的，应当在中标候选人公示期间提出。招标人应当自收到异议之日起3日内作出答复；作出答复前，应当暂停招标投标活动。

第五十五条　国有资金占控股或者主导地位的依法必须进行招标的项目，招标人应当确定排名第一的中标候选人为中标人。排名第一的中标候选人放弃中标、因不可抗力不能履行合同、不按照招标文件要求提交履约保证金，或者被查实存在影响中标结果的违法行为等情形，不符合中标条件的，招标人可以按照评标委员会提出的中标候选人名单排序依次确定其他中标候选人为中标人，也可以重新招标。

第五十六条　中标候选人的经营、财务状况发生较大变化或者存在违法行为，招标人认为可能影响其履约能力的，应当在发出中标通知书前由原评标委员会按照招标文件规定的标准和方法审查确认。

第五十七条　招标人和中标人应当依照招标投标法和本条例的规定签订书面合同，合同的标的、价款、质量、履行期限等主要条款应当与招标文件和中标人的投标文件的内容一致。招标人和中标人不得再行订立背离合同实质性内容的其他协议。

招标人最迟应当在书面合同签订后5日内向中标人和未中标的投标人退还投标保证金及银行同期存款利息。

第五十八条　招标文件要求中标人提交履约保证金的，中标人应当按照招标文件的要求提交。履约保证金不得超过中标合同金额的10%。

第五十九条　中标人应当按照合同约定履行义务，完成中标项目。中标人不得向他人转让中标项目，也不得将中标项目肢解后分别向他人转让。

中标人按照合同约定或者经招标人同意，可以将中标项目的部分非主体、非关键性工作分包给他人完成。接受分包的人应当具备相应的资格条件，并不得再次分包。

中标人应当就分包项目向招标人负责，接受分包的人就分包项目承担连带责任。

第五章　投诉与处理

第六十条　投标人或者其他利害关系人认为招标投标活动不符合法律、行政法规规定的，可以自知道或者应当知道之日起10日内向有关行政监督部门投诉。投诉应当有明确的请求和必要的证明材料。

就本条例第22条、第44条、第54条规定事项投诉的，应当先向招标人提出异议，异议答复期间不计算在前款规定的期限内。

第六十一条　投诉人就同一事项向两个以上有权受理的行政监督部门投诉的，由最先收到投诉的行政监督部门负责处理。

行政监督部门应当自收到投诉之日起3个工作日内决定是否受理投诉，并自受理投诉之日起30个工作日内作出书面处理决定；需要检验、检测、鉴定、专家评审的，所需时间不计算在内。

投诉人捏造事实、伪造材料或者以非法手段取得证明材料进行投诉的，行政监督部门应当予以驳回。

第六十二条　行政监督部门处理投诉，有权查阅、复制有关文件、资料，调查有关情况，相关单位和人员应当予以配合。必要时，行政监督部门可以责令暂停招标投标活动。

行政监督部门的工作人员对监督检查过程中知悉的国家秘密、商业秘密，应当依法予以保密。

第六章　法律责任

第六十三条　招标人有下列限制或者排斥潜在投标人行为之一的，由有关行政监督部门依照招标投标法第51条的规定处罚：

（一）依法应当公开招标的项目不按照规定在指定媒介发布资格预审公告或者招标公告；

（二）在不同媒介发布的同一招标项目的资格预审公告或者招标公告的内容不一致，影响潜在投标人申请资格预审或者投标。

依法必须进行招标的项目的招标人不按照规定发布资格预审公告或者招标公告，构成规避招标的，依照招标投标法第49条的规定处罚。

第六十四条　招标人有下列情形之一的，由有关行政监督部门责令改正，可以处10万元以下的罚款：

（一）依法应当公开招标而采用邀请招标；

（二）招标文件、资格预审文件的发售、澄清、修改的时限，或者确定的提交资格预审申请文件、投标文件的时限不符合招标投标法和本条例规定；

（三）接受未通过资格预审的单位或者个人参加投标；

（四）接受应当拒收的投标文件。

招标人有前款第1项、第3项、第4项所列行为之一的，对单位直接负责的主管人员和其他直接责任人员依法给予处分。

第六十五条　招标代理机构在所代理的招标项目中投标、代理投标或者向该项目投标人提供咨询的，接受委托编制标底的中介机构参加受托编制标底项目的投标或者为该项目的投标人编制投标文件、提供咨询的，依照招标投标法第50条的规定追究法律责任。

第六十六条　招标人超过本条例规定的比例收取投标保证金、履约保证金或者不按照规定退还投标保证金及银行同期存款利息的，由有关行政监督部门责令改正，可以处5万元以下的罚款；给他人造成损失的，依法承担赔偿责任。

第六十七条　投标人相互串通投标或者与招标人串通投标的，投标人向招标人或者评标委员会成员行贿谋取中标的，中标无效；构成犯罪的，依法追究刑事责任；尚不构成犯罪的，依照招标投标法第53条的规定处罚。投标人未中标的，对单位的罚款金额按照招标项目合同金额依照招标投标法规定的比例计算。

投标人有下列行为之一的，属于招标投标法第53条规定的情节严重行为，由有关行政监督部门取消其1年至2年内参加依法必须进行招标的项目的投标资格：

（一）以行贿谋取中标；

（二）3年内2次以上串通投标；

（三）串通投标行为损害招标人、其他投标人或者国家、集体、公民的合法利益，造成直接经济损失30万元以上；

（四）其他串通投标情节严重的行为。

投标人自本条第2款规定的处罚执行期限届满之日起3年内又有该款所列违法行为之一的，或者串通投标、以行贿谋取中标情节特别严重的，由工商行政管理机关吊销营业执照。

法律、行政法规对串通投标报价行为的处罚另有规定的，从其规定。

第六十八条　投标人以他人名义投标或者以其他方式弄虚作假骗取中标的，中标无效；构成犯罪的，依法追究刑事责任；尚不构成犯罪的，依照招标投标法第54条的规定处罚。依法必须进行招标的项目的投标人未中标的，对单位的罚款金额按照招标项目合同金额依照招标投标法规定的比例计算。

投标人有下列行为之一的，属于招标投标法第54条规定的情节严重行为，由有关行政监督部门取消其1年至3年内参加依法必须进行招标的项目的投标资格：

（一）伪造、变造资格、资质证书或者其他许可证件骗取中标；

（二）3年内2次以上使用他人名义投标；

（三）弄虚作假骗取中标给招标人造成直接经济损失30万元以上；

（四）其他弄虚作假骗取中标情节严重的行为。

投标人自本条第2款规定的处罚执行期限届满之日起3年内又有该款所列违法行为之一的，或者弄虚作假骗取中标情节特别严重的，由工商行政管理机关吊销营业执照。

第六十九条　出让或者出租资格、资质证书供他人投标的，依照法律、行政法规的规定给予行政处罚；构成犯罪的，依法追究刑事责任。

第七十条　依法必须进行招标的项目的招标人不按照规定组建评标委员会，或者确定、更换评标委员会成员违反招标投标法和本条例规定的，由有关行政监督部门责令改正，可以处10万元以下的罚款，对单位直接负责的主管人员和其他直接责任人员依法给予处分；违法确定或者更换的评标委员会成员作出的评审结论无效，依法重新进行评审。

国家工作人员以任何方式非法干涉选取评标委员会成员的，依照本条例第81条的规定追究法律责任。

第七十一条　评标委员会成员有下列行为之一的，由有关行政监督部门责令改正；情节严重的，禁止其在一定期限内参加依法必须进行招标的项目的评标；情节特别严重的，取消其担任评标委员会成员的资格：

（一）应当回避而不回避；

（二）擅离职守；

（三）不按照招标文件规定的评标标准和方法评标；

（四）私下接触投标人；

（五）向招标人征询确定中标人的意向或者接受任何单位或者个人明示或者暗示提出的倾向或者排斥特定投标人的要求；

（六）对依法应当否决的投标不提出否决意见；

（七）暗示或者诱导投标人作出澄清、说明或者接受投标人主动提出的澄清、说明；

（八）其他不客观、不公正履行职务的行为。

第七十二条　评标委员会成员收受投标人的财物或者其他好处的，没收收受的财物，处3000元以上5万元以下的罚款，取消担任评标委员会成员的资格，不得再参加依法必须进行招标的项目的评标；构成犯罪的，依法追究刑事责任。

第七十三条　依法必须进行招标的项目的招标人有下列情形之一的，由有关行政监督部门责令改正，可以处中标项目金额10‰以下的罚款；给他人造成损失的，依法承担赔偿责任；对单位直接负责的主管人员和其他直接责任人员依法给予处分：

（一）无正当理由不发出中标通知书；

（二）不按照规定确定中标人；

（三）中标通知书发出后无正当理由改变中标结果；

（四）无正当理由不与中标人订立合同；

（五）在订立合同时向中标人提出附加条件。

第七十四条　中标人无正当理由不与招标人订立合同，在签订合同时向招标人提出附加条件，或者不按照招标文件要求提交履约保证金的，取消其中标资格，投标保证金不予退还。对依法必须进行招标的项目的中标人，由有关行政监督部门责令改正，可以处中标项目金额10‰以下的罚款。

第七十五条　招标人和中标人不按照招标文件和中标人的投标文件订立合同，合同的主要条款与招标文件、中标人的投标文件的内容不一致，或者招标人、中标人订立背离合同实质性内容的协议的，由有关行政监督部门责令改正，可以处中标项目金额5‰以上10‰以下的罚款。

第七十六条　中标人将中标项目转让给他人的，将中标项目肢解后分别转让给他人的，违反招标投标法和本条例规定将中标项目的部分主体、关键性工作分包给他人的，或者分包人再次分包的，转让、分包无效，处转让、分包项目金额5‰以上10‰以下的罚款；有违法所得的，并处没收违法所得；可以责令停业整顿；情节严重的，由工商行政管理机关吊销营业执照。

第七十七条　投标人或者其他利害关系人捏造事实、伪造材料或者以非法手段取得证明材料进行投诉，给他人造成损失的，依法承担赔偿责任。

招标人不按照规定对异议作出答复，继续进行招标投标活动的，由有关行政监督部门责令改正，拒不改正或者不能改正并影响中标结果的，依照本条例第82条的规定处理。

第七十八条　取得招标职业资格的专业人员违反国家有关规定办理招标业务的，责令改正，给予警告；情节严重的，暂停一定期限内从事招标业务；情节特别严重的，取消招标职业资格。

第七十九条　国家建立招标投标信用制度。有关行政监督部门应当依法公告对招标人、招标代理机构、投标人、评标委员会成员等当事人违法行为的行政处理决定。

第八十条　项目审批、核准部门不依法审批、核准项目招标范围、招标方式、招标组织形式的，对单位直接负责的主管人员和其他直接责任人员依法给予处分。

有关行政监督部门不依法履行职责，对违反招标投标法和本条例规定的行为不依法查处，或者不按照规定处理投诉、不依法公告对招标投标当事人违法行为的行政处理决定的，对直接负责的主管人员和其他直接责任人员依法给予处分。

项目审批、核准部门和有关行政监督部门的工作人员徇私舞弊、滥用职权、玩忽职守，构成犯罪的，依法追究刑事责任。

第八十一条　国家工作人员利用职务便利，以直接或者间接、明示或者暗示等任何方式非法干涉招标投标活动，有下列情形之一的，依法给予记过或者记大过处分；情节严重的，依法给予降级或者撤职处分；情节特别严重的，依法给予开除处分；构成犯罪的，依法追究刑事责任：

（一）要求对依法必须进行招标的项目不招标，或者要求对依法应当公开招标的项目不公开招标；

（二）要求评标委员会成员或者招标人以其指定的投标人作为中标候选人或者中标人，或者以其他方式非法干涉评标活动，影响中标结果；

（三）以其他方式非法干涉招标投标活动。

第八十二条　依法必须进行招标的项目的招标投标活动违反招标投标法和本条例的规定，对中标结果造成实质性影响，且不能采取补救措施予以纠正的，招标、投标、中标无效，应当依法重新招标或者评标。

第七章　附　则

第八十三条　招标投标协会按照依法制定的章程开展活动，加强行业自律和服务。

第八十四条　政府采购的法律、行政法规对政府采购货物、服务的招标投标另有规定的，从其规定。

第八十五条　本条例自 2012 年 2 月 1 日起施行。

附 3　竞争性磋商文件样本

竞争性磋商文件（样本）

第一部分　竞争性磋商邀请函

×××法律服务选聘项目已由公司批准实施，采购人为×××租赁有限公司（以下简称×××），项目已具备竞争性磋商条件，现通过竞争性磋商的方式确定供应商。

一、采购人简介

二、项目说明

（一）项目名称：×××有限公司法律服务商选聘项目

（二）项目编号：

（三）采购人：×××

（四）采购方式：竞争性磋商

三、采购范围

本次采购通过竞争性磋商的方式选聘法律服务商，为诉讼提供法律服务，具体详见《项目说明》。

四、供应商资格要求

（一）在中国境内依法设立且连续正常经营×年以上，组织机构健全，在××有固定办公场地，有××名以上的专职执业律师。

（二）能够委派××名律师，并指派一名执业××年以上的律师作为主办律师；委派团队熟悉××××行业以及相关诉讼情况，具备处理谈判、诉讼等复杂疑难案件的工作。

（三）遵纪守法，参加本采购活动前三年内未受到司法行政部门的行政处罚或者律师协会的行业处分，经营活动中没有违法、违规记录。

（四）法律法规规定的其他要求。

五、竞争性磋商文件的获取

（一）凡有意参加本项目者，请于××××年××月××日上午××××到××××（地址：××××）领取竞争性磋商文件；领取竞争性磋商文件应提供执业许可证复印件或领取人授权委托书（均须加盖公章）；

（二）竞争性磋商文件售价；

（三）本次采购实行资格后审，报名时的资料查验不代表资格审查的最终通过或合格，供应商最终资格的确认以磋商小组的资格后审为准。

六、磋商时间、地点

（一）磋商时间：

（二）递交响应文件及磋商地点：

七、联系方式

采购人：

地　址：

联系人：

电　话：

第二部分　项目说明

1. 项目概况

本次采购通过竞争性磋商的方式选聘×××法律服务商，为×××与×××纠纷诉讼一案提供法律服务。

2. 服务范围

诉讼法律服务：

3. 服务要求

3.1 成交人应当勤勉尽责，严格按照法律法规、律师执业道德和执业纪律等为采购人提供法律服务，最大限度维护采购人的合法权益。

3.2 成交人为采购人提供的法律服务，以起草和出具法律意见书、律师建议书、律师函以及其他书面形式交付法律服务成果，对其参与提供的法律事项应按照专业审慎的原则，提出明确可行的法律建议以及相关风险揭示，为采购人的经营管理提供法律依据。

4. 报价说明

4.1 本次采购采用法律服务费方式进行报价，法律服务费包括提供本章第2项诉讼服务所有内容。供应商应充分了解本项目特点，报价中应充分考虑一切风险及不可预见的因素，报价中视为已包含此部分因素。报价在本合同期内不随市场价格的变化及政策的改变因素而调整。

4.2 本次竞争性磋商共两轮报价，第一次报价进行公开唱价，第二次报价不进行公开唱价（第二次报价不得高于第一次报价）。

5. 费用支付

由采购人与成交人协商，并在《法律服务代理合同》中进行约定。

第三部分　供应商须知

一、供应商须知前附表

序号	内容	说明与要求
1	项目名称	
2	资质要求	
3	资金来源	
4	资格审查方法	
5	是否接受联合体	
6	有效期	
7	响应文件份数	
8	保证金	
9	响应文件递交 地点及截止时间	
10	磋商时间及地点	
11	竞争性磋商文件 澄清和修改	
12	响应文件的更改与撤回	
13	响应文件装订要求	
14	评标办法	

二、总　则

1. 适用范围

本文件仅适用于《邀请函》中所叙述的项目。

2. 定义

2.1 供应商系指响应竞争性磋商文件，向采购人提交响应文件的相关经营主体。

2.2 磋商小组系指由采购人依法负责组织，由采购人和相关专家组成以确定成交候选人的临时组织。

2.3 成交候选人系指由磋商小组评审确定的对竞争性磋商文件做出实质性响应较强，综合评分最优，符合本次采购规定、要求、依法成交的供应商。

2.4 原件系指最初产生的区别于复制件的原始文件或文件的原本或供应商所在地公证处出具的文件复制件公证书。

3. 使用文字种类、计量单位、时间单位及货币种类

3.1 竞争性磋商文件、响应文件、采购人与供应商之间有关采购活动所有书面形式（包括书面文字、电传、传真，下同）的往来函件、记录等均应使用简体中文。

3.2 除竞争性磋商文件中另有规定外，响应文件所使用的计量单位，均须采用中华人民共和国法定计量单位。

3.3 除竞争性磋商文件中另有规定外，响应文件所使用的时间单位（如“天”“日”等），均指日历日。

3.4 竞争性磋商文件及响应文件中有关货币的数额表示全部以人民币计算。

4. 费用

4.1 响应文件中的单价和合价全部采用人民币表示。

4.2 供应商应自行承担所有与参加采购的有关费用，不论结果如何，采购人在任何情况下均无义务和责任承担这些费用。

5. 合格供应商的基本要求

5.1 本次采购不接受联合体方式进行投标。

5.2 供应商必须满足《竞争性磋商邀请函》中的相关要求。

5.3 在以往的招标活动中没有违纪、违规、违约等不良行为。

5.4 供应商必须遵守有关的法律、法规和政策。

5.5 竞争性磋商文件的其他规定和要求。

6. 有效期

6.1 响应文件的有效期为在响应文件递交截止时间起 90 个日历日。在此

期间，凡符合竞争性磋商文件要求的响应文件均保持有效；供应商的响应文件将受竞争性磋商文件的约束。

6.2 原定响应文件递交有效期终止之前，若出现特殊情况，采购人可以书面形式向供应商提出延长有效期的要求。

7. 资格审查

7.1 本次采购采用资格后审，报名时资格检查仅作为报名依据，不代表资格审查的最终通过或合格。

7.2 供应商必须携带证照资料（参见竞争性磋商文件）参加资格审查。

三、竞争性磋商文件说明

8. 竞争性磋商文件的组成

8.1 竞争性磋商文件包括本文件及发出的补充资料，其中：

本磋商文件包括：

8.2 供应商应认真审阅竞争性磋商文件中所有的须知、合同条款、规定格式、项目说明、服务要求等内容，如果供应商的响应文件不能符合竞争性磋商文件的要求，责任由供应商自负。

8.3 实质上不响应竞争性磋商文件要求的响应文件将被拒绝。

9. 竞争性磋商文件的澄清、修改、补充

9.1 采购人对竞争性磋商文件所做的澄清、修改和补充，视为竞争性磋商文件的组成部分。

9.2 供应商应在收到竞争性磋商文件后，仔细阅读和检查文件的全部内容。如发现缺页或附件不全，应及时向采购人提出，以便补齐。如有疑问，应于竞争性磋商文件供应商须知规定时间内要求采购人对文件予以澄清，采购人按照文件规定时间给予答复，根据需要，该答复内容同时分发给其他潜在供应商，并视为本竞争性磋商文件的组成部分。由此而产生的对竞争性磋商文件内容的修改，以修改通知的方式发出。

9.3 供应商在收到澄清、修改、补充后，应在供应商须知规定的时间内通知采购人，确认已收到。如供应商未按规定回执，其响应文件有可能被拒绝。

10. 解释权

10.1 本次采购的最终解释权归采购人，当对一个问题有多种解释时以采购人的书面解释为准。

10.2 竞争性磋商文件未做须知明示，而又有相关法律法规规定的，采购人对此所做解释以相关的法律、法规的规定为依据。

10.3 若供应商没有按竞争性磋商文件的规定对文件提出异议，则视为供应商同意及接受磋商文件之全部内容及条款。

四、响应文件的编制

11. 响应文件的组成

响应文件由报价函、商务部分两部分组成。

11.1 报价函。

11.2 商务部分主要包括的内容。

12. 响应文件的编制要求

12.1 供应商应认真阅读竞争性磋商文件中所有的事项、格式、条款和规范等要求，按要求编制响应文件。未按要求提交全部资料或者响应文件没有对竞争性磋商文件的要求做出实质性响应，磋商小组有权据此对其做无效投标处理。

12.2 供应商必须按照竞争性磋商文件给定的格式编制响应文件（另有规定的除外），以A4纸大小为标准装订成册并自编目录及页码。除响应文件封面以外，每页都要在底部编制页码，如有资格证明文件或宣传彩页等材料而无法编制页码的，可用不褪色的墨水笔按顺序填写，但字迹必须清晰可认，不可潦草。由于编排混乱导致响应文件被误读或查找不到而被视为无效等不利后果由供应商自行承担。

12.3 供应商在响应文件及相关文件的签订、履行、通知等事项书面文件中的单位盖章、印章、公章等处均指与供应商名称全称相一致的标准公章，不得使用其他形式（如带有“专用章”等字样）的印章，否则磋商小组有权据此否决其投标。

12.4 供应商按本须知的规定，编制一份响应文件“正本”和两份“副本”，并明确标明“响应文件正本”和“响应文件副本”。响应文件正本和副本如有不一致之处，以正本为准。同时提供全套响应文件电子版（U盘或光盘），单独密封。

五、响应文件的提交

13. 响应文件的密封与标记

13.1 供应商应将响应文件的报价函和商务部分分开包装，并加以密封，封口处必须密封完好并加盖供应商公章。

13.2 封皮上应注明以下内容：采购人、采购人地址、项目编号、项目名称；供应商、地址、联系人、电话等内容，并标注“［××××年××月××日××：××］前不得开封”的字样。

13.3 未按本章第13项要求编制、密封的响应文件，采购人不予受理。

14. 响应文件的提交

供应商应按竞争性磋商文件中规定的地点、时间递交响应文件。

15. 响应截止期

15.1 响应截止期见供应商须知附表规定。

15.2 到响应截止期，收到的响应文件少于3个的，采购人将依法重新组织采购。

16. 响应文件的补充、修改和撤回

在响应截止期前，供应商可以补充、修改和撤回已提交的响应文件，且须在响应截止期前再次提交。

六、磋　商

17. 磋商

17.1 采购人按须知前附表规定的截止时间和地点开标，采购人、供应商应按时参加，未按时参加的视为自动放弃。

17.2 磋商流程

磋商小组组长按下列程序进行磋商：

（1）宣布纪律；

（2）公布在截止时间前递交响应文件的供应商名称，并点名确认供应商是否派人到场；

（3）按照供应商须知前附表规定检查响应文件的密封情况；

（4）唱标（第一次报价）：当众开标，公布供应商名称及报价；

（5）磋商（二次报价）。

17.3 磋商（二次报价）相关事宜

（1）磋商小组将与通过初步评审的供应商分别进行磋商。在磋商中，磋商的任何一方不得透露与磋商有关的其他供应商的技术资料、价格和其他信息。竞争性磋商文件有实质性变动的，磋商小组将以书面形式通知所有参加磋商的供应商。

（2）本次竞争性磋商共两轮报价，第一次报价进行公开唱价，第二次报价不进行公开唱价（第二次报价不得高于第一次报价，第二次报价为供应商的最终报价）。所有供应商的二次报价在同一地点提交（不进行公开唱价）。

17.4 磋商纪律

（1）磋商小组内部讨论的情况和意见必须保密，任何人不得以任何形式透露给供应商或与供应商有关的单位或个人；

（2）磋商小组在磋商期间不得与供应商进行私下接触，不得私自离开磋商现场；

（3）在磋商过程中，供应商不得以任何形式对磋商小组进行旨在影响磋商结果的任何行为，否则取消其磋商资格；

（4）在磋商过程中，供应商对响应文件的内容在符合竞争性磋商文件的前提下可进行修改，但最终报价必须以书面形式确认。

17.5 磋商原则

（1）“公平、公正、择优、效益”为本次竞争性磋商的基本原则，磋商小组按照这一原则的要求，公平、平等地对待各供应商。同时，在磋商过程中恪守以下原则：

（2）统一性原则：磋商小组将按照统一的磋商原则和方法，用同一标准进行评审；

（3）独立性原则：磋商工作在磋商小组内部独立进行，不受外界任何因素的干扰和影响；

（4）保密性原则：采购人应当采取必要的措施，保证磋商在严格保密的情况下进行。

七、项目评审和评标

18. 项目评审

18.1 根据本项目的特点依法组建竞争性磋商小组，其成员由采购人 3 人组成。磋商小组将审阅响应文件，与各供应商进行磋商，根据采购人的授权确定成交候选人。

18.2 符合性检查

（1）竞争性磋商小组将对响应文件进行检查，以确定响应文件是否完整、响应文件是否已正确签署、响应文件的总体编排是否有序等。

（2）如果响应文件没有对竞争性磋商文件的要求做出实质性响应，其报价将被拒绝，并且不允许通过修正或撤销不合格要求的偏离或保留从而使其报价成为实质性响应的报价。

（3）响应文件有下述情况之一的，视为未能对竞争性磋商文件做出实质性响应，其报价将被拒绝：

①资质证明文件不全的；

②超过经营范围报价的；

③响应文件附有采购人不能接受的条件的；

④不符合竞争性磋商文件中规定的其他实质性要求的。

19. 评标办法

本次磋商评标采用综合评分法。磋商小组对满足磋商文件实质性要求的响应文件，按综合评分由高到低顺序推荐 2 名成交候选人，公示后并按顺序最终确定成交人。

20. 定标

20.1 采购人根据磋商评审情况，确定一家供应商为成交人。

20.2 采购人将以书面形式向成交人发出成交通知书，《成交通知书》发出之日起 30 日内，成交人按照竞争性磋商文件确定的事项与采购人签订合同。

八、合同条款

21. 合同条款及格式

21.1 合同协议为《法律服务代理合同》（以下简称《代理合同》）。

21.2 采购人和成交人应当自成交通知书发出 30 日内签订《代理合同》，成交人无正当理由拒签合同的，采购人有权选择其他顺位候选人成交或重新采购。

21.3《代理合同》主要条款和内容由采购人提供，成交人可以提出修改意见，必要时双方可以进行友好协商磋商。

第四部分　附　件

响应文件（格式）

（封面）

（项目名称）

（报价文件）

供应商（章）：

年　　月　　日

报价函

（采购人名称）：

经研究，我方决定参加（项目名称）　　　　　　　（项目编号为：　　）的报价。为此，我方郑重声明以下诸点，并负法律责任。

1. 我方提交的响应文件，正本一份，副本二份。

2. 如果我方的响应文件被接受，我方将履行竞争性磋商文件中规定的每一项要求，并按我方响应文件中的承诺按期、保质、保量提供服务。

3. 我方愿按《中华人民共和国合同法》履行自己的全部责任。

4. 我方同意遵守贵机构有关采购的各项规定。

5. 我方的响应文件自竞争性磋商文件递交截止日起有效期为90日。

6. 与本磋商有关的一切正式往来通讯请寄：

供应商单位全称（公章）：

法定代表人或授权代理人签字：

地　　址：

邮政编码：

电　　话：

传　　真：

年　　月　　日

主要报价内容一览表

项目名称	
报价	大写： 小写：
项目负责人	
对竞争性磋商文件的认同程度	
其他承诺	
授权代表现场签字确认	

供应商单位：（盖章）

法定代表人或委托代理人：（签字或盖章）

年　　月　　日

（封面）

（项目名称）

（商务文件）

供应商（章）：

年　　月　　日

供应商基本情况

<table>
<tr><td>企业名称</td><td colspan="3"></td></tr>
<tr><td colspan="4">基本情况</td></tr>
<tr><td>法定代表人</td><td></td><td>成立日期</td><td></td></tr>
<tr><td>员工人数</td><td></td><td>联系方式</td><td></td></tr>
<tr><td>资质等级</td><td colspan="3"></td></tr>
<tr><td>公司地址</td><td colspan="3"></td></tr>
<tr><td>机构简介</td><td colspan="3"></td></tr>
</table>

诉讼业务配备情况表

序号	姓名	职称	执业或职业资格证明						拟在本项目担任职务
			职业资格	证书名称	证号	专业	从业年限	主要业绩	
一旦我单位成交，将实行项目负责人制，我方保证并配备上述项目管理机构。上述填报内容真实，若不真实，愿按有关规定接受处理。项目管理班子机构设置、职责分工等情况另附资料说明。									

说明：本表可以按相同格式扩展。

团队负责人履历表

<table>
<tr><td>姓名</td><td colspan="2"></td><td>性别</td><td></td><td>年龄</td><td></td></tr>
<tr><td>职务</td><td colspan="2"></td><td>职称</td><td></td><td>学历</td><td></td></tr>
<tr><td colspan="2">参加工作时间</td><td colspan="2"></td><td colspan="2">担任项目负责人年限</td><td></td></tr>
<tr><td colspan="2">项目负责人资格证书编号</td><td colspan="5"></td></tr>
<tr><td colspan="7">主要业绩</td></tr>
<tr><td>客户名称</td><td>项目名称</td><td>规模</td><td colspan="2">成果</td><td>担任职务</td><td>备注</td></tr>
<tr><td></td><td></td><td></td><td colspan="2"></td><td></td><td></td></tr>
<tr><td></td><td></td><td></td><td colspan="2"></td><td></td><td></td></tr>
<tr><td></td><td></td><td></td><td colspan="2"></td><td></td><td></td></tr>
<tr><td></td><td></td><td></td><td colspan="2"></td><td></td><td></td></tr>
<tr><td></td><td></td><td></td><td colspan="2"></td><td></td><td></td></tr>
<tr><td></td><td></td><td></td><td colspan="2"></td><td></td><td></td></tr>
<tr><td></td><td></td><td></td><td colspan="2"></td><td></td><td></td></tr>
<tr><td></td><td></td><td></td><td colspan="2"></td><td></td><td></td></tr>
<tr><td></td><td></td><td></td><td colspan="2"></td><td></td><td></td></tr>
</table>

说明：本表可以按相同格式扩展。

封面格式

<table><tr><td>

电子文档

项目编号：
项目名称：
供应商名称：（加盖公章）
地　址：
电　话：
传　真：

</td></tr></table>

注：电子文档应包含响应文件所有内容，可用光盘，电子文档须留存备档，不退还。

<table><tr><td>

响应文件

项目编号：
项目名称：
供应商名称：（加盖公章）
地　址：
电　话：
传　真：

</td></tr></table>

密封信封封口格式

<table><tr><td>

于　　年　月　日（报价截止时间）前不准启封（加盖公章）……

（封口处）

</td></tr></table>

第六章

如何与律师进行有效沟通

一、如何选定律所与律师

在第五章已经提及律师代理方式以及律师费用的问题，但总感觉意犹未尽。笔者发现，无论是在律所接待当事人，还是日常接受亲朋好友的咨询，或者在公司为领导选定律所提供建议，都发现如何选定律所与律师真的不是一件简单的事。尤其作为非法律人士，总认为律所、律师神秘感十足，而我们长期以来普通民众并没有培养起应有的对法律的信仰，又使得很多人在选取律师时看重的并不是律师的真才实学，而是动辄询问律师，您认识经办法官吗？认识庭长、院长吗？而根据从业以来的经验，选好一个律所尤其是选好一个律师对案件的结果会有极其重要的作用（刑事案件尤为明显），因此笔者认为有必要费一费笔墨。

无论公司还是个人产生诉讼的需求后，首先自己对案件要进行分析判断，如案件涉及哪一方面的纠纷？案件涉及的标的有多大？诉讼的管辖地约定在哪里？由哪一级别的法院来管辖？对这些问题的基础判断和分析既有利于有的放矢地寻找合适的律师与律所，也可以在与律师的沟通中对律师的执业水平进行一定的判断。现在的律师行业越来越向专业化、精细化方向发展，涉及刑事、民商事、行政诉讼之分。民商事律师又有专职诉讼业务、非诉业务之分。而每个人根据自己的学历背景、工作背景又有擅长领域不同之分，有人善于处理交通事故，有人善于处理婚姻家庭，有人擅长合同审查，有人专门做知识产权纠纷……都是律师，却各有所长。当您需要处理婚姻家庭纠纷时却找到一个善于解决知识产权纠纷的律师时，律师虽然也可以帮您处理，但是总归不如常年处理婚姻家庭纠纷的律师更专业、更有效率。很多人咨询笔者，是不是必须选一个大所来代理？对于这个问题笔者认为要理性去看待，我们常说的大所，指的是规模较大的综合性律师事务所，一般这样的大所，在全国各地甚至海外都开立了分所，在管理制度、管理水平等各个方面都有较为严格的要求，这样的大所一般都非常珍视自己的品牌价值，对律师的办案质量也有考核制度。所以一般能在这样的大所立足的律师，水平都有一定的保障，但是还是刚才的问题，律所的规模并不一定与律师的水平成正比，不代表所里的每一个律师都有着超凡的实力，而且每个律师又有自己擅长的专业方向。所以如果您只愿意相信大所的品牌效应，又不计较代理费多少的话，笔者也建议您在这样的大所里选择专业对口的律师，办案质量基本是有保障的。

但是现实中不是所有的案件都必须找这样的大所里的“大律师”，而且这样的律师比较有限，而资源的有限性决定了代理费的价格必然不低。这里面有个时间成本问题，对于前文所述的综合素质极高的律师来说，最为宝贵的财富就是时间，代理您的案件必然占用这极为宝贵的时间，所以这个成本当然要当事人来承担。

除了部分疑难复杂案件，其实大部分案件都可以由其他律师来解决，这里笔者总结一下一名合格的代理律师应有的几点素质：第一，拥有良好的执业道德，这里我要把人品与执业道德放在第一位，这项素质不具备，宁可换人也不要选用，否则不仅诉讼效果保证不了，还可能造成更大的损失。第二，扎实的专业知识。一个执业律师，扎实的法律功底决定了他能否准确地判断案件的情况，能否准确地把握、运用证据，能够利用专业知识说服法官接受自己的观点。笔者曾经遇到过不少另类的律师，从不阅卷，甚至不愿意听当事人陈述案情，只问案件标的，在哪里审理，然后告诉你我认识谁谁谁，没问题！在这里，我负责任地告诉大家，没错，你遇到骗子了！随着社会的进步，人们法制意识的增强，尤其是近些年反腐力度的加大，案件审理过程中“暗箱操作”的风险越来越大，相信没有人再愿意为那点蝇头小利断送自己的执业生涯，甚至给自己带来牢狱之灾。更多的案件都是依靠事实与法律、靠证据与裁判。因此如果再有律师动辄讲关系，请立马放弃选择这样的律师，否则您损失的将不仅仅是代理费！第三，严谨的工作态度以及敬业精神，一个律师是否敬业决定着他是否能在代理您的案件时全身心的投入，很多时候并非法律知识决定最终的成败，而是细节，而发现这样的细节需要的是律师的敬业精神。第四，熟悉当地的司法环境。很多案件都有地域性，一个区域内的诉讼流程、习惯做法看似无伤大雅，却很是耗费精力，熟悉这些问题的律师则可以有效避免这些麻烦。笔者曾经遇到过庭审过程中，因为语言问题律师与法官无法进行有效的沟通，这样的事情也许很极端，但是也说明了一定的问题，所以诉讼案件尽量请当地的律师来解决。

如果您找的律师恰好具备以上的素质，您基本可以放心聘用，有人会问从哪些方面去判断呢？还记得上面笔者说过要自己先了解一下案件的内容吗？当你自己对案情有所了解后，在与律师的咨询与交流过程中，你自己就会对律师有所判断，提醒各位读者，有时候细节才会反应一个人真实的一面！从业多年后，我发现现在基本与一个律师坐下来聊一聊就会对这个人有一个基本的判断，而后来的事实也印证这样的判断基本不会有错。诸位读者不妨自己也试一试！

二、如何准备材料、确定价格

当您决定诉讼后，必然要先与律师进行一定的交流，可能是为了选择律师，可能是为了决定诉讼方案，这里提醒各位的是在与律师预约时，要注意尽量不要在电话里进行较为详细、复杂的沟通，电话沟通只适合简单的交流，要形成有效的沟通还是要选择面谈，且交谈的地点最好选择律所的会议室或者公司的会议室等正式的地点，您想想如果一个专业律师选择在一个路边小摊，或者路口的小店，甚至只是站在路边跟您交流的话，您会对他有什么样的印象呢？反之，如果您作为公司的代表选择了一处不恰当的地点，也会让律师对您的公司产生不好的印象，甚至拒绝代理您的案件。因为您的选择是对律师的不尊重。

确定好时间后，要做好相关材料的准备，这时候需要与律师进行沟通，看看律师需要公司准备什么样的材料，如果律师也没有准确的说法，那么需要尽量准备齐全，原件不方便提供的话，就提供全套资料的复印件。一般律师会通过跟公司人员的交流，加上对基本资料的分析，来得出自己初步的结论或设计相关的诉讼方案，所以不要让你的律师巧妇难为无米之炊，而且还要提醒您的是，不要一开始就认定自己的合同、证据没有问题，如果每一份合同都没有问题就不会产生那么多的诉讼与争议了，专业问题请交给专业人员来判断。

第七章

民事诉讼全流程解析

在本章笔者将对民事诉讼的流程进行梳理，目的是让读者了解我国民事诉讼的基本流程，这样更有利于相关人员对是否诉讼、如何诉讼、诉讼的周期等问题进行判断，这样也有利于公司与律师之间更好地进行沟通。先来看看整个流程图：

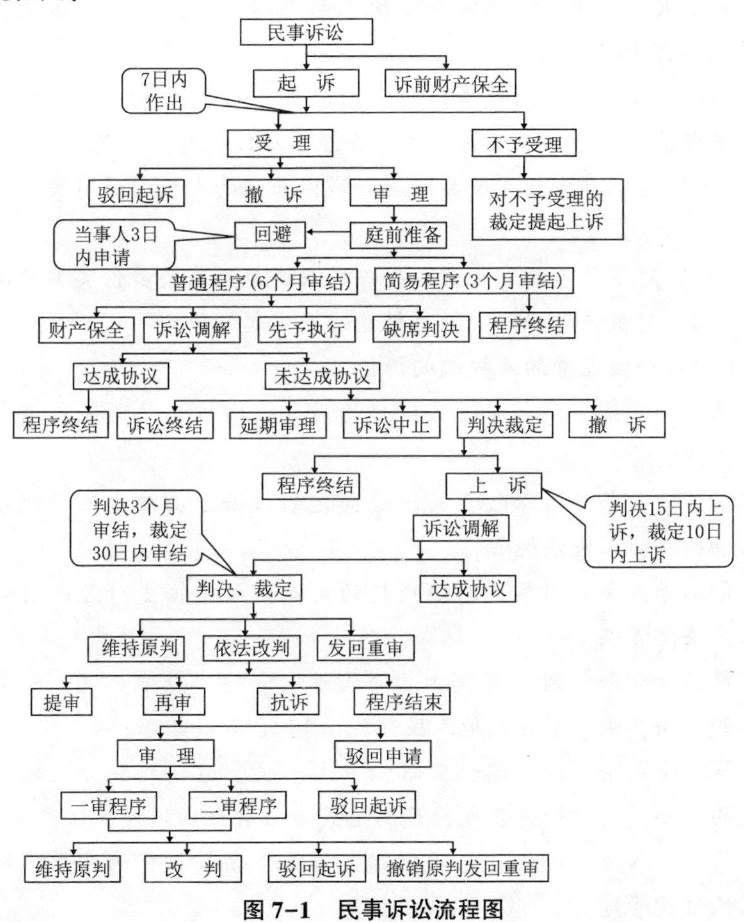

图 7-1　民事诉讼流程图

一、诉讼管辖

当公司决定对具体经济纠纷采用诉讼手段解决时，首先要解决诉讼管辖问题。通俗讲就是纠纷由哪个地方的哪一级法院来管辖（审理）。也就是说管辖涉及两个层面的问题，第一是地域管辖；第二是级别管辖。我们首先来看我国《民事诉讼法》是怎么规定的：

第二十一条　对公民提起的民事诉讼，由被告住所地人民法院管辖；被告住所地与经常居住地不一致的，由经常居住地人民法院管辖。对法人或者其他组织提起的民事诉讼，由被告住所地人民法院管辖。同一诉讼的几个被告住所地、经常居住地在两个以上人民法院辖区的，各该人民法院都有管辖权。

第二十二条　下列民事诉讼，由原告住所地人民法院管辖；原告住所地与经常居住地不一致的，由原告经常居住地人民法院管辖：

（一）对不在中华人民共和国领域内居住的人提起的有关身份关系的诉讼；

（二）对下落不明或者宣告失踪的人提起的有关身份关系的诉讼；

（三）对被采取强制性教育措施的人提起的诉讼；

（四）对被监禁的人提起的诉讼。

第二十三条　因合同纠纷提起的诉讼，由被告住所地或者合同履行地人民法院管辖。

第二十四条　因保险合同纠纷提起的诉讼，由被告住所地或者保险标的物所在地人民法院管辖。

第二十五条　因票据纠纷提起的诉讼，由票据支付地或者被告住所地人民法院管辖。

第二十六条　因公司设立、确认股东资格、分配利润、解散等纠纷提起的诉讼，由公司住所地人民法院管辖。

第二十七条　因铁路、公路、水上、航空运输和联合运输合同纠纷提起的诉讼，由运输始发地、目的地或者被告住所地人民法院管辖。

第二十八条　因侵权行为提起的诉讼，由侵权行为地或者被告住所地人民法院管辖。

第二十九条 因铁路、公路、水上和航空事故请求损害赔偿提起的诉讼，由事故发生地或者车辆、船舶最先到达地、航空器最先降落地或者被告住所地人民法院管辖。

第三十条 因船舶碰撞或者其他海事损害事故请求损害赔偿提起的诉讼，由碰撞发生地、碰撞船舶最先到达地、加害船舶被扣留地或者被告住所地人民法院管辖。

第三十一条 因海难救助费用提起的诉讼，由救助地或者被救助船舶最先到达地人民法院管辖。

第三十二条 因共同海损提起的诉讼，由船舶最先到达地、共同海损理算地或者航程终止地的人民法院管辖。

第三十三条 下列案件，由本条规定的人民法院专属管辖：

（一）因不动产纠纷提起的诉讼，由不动产所在地人民法院管辖；

（二）因港口作业中发生纠纷提起的诉讼，由港口所在地人民法院管辖；

（三）因继承遗产纠纷提起的诉讼，由被继承人死亡时住所地或者主要遗产所在地人民法院管辖。

第三十四条 合同或者其他财产权益纠纷的当事人可以书面协议选择被告住所地、合同履行地、合同签订地、原告住所地、标的物所在地等与争议有实际联系的地点的人民法院管辖，但不得违反本法对级别管辖和专属管辖的规定。

第三十五条 两个以上人民法院都有管辖权的诉讼，原告可以向其中一个人民法院起诉；原告向两个以上有管辖权的人民法院起诉的，由最先立案的人民法院管辖。

第三十六条 人民法院发现受理的案件不属于本院管辖的，应当移送有管辖权的人民法院，受移送的人民法院应当受理。受移送的人民法院认为受移送的案件依照规定不属于本院管辖的，应当报请上级人民法院指定管辖，不得再自行移送。

第三十七条 有管辖权的人民法院由于特殊原因，不能行使管辖权的，由上级人民法院指定管辖。

人民法院之间因管辖权发生争议，由争议双方协商解决；协商解决不了的，报请它们的共同上级人民法院指定管辖。

第三十八条　上级人民法院有权审理下级人民法院管辖的第一审民事案件；确有必要将本院管辖的第一审民事案件交下级人民法院审理的，应当报请其上级人民法院批准。

下级人民法院对它所管辖的第一审民事案件，认为需要由上级人民法院审理的，可以报请上级人民法院审理。

这里笔者要重点说明的是协议管辖，又称约定管辖，是指双方当事人在民事纠纷发生前或者发生后，以书面方式约定的管辖法院。协议管辖体现了民法自治原则，是对当事人处分权的尊重。笔者认为协议管辖需要具备以下条件：①协议管辖的案件只适合合同纠纷或者其他财产类纠纷，涉及人身权益的纠纷不得适用协议管辖。②协议管辖必须采用书面形式。③当事人必须在法律规定的范围内选择管辖法院。即被告住所地、合同履行地、合同签订地、原告住所地、标的物所在地等与争议有实际联系的地点的人民法院管辖。④在选择法院时，不得违反有关级别管辖和专属管辖的规定。租赁公司在合同设计阶段就应该预想到合同管辖地的问题，以维护公司债权的便利性为目的，但前提是符合管辖地的法律规定。否则在管辖问题上被认定约定不明，那么根据民事诉讼法规定，因合同纠纷引起的诉讼，由被告住所地或合同履行地人民法院管辖，根据《民事诉讼法解释》，融资租赁合同以租赁物使用地为合同履行地。对于融资租赁公司而言，如果因客户逾期提起诉讼，以上两个管辖地都对自己不利。

案例：〔1〕

上诉人：开封市某医院

被上诉人：某融资租赁有限公司

基本案情：2013 年，开封市某医院与某融资租赁有限公司签订融资租赁合同，由医院指定 C 医疗科技公司作为卖方，采用融资租赁形式购买医疗设备。在合同中注明该融资租赁有限公司的办公地址为北京市朝阳区。一审结束后，医院上诉称该融资租赁公司在国家企业信用信息公示系统中的注册地址为天津市，联系地址为北京市海淀区，该信息经工

〔1〕 北京市第三中级人民法院（2017）京 03 民辖终 1323 号民事判决书。

商部门对外公示，具有相应的效力。认为一审在朝阳区立案与争议无实际联系。二审中该融资租赁公司提供了朝阳区办公地址的租房合同以及租金收据，证明其实际办公地址就是朝阳区，二审法院也因此认定北京市朝阳区具有管辖权。

笔者点评：实践中，很多租赁公司的注册地址与实际办公地址、联系地址均不一致，那么在约定管辖过程中就会产生争议，根据《民事诉讼法》第34条的规定，当事人必须在法律规定的范围内选择管辖法院。即被告住所地、合同履行地、合同签订地、原告住所地、标的物所在地等与争议有实际联系的地点的人民法院管辖，并不得违反级别管辖和专属管辖的规定。这里租赁公司作为原告，可以选择原告住所地来管辖，那么原告住所地在上述地址不一致的情况下如何确定呢？对于法人或者其他组织，所谓住所地指的是法人或其他组织的主要办事机构所在地或主要营业地。因此在约定管辖时，应注意在注册地址与实际办公地点不一致的情形下，法院一般会要求证明公司住所地在实际办公地点而非注册地，而要证明该内容需要结合租房合同、租金支付凭证等综合证明。

再谈谈级别管辖的问题，我们还是先来看《民事诉讼法》的规定：

第十七条　基层人民法院管辖第一审民事案件，但本法另有规定的除外。

第十八条　中级人民法院管辖下列第一审民事案件：

（一）重大涉外案件；

（二）在本辖区有重大影响的案件；

（三）最高人民法院确定由中级人民法院管辖的案件。

第十九条　高级人民法院管辖在本辖区有重大影响的第一审民事案件。

第二十条　最高人民法院管辖下列第一审民事案件：

（一）在全国有重大影响的案件；

（二）认为应当由本院审理的案件。

具体到民商事纠纷案件中，根据最高人民法院关于调整高级人民法院和中级人民法院管辖第一审民事案件标准的通知，各地的级别管辖还稍有不同，如北京、上海、江苏、浙江、广东一审案件诉讼标的额：高级人民法院50亿元以上，中级人民法院1亿元以上。天津、河北、山西、内蒙古、辽宁、安徽、福建、山东、河南、湖北、湖南、广西、海南、四川、重庆、贵州、陕西、新疆一审案件诉讼标的额：高级人民法院50亿元以上，中级人民法院3000万元以上。吉林、黑龙江、江西、云南、甘肃、青海、宁夏一审案件诉讼标的额：高级人民法院50亿元以上，中级人民法院1000万元以上。西藏一审案件诉讼标的额：高级人民法院50亿元以上，中级人民法院500万元以上。

以上是最高人民法院最新通知确定的标准，为了让读者更加清晰地了解这一背景，笔者将最高人民法院的通知提供给读者参考。

最高人民法院关于调整高级人民法院和中级人民法院管辖第一审民事案件标准的通知

（法发〔2019〕14号）

为适应新时代审判工作发展要求，合理定位四级法院民事审判职能，促进矛盾纠纷化解重心下移，现就调整高级人民法院和中级人民法院管辖第一审民事案件标准问题，通知如下：

一、中级人民法院管辖第一审民事案件的诉讼标的额上限原则上为50亿元（人民币），诉讼标的额下限继续按照《最高人民法院关于调整地方各级人民法院管辖第一审知识产权民事案件标准的通知》（法发〔2010〕5号）、《最高人民法院关于调整高级人民法院和中级人民法院管辖第一审民商事案件标准的通知》（法发〔2015〕7号）、《最高人民法院关于明确第一审涉外民商事案件级别管辖标准以及归口办理有关问题的通知》（法〔2017〕359号）《最高人民法院关于调整部分高级人民法院和中级人民法院管辖第一审民商事案件标准的通知》（法发〔2018〕13号）等文件执行。

二、高级人民法院管辖诉讼标的额50亿元（人民币）以上（包含本数）或者其他在本辖区有重大影响的第一审民事案件。

三、海事海商案件、涉外民事案件的级别管辖标准按照本通知执行。

四、知识产权民事案件的级别管辖标准按照本通知执行，但《最高人民法院关于知识产权法庭若干问题的规定》第二条所涉案件类型除外。

最高人民法院关于知识产权法庭若干问题的规定。

五、最高人民法院以前发布的关于第一审民事案件级别管辖标准的规定与本通知不一致的，不再适用。

本通知自2019年5月1日起实施，执行过程中遇到的问题，请及时报告我院。

二、立案

通过上面对地域管辖以及级别管辖的讲解，读者应该可以更加清晰地了解如何选择管辖法院，那么确定管辖之后，接下来就是如何去法院立案了，这里每个公司的操作模式不同，一般公司会将立案交给律师来处理，规模小一些的公司或规模大有专门公司律师处理诉讼的公司会派专人负责处理立案事宜。这里笔者简单介绍法院立案的相关法律规定以及立案需要的基本材料情况：

（1）对符合法律规定的起诉、自诉，人民法院应当当场予以登记立案。

（2）对当事人提出的起诉、自诉，人民法院当场不能判定是否符合法律规定的，应当作出以下处理：①对民事、行政起诉，应当在收到起诉状之日起7日内决定是否立案。②对刑事自诉，应当在收到自诉状次日起15日内决定是否立案。③对第三人撤销之诉，应当在收到起诉状之日起30日内决定是否立案。④对执行异议之诉，应当在收到起诉状之日起15日内决定是否立案。⑤人民法院在上述法定期间内不能判定起诉、自诉是否符合法律规定的，应当先行立案。

那么立案的一般流程以及要准备的材料情况如何呢？

（一）立案流程

第一步，将起诉材料交立案审查窗口，审查法官批注处理后，按书记员的安排，持缴费单据到交费银行交纳诉讼费用；

第二步，持交费回单到立案审查窗口办理立案登记手续，转至排期、送达窗口；

第三步，领取受理通知书、举证通知书、传票等材料，办理诉讼材料送达手续。

（二）起诉必须具备的材料

（1）起诉状正本一份，并按被告人数提供相应数量的副本。原告为自然人的，应由本人在起诉状上签名或捺手印；原告为法人或其他组织的，起诉状应加盖公章。起诉状正副本必须用钢笔或毛笔书写（蓝黑、黑色），不得使用圆珠笔书写。

（2）原告为个人的，需提供身份证复印件；原告为单位的，需提供营业执照复印件、组织机构代码证复印件及法定代表人身份证明书（立案时需提供身份证或营业执照原件供核对）；受委托代为起诉的，一并提供委托代理资料。

（3）原告如需委托代理人的，须递交诉讼委托书，诉讼委托书权限部分必须写具体，如系全权委托，即要填写：代为承认、放弃、变更诉讼请求，进行和解，签收调解书，提起反诉或上诉。

（4）与诉讼请求相关的证据材料。原告在起诉时即应按照起诉状的份数提交相应的证据材料复印件。

（5）起诉人递交起诉材料时一并申请司法救助的，应按最高人民法院的规定同时提供申请书及相应的证明材料原件。

这里笔者重点讲解一下起诉状的问题，根据《民事诉讼法》第121条的规定，起诉状应当记明下列事项：

（1）原告的姓名、性别、年龄、民族、职业、工作单位、住所、联系方式，法人或者其他组织的名称、住所和法定代表人或者主要负责人的姓名、职务、联系方式。

（2）被告的姓名、性别、工作单位、住所等信息，法人或者其他组织的名称、住所等信息。

（3）诉讼请求和所根据的事实与理由。

（4）证据和证据来源，证人姓名和住所。

笔者点评：关于立案问题的法律规定并不复杂，但是实践中立案有时并不容易。这里涉及法院现有工作量严重超标的原因，有涉及年底法院考核工作的原因。尽管法律规定是立案登记制度，法院立案庭在形式审查后就应该先行立案，但实践中由于法院存在案多人少的客观情况，所以对于部分应当登记立案的法院可能不予登记立案。总体来说，应该说立案登记制度解决了一部分立案难的问题，但基于以上原因仍尚需配套制度来完善。客观情况我们是很难改变的，但是诉讼案件是极为注重效率的，尤其是民商事案件中，一是涉及时效问题，还有就是能否及时采取保全措施的问题，这就要求律师或公司法务人员熟悉当地管辖法院的立案情况、工作特点，在拟采取诉讼措施时，做好时间规划，甚至提前与法院相关部门沟通，确保案件及时立案，不影响后续诉讼。

三、送达

送达问题在实践中也是面临较大挑战的司法实务问题。我们先来看看相关的法律规定。

（1）送达时间：法院应当在立案之日起 5 日内将诉状副本送达被告。

（2）直接送达：送达诉讼文书，应当直接送交受送达人。受送达人是公民的，本人不在交他的同住成年家属签收；受送达人是法人或者其他组织的，应当由法人的法定代表人、其他组织的主要负责人或者该法人、组织负责收件的人签收；受送达人有诉讼代理人的，可以送交其代理人签收；受送达人已向人民法院指定代收人的，送交代收人签收。

（3）留置送达：受送达人或者他的同住成年家属拒绝接收诉讼文书的，送达人可以邀请有关基层组织或者所在单位的代表到场，说明情况，在送达回证上记明拒收事由和日期，由送达人、见证人签名或者盖章，把诉讼文书留在受送达人的住所；也可以把诉讼文书留在受送达人的住所，并采用拍照、录像等方式记录送达过程，即视为送达。

（4）委托送达或邮寄送达：直接送达诉讼文书有困难的，可以委托其他人民法院代为送达，或者邮寄送达。邮寄送达的，以回执上注明的收件日期为送达日期。

（5）转交送达：受送达人是军人的，通过其所在部队团以上单位的政治机关转交。受送达人被监禁的，通过其所在监所转交。受送达人被采取强制性教育措施的，通过其所在强制性教育机构转交。

（6）公告送达：国内公告送达，适用于受送达人下落不明或用其他方式无法送达的。自发出公告之日起经过 60 天的，视为送达；涉外公告送达，适用于不能用其他方式送达的。自公告之日期满3个月。

(7) 其他方式：经受送达人同意，人民法院可以采用传真、电子邮件等能够确认其收悉的方式送达诉讼文书，但判决书、裁定书、调解书除外。

笔者在与法官沟通送达问题时，经常能听到法官对送达难的抱怨，出现当事人恶意不接收诉讼文书，甚至殴打、威胁经办司法人员的恶行。出现这样的情况，笔者认为一方面是老百姓长期以来厌诉的习惯性思维，另一方面是我们还没有建立起对法律应有的信仰，还有就是法院对这样的恶意行为处罚力度还不够，违法成本较低。事实上采取各种手段无非是为了拖延案件的审理时间。面对这样的现实，作为融资租赁公司来讲，要积极配合法院送达，在确实无法送达时督促法院及时采用公告送达的形式。

这里笔者介绍一下合同约定送达地址在司法实践中的情况，虽然在送达不能时，可以采用公告的形式，但是仅公告期就60天，整个送达程序将耗费很长时间。为了解决这样的问题，无论最高人民法院还是地方法院都通过通知或者司法建议的形式，建议公司在合同中约定送达地址。但是关于约定送达地址能够在法院送达程序中直接适用的问题，还一直存在争议。最高人民法院也仅仅是以通知的形式做出倾向性的建议，《最高人民法院关于进一步推进案件繁简分流优化司法资源配置的若干意见》以及《最高人民法院关于进一步加强民事送达工作的若干意见的通知》虽然都明确了当事人可以在合同或者函件中对送达地址进行约定，但毕竟最高人民法院并未以司法解释的形式将这一问题明确下来。实践中有学者认为，当事人之间可以约定平等主体间关于送达以及达到等的法律后果，但不能以此约束人民法院约定送达地址及其法律后果。

案例：〔1〕

上诉人：博雅公司

被上诉人：远东公司

基本案情：2013年，远东公司与博雅公司之间签订了《售后回租合同》以及《所有权转让协议》，售后回租合同约定了博雅公司的送达地址为广东省东莞市某路某号，在合同的相关条款中约定，一旦因本合同发生任何纠纷而

〔1〕 上海市第一中级人民法院（2017）沪01民终1911号民事判决书。

诉诸法院，本合同中列明的送达地址将作为各自的司法送达地址，且该送达地址适用于一审、二审、再审以及执行等各个诉讼阶段。如诉讼期间任何一方送达地址变更，该方应该及时告知受诉法院变更后的送达地址，导致诉讼文书无法送达或未及时送达的，该方将自行承担由此产生的法律后果。一审法院按照合同约定地址向博雅公司邮寄了诉讼文书，邮政回单载明，电话非本公司，公司已经搬迁。

一审法院认可了融资租赁关系以及担保的有效性，并根据双方的权责情况进行了审理。一审后博雅公司上诉称，一审邮寄诉讼材料的详单说明，一审未能有效送达，程序违法。二审法院认为根据《最高人民法院关于进一步推进案件繁简分流优化司法资源配置的若干意见》第 3 条的规定：当事人在纠纷发生之前约定送达地址的，人民法院可以将该地址作为送达诉讼文书的确认地址。从而认可了一审法院按约定地址送达的程序合法性。

笔者点评：关于约定送达地址是否可以直接在司法程序中直接适用的问题存在较大争议，能否适用主要依靠经办法官对该问题的理解，因此建议融资租赁公司在签订租赁合同以及担保合同时对送达地址条款进行约定，尤其是针对司法文书的送达。虽然现有法律没有明文规定，实践中对该问题意见不一，但主流观点还是认可约定地址的有效性，如果法院能够认可该约定，则可以节省大量的送达时间，提高诉讼效率。

四、一审

笔者接下来将一审流程中的核心要点进行梳理，以方便读者理解、应用。

（一）庭审前的准备

首先是答辩状的提出。这里要区分两种情况，一种是普通案件的答辩期限，另一种是涉外案件的答辩期限。

（1）普通案件的答辩期限：根据《民事诉讼法》第 125 条之规定，被告收到起诉状副本之日起 15 日内提出答辩，答辩状应当记明被告的姓名、性别、年龄、民族、职业、工作单位、住所、联系方式；法人或者其他组织的名称、住所和法定代表人或者主要负责人的姓名、职务、联系方式。人民法院应当在收到答辩状之日起 5 日内将答辩状副本发送原告。

（2）涉外案件的答辩期限：根据《民事诉讼法》第268条之规定，答辩期为30日，并可申请延长，但由法院批准决定。

这里笔者想要提醒读者注意的是以下两个问题：第一，答辩状是否必须在答辩期内提供？回答是否定的，实践中被告往往在收到原告诉状后不进行答辩，以免原告提前获知其应诉的思路，但被告不提交答辩状并不会影响其应有的诉讼权利。第二，不排除被告会向法院提交答辩状，但被告提交后法院不一定会按照上述法律规定给原告送达，作为原告公司，应该及时与经办法官联系，或者口头沟通，或者去法院调阅，这样有利于在庭审前就掌握对方的主要答辩思路，从而做出及时的应对。

（二）管辖权异议

首先来看《民事诉讼法》第127条的相关规定，人民法院受理案件后，当事人对管辖权有异议的，应当在提交答辩状期间提出。人民法院对当事人提出的异议，应当审查。异议成立的，裁定将案件移送有管辖权的人民法院；异议不成立的，裁定驳回。对该裁定不服的，可以向上级法院提出上诉，上级法院应在30日内审结。当事人未提出管辖异议，并应诉答辩的，视为受诉人民法院有管辖权，但违反级别管辖和专属管辖规定的除外。

关于管辖权异议问题的分析要从两个方面来讲，融资租赁公司作为原告方的，一般情况下融资租赁公司作为债权人提起诉讼，都会遇到债务人提出管辖权异议的情况，因为基于融资租赁合同本身的特殊性，为了拖延还款时间，被告基本都会采用提起管辖权异议的情况来达到自己的目的。所以遇到对方提起管辖权异议时，公司应及时与经办法官沟通，释明管辖权约定，争取早日取得驳回管辖权异议的裁定，因此一旦对方以拖延为目的提出管辖权异议，一审法院驳回管辖异议后，对方必然再提起上诉。而公司能做的就是尽量缩短异议期间，让案件尽快回到正常的诉讼流程中去。融资租赁公司作为被告的，管辖权异议应当在法定期间内提出，否则视为受诉法院有管辖权。

（三）举证期限

关于举证期限的基本规定分布在《民事诉讼法》以及《民事诉讼法解释》中。

《民事诉讼法解释》第99条第1款、第2款规定，人民法院应当在审理前的准备阶段确定当事人的举证期限。举证期限可以由当事人协商，并经人民法院准许。人民法院确定举证期限，第一审普通程序案件不得少于15日，当事人提供新的证据的第二审案件不得少于10日。

《民事诉讼法解释》第100条规定，当事人申请延长举证期限的，应当在举证期限届满前向人民法院提出书面申请。申请理由成立的，人民法院应当准许，适当延长举证期限，并通知其他当事人。延长的举证期限适用于其他当事人。申请理由不成立的，人民法院不予准许，并通知申请人。

《最高人民法院关于适用〈关于民事诉讼证据的若干规定〉中有关举证时限规定的通知》第3条规定，当事人在一审答辩期内提出管辖权异议的，人民法院应当在驳回当事人管辖权异议的裁定生效后，依照《证据规定》第33条第3款的规定，重新指定不少于30日的举证期限。但在征得当事人同意后，人民法院可以指定少于30日的举证期限。

那么如果出现逾期举证又会有什么样的后果呢？

《民事诉讼法》第65条规定，当事人逾期提供证据的，人民法院应当责令其说明理由；拒不说明理由或者理由不成立的，人民法院根据不同情形可以不予采纳该证据，或者采纳该证据但予以训诫、罚款。《民事诉讼法解释》对这一规定进行了细化，其第101条规定，当事人因客观原因逾期提供证据，或者对方当事人对逾期提供证据未提出异议的，视为未逾期。第102条规定，当事人因故意或者重大过失逾期提供的证据，人民法院不予采纳。但该证据与案件基本事实有关的，人民法院应当采纳，并依照《民事诉讼法》第65条、第115条第1款的规定予以训诫、罚款。

在实践中，经常遇到收集证据困难的情况，因为作为普通民事主体的当事人或者律师，调查取证的范围极为有限。因此《民事诉讼法解释》第94条规定了当事人及其诉讼代理人因客观原因不能自行收集的证据，可以在举证期限届满前向人民法院书面申请调查收集。现在很多法官也会给律师出具律师调查令，这使得律师的调查权进一步扩大，在减轻法院工作量的同时也为查明案情提供了证据支持。

（四）增加、变更诉讼请求或提出反诉期间

根据《民事诉讼法解释》第156条的规定，在案件受理后、法庭辩论结

束前，原告增加诉讼请求，被告提出反诉，第三人提出与本案有关的诉讼请求，可以合并审理的，人民法院应当合并审理。《民事诉讼法解释》仅规定了原告增加诉讼请求，被告提出反诉，第三人提出诉讼请求应在法庭辩论结束前，但变更诉讼请求的时间没有做出新的规定，为避免给当事人的权益造成损害，建议严格按照《最高人民法院关于民事诉讼证据的若干规定》第 34 条在举证期限届满前提出变更诉讼请求的申请。

（五）开庭通知

《民事诉讼法》第 136 条规定，人民法院审理民事案件，应当在开庭 3 日前通知当事人和其他诉讼参与人。公开审理的，应当公告当事人姓名、案由和开庭的时间、地点。

（六）开庭审理

作为律师，对开庭程序应该说是轻车熟路，但是对于没有参加过诉讼或者比较少参加诉讼的公司相关人员来说，一旦进入庄严的审判庭，思路未必会清晰。这里笔者将开庭的基本流程介绍给各位读者。

（1）开庭审理前，书记员应当查明当事人和其他诉讼参与人是否到庭，宣布法庭纪律。

（2）开庭审理时，由审判长核对当事人，宣布案由，宣布审判人员、书记员名单，告知当事人有关的诉讼权利义务，询问当事人是否提出回避申请。

（3）法庭调查按照下列顺序进行：

①当事人陈述；

②告知证人的权利义务，证人作证，宣读未到庭的证人证言；

③出示书证、物证、视听资料和电子数据；

④宣读鉴定意见；

⑤宣读勘验笔录。

（4）法庭辩论按照下列顺序进行：

①原告及其诉讼代理人发言；

②被告及其诉讼代理人答辩；

③第三人及其诉讼代理人发言或者答辩；

④互相辩论。

法庭辩论终结，由审判长按照原告、被告、第三人的先后顺序征询各方最后意见。

（5）最后陈述。

（6）做出判决。

（七）一审期限

根据《民事诉讼法》第 149 条的规定，人民法院适用普通程序审理的案件，应当在立案之日起 6 个月内审结。有特殊情况需要延长的，由本院院长批准，可以延长 6 个月；还需要延长的，报请上级人民法院批准。需要说明的是，这里的审限，是指从立案之日起至裁判宣告、调解书送达之日止的期间，但公告期间、鉴定期间、双方当事人和解期间，审理当事人提出的管辖异议以及处理人民法院之间的管辖争议期间不应计算在内。

《民事诉讼法》第 161 条规定，人民法院适用简易程序审理案件，应当在立案之日起 3 个月内审结。

（八）判决书的送达

关于判决，根据《民事诉讼法》第 148 条的规定，对于当庭宣判的，应当在 10 日内发送判决书；定期宣判的，宣判后立即发给判决书。一审判决书和可以上诉的裁定书不能同时送达双方当事人的，上诉期从各自收到判决书、裁定书的次日起计算。

五、二审

（一）对于一审结果不服的，当事人可以提起上诉

关于上诉期间，法律明确规定：

（1）当事人不服地方人民法院第一审判决的，有权在判决书送达之日起 15 日内向上一级人民法院提起上诉。

（2）当事人不服地方人民法院第一审裁定的，有权在裁定书送达之日起 10 日内向上一级人民法院提起上诉。

（3）涉外案件，对判决、裁定上诉的期限均为 30 日，并可申请延长。

笔者在这里解释一下关于判决与裁定之间的区别：第一，判决是对当事人双方纠纷的事实进行认定与处理；而裁定一般适用于诉讼程序。适于裁定

的范围是：①不予受理；②对管辖权有异议的；③驳回起诉；④财产保全和先予执行；⑤准许或者不准许撤诉；⑥中止或者终结诉讼；⑦补正判决书中的笔误；⑧中止或者终结执行；⑨不予执行仲裁裁决；⑩不予执行公证机关赋予强制执行效力的债权文书；⑪其他需要裁定解决的事项。第二，判决必须用书面形式表现出来，判决书或当场宣布后送达给当事人，或定期宣判后送达当事人。而裁定既可用书面形式，又可用口头形式。口头裁定作出后，记入笔录即可。第三，上诉、抗诉期限不同。不服第一审民事判决的上诉、抗诉期限为 15 日，而不服第一审裁定的上诉、抗诉期限为 10 日。第四，在一个案件中，发生法律效力并被执行的判决只有一个，而发生法律效力的裁定可以有若干个。第五，判决和裁定作出的依据不同。裁定依据的法律是民事诉讼法，可以在诉讼过程中的任何阶段作出；但是判决根据的法律是实体法，如民法、婚姻法、继承法、经济法等，判决只能在案件审理的最后阶段作出。希望通过上述的讲解读者能够分清判决与裁定的异同。

（二）移送案件

《民事诉讼法》第 166 条规定，上诉状应通过原审人民法院提出，并按照对方当事人或者代表人的人数提出副本；当事人直接向第二审人民法院上诉的，第二审人民法院应当在 5 日内将上诉状移交原审人民法院。也就是说二审上诉的流程发起者必须为一审法院，而不是二审法院直接受理。第 167 条规定，原审法院收到上诉状后，应当在 5 日内送达对方当事人，对方在收到上诉状后 15 日内提出答辩状，人民法院应当在收到答辩状之日起 5 日内将副本送达上诉人。对方当事人不提出答辩状的，不影响人民法院审理。原审人民法院收到上诉状、答辩状，应当在 5 日内连同全部案卷和证据，报送第二审人民法院。

（三）二审审限

《民事诉讼法》第 176 条规定，人民法院审理对判决的上诉案件，应当在第二审立案之日起 3 个月内审结。有特殊情况需要延长的，由本院院长批准。人民法院审理对裁定的上诉案件，应当在第二审立案之日起 30 日内作出终审裁定。

六、申请再审

我国实行二审终审制，二审结果即为终审结果。如果当事人对已经发生法律效力的判决、裁定，认为有错误的，可以向上一级人民法院申请再审；当事人一方人数众多或者当事人双方为公民的案件，也可以向原审人民法院申请再审。当事人申请再审的，不停止判决、裁定的执行。根据笔者的经验，我国的再审程序可以说采用的是比较宽松的审查制，只要当事人认为判决、裁定有错误就有权申请再审。但是只有经过严格的审查，符合《民事诉讼法》第 200 条规定的再审理由，才能决定启动再审。

（一）申请再审的案件应当符合的条件

（1）有新的证据，足以推翻原判决、裁定的。

（2）原判决、裁定认定的基本事实缺乏证据证明的。

（3）原判决、裁定认定事实的主要证据是伪造的。

（4）原判决、裁定认定事实的主要证据未经质证的。

（5）对审理案件需要的主要证据，当事人因客观原因不能自行收集，书面申请人民法院调查收集，人民法院未调查收集的。

（6）原判决、裁定适用法律确有错误的。

（7）审判组织的组成不合法或者依法应当回避的审判人员没有回避的。

（8）无诉讼行为能力人未经法定代理人代为诉讼或者应当参加诉讼的当事人，因不能归责于本人或者其诉讼代理人的事由，未参加诉讼的。

（9）违反法律规定，剥夺当事人辩论权利的。

（10）未经传票传唤，缺席判决的。

（11）原判决、裁定遗漏或者超出诉讼请求的。

（12）据以作出原判决、裁定的法律文书被撤销或者变更的。

（13）审判人员审理该案件时有贪污受贿，徇私舞弊，枉法裁判行为的。

从上述条件相信读者可以看出，再审的启动有严格的条件限制，即便能启动再审程序，再审改判的比例也很低，因此还是要在一审、二审程序中做足功课，尽量将案件消化在一审、二审阶段。关于再审审查的期限，《民事诉讼法》第 204 条规定，人民法院应当自收到再审申请书之日起 3 个月内审查，符合本法规定的，裁定再审；不符合本法规定的，裁定驳回申请。有特殊情况需要延长的，由本院院长批准。

（二）再审审限

再审案件的审限执行第一审或第二审审限规定。

（三）再审程序

根据《民事诉讼法》第207条的规定，再审程序分三种情况：

（1）人民法院按照审判监督程序再审的案件，发生法律效力的判决、裁定是由第一审法院作出的，按照第一审程序审理，所作的判决、裁定，当事人可以上诉。

（2）发生法律效力的判决、裁定是由第二审法院作出的，按照第二审程序审理，所作的判决、裁定，是发生法律效力的判决、裁定。

（3）上级人民法院按照审判监督程序提审的，按照第二审程序审理，所作的判决、裁定是发生法律效力的判决、裁定。

七、民事监督

民事再审被驳回后，是否还有救济程序呢？这里笔者给大家介绍一下检察院提出抗诉或者检察建议，根据《民事诉讼法》第208条的规定，最高人民检察院对各级人民法院已经发生法律效力的判决、裁定，上级人民检察院对下级人民法院已经发生法律效力的判决、裁定，发现有该法第200条规定情形之一的，或者发现调解书损害国家利益、社会公共利益的，应当提出抗诉。地方各级人民检察院对同级人民法院已经发生法律效力的判决、裁定，发现有该法第200条规定情形之一的，或者发现调解书损害国家利益、社会公共利益的，可以向同级人民法院提出检察建议，并报上级人民检察院备案；也可以提请上级人民检察院向同级人民法院提出抗诉。各级人民检察院对审判监督程序以外的其他审判程序中审判人员的违法行为，有权向同级人民法院提出检察建议。

那么什么样的案件，当事人可以向检察院申请检察建议或者抗诉呢？

根据《民事诉讼法》第209条的规定，有下列情形之一的，当事人可以向人民检察院申请检察建议或者抗诉：①人民法院驳回再审申请的；②人民法院逾期未对再审申请作出裁定的；③再审判决、裁定有明显错误的。

那么人民检察院对当事人的申请应当在多长时间内审查呢？根据《民事

诉讼法》的规定，检察院应当在 3 个月内进行审查，作出提出或者不予提出检察建议或者抗诉的决定。当事人不得再次向人民检察院申请检察建议或者抗诉。人民检察院提出抗诉的案件，接受抗诉的人民法院应当自收到抗诉书之日起 30 日内作出再审的裁定。

以上是我国民事诉讼的全部流程，希望读者在理解的基础上结合实践的情况灵活掌握。

八、诉讼时效、保证期间

在笔者的律师从业经历以及在融资租赁行业工作的几年中，常常遇到诉讼时效以及担保期间的相关问题，实践中对于何为诉讼时效，何为保证期间，两者之间有什么关系，存在较大的认识误区。笔者希望在这里将两个概念进行一次系统的梳理，以便于读者理解应用。

（一）诉讼时效

诉讼时效，是指权利人在法定期间内不行使权利，持续达到一定期间而致使其请求权消灭的法律事实。诉讼时效期间届满，权利人丧失胜诉权。诉讼时效的期间从债权人知道或应当知道权利被侵害时起算。

这里的诉讼时效又根据保证形式的不同分为两种情况，第一种情况是一般保证下的时效计算：一般保证的债权人在保证期间届满前，对债务人提起诉讼或者申请仲裁的，从判决或者仲裁裁决生效之日起，开始计算保证合同的诉讼时效。第二种情况是连带责任保证下的时效计算：连带责任保证的债权人在保证期间届满前要求保证人承担保证责任的，从要求债权人要求保证人承担保证责任之日起，开始计算保证合同的诉讼时效。

诉讼时效一般又分为以下几类：

1. 一般诉讼时效

指在一般情况下普遍适用的时效，这类时效不是针对某一特殊情况规定的，而是普遍适用的，我国民事诉讼的一般诉讼时效为三年。2017 年 3 月 15 日，第十二届全国人民代表大会第五次会议表决通过了《民法总则》，该法自 2017 年 10 月 1 日起施行。该法第 188 条第 1 款规定："向人民法院请求保护民事权利的诉讼时效期间为 3 年。法律另有规定的，依照其规定。"这表明，我国民事诉讼的一般诉讼时效从 2017 年 10 月 1 日起为 3 年，从而改变了之前

《民法通则》一般诉讼时效2年的规定。

2. 特别诉讼时效

特殊时效优于普通时效，也就是说，凡有特殊时效规定的，适用特殊时效。我国《民法总则》第188条规定："向人民法院请求保护民事权利的诉讼时效期间为3年。法律另有规定的，依照其规定。"在《民法总则》颁布前特殊诉讼时效分为以下几种：

（1）短期时效。短期时效指诉讼时效不满2年的时效。我国《民法通则》第136条规定："下列的诉讼时效期间为一年：（一）身体受到伤害要求赔偿的；（二）出售质量不合格的商品未声明的；（三）延付或者拒付租金的；（四）寄存财物被丢失或者损毁的。"

（2）长期诉讼时效。长期诉讼时效是指诉讼时效在2年以上20年以下的诉讼时效。

《产品质量法》第45条第1款规定："因产品存在缺陷造成损害要求赔偿的诉讼时效期间为2年，自当事人知道或者应当知道其权益受到损害时起计算。"

> 《环境保护法》第66条规定："提起环境损害赔偿诉讼的时效期间为3年，从当事人知道或者应当知道其受到损害时起计算。"
>
> 《海商法》第265条规定："有关船舶发生油污损害的请求权，时效期间为3年，自损害发生之日起计算；但是，在任何情况下时效期间不得超过从造成损害的事故发生之日起6年。"
>
> 《合同法》第129条规定："因国际货物买卖合同和技术进出口合同争议提起诉讼或者申请仲裁的期限为4年，自当事人知道或者应当知道其权利受到侵害之日起计算。因其他合同争议提起诉讼或者申请仲裁的期限，依照有关法律的规定。"

（3）最长诉讼时效。最长诉讼时效是指时效期间为20年的诉讼时效。《民法通则》第137条规定："诉讼时效期间从知道或者应当知道权利被侵害时起计算。但是，从权利被侵害之日起超过20年的，人民法院不予保护。有特殊情况的，人民法院可以延长诉讼时效期间。"

但《民法总则》颁布实施后，以上分类发生了变化。《民法通则》规定了1年短期诉讼时效，《民法总则》未做规定，实践中对《民法总则》施行后1年短期诉讼时效是否仍然适用，存在不同理解。全国人大常委会《关于〈中华人民共和国民法总则（草案）〉的说明》指出，《民法总则》与《民法通则》的规定不一致的，根据新法优于旧法的原则，适用《民法总则》的规定。《民法总则》将诉讼时效期间规定为3年，有利于建设诚信社会，更好地保护债权人合法权益。根据上述立法目的和法的适用原则，《最高人民法院关于适用〈中华人民共和国民法总则〉诉讼时效制度若干问题的解释》第1条规定，《民法总则》施行后，诉讼时效期间开始计算的，应当适用《民法总则》第188条关于3年诉讼时效期间的规定。当事人主张适用《民法通则》关于2年或者1年诉讼时效期间规定的，人民法院不予支持。

在《民法总则》颁布实施后一段时间内关于诉讼时效的问题出现了很多争议，针对这些争议最高人民法院颁布了《最高人民法院关于适用〈中华人民共和国民法总则〉诉讼时效制度若干问题的解释》，其原文如下。

最高人民法院关于适用《中华人民共和国民法总则》诉讼时效制度若干问题的解释

（法释〔2018〕12号）

为正确适用《中华人民共和国民法总则》关于诉讼时效制度的规定，保护当事人的合法权益，结合审判实践，制定本解释。

第一条　民法总则施行后诉讼时效期间开始计算的，应当适用民法总则第188条关于3年诉讼时效期间的规定。当事人主张适用民法通则关于2年或者1年诉讼时效期间规定的，人民法院不予支持。

第二条　民法总则施行之日，诉讼时效期间尚未满民法通则规定的2年或者1年，当事人主张适用民法总则关于3年诉讼时效期间规定的，人民法院应予支持。

第三条　民法总则施行前，民法通则规定的2年或者1年诉讼时效期间已经届满，当事人主张适用民法总则关于3年诉讼时效期间规定的，人民法院不予支持。

第四条　民法总则施行之日，中止时效的原因尚未消除的，应当适用民法总则关于诉讼时效中止的规定。

第五条　本解释自2018年7月23日起施行。

本解释施行后，案件尚在一审或者二审阶段的，适用本解释；本解释施行前已经终审，当事人申请再审或者按照审判监督程序决定再审的案件，不适用本解释。

笔者点评：《最高人民法院关于适用〈中华人民共和国民法总则〉诉讼时效制度若干问题的解释》的出台是统一司法裁判标准、保护当事人合法权益的需要。诉讼时效制度是民商法中的一项基本制度，《民法总则》对《民法通则》的规定进行了修改、完善。由于两法的规定存在不同，导致在司法实务中，对如何正确适用《民法总则》诉讼时效制度存在较大争议，亟须统一司法裁判标准。全国人大常委会法工委也希望最高人民法院能及时出台司法解释明确相关问题。《最高人民法院关于适用〈中华人民共和国民法总则〉诉讼时效制度若干问题的解释》的出台有效解决了实践当中容易引起争议的问题，是依法构建诚信社会、维护社会交易秩序的需要。在制定《最高人民法院关于适用〈中华人民共和国民法总则〉诉讼时效制度若干问题的解释》时，最高人民法院注重尊重立法本意，遵循法理，从司法角度促进诚信社会建设，维护社会交易秩序稳定，防止义务人利用诉讼时效制度恶意逃废债务。而该解释的核心内容在于《民法通则》1年短期诉讼时效规定的适用问题。《民法总则》与《民法通则》的规定不一致的，根据新法优于旧法的原则，适用《民法总则》的规定。《民法总则》将诉讼时效期间规定为3年，有利于建设诚信社会，更好地保护债权人合法权益。

关于《民法总则》施行之日，《民法通则》规定的诉讼时效期间尚未届满情形下的法律适用问题，该解释第2条根据“前后交叉用新法”的适用原则，规定“民法总则施行之日，诉讼时效期间尚未满民法通则规定的2年或者1年，当事人主张适用民法总则关于3年诉讼时效期间规定的，人民法院应予支持”。解释如此规定，主要考量以下三方面的因素：一是有利于保护债权人权益，符合《民法总则》将诉讼时效期间规定为3年以及不再规定1年短期诉讼时效的立法目的。二是当《民法通则》规定的诉讼时效期间跨越《民法总则》施行日时，依据法理，可推定当事人对于《民法总则》3年诉讼时效期间的规定是知情的，不损害当事人的期限利益。三是一般情形下，新法的规定优于旧法，适用新法更有利于保护权利人的权利。

该解释还规定,《民法总则》施行前,《民法通则》规定的2年或者1年诉讼时效期间已经届满情形下不再适用《民法总则》规定的3年诉讼时效期间。之所以作出如此规定,主要考虑到:一是尊重立法本意。司法解释是立法在审判工作中的具体化,在制定该解释时应尊重立法本意。二是依据法的溯及力法理,遵循实体从旧、程序从新原则,诉讼时效制度为实体法制度,应采从旧原则。三是基于稳定交易秩序和利益平衡考虑。《民法通则》规定的诉讼时效期间已经届满的情形下,义务人已经享有诉讼时效抗辩权,义务人行使诉讼时效抗辩权的,交易秩序已经稳定,如果再适用《民法总则》的规定会使已经稳定的交易秩序受到冲击。

(二)保证期间

保证期间是根据当事人约定或者法律规定,债权人应当向债务人(在一般保证情况下)或者保证人(在连带保证情况下)主张权利的期间。进一步说,保证期间是债权人主张请求权的权利存续期间,债权人在该期间内没有主张权利,则保证人不再承担保证责任,即,保证期间届满发生实体权利消灭的法律后果。

保证期间是一个不变期间。债权人和保证人可以在保证合同中自行约定保证期间,如果没有约定,一般保证的保证期间为主债务履行期届满之日起6个月。另外,如果合同中约定的保证期间早于或等于主债务履行期限,视为没有约定,保证期间为主债务履行期届满之日起6个月。而在保证合同中经常出现的以"保证人承担保证责任直至主债务本息还清时止"或相类似的字样约定保证期间的,视为约定不明,保证期间为主债务履行期届满之日起2年。这里,保证期间的起算点是主债务履行期届满之日,那么,如果主合同对主债务的履行期没有约定或者约定不明时,该如何确定保证期间的起点?根据《担保法司法解释》,上述情况下,保证期间自债权人要求债务人履行义务的宽限期届满之日起计算。对于比较特殊的最高额保证合同,合同对保证期间没有约定或约定不明的,如最高额保证合同约定保证人清偿债务期限的,保证期间自清偿期限届满之日起6个月。没有约定债务清偿期限的,保证期间自最高额保证终止之日或自债权人收到保证人终止保证合同的书面通知到达之日起6个月。

无论保证期间是“6个月”还是“2年”，都是一个不变期间，该期间不因任何事由而发生中断、中止、延长的法律后果。也就是说，保证期间不同于诉讼时效，如果债权人在保证期间主张权利，保证期间终止，适用诉讼时效的规定。

根据以上讲解相信读者都已经明白了两者的概念以及两者之间的区别，在这里再稍作总结，在保证期间和诉讼时效期间内债权人没有行使权利，都可能导致保证人不再承担保证责任的法律后果。但两者有着本质的区别，保证期间内，债权人行使权利，既变更了原有的法律关系，使保证期间的作用消灭；在诉讼时效期间内，权利人行使了权利，在于维持原有的法律关系，使原有的法律关系得以继续存续。

九、刑民交叉问题如何解决

对于民商事案件中涉及刑事犯罪的情况，法院一般按照先刑事后民事的思路即“先刑后民”的方式解决。随着经济行为的日益复杂化，法学研究的进步，这一审判思路不再适合所有此类案件。笔者在与审判人员的交流中发现，审判人员对“先刑后民”的理念已经有了更新的认识，在案件的审理过程中法官已经能够灵活地应用法律以及相关司法解释。在这一部分笔者对这一问题进行梳理，力图为解决司法实践中的问题提供新的思路。

案例：〔1〕

A医院诉B公司融资租赁合同纠纷案（二审）

上诉人（原审被告）：A医院

被上诉人（原审原告）：B公司

基本案情：2017年5月16日，B公司作为出租人，A医院作为承租人，双方就相关医疗设备签订《融资租赁合同》，设备总价款17 852 070元，实际起租日为2017年5月16日，租赁期限36个月，租金合计19 785 204元；2017年5月16日，A医院向B公司出具付款起租确认书。2017年5月16日，B公司作为买方，C公司作为卖方，A医院作为使用方，签订《购买合同》，三方就融资租赁设备和价格、设备运输和包装、

〔1〕 济南市中级人民法院（2019）鲁01民终712号民事判决书。

设备的交付、货款的支付、所有权和风险、质量保证、违约责任等作出了约定。在上述合同签订后，A医院在租赁物接收证书及租赁物验收合格证书上盖章，确认收到租赁物并验收合格。

2017年5月16日，B公司与C公司签订《付款协议》，并向C公司支付价款17 852 070元。同日，C公司向B公司出具资金收据，证明收到B公司支付的价款17 852 070元。

2017年5月22日，C公司向B公司开具增值税专用发票数额共计17 852 070元。2017年5月25日，A医院向B公司支付租赁保证金1 785 207元，2017年6月16日，B公司以电汇方式向C公司转账17 852 070元。

A医院自2018年7月10日起未再支付租金，B公司委托律师提起诉讼。

一审法院认为，本案系融资租赁合同纠纷，B公司、A医院签订的《融资租赁合同》系当事人真实意思表示，无违反法律、行政法规强制性规定的情形，属有效合同。A医院自2018年7月10日起未再支付租金，B公司要求其支付到期及未到期租金共计12 640 547元及留购款1000元，理由正当，于法有据，予以支持。

后A医院以程序违法以及该案涉及刑事犯罪不属于民事诉讼受案范围为由，向济南市中院提起上诉，A医院向二审法院提交了诸城市公安局刑事警察大队于2018年12月5日出具的案件受案回执及诸城市公安局于2018年12月10日向A医院的法定代表人下达的书面立案告知书，拟证明A医院被C公司诈骗一案已正式立案受理，该案不属于民事诉讼的受案范围，应当依法驳回B公司的起诉。

二审法院对一审法院认定的基本事实没有疑义，对本案涉及刑事犯罪问题做出如下认定：《最高人民法院关于在审理经济纠纷案件中涉及经济犯罪嫌疑若干问题的规定》第10条规定，“人民法院在审理经济纠纷案件中，发现与本案有牵扯，但与本案不是同一法律关系的经济犯罪嫌疑线索、材料，应将犯罪嫌疑线索、材料移送有关公安机关或检察机关查处，经济纠纷案件继续审理”。上述案例中，A医院提供的受案回执、立案告知书只能证明现在设备出卖方C公司涉嫌刑事犯罪，但基于本案审理的是B公司与A医院之间的融资租赁合同法律关系，与A医院与C

公司之间的买卖合同关系是不同的法律关系，故A医院关于本案不属于民事诉讼受案范围的主张，法院不予支持。

笔者点评：由于此处主要分析关于民商事案件中涉及刑事犯罪问题，因此对商业内容不予评价，仅分析其中内含的民刑交叉问题。该案于2019年3月2日由济南中级人民法院判决，对已经沸沸扬扬的远程医疗系列案件有着重大的指导意义，该案也是司法审判人员贯彻最高人民法院相关司法解释，灵活掌握民刑交叉案件审判原则的经典案例。

（一）“先刑后民”理念的制度来源以及利益分析

民商事案件中“先刑后民”的理念必定存在制度支持以及利益取舍，1982年《民事诉讼法（试行）》第118条以及现行《民事诉讼法》第150条第5款规定，本案必须以另一案的审理结果为依据，而另一案尚未审结的作为诉讼中止的情形之一。这也是早期“先刑后民”被广泛使用的制度基础。1985年、1987年“两高一部”先后两次联合发布了《关于及时查处在经济纠纷案件中发现的经济犯罪的通知》与《关于在审理经济纠纷案件中发现经济犯罪必须及时移送的通知》，两个通知的核心精神是：在民刑交叉案件的审理过程中，刑事案件优先审理。在程序上要求“先刑后民”，这两个文件就强化了本就在审判人员观念中固化的处理刑民交叉案件的“先刑后民”思路〔1〕。

从审判人员利益最大化角度分析，一般涉及民刑交叉问题的案件，法律关系都较为复杂，认定事实及法律适用都存在较大的自由裁量空间。也就是说法官个人对事实与法律的认知可能对个案的判决产生重大影响，同一类型的案件，可能因为法官个人的理解产生结果的重大偏差，而民事案件会面临通过再审程序纠正错误的风险，这对审理民事案件的法官而言，存在考核评价甚至错案追责的压力。但是如果直接采用“先刑后民”的方式，由于刑事案件的证明标准以及对证据的把握高于一般的民事案件，如果在刑事案件中对待证事实进行了审理并定性，对民事审判来说完全可以参照《民事诉讼法解释》第93条的规定，认定已为人民法院发生法律效力的裁判所确认的事实是免证事实。

---

〔1〕 纪格非：“论民事交叉案件的审理顺序”，载《法学家》2018年第6期。

有了制度支持，加之选择“先刑后民”规避了可能的风险，司法实践中法官采用“稳妥”的做法也就无可厚非，这种需求就逐渐演化成一种工作的思路，在之后的司法实践中最高人民法院也意识到“先刑后民”的审理原则在实践中有被滥用之嫌。

（二）“民刑并行”新原则的确立

为了解决这一问题，1997年最高人民法院颁布了《关于审理存单纠纷案件的若干规定》，1998年最高人民法院颁布了《关于在审理经济纠纷案件中涉及经济犯罪嫌疑若干问题的规定》，这两个文件的核心理念是人民法院在审理经济纠纷案件时对民刑交叉问题应分类对待，除为查清刑事案件必须移交相关材料外，经济纠纷则可以继续审理。

以上两个规定的出台，实际上使经济纠纷和经济犯罪可以分开审理的基本原则得以确立。2014年“两高一部”再次联合颁布《关于办理非法集资刑事案件适用法律若干问题的意见》，在第七部分明确规定对于事实相同、刑事责任与民事责任并存的刑民交叉案件，应当采取“民刑并行”的审理方式。这些司法解释的逐步出台进一步强化了“民刑并行”的相关理念。

（三）“民刑并行”新原则的理解与应用。

当然“民刑并行”原则之下又要结合不同案件的具体情况具体分析，法院不应该将所有涉及刑事犯罪的案件都按照“先刑后民”的原则进行审理，而是要对案件进行一定甄别，其中最为关键的两个因素是“法律事实”与“法律关系”。[1]

1. 法律事实分析

首先我们来看法律事实，法律事实的概念不再赘述。对于法律事实的分析，理论上一般认为对于事实相同的案件，刑事案件应当优先审理，对于事实不同的应该民事、刑事并行审理。笔者认为此处认定的事实并非案件的全部事实，而是对刑事案件定罪量刑起决定作用的事实。而这些事实中主体与行为又是审查的重中之重。前述案例中，法律事实并不完全相同，但却又存在一定关联性，这里对法律事实的判断要结合事实交叉部分对刑事案件的审理以及定罪量刑是否具有实质影响来判断。很显然，济南中院的判决认为虽

[1] 纪格非：“论民事交叉案件的审理顺序”，载《法学家》2018年第6期。

然事实存在交叉但原告融资租赁合同的事实对医院声称经销商诈骗案件的认定无实质影响。

2. 法律关系分析

法律事实的分析还要结合法律关系的判断。第一类，是法律关系相同，法律事实也相同，法院当然可以采取“先刑后民”的方式审理；第二类，是法律关系不同，且法律事实之间无交叉案件，原则上可以“民刑并行”；第三类，是法律关系不同，但法律事实之间存在交叉的，那么交叉部分如果对刑事案件的定罪、量刑没有实质性影响，并行的处理方式才更具合理性。

（四）“民刑并行”原则的法律适用价值

由于制度、理念、利益取舍等因素的制约，机械运用“先刑后民”原则在如今的司法审判当中依然非常常见，但是在民刑交叉案件中一味舍弃民事主体的权利保护，不利于民事主体权利的救济，也与司法公正的理念相违背。诚然一线审判人员的工作压力已经趋近饱和，但对具体个案的审查仍应遵循现有制度的原则、理念进行。这一方面是为了权利的保护，另一方面也是为维护民事审判的独立性。

“民刑交叉”案件的理论研究远不如刑事或民事相关制度的研究深入、透彻，笔者的水平更是极为有限，提出上述观点只是希望对这一问题进行初步的整理分析，希望更多的专家、学者、审判人员能够认识到这一问题的实质意义，对这一问题进行更多、更为深入的研究、论证，从而为“民刑交叉”案件的正确处理提供更多的理论支持。

附 1　民事起诉状样本

民事起诉状

原告：
住所地：
法定代表人：

被告：
住所地：
法定代表人

被告：
住所地：

诉讼请求

1. 判令被告
2. 判令被告

事实与理由

此致
×××人民法院

具状人：
年 月 日

附 2 《最高人民法院关于进一步加强民事送达工作的若干意见》

最高人民法院关于进一步加强民事送达工作的若干意见
（法发〔2017〕19 号）

送达是民事案件审理过程中的重要程序事项，是保障人民法院依法公正审理民事案件、及时维护当事人合法权益的基础。近年来，随着我国社会经济的发展和人民群众司法需求的提高，送达问题已经成为制约民事审判公正与效率的瓶颈之一。为此，各级人民法院要切实改进和加强送达工作，在法律和司法解释的框架内，创新工作机制和方法，全面推进当事人送达地址确认制度，统一送达地址确认书格式，规范送达地址确认书内容，提升民事送达的质量和效率，将司法为民切实落到实处。

一、送达地址确认书是当事人送达地址确认制度的基础。送达地址确认书应当包括当事人提供的送达地址、人民法院告知事项、当事人对送达地址的确认、送达地址确认书的适用范围和变更方式等内容。

二、当事人提供的送达地址应当包括邮政编码、详细地址以及受送达人的联系电话等。同意电子送达的，应当提供并确认接收民事诉讼文书的传真号、电子信箱、微信号等电子送达地址。当事人委托诉讼代理人的，诉讼代理人确认的送达地址视为当事人的送达地址。

三、为保障当事人的诉讼权利，人民法院应当告知送达地址确认书的填写要求和注意事项以及拒绝提供送达地址、提供虚假地址或者提供地址不准确的法律后果。

四、人民法院应当要求当事人对其填写的送达地址及法律后果等事项进行确认。当事人确认的内容应当包括当事人已知晓人民法院告知的事项及送达地址确认书的法律后果，保证送达地址准确、有效，同意人民法院通过其确认的地址送达诉讼文书等，并由当事人或者诉讼代理人签名、盖章或者捺印。

五、人民法院应当在登记立案时要求当事人确认送达地址。当事人拒绝确认送达地址的，依照《最高人民法院关于登记立案若干问题的规定》第七条的规定处理。

六、当事人在送达地址确认书中确认的送达地址，适用于第一审程序、第二审程序和执行程序。当事人变更送达地址，应当以书面方式告知人民法院。当事人未书面变更的，以其确认的地址为送达地址。

七、因当事人提供的送达地址不准确、拒不提供送达地址、送达地址变更未书面告知人民法院，导致民事诉讼文书未能被受送达人实际接收的，直接送达的，民事诉讼文书留在该地址之日为送达之日；邮寄送达的，文书被退回之日为送达之日。

八、当事人拒绝确认送达地址或以拒绝应诉、拒接电话、避而不见送达人员、搬离原住所等躲避、规避送达，人民法院不能或无法要求其确认送达地址的，可以分别以下列情形处理：

（一）当事人在诉讼所涉及的合同、往来函件中对送达地址有明确约定的，以约定的地址为送达地址；

（二）没有约定的，以当事人在诉讼中提交的书面材料中载明的自己的地址为送达地址；

（三）没有约定、当事人也未提交书面材料或者书面材料中未载明地址的，以一年内进行其他诉讼、仲裁案件中提供的地址为送达地址；

（四）无以上情形的，以当事人一年内进行民事活动时经常使用的地址为送达地址。

人民法院按照上述地址进行送达的，可以同时以电话、微信等方式通知受送达人。

九、依第八条规定仍不能确认送达地址的，自然人以其户籍登记的住所或者在经常居住地登记的住址为送达地址，法人或者其他组织以其工商登记或其他依法登记、备案的住所地为送达地址。

十、在严格遵守民事诉讼法和民事诉讼法司法解释关于电子送达适用条件的前提下，积极主动探索电子送达及送达凭证保全的有效方式、方法。有条件的法院可以建立专门的电子送达平台，或以诉讼服务平台为依托进行电子送达，或者采取与大型门户网站、通信运营商合作的方式，通过专门的电子邮箱、特定的通信号码、信息公众号等方式进行送达。

十一、采用传真、电子邮件方式送达的，送达人员应记录传真发送和接收号码、电子邮件发送和接收邮箱、发送时间、送达诉讼文书名称，并打印传真发送确认单、电子邮件发送成功网页，存卷备查。

十二、采用短信、微信等方式送达的，送达人员应记录收发手机号码、发送时间、送达诉讼文书名称，并将短信、微信等送达内容拍摄照片，存卷备查。

十三、可以根据实际情况，有针对性地探索提高送达质量和效率的工作机制，确定由专门的送达机构或者由各审判、执行部门进行送达。在不违反法律、司法解释规定的前提下，可以积极探索创新行之有效的工作方法。

十四、对于移动通信工具能够接通但无法直接送达、邮寄送达的，除判决书、裁定书、调解书外，可以采取电话送达的方式，由送达人员告知当事人诉讼文书内容，并记录拨打、接听电话号码、通话时间、送达诉讼文书内容，通话过程应当录音以存卷备查。

十五、要严格适用民事诉讼法关于公告送达的规定，加强对公告送达的管理，充分保障当事人的诉讼权利。只有在受送达人下落不明，或者用民事诉讼法第一编第七章第二节规定的其他方式无法送达的，才能适用公告送达。

十六、在送达工作中，可以借助基层组织的力量和社会力量，加强与基层组织和有关部门的沟通、协调，为做好送达工作创造良好的外部环境。有条件的地方可以要求基层组织协助送达，并可适当支付费用。

十七、要树立全国法院一盘棋意识，对于其他法院委托送达的诉讼文书，要认真、及时进行送达。鼓励法院之间建立委托送达协作机制，节约送达成本，提高送达效率。

附3　《中华人民共和国民事诉讼法》

中华人民共和国民事诉讼法

（2017年6月27日修正）

第一编　总　则

第一章　任务、适用范围和基本原则

第一条　中华人民共和国民事诉讼法以宪法为根据，结合我国民事审判工作的经验和实际情况制定。

第二条　中华人民共和国民事诉讼法的任务，是保护当事人行使诉讼权利，保证人民法院查明事实，分清是非，正确适用法律，及时审理民事案件，确认民事权利义务关系，制裁民事违法行为，保护当事人的合法权益，教育公民自觉遵守法律，维护社会秩序、经济秩序，保障社会主义建设事业顺利进行。

第三条　人民法院受理公民之间、法人之间、其他组织之间以及他们相互之间因财产关系和人身关系提起的民事诉讼，适用本法的规定。

第四条　凡在中华人民共和国领域内进行民事诉讼，必须遵守本法。

第五条　外国人、无国籍人、外国企业和组织在人民法院起诉、应诉，同中华人民共和国公民、法人和其他组织有同等的诉讼权利义务。

外国法院对中华人民共和国公民、法人和其他组织的民事诉讼权利加以限制的，中华人民共和国人民法院对该国公民、企业和组织的民事诉讼权利，实行对等原则。

第六条　民事案件的审判权由人民法院行使。

人民法院依照法律规定对民事案件独立进行审判，不受行政机关、社会团体和个人的干涉。

第七条　人民法院审理民事案件，必须以事实为根据，以法律为准绳。

第八条　民事诉讼当事人有平等的诉讼权利。人民法院审理民事案件，应当保障和便利当事人行使诉讼权利，对当事人在适用法律上一律平等。

第九条　人民法院审理民事案件，应当根据自愿和合法的原则进行调解；调解不成的，应当及时判决。

第十条　人民法院审理民事案件，依照法律规定实行合议、回避、公开审判和两审终审制度。

第十一条　各民族公民都有用本民族语言、文字进行民事诉讼的权利。

在少数民族聚居或者多民族共同居住的地区，人民法院应当用当地民族通用的语言、文字进行审理和发布法律文书。

人民法院应当对不通晓当地民族通用的语言、文字的诉讼参与人提供翻译。

第十二条　人民法院审理民事案件时，当事人有权进行辩论。

第十三条　民事诉讼应当遵循诚实信用原则。

当事人有权在法律规定的范围内处分自己的民事权利和诉讼权利。

第十四条　人民检察院有权对民事诉讼实行法律监督。

第十五条　机关、社会团体、企业事业单位对损害国家、集体或者个人民事权益的行为，可以支持受损害的单位或者个人向人民法院起诉。

第十六条　民族自治地方的人民代表大会根据宪法和本法的原则，结合当地民族的具体情况，可以制定变通或者补充的规定。自治区的规定，报全国人民代表大会常务委员会批准。自治州、自治县的规定，报省或者自治区的人民代表大会常务委员会批准，并报全国人民代表大会常务委员会备案。

第二章　管　辖

第一节　级别管辖

第十七条　基层人民法院管辖第一审民事案件，但本法另有规定的除外。

第十八条　中级人民法院管辖下列第一审民事案件：

（一）重大涉外案件；

（二）在本辖区有重大影响的案件；

（三）最高人民法院确定由中级人民法院管辖的案件。

第十九条　高级人民法院管辖在本辖区有重大影响的第一审民事案件。

第二十条　最高人民法院管辖下列第一审民事案件：

（一）在全国有重大影响的案件；

（二）认为应当由本院审理的案件。

第二节　地域管辖

第二十一条　对公民提起的民事诉讼，由被告住所地人民法院管辖；被告住所地与经常居住地不一致的，由经常居住地人民法院管辖。

对法人或者其他组织提起的民事诉讼，由被告住所地人民法院管辖。

同一诉讼的几个被告住所地、经常居住地在两个以上人民法院辖区的，各该人民法院都有管辖权。

第二十二条　下列民事诉讼，由原告住所地人民法院管辖；原告住所地与经常居住地不一致的，由原告经常居住地人民法院管辖：

（一）对不在中华人民共和国领域内居住的人提起的有关身份关系的诉讼；

（二）对下落不明或者宣告失踪的人提起的有关身份关系的诉讼；

（三）对被采取强制性教育措施的人提起的诉讼；

（四）对被监禁的人提起的诉讼。

第二十三条　因合同纠纷提起的诉讼，由被告住所地或者合同履行地人民法院管辖。

第二十四条　因保险合同纠纷提起的诉讼，由被告住所地或者保险标的物所在地人民法院管辖。

第二十五条　因票据纠纷提起的诉讼，由票据支付地或者被告住所地人民法院管辖。

第二十六条　因公司设立、确认股东资格、分配利润、解散等纠纷提起的诉讼，由公司住所地人民法院管辖。

第二十七条　因铁路、公路、水上、航空运输和联合运输合同纠纷提起的诉讼，由运输始发地、目的地或者被告住所地人民法院管辖。

第二十八条　因侵权行为提起的诉讼，由侵权行为地或者被告住所地人民法院管辖。

第二十九条　因铁路、公路、水上和航空事故请求损害赔偿提起的诉讼，由事故发生地或者车辆、船舶最先到达地、航空器最先降落地或者被告住所地人民法院管辖。

第三十条　因船舶碰撞或者其他海事损害事故请求损害赔偿提起的诉讼，由碰撞发生地、碰撞船舶最先到达地、加害船舶被扣留地或者被告住所地人民法院管辖。

第三十一条　因海难救助费用提起的诉讼，由救助地或者被救助船舶最先到达地人民法院管辖。

第三十二条　因共同海损提起的诉讼，由船舶最先到达地、共同海损理算地或者航程终止地的人民法院管辖。

第三十三条　下列案件，由本条规定的人民法院专属管辖：

（一）因不动产纠纷提起的诉讼，由不动产所在地人民法院管辖；

（二）因港口作业中发生纠纷提起的诉讼，由港口所在地人民法院管辖；

（三）因继承遗产纠纷提起的诉讼，由被继承人死亡时住所地或者主要遗产所在地人民法院管辖。

第三十四条　合同或者其他财产权益纠纷的当事人可以书面协议选择被告住所地、合同履行地、合同签订地、原告住所地、标的物所在地等与争议有实际联系的地点的人民法院管辖，但不得违反本法对级别管辖和专属管辖的规定。

第三十五条　两个以上人民法院都有管辖权的诉讼，原告可以向其中一个人民法院起诉；原告向两个以上有管辖权的人民法院起诉的，由最先立案的人民法院管辖。

第三节　移送管辖和指定管辖

第三十六条　人民法院发现受理的案件不属于本院管辖的，应当移送有管辖权的人民法院，受移送的人民法院应当受理。受移送的人民法院认为受移送的案件依照规定不属于本院管辖的，应当报请上级人民法院指定管辖，不得再自行移送。

第三十七条　有管辖权的人民法院由于特殊原因，不能行使管辖权的，由上级人民法院指定管辖。人民法院之间因管辖权发生争议，由争议双方协商解决；协商解决不了的，报请它们的共同上级人民法院指定管辖。

第三十八条　上级人民法院有权审理下级人民法院管辖的第一审民事案件；确有必要将本院管辖的第一审民事案件交下级人民法院审理的，应当报请其上级人民法院批准。下级人民法院对它所管辖的第一审民事案件，认为需要由上级人民法院审理的，可以报请上级人民法院审理。

第三章　审判组织

第三十九条　人民法院审理第一审民事案件，由审判员、陪审员共同组成合议庭或者由审判员组成合议庭。合议庭的成员人数，必须是单数。适用简易程序审理的民事案件，由审判员一人独任审理。陪审员在执行陪审职务时，与审判员有同等的权利义务。

第四十条　人民法院审理第二审民事案件，由审判员组成合议庭。合议庭的成员人数，必须是单数。发回重审的案件，原审人民法院应当按照第一审程序另行组成合议庭。审理再审案件，原来是第一审的，按照第一审程序另行组成合议庭；原来是第二审的或者是上级人民法院提审的，按照第二审程序另行组成合议庭。

第四十一条　合议庭的审判长由院长或者庭长指定审判员一人担任；院长或者庭长参加审判的，由院长或者庭长担任。

第四十二条　合议庭评议案件，实行少数服从多数的原则。评议应当制作笔录，由合议庭成员签名。评议中的不同意见，必须如实记入笔录。

第四十三条　审判人员应当依法秉公办案。

审判人员不得接受当事人及其诉讼代理人请客送礼。

审判人员有贪污受贿，徇私舞弊，枉法裁判行为的，应当追究法律责任；构成犯罪的，依法追究刑事责任。

第四章　回　避

第四十四条　审判人员有下列情形之一的，应当自行回避，当事人有权用口头或者书面方式申请他们回避：

（一）是本案当事人或者当事人、诉讼代理人近亲属的；

（二）与本案有利害关系的；

（三）与本案当事人、诉讼代理人有其他关系，可能影响对案件公正审理的。

审判人员接受当事人、诉讼代理人请客送礼，或者违反规定会见当事人、诉讼代理人的，当事人有权要求他们回避。审判人员有前款规定的行为的，应当依法追究法律责任。前三款规定，适用于书记员、翻译人员、鉴定人、勘验人。

第四十五条　当事人提出回避申请，应当说明理由，在案件开始审理时提出；回避事由在案件开始审理后知道的，也可以在法庭辩论终结前提出。被申请回避的人员在人民法院作出是否回避的决定前，应当暂停参与本案的工作，但案件需要采取紧急措施的除外。

第四十六条　院长担任审判长时的回避，由审判委员会决定；审判人员的回避，由院长决定；其他人员的回避，由审判长决定。

第四十七条　人民法院对当事人提出的回避申请，应当在申请提出的3日内，以口头或者书面形式作出决定。申请人对决定不服的，可以在接到决定时申请复议一次。复议期间，被申请回避的人员，不停止参与本案的工作。人民法院对复议申请，应当在3日内作出复议决定，并通知复议申请人。

第五章　诉讼参加人

第一节　当事人

第四十八条　公民、法人和其他组织可以作为民事诉讼的当事人。法人由其法定代表人进行诉讼。其他组织由其主要负责人进行诉讼。

第四十九条　当事人有权委托代理人，提出回避申请，收集、提供证据，进行辩论，请求调解，提起上诉，申请执行。当事人可以查阅本案有关材料，并可以复制本案有关材料和法律文书。查阅、复制本案有关材料的范围和办法由最高人民法院规定。当事人必须依法行使诉讼权利，遵守诉讼秩序，履行发生法律效力的判决书、裁定书和调解书。

第五十条　双方当事人可以自行和解。

第五十一条　原告可以放弃或者变更诉讼请求。被告可以承认或者反驳诉讼请求，有权提起反诉。

第五十二条　当事人一方或者双方为二人以上，其诉讼标的是共同的，或者诉讼标的是同一种类、人民法院认为可以合并审理并经当事人同意的，为共同诉讼。共同诉讼的一方当事人对诉讼标的有共同权利义务的，其中一人的诉讼行为经其他共同诉讼人承认，对其他共同诉讼人发生效力；对诉讼标的没有共同权利义务的，其中一人的诉讼行为对其他共同诉讼人不发生效力。

第五十三条　当事人一方人数众多的共同诉讼，可以由当事人推选代表人进行诉讼。代表人的诉讼行为对其所代表的当事人发生效力，但代表人变更、放弃诉讼请求或者承认对方当事人的诉讼请求，进行和解，必须经被代表的当事人同意。

第五十四条　诉讼标的是同一种类、当事人一方人数众多在起诉时人数尚未确定的，人民法院可以发出公告，说明案件情况和诉讼请求，通知权利人在一定期间向人民法院登记。向人民法院登记的权利人可以推选代表人进行诉讼；推选不出代表人的，人民法院可以与参加登记的权利人商定代表人。代表人的诉讼行为对其所代表的当事人发生效力，但代表人变更、放弃诉讼请求或者承认对方当事人的诉讼请求，进行和解，必须经被代表的当事人同意。人民法院作出的判决、裁定，对参加登记的全体权利人发生效力。未参加登记的权利人在诉讼时效期间提起诉讼的，适用该判决、裁定。

第五十五条　对污染环境、侵害众多消费者合法权益等损害社会公共利益的行为，法律规定的机关和有关组织可以向人民法院提起诉讼。

人民检察院在履行职责中发现破坏生态环境和资源保护、食品药品安全领域侵害众多消费者合法权益等损害社会公共利益的行为，在没有前款规定的机关和组织或者前款规定的机关和组织不提起诉讼的情况下，可以向人民法院提起诉讼。前款规定的机关或者组织提起诉讼的，人民检察院可以支持起诉。

第五十六条　对当事人双方的诉讼标的，第三人认为有独立请求权的，有权提起诉讼。对当事人双方的诉讼标的，第三人虽然没有独立请求权，但案件处理结果同他有法律上的利害关系的，可以申请参加诉讼，或者由人民法院通知他参加诉讼。人民法院判决承担民事责任的第三人，有当事人的诉讼权利义务。前两款规定的第三人，因不能归责于本人的事由未参加诉讼，但有证据证明发生法律效力的判决、裁定、调解书的部分或者全部内容错误，损害其民事权益的，可以自知道或者应当知道其民事权益受到损害之日起六个月内，向作出该判决、裁定、调解书的人民法院提起诉讼。人民法院经审理，诉讼请求成立的，应当改变或者撤销原判决、裁定、调解书；诉讼请求不成立的，驳回诉讼请求。

第二节 诉讼代理人

第五十七条 无诉讼行为能力人由他的监护人作为法定代理人代为诉讼。法定代理人之间互相推诿代理责任的，由人民法院指定其中一人代为诉讼。

第五十八条 当事人、法定代理人可以委托一至二人作为诉讼代理人。

下列人员可以被委托为诉讼代理人：

（一）律师、基层法律服务工作者；

（二）当事人的近亲属或者工作人员；

（三）当事人所在社区、单位以及有关社会团体推荐的公民。

第五十九条 委托他人代为诉讼，必须向人民法院提交由委托人签名或者盖章的授权委托书。授权委托书必须记明委托事项和权限。诉讼代理人代为承认、放弃、变更诉讼请求，进行和解，提起反诉或者上诉，必须有委托人的特别授权。侨居在国外的中华人民共和国公民从国外寄交或者托交的授权委托书，必须经中华人民共和国驻该国的使领馆证明；没有使领馆的，由与中华人民共和国有外交关系的第三国驻该国的使领馆证明，再转由中华人民共和国驻该第三国使领馆证明，或者由当地的爱国华侨团体证明。

第六十条 诉讼代理人的权限如果变更或者解除，当事人应当书面告知人民法院，并由人民法院通知对方当事人。

第六十一条 代理诉讼的律师和其他诉讼代理人有权调查收集证据，可以查阅本案有关材料。查阅本案有关材料的范围和办法由最高人民法院规定。

第六十二条 离婚案件有诉讼代理人的，本人除不能表达意思的以外，仍应出庭；确因特殊情况无法出庭的，必须向人民法院提交书面意见。

第六章 证 据

第六十三条 证据包括：

（一）当事人的陈述；

（二）书证；

（三）物证；

（四）视听资料；

（五）电子数据；

（六）证人证言；

（七）鉴定意见；

（八）勘验笔录。

证据必须查证属实，才能作为认定事实的根据。

第六十四条　当事人对自己提出的主张，有责任提供证据。当事人及其诉讼代理人因客观原因不能自行收集的证据，或者人民法院认为审理案件需要的证据，人民法院应当调查收集。人民法院应当按照法定程序，全面地、客观地审查核实证据。

第六十五条　当事人对自己提出的主张应当及时提供证据。人民法院根据当事人的主张和案件审理情况，确定当事人应当提供的证据及其期限。当事人在该期限内提供证据确有困难的，可以向人民法院申请延长期限，人民法院根据当事人的申请适当延长。当事人逾期提供证据的，人民法院应当责令其说明理由；拒不说明理由或者理由不成立的，人民法院根据不同情形可以不予采纳该证据，或者采纳该证据但予以训诫、罚款。

第六十六条　人民法院收到当事人提交的证据材料，应当出具收据，写明证据名称、页数、份数、原件或者复印件以及收到时间等，并由经办人员签名或者盖章。

第六十七条　人民法院有权向有关单位和个人调查取证，有关单位和个人不得拒绝。人民法院对有关单位和个人提出的证明文书，应当辨别真伪，审查确定其效力。

第六十八条　证据应当在法庭上出示，并由当事人互相质证。对涉及国家秘密、商业秘密和个人隐私的证据应当保密，需要在法庭出示的，不得在公开开庭时出示。

第六十九条　经过法定程序公证证明的法律事实和文书，人民法院应当作为认定事实的根据，但有相反证据足以推翻公证证明的除外。

第七十条　书证应当提交原件。物证应当提交原物。提交原件或者原物确有困难的，可以提交复制品、照片、副本、节录本。提交外文书证，必须附有中文译本。

第七十一条　人民法院对视听资料，应当辨别真伪，并结合本案的其他证据，审查确定能否作为认定事实的根据。

第七十二条　凡是知道案件情况的单位和个人，都有义务出庭作证。有关单位的负责人应当支持证人作证。不能正确表达意思的人，不能作证。

第七十三条　经人民法院通知，证人应当出庭作证。有下列情形之一的，经人民法院许可，可以通过书面证言、视听传输技术或者视听资料等方式作证：

（一）因健康原因不能出庭的；

（二）因路途遥远，交通不便不能出庭的；

（三）因自然灾害等不可抗力不能出庭的；

（四）其他有正当理由不能出庭的。

第七十四条　证人因履行出庭作证义务而支出的交通、住宿、就餐等必要费用以及误工损失，由败诉一方当事人负担。当事人申请证人作证的，由该当事人先行垫付；当事人没有申请，人民法院通知证人作证的，由人民法院先行垫付。

第七十五条　人民法院对当事人的陈述，应当结合本案的其他证据，审查确定能否作为认定事实的根据。当事人拒绝陈述的，不影响人民法院根据证据认定案件事实。

第七十六条　当事人可以就查明事实的专门性问题向人民法院申请鉴定。当事人申请鉴定的，由双方当事人协商确定具备资格的鉴定人；协商不成的，由人民法院指定。当事人未申请鉴定，人民法院对专门性问题认为需要鉴定的，应当委托具备资格的鉴定人进行鉴定。

第七十七条　鉴定人有权了解进行鉴定所需要的案件材料，必要时可以询问当事人、证人。鉴定人应当提出书面鉴定意见，在鉴定书上签名或者盖章。

第七十八条　当事人对鉴定意见有异议或者人民法院认为鉴定人有必要出庭的，鉴定人应当出庭作证。经人民法院通知，鉴定人拒不出庭作证的，鉴定意见不得作为认定事实的根据；支付鉴定费用的当事人可以要求返还鉴定费用。

第七十九条　当事人可以申请人民法院通知有专门知识的人出庭，就鉴定人作出的鉴定意见或者专业问题提出意见。

第八十条　勘验物证或者现场，勘验人必须出示人民法院的证件，并邀请当地基层组织或者当事人所在单位派人参加。当事人或者当事人的成年家属应当到场，拒不到场的，不影响勘验的进行。有关单位和个人根据人民法院的通知，有义务保护现场，协助勘验工作。勘验人应当将勘验情况和结果制作笔录，由勘验人、当事人和被邀参加人签名或者盖章。

第八十一条　在证据可能灭失或者以后难以取得的情况下，当事人可以在诉讼过程中向人民法院申请保全证据，人民法院也可以主动采取保全措施。因情况紧急，在证据可能灭失或者以后难以取得的情况下，利害关系人可以在提起诉讼或者申请仲裁前向证据所在地、被申请人住所地或者对案件有管辖权的人民法院申请保全证据。

证据保全的其他程序，参照适用本法第九章保全的有关规定。

第七章　期间、送达

第一节　期　间

第八十二条　期间包括法定期间和人民法院指定的期间。期间以时、日、月、年计算。期间开始的时和日，不计算在期间内。期间届满的最后一日是节假日的，以节假日后的第一日为期间届满的日期。期间不包括在途时间，诉讼文书在期满前交邮的，不算过期。

第八十三条　当事人因不可抗拒的事由或者其他正当理由耽误期限的，在障碍消除后的十日内，可以申请顺延期限，是否准许，由人民法院决定。

第二节　送　达

第八十四条　送达诉讼文书必须有送达回证，由受送达人在送达回证上记明收到日期，签名或者盖章。受送达人在送达回证上的签收日期为送达日期。

第八十五条　送达诉讼文书，应当直接送交受送达人。受送达人是公民的，本人不在交他的同住成年家属签收；受送达人是法人或者其他组织的，应当由法人的法定代表人、其他组织的主要负责人或者该法人、组织负责收件的人签收；受送达人有诉讼代理人的，可以送交其代理人签收；受送达人已向人民法院指定代收人的，送交代收人签收。受送达人的同住成年家属，法人或者其他组织的负责收件的人，诉讼代理人或者代收人在送达回证上签收的日期为送达日期。

第八十六条　受送达人或者他的同住成年家属拒绝接收诉讼文书的，送达人可以邀请有关基层组织或者所在单位的代表到场，说明情况，在送达回证上记明拒收事由和日期，由送达人、见证人签名或者盖章，把诉讼文书留在受送达人的住所；也可以把诉讼文书留在受送达人的住所，并采用拍照、录像等方式记录送达过程，即视为送达。

第八十七条　经受送达人同意，人民法院可以采用传真、电子邮件等能够确认其收悉的方式送达诉讼文书，但判决书、裁定书、调解书除外。采用前款方式送达的，以传真、电子邮件等到达受送达人特定系统的日期为送达日期。

第八十八条　直接送达诉讼文书有困难的，可以委托其他人民法院代为送达，或者邮寄送达。邮寄送达的，以回执上注明的收件日期为送达日期。

第八十九条　受送达人是军人的，通过其所在部队团以上单位的政治机关转交。

第九十条　受送达人被监禁的，通过其所在监所转交。

受送达人被采取强制性教育措施的，通过其所在强制性教育机构转交。

第九十一条　代为转交的机关、单位收到诉讼文书后，必须立即交受送达人签收，以在送达回证上的签收日期，为送达日期。

第九十二条　受送达人下落不明，或者用本节规定的其他方式无法送达的，公告送达。自发出公告之日起，经过60日，即视为送达。

公告送达，应当在案卷中记明原因和经过。

第八章　调　解

第九十三条　人民法院审理民事案件，根据当事人自愿的原则，在事实清楚的基础上，分清是非，进行调解。

第九十四条　人民法院进行调解，可以由审判员一人主持，也可以由合议庭主持，并尽可能就地进行。

人民法院进行调解，可以用简便方式通知当事人、证人到庭。

第九十五条　人民法院进行调解，可以邀请有关单位和个人协助。被邀请的单位和个人，应当协助人民法院进行调解。

第九十六条　调解达成协议，必须双方自愿，不得强迫。调解协议的内容不得违反法律规定。

第九十七条　调解达成协议，人民法院应当制作调解书。调解书应当写明诉讼请求、案件的事实和调解结果。调解书由审判人员、书记员署名，加盖人民法院印章，送达双方当事人。调解书经双方当事人签收后，即具有法律效力。

第九十八条　下列案件调解达成协议，人民法院可以不制作调解书：

（一）调解和好的离婚案件；

（二）调解维持收养关系的案件；

（三）能够即时履行的案件；

（四）其他不需要制作调解书的案件。

对不需要制作调解书的协议，应当记入笔录，由双方当事人、审判人员、书记员签名或者盖章后，即具有法律效力。

第九十九条　调解未达成协议或者调解书送达前一方反悔的，人民法院应当及时判决。

第九章　保全和先予执行

第一百条　人民法院对于可能因当事人一方的行为或者其他原因，使判决难以执行或者造成当事人其他损害的案件，根据对方当事人的申请，可以裁定对其财产进行保全、责令其作出一定行为或者禁止其作出一定行为；当事人没有提出申请的，人民法院在必要时也可以裁定采取保全措施。人民法院采取保全措施，可以责令申请人提供担保，申请人不提供担保的，裁定驳回申请。人民法院接受申请后，对情况紧急的，必须在48小时内作出裁定；裁定采取保全措施的，应当立即开始执行。

第一百零一条　利害关系人因情况紧急，不立即申请保全将会使其合法权益受到难以弥补的损害的，可以在提起诉讼或者申请仲裁前向被保全财产所在地、被申请人住所地或者对案件有管辖权的人民法院申请采取保全措施。申请人应当提供担保，不提供担保的，裁定驳回申请。人民法院接受申请后，必须在48小时内作出裁定；裁定采取保全措施的，应当立即开始执行。申请人在人民法院采取保全措施后30日内不依法提起诉讼或者申请仲裁的，人民法院应当解除保全。

第一百零二条　保全限于请求的范围，或者与本案有关的财物。

第一百零三条　财产保全采取查封、扣押、冻结或者法律规定的其他方法。人民法院保全财产后，应当立即通知被保全财产的人。财产已被查封、冻结的，不得重复查封、冻结。

第一百零四条　财产纠纷案件，被申请人提供担保的，人民法院应当裁定解除保全。

第一百零五条　申请有错误的，申请人应当赔偿被申请人因保全所遭受的损失。

第一百零六条　人民法院对下列案件，根据当事人的申请，可以裁定先予执行：

（一）追索赡养费、扶养费、抚育费、抚恤金、医疗费用的；

（二）追索劳动报酬的；

（三）因情况紧急需要先予执行的。

第一百零七条　人民法院裁定先予执行的，应当符合下列条件：

（一）当事人之间权利义务关系明确，不先予执行将严重影响申请人的生活或者生产经营的；

（二）被申请人有履行能力。

人民法院可以责令申请人提供担保，申请人不提供担保的，驳回申请。申请人败诉的，应当赔偿被申请人因先予执行遭受的财产损失。

第一百零八条　当事人对保全或者先予执行的裁定不服的，可以申请复议一次。复议期间不停止裁定的执行。

第十章　对妨害民事诉讼的强制措施

第一百零九条　人民法院对必须到庭的被告，经两次传票传唤，无正当理由拒不到庭的，可以拘传。

第一百一十条　诉讼参与人和其他人应当遵守法庭规则。

人民法院对违反法庭规则的人，可以予以训诫，责令退出法庭或者予以罚款、拘留。人民法院对哄闹、冲击法庭，侮辱、诽谤、威胁、殴打审判人员，严重扰乱法庭秩序的人，依法追究刑事责任；情节较轻的，予以罚款、拘留。

第一百一十一条　诉讼参与人或者其他人有下列行为之一的，人民法院可以根据情节轻重予以罚款、拘留；构成犯罪的，依法追究刑事责任：

（一）伪造、毁灭重要证据，妨碍人民法院审理案件的；

（二）以暴力、威胁、贿买方法阻止证人作证或者指使、贿买、胁迫他人作伪证的；

（三）隐藏、转移、变卖、毁损已被查封、扣押的财产，或者已被清点并责令其保管的财产，转移已被冻结的财产的；

（四）对司法工作人员、诉讼参加人、证人、翻译人员、鉴定人、勘验人、协助执行的人，进行侮辱、诽谤、诬陷、殴打或者打击报复的；

（五）以暴力、威胁或者其他方法阻碍司法工作人员执行职务的；

（六）拒不履行人民法院已经发生法律效力的判决、裁定的。

人民法院对有前款规定的行为之一的单位，可以对其主要负责人或者直接责任人员予以罚款、拘留；构成犯罪的，依法追究刑事责任。

第一百一十二条　当事人之间恶意串通，企图通过诉讼、调解等方式侵害他人合法权益的，人民法院应当驳回其请求，并根据情节轻重予以罚款、拘留；构成犯罪的，依法追究刑事责任。

第一百一十三条　被执行人与他人恶意串通，通过诉讼、仲裁、调解等方式逃避履行法律文书确定的义务的，人民法院应当根据情节轻重予以罚款、拘留；构成犯罪的，依法追究刑事责任。

第一百一十四条　有义务协助调查、执行的单位有下列行为之一的，人民法院除责令其履行协助义务外，并可以予以罚款：

（一）有关单位拒绝或者妨碍人民法院调查取证的；

（二）有关单位接到人民法院协助执行通知书后，拒不协助查询、扣押、冻结、划拨、变价财产的；

（三）有关单位接到人民法院协助执行通知书后，拒不协助扣留被执行人的收入、办理有关财产权证照转移手续、转交有关票证、证照或者其他财产的；

（四）其他拒绝协助执行的。

人民法院对有前款规定的行为之一的单位，可以对其主要负责人或者直接责任人员予以罚款；对仍不履行协助义务的，可以予以拘留；并可以向监察机关或者有关机关提出予以纪律处分的司法建议。

第一百一十五条　对个人的罚款金额，为人民币 10 万元以下。对单位的罚款金额，为人民币 5 万元以上 100 万元以下。拘留的期限，为 15 日以下。被拘留的人，由人民法院交公安机关看管。在拘留期间，被拘留人承认并改正错误的，人民法院可以决定提前解除拘留。

第一百一十六条　拘传、罚款、拘留必须经院长批准。拘传应当发拘传票。

罚款、拘留应当用决定书。对决定不服的，可以向上一级人民法院申请复议一次。复议期间不停止执行。

第一百一十七条　采取对妨害民事诉讼的强制措施必须由人民法院决定。任何单位和个人采取非法拘禁他人或者非法私自扣押他人财产追索债务的，应当依法追究刑事责任，或者予以拘留、罚款。

第十一章　诉讼费用

第一百一十八条　当事人进行民事诉讼，应当按照规定交纳案件受理费。财产案件除交纳案件受理费外，并按照规定交纳其他诉讼费用。当事人交纳诉讼费用确有困难的，可以按照规定向人民法院申请缓交、减交或者免交。收取诉讼费用的办法另行制定。

第二编　审判程序

第十二章　第一审普通程序

第一节　起诉和受理

第一百一十九条　起诉必须符合下列条件：

（一）原告是与本案有直接利害关系的公民、法人和其他组织；

（二）有明确的被告；

（三）有具体的诉讼请求和事实、理由；

（四）属于人民法院受理民事诉讼的范围和受诉人民法院管辖。

第一百二十条　起诉应当向人民法院递交起诉状，并按照被告人数提出副本。

书写起诉状确有困难的，可以口头起诉，由人民法院记入笔录，并告知对方当事人。

第一百二十一条　起诉状应当记明下列事项：

（一）原告的姓名、性别、年龄、民族、职业、工作单位、住所、联系方式，法人或者其他组织的名称、住所和法定代表人或者主要负责人的姓名、职务、联系方式；

（二）被告的姓名、性别、工作单位、住所等信息，法人或者其他组织的名称、住所等信息；

（三）诉讼请求和所根据的事实与理由；

（四）证据和证据来源，证人姓名和住所。

第一百二十二条　当事人起诉到人民法院的民事纠纷，适宜调解的，先行调解，但当事人拒绝调解的除外。

第一百二十三条　人民法院应当保障当事人依照法律规定享有的起诉权利。对符合本法第119条的起诉，必须受理。符合起诉条件的，应当在7日内立案，并通知当事人；不符合起诉条件的，应当在7日内作出裁定书，不予受理；原告对裁定不服的，可以提起上诉。

第一百二十四条　人民法院对下列起诉，分别情形，予以处理：

（一）依照行政诉讼法的规定，属于行政诉讼受案范围的，告知原告提起行政诉讼；

（二）依照法律规定，双方当事人达成书面仲裁协议申请仲裁、不得向人民法院起诉的，告知原告向仲裁机构申请仲裁；

（三）依照法律规定，应当由其他机关处理的争议，告知原告向有关机关申请解决；

（四）对不属于本院管辖的案件，告知原告向有管辖权的人民法院起诉；

（五）对判决、裁定、调解书已经发生法律效力的案件，当事人又起诉的，告知原告申请再审，但人民法院准许撤诉的裁定除外；

（六）依照法律规定，在一定期限内不得起诉的案件，在不得起诉的期限内起诉的，不予受理；

（七）判决不准离婚和调解和好的离婚案件，判决、调解维持收养关系的案件，没有新情况、新理由，原告在6个月内又起诉的，不予受理。

第二节　审理前的准备

第一百二十五条　人民法院应当在立案之日起五日内将起诉状副本发送被告，被告应当在收到之日起15日内提出答辩状。答辩状应当记明被告的姓名、性别、年龄、民族、职业、工作单位、住所、联系方式；法人或者其他组织的名称、住所和法定代表人或者主要负责人的姓名、职务、联系方式。人民法院应当在收到答辩状之日起5日内将答辩状副本发送原告。

被告不提出答辩状的，不影响人民法院审理。

第一百二十六条　人民法院对决定受理的案件，应当在受理案件通知书和应诉通知书中向当事人告知有关的诉讼权利义务，或者口头告知。

第一百二十七条　人民法院受理案件后，当事人对管辖权有异议的，应当在提交答辩状期间提出。人民法院对当事人提出的异议，应当审查。异议成立的，裁定将案件移送有管辖权的人民法院；异议不成立的，裁定驳回。

当事人未提出管辖异议，并应诉答辩的，视为受诉人民法院有管辖权，但违反级别管辖和专属管辖规定的除外。

第一百二十八条　合议庭组成人员确定后，应当在三日内告知当事人。

第一百二十九条　审判人员必须认真审核诉讼材料，调查收集必要的证据。

第一百三十条　人民法院派出人员进行调查时，应当向被调查人出示证件。

调查笔录经被调查人校阅后，由被调查人、调查人签名或者盖章。

第一百三十一条　人民法院在必要时可以委托外地人民法院调查。

委托调查，必须提出明确的项目和要求。受委托人民法院可以主动补充调查。

受委托人民法院收到委托书后，应当在30日内完成调查。因故不能完成的，应当在上述期限内函告委托人民法院。

第一百三十二条　必须共同进行诉讼的当事人没有参加诉讼的，人民法院应当通知其参加诉讼。

第一百三十三条　人民法院对受理的案件，分别情形，予以处理：

（一）当事人没有争议，符合督促程序规定条件的，可以转入督促程序；

（二）开庭前可以调解的，采取调解方式及时解决纠纷；

（三）根据案件情况，确定适用简易程序或者普通程序；

（四）需要开庭审理的，通过要求当事人交换证据等方式，明确争议焦点。

第三节　开庭审理

第一百三十四条　人民法院审理民事案件，除涉及国家秘密、个人隐私或者法律另有规定的以外，应当公开进行。

离婚案件，涉及商业秘密的案件，当事人申请不公开审理的，可以不公开审理。

第一百三十五条　人民法院审理民事案件，根据需要进行巡回审理，就地办案。

第一百三十六条　人民法院审理民事案件，应当在开庭3日前通知当事人和其他诉讼参与人。公开审理的，应当公告当事人姓名、案由和开庭的时间、地点。

第一百三十七条　开庭审理前，书记员应当查明当事人和其他诉讼参与人是否到庭，宣布法庭纪律。

开庭审理时，由审判长核对当事人，宣布案由，宣布审判人员、书记员名单，告知当事人有关的诉讼权利义务，询问当事人是否提出回避申请。

第一百三十八条　法庭调查按照下列顺序进行：

（一）当事人陈述；

（二）告知证人的权利义务，证人作证，宣读未到庭的证人证言；

（三）出示书证、物证、视听资料和电子数据；

（四）宣读鉴定意见；

（五）宣读勘验笔录。

第一百三十九条　当事人在法庭上可以提出新的证据。

当事人经法庭许可，可以向证人、鉴定人、勘验人发问。

当事人要求重新进行调查、鉴定或者勘验的，是否准许，由人民法院决定。

第一百四十条　原告增加诉讼请求，被告提出反诉，第三人提出与本案有关的诉讼请求，可以合并审理。

第一百四十一条　法庭辩论按照下列顺序进行：

（一）原告及其诉讼代理人发言；

（二）被告及其诉讼代理人答辩；

（三）第三人及其诉讼代理人发言或者答辩；

（四）互相辩论。

法庭辩论终结，由审判长按照原告、被告、第三人的先后顺序征询各方最后意见。

第一百四十二条　法庭辩论终结，应当依法作出判决。判决前能够调解的，还可以进行调解，调解不成的，应当及时判决。

第一百四十三条 原告经传票传唤，无正当理由拒不到庭的，或者未经法庭许可中途退庭的，可以按撤诉处理；被告反诉的，可以缺席判决。

第一百四十四条 被告经传票传唤，无正当理由拒不到庭的，或者未经法庭许可中途退庭的，可以缺席判决。

第一百四十五条 宣判前，原告申请撤诉的，是否准许，由人民法院裁定。

人民法院裁定不准许撤诉的，原告经传票传唤，无正当理由拒不到庭的，可以缺席判决。

第一百四十六条 有下列情形之一的，可以延期开庭审理：

（一）必须到庭的当事人和其他诉讼参与人有正当理由没有到庭的；

（二）当事人临时提出回避申请的；

（三）需要通知新的证人到庭，调取新的证据，重新鉴定、勘验，或者需要补充调查的；

（四）其他应当延期的情形。

第一百四十七条 书记员应当将法庭审理的全部活动记入笔录，由审判人员和书记员签名。

法庭笔录应当当庭宣读，也可以告知当事人和其他诉讼参与人当庭或者在5日内阅读。当事人和其他诉讼参与人认为对自己的陈述记录有遗漏或者差错的，有权申请补正。如果不予补正，应当将申请记录在案。

法庭笔录由当事人和其他诉讼参与人签名或者盖章。拒绝签名盖章的，记明情况附卷。

第一百四十八条 人民法院对公开审理或者不公开审理的案件，一律公开宣告判决。

当庭宣判的，应当在10日内发送判决书；定期宣判的，宣判后立即发给判决书。

宣告判决时，必须告知当事人上诉权利、上诉期限和上诉的法院。

宣告离婚判决，必须告知当事人在判决发生法律效力前不得另行结婚。

第一百四十九条 人民法院适用普通程序审理的案件，应当在立案之日起6个月内审结。有特殊情况需要延长的，由本院院长批准，可以延长6个月；还需要延长的，报请上级人民法院批准。

第四节　诉讼中止和终结

第一百五十条　有下列情形之一的，中止诉讼：

（一）一方当事人死亡，需要等待继承人表明是否参加诉讼的；

（二）一方当事人丧失诉讼行为能力，尚未确定法定代理人的；

（三）作为一方当事人的法人或者其他组织终止，尚未确定权利义务承受人的；

（四）一方当事人因不可抗拒的事由，不能参加诉讼的；

（五）本案必须以另一案的审理结果为依据，而另一案尚未审结的；

（六）其他应当中止诉讼的情形。

中止诉讼的原因消除后，恢复诉讼。

第一百五十一条　有下列情形之一的，终结诉讼：

（一）原告死亡，没有继承人，或者继承人放弃诉讼权利的；

（二）被告死亡，没有遗产，也没有应当承担义务的人的；

（三）离婚案件一方当事人死亡的；

（四）追索赡养费、扶养费、抚育费以及解除收养关系案件的一方当事人死亡的。

第五节　判决和裁定

第一百五十二条　判决书应当写明判决结果和作出该判决的理由。判决书内容包括：

（一）案由、诉讼请求、争议的事实和理由；

（二）判决认定的事实和理由、适用的法律和理由；

（三）判决结果和诉讼费用的负担；

（四）上诉期间和上诉的法院。

判决书由审判人员、书记员署名，加盖人民法院印章。

第一百五十三条　人民法院审理案件，其中一部分事实已经清楚，可以就该部分先行判决。

第一百五十四条　裁定适用于下列范围：

（一）不予受理；

（二）对管辖权有异议的；

（三）驳回起诉；

（四）保全和先予执行；

（五）准许或者不准许撤诉；

（六）中止或者终结诉讼；

（七）补正判决书中的笔误；

（八）中止或者终结执行；

（九）撤销或者不予执行仲裁裁决；

（十）不予执行公证机关赋予强制执行效力的债权文书；

（十一）其他需要裁定解决的事项。

对前款第 1 项至第 3 项裁定，可以上诉。

裁定书应当写明裁定结果和作出该裁定的理由。裁定书由审判人员、书记员署名，加盖人民法院印章。口头裁定的，记入笔录。

第一百五十五条　最高人民法院的判决、裁定，以及依法不准上诉或者超过上诉期没有上诉的判决、裁定，是发生法律效力的判决、裁定。

第一百五十六条　公众可以查阅发生法律效力的判决书、裁定书，但涉及国家秘密、商业秘密和个人隐私的内容除外。

第十三章　简易程序

第一百五十七条　基层人民法院和它派出的法庭审理事实清楚、权利义务关系明确、争议不大的简单的民事案件，适用本章规定。

基层人民法院和它派出的法庭审理前款规定以外的民事案件，当事人双方也可以约定适用简易程序。

第一百五十八条　对简单的民事案件，原告可以口头起诉。

当事人双方可以同时到基层人民法院或者它派出的法庭，请求解决纠纷。基层人民法院或者它派出的法庭可以当即审理，也可以另定日期审理。

第一百五十九条　基层人民法院和它派出的法庭审理简单的民事案件，可以用简便方式传唤当事人和证人、送达诉讼文书、审理案件，但应当保障当事人陈述意见的权利。

第一百六十条　简单的民事案件由审判员一人独任审理，并不受本法第 136 条、第 138 条、第 141 条规定的限制。

第一百六十一条　人民法院适用简易程序审理案件，应当在立案之日起 3

个月内审结。

第一百六十二条　基层人民法院和它派出的法庭审理符合本法第157条第1款规定的简单的民事案件，标的额为各省、自治区、直辖市上年度就业人员年平均工资30%以下的，实行一审终审。

第一百六十三条　人民法院在审理过程中，发现案件不宜适用简易程序的，裁定转为普通程序。

第十四章　第二审程序

第一百六十四条　当事人不服地方人民法院第一审判决的，有权在判决书送达之日起15日内向上一级人民法院提起上诉。

当事人不服地方人民法院第一审裁定的，有权在裁定书送达之日起10日内向上一级人民法院提起上诉。

第一百六十五条　上诉应当递交上诉状。上诉状的内容，应当包括当事人的姓名，法人的名称及其法定代表人的姓名或者其他组织的名称及其主要负责人的姓名；原审人民法院名称、案件的编号和案由；上诉的请求和理由。

第一百六十六条　上诉状应当通过原审人民法院提出，并按照对方当事人或者代表人的人数提出副本。

当事人直接向第二审人民法院上诉的，第二审人民法院应当在5日内将上诉状移交原审人民法院。

第一百六十七条　原审人民法院收到上诉状，应当在5日内将上诉状副本送达对方当事人，对方当事人在收到之日起15日内提出答辩状。人民法院应当在收到答辩状之日起5日内将副本送达上诉人。对方当事人不提出答辩状的，不影响人民法院审理。

原审人民法院收到上诉状、答辩状，应当在5日内连同全部案卷和证据，报送第二审人民法院。

第一百六十八条　第二审人民法院应当对上诉请求的有关事实和适用法律进行审查。

第一百六十九条　第二审人民法院对上诉案件，应当组成合议庭，开庭审理。经过阅卷、调查和询问当事人，对没有提出新的事实、证据或者理由，合议庭认为不需要开庭审理的，可以不开庭审理。

第二审人民法院审理上诉案件，可以在本院进行，也可以到案件发生地或者原审人民法院所在地进行。

第一百七十条 第二审人民法院对上诉案件，经过审理，按照下列情形，分别处理：

（一）原判决、裁定认定事实清楚，适用法律正确的，以判决、裁定方式驳回上诉，维持原判决、裁定；

（二）原判决、裁定认定事实错误或者适用法律错误的，以判决、裁定方式依法改判、撤销或者变更；

（三）原判决认定基本事实不清的，裁定撤销原判决，发回原审人民法院重审，或者查清事实后改判；

（四）原判决遗漏当事人或者违法缺席判决等严重违反法定程序的，裁定撤销原判决，发回原审人民法院重审。

原审人民法院对发回重审的案件作出判决后，当事人提起上诉的，第二审人民法院不得再次发回重审。

第一百七十一条 第二审人民法院对不服第一审人民法院裁定的上诉案件的处理，一律使用裁定。

第一百七十二条 第二审人民法院审理上诉案件，可以进行调解。调解达成协议，应当制作调解书，由审判人员、书记员署名，加盖人民法院印章。调解书送达后，原审人民法院的判决即视为撤销。

第一百七十三条 第二审人民法院判决宣告前，上诉人申请撤回上诉的，是否准许，由第二审人民法院裁定。

第一百七十四条 第二审人民法院审理上诉案件，除依照本章规定外，适用第一审普通程序。

第一百七十五条 第二审人民法院的判决、裁定，是终审的判决、裁定。

第一百七十六条 人民法院审理对判决的上诉案件，应当在第二审立案之日起3个月内审结。有特殊情况需要延长的，由本院院长批准。

人民法院审理对裁定的上诉案件，应当在第二审立案之日起30日内作出终审裁定。

第十五章　特别程序

第一节　一般规定

第一百七十七条　人民法院审理选民资格案件、宣告失踪或者宣告死亡案件、认定公民无民事行为能力或者限制民事行为能力案件、认定财产无主案件、确认调解协议案件和实现担保物权案件，适用本章规定。本章没有规定的，适用本法和其他法律的有关规定。

第一百七十八条　依照本章程序审理的案件，实行一审终审。选民资格案件或者重大、疑难的案件，由审判员组成合议庭审理；其他案件由审判员一人独任审理。

第一百七十九条　人民法院在依照本章程序审理案件的过程中，发现本案属于民事权益争议的，应当裁定终结特别程序，并告知利害关系人可以另行起诉。

第一百八十条　人民法院适用特别程序审理的案件，应当在立案之日起30日内或者公告期满后30日内审结。有特殊情况需要延长的，由本院院长批准。但审理选民资格的案件除外。

第二节　选民资格案件

第一百八十一条　公民不服选举委员会对选民资格的申诉所作的处理决定，可以在选举日的5日以前向选区所在地基层人民法院起诉。

第一百八十二条　人民法院受理选民资格案件后，必须在选举日前审结。

审理时，起诉人、选举委员会的代表和有关公民必须参加。

人民法院的判决书，应当在选举日前送达选举委员会和起诉人，并通知有关公民。

第三节　宣告失踪、宣告死亡案件

第一百八十三条　公民下落不明满2年，利害关系人申请宣告其失踪的，向下落不明人住所地基层人民法院提出。

申请书应当写明失踪的事实、时间和请求，并附有公安机关或者其他有关机关关于该公民下落不明的书面证明。

第一百八十四条　公民下落不明满4年，或者因意外事故下落不明满2

年，或者因意外事故下落不明，经有关机关证明该公民不可能生存，利害关系人申请宣告其死亡的，向下落不明人住所地基层人民法院提出。

申请书应当写明下落不明的事实、时间和请求，并附有公安机关或者其他有关机关关于该公民下落不明的书面证明。

第一百八十五条　人民法院受理宣告失踪、宣告死亡案件后，应当发出寻找下落不明人的公告。宣告失踪的公告期间为3个月，宣告死亡的公告期间为1年。因意外事故下落不明，经有关机关证明该公民不可能生存的，宣告死亡的公告期间为3个月。

公告期间届满，人民法院应当根据被宣告失踪、宣告死亡的事实是否得到确认，作出宣告失踪、宣告死亡的判决或者驳回申请的判决。

第一百八十六条　被宣告失踪、宣告死亡的公民重新出现，经本人或者利害关系人申请，人民法院应当作出新判决，撤销原判决。

第四节　认定公民无民事行为能力、限制民事行为能力案件

第一百八十七条　申请认定公民无民事行为能力或者限制民事行为能力，由其近亲属或者其他利害关系人向该公民住所地基层人民法院提出。

申请书应当写明该公民无民事行为能力或者限制民事行为能力的事实和根据。

第一百八十八条　人民法院受理申请后，必要时应当对被请求认定为无民事行为能力或者限制民事行为能力的公民进行鉴定。申请人已提供鉴定意见的，应当对鉴定意见进行审查。

第一百八十九条　人民法院审理认定公民无民事行为能力或者限制民事行为能力的案件，应当由该公民的近亲属为代理人，但申请人除外。近亲属互相推诿的，由人民法院指定其中一人为代理人。该公民健康情况许可的，还应当询问本人的意见。

人民法院经审理认定申请有事实根据的，判决该公民为无民事行为能力或者限制民事行为能力人；认定申请没有事实根据的，应当判决予以驳回。

第一百九十条　人民法院根据被认定为无民事行为能力人、限制民事行为能力人或者他的监护人的申请，证实该公民无民事行为能力或者限制民事行为能力的原因已经消除的，应当作出新判决，撤销原判决。

第五节　认定财产无主案件

第一百九十一条　申请认定财产无主，由公民、法人或者其他组织向财产所在地基层人民法院提出。

申请书应当写明财产的种类、数量以及要求认定财产无主的根据。

第一百九十二条　人民法院受理申请后，经审查核实，应当发出财产认领公告。公告满一年无人认领的，判决认定财产无主，收归国家或者集体所有。

第一百九十三条　判决认定财产无主后，原财产所有人或者继承人出现，在民法通则规定的诉讼时效期间可以对财产提出请求，人民法院审查属实后，应当作出新判决，撤销原判决。

第六节　确认调解协议案件

第一百九十四条　申请司法确认调解协议，由双方当事人依照人民调解法等法律，自调解协议生效之日起30日内，共同向调解组织所在地基层人民法院提出。

第一百九十五条　人民法院受理申请后，经审查，符合法律规定的，裁定调解协议有效，一方当事人拒绝履行或者未全部履行的，对方当事人可以向人民法院申请执行；不符合法律规定的，裁定驳回申请，当事人可以通过调解方式变更原调解协议或者达成新的调解协议，也可以向人民法院提起诉讼。

第七节　实现担保物权案件

第一百九十六条　申请实现担保物权，由担保物权人以及其他有权请求实现担保物权的人依照物权法等法律，向担保财产所在地或者担保物权登记地基层人民法院提出。

第一百九十七条　人民法院受理申请后，经审查，符合法律规定的，裁定拍卖、变卖担保财产，当事人依据该裁定可以向人民法院申请执行；不符合法律规定的，裁定驳回申请，当事人可以向人民法院提起诉讼。

第十六章　审判监督程序

第一百九十八条　各级人民法院院长对本院已经发生法律效力的判决、

裁定、调解书，发现确有错误，认为需要再审的，应当提交审判委员会讨论决定。

最高人民法院对地方各级人民法院已经发生法律效力的判决、裁定、调解书，上级人民法院对下级人民法院已经发生法律效力的判决、裁定、调解书，发现确有错误的，有权提审或者指令下级人民法院再审。

第一百九十九条　当事人对已经发生法律效力的判决、裁定，认为有错误的，可以向上一级人民法院申请再审；当事人一方人数众多或者当事人双方为公民的案件，也可以向原审人民法院申请再审。当事人申请再审的，不停止判决、裁定的执行。

第二百条　当事人的申请符合下列情形之一的，人民法院应当再审：

（一）有新的证据，足以推翻原判决、裁定的；

（二）原判决、裁定认定的基本事实缺乏证据证明的；

（三）原判决、裁定认定事实的主要证据是伪造的；

（四）原判决、裁定认定事实的主要证据未经质证的；

（五）对审理案件需要的主要证据，当事人因客观原因不能自行收集，书面申请人民法院调查收集，人民法院未调查收集的；

（六）原判决、裁定适用法律确有错误的；

（七）审判组织的组成不合法或者依法应当回避的审判人员没有回避的；

（八）无诉讼行为能力人未经法定代理人代为诉讼或者应当参加诉讼的当事人，因不能归责于本人或者其诉讼代理人的事由，未参加诉讼的；

（九）违反法律规定，剥夺当事人辩论权利的；

（十）未经传票传唤，缺席判决的；

（十一）原判决、裁定遗漏或者超出诉讼请求的；

（十二）据以作出原判决、裁定的法律文书被撤销或者变更的；

（十三）审判人员审理该案件时有贪污受贿，徇私舞弊，枉法裁判行为的。

第二百零一条　当事人对已经发生法律效力的调解书，提出证据证明调解违反自愿原则或者调解协议的内容违反法律的，可以申请再审。经人民法院审查属实的，应当再审。

第二百零二条　当事人对已经发生法律效力的解除婚姻关系的判决、调解书，不得申请再审。

第二百零三条　当事人申请再审的，应当提交再审申请书等材料。人民法院应当自收到再审申请书之日起五日内将再审申请书副本发送对方当事人。对方当事人应当自收到再审申请书副本之日起15日内提交书面意见；不提交书面意见的，不影响人民法院审查。人民法院可以要求申请人和对方当事人补充有关材料，询问有关事项。

第二百零四条　人民法院应当自收到再审申请书之日起3个月内审查，符合本法规定的，裁定再审；不符合本法规定的，裁定驳回申请。有特殊情况需要延长的，由本院院长批准。

因当事人申请裁定再审的案件由中级人民法院以上的人民法院审理，但当事人依照本法第199条的规定选择向基层人民法院申请再审的除外。最高人民法院、高级人民法院裁定再审的案件，由本院再审或者交其他人民法院再审，也可以交原审人民法院再审。

第二百零五条　当事人申请再审，应当在判决、裁定发生法律效力后6个月内提出；有本法第200条第1项、第3项、第12项、第13项规定情形的，自知道或者应当知道之日起6个月内提出。

第二百零六条　按照审判监督程序决定再审的案件，裁定中止原判决、裁定、调解书的执行，但追索赡养费、扶养费、抚育费、抚恤金、医疗费用、劳动报酬等案件，可以不中止执行。

第二百零七条　人民法院按照审判监督程序再审的案件，发生法律效力的判决、裁定是由第一审法院作出的，按照第一审程序审理，所作的判决、裁定，当事人可以上诉；发生法律效力的判决、裁定是由第二审法院作出的，按照第二审程序审理，所作的判决、裁定，是发生法律效力的判决、裁定；上级人民法院按照审判监督程序提审的，按照第二审程序审理，所作的判决、裁定是发生法律效力的判决、裁定。

人民法院审理再审案件，应当另行组成合议庭。

第二百零八条　最高人民检察院对各级人民法院已经发生法律效力的判决、裁定，上级人民检察院对下级人民法院已经发生法律效力的判决、裁定，发现有本法第200条规定情形之一的，或者发现调解书损害国家利益、社会公共利益的，应当提出抗诉。

地方各级人民检察院对同级人民法院已经发生法律效力的判决、裁定，发现有本法第200条规定情形之一的，或者发现调解书损害国家利益、社会公共利益的，可以向同级人民法院提出检察建议，并报上级人民检察院备案；也可以提请上级人民检察院向同级人民法院提出抗诉。

各级人民检察院对审判监督程序以外的其他审判程序中审判人员的违法行为，有权向同级人民法院提出检察建议。

第二百零九条　有下列情形之一的，当事人可以向人民检察院申请检察建议或者抗诉：

（一）人民法院驳回再审申请的；

（二）人民法院逾期未对再审申请作出裁定的；

（三）再审判决、裁定有明显错误的。

人民检察院对当事人的申请应当在3个月内进行审查，作出提出或者不予提出检察建议或者抗诉的决定。当事人不得再次向人民检察院申请检察建议或者抗诉。

第二百一十条　人民检察院因履行法律监督职责提出检察建议或者抗诉的需要，可以向当事人或者案外人调查核实有关情况。

第二百一十一条　人民检察院提出抗诉的案件，接受抗诉的人民法院应当自收到抗诉书之日起30日内作出再审的裁定；有本法第200条第1项至第5项规定情形之一的，可以交下一级人民法院再审，但经该下一级人民法院再审的除外。

第二百一十二条　人民检察院决定对人民法院的判决、裁定、调解书提出抗诉的，应当制作抗诉书。

第二百一十三条　人民检察院提出抗诉的案件，人民法院再审时，应当通知人民检察院派员出席法庭。

第十七章　督促程序

第二百一十四条　债权人请求债务人给付金钱、有价证券，符合下列条件的，可以向有管辖权的基层人民法院申请支付令：

（一）债权人与债务人没有其他债务纠纷的；

（二）支付令能够送达债务人的。

申请书应当写明请求给付金钱或者有价证券的数量和所根据的事实、证据。

第二百一十五条　债权人提出申请后，人民法院应当在5日内通知债权人是否受理。

第二百一十六条　人民法院受理申请后，经审查债权人提供的事实、证据，对债权债务关系明确、合法的，应当在受理之日起15日内向债务人发出支付令；申请不成立的，裁定予以驳回。

债务人应当自收到支付令之日起15日内清偿债务，或者向人民法院提出书面异议。

债务人在前款规定的期间不提出异议又不履行支付令的，债权人可以向人民法院申请执行。

第二百一十七条　人民法院收到债务人提出的书面异议后，经审查，异议成立的，应当裁定终结督促程序，支付令自行失效。

支付令失效的，转入诉讼程序，但申请支付令的一方当事人不同意提起诉讼的除外。

第十八章　公示催告程序

第二百一十八条　按照规定可以背书转让的票据持有人，因票据被盗、遗失或者灭失，可以向票据支付地的基层人民法院申请公示催告。依照法律规定可以申请公示催告的其他事项，适用本章规定。

申请人应当向人民法院递交申请书，写明票面金额、发票人、持票人、背书人等票据主要内容和申请的理由、事实。

第二百一十九条　人民法院决定受理申请，应当同时通知支付人停止支付，并在3日内发出公告，催促利害关系人申报权利。公示催告的期间，由人民法院根据情况决定，但不得少于60日。

第二百二十条　支付人收到人民法院停止支付的通知，应当停止支付，至公示催告程序终结。

公示催告期间，转让票据权利的行为无效。

第二百二十一条　利害关系人应当在公示催告期间向人民法院申报。

人民法院收到利害关系人的申报后，应当裁定终结公示催告程序，并通知申请人和支付人。

申请人或者申报人可以向人民法院起诉。

第二百二十二条　没有人申报的，人民法院应当根据申请人的申请，作出判决，宣告票据无效。判决应当公告，并通知支付人。自判决公告之日起，申请人有权向支付人请求支付。

第二百二十三条　利害关系人因正当理由不能在判决前向人民法院申报的，自知道或者应当知道判决公告之日起一年内，可以向作出判决的人民法院起诉。

第三编　执行程序

第十九章　一般规定

第二百二十四条　发生法律效力的民事判决、裁定，以及刑事判决、裁定中的财产部分，由第一审人民法院或者与第一审人民法院同级的被执行的财产所在地人民法院执行。

法律规定由人民法院执行的其他法律文书，由被执行人住所地或者被执行的财产所在地人民法院执行。

第二百二十五条　当事人、利害关系人认为执行行为违反法律规定的，可以向负责执行的人民法院提出书面异议。当事人、利害关系人提出书面异议的，人民法院应当自收到书面异议之日起15日内审查，理由成立的，裁定撤销或者改正；理由不成立的，裁定驳回。当事人、利害关系人对裁定不服的，可以自裁定送达之日起10日内向上一级人民法院申请复议。

第二百二十六条　人民法院自收到申请执行书之日起超过6个月未执行的，申请执行人可以向上一级人民法院申请执行。上一级人民法院经审查，可以责令原人民法院在一定期限内执行，也可以决定由本院执行或者指令其他人民法院执行。

第二百二十七条　执行过程中，案外人对执行标的提出书面异议的，人民法院应当自收到书面异议之日起15日内审查，理由成立的，裁定中止对该标的的执行；理由不成立的，裁定驳回。案外人、当事人对裁定不服，认为原判决、裁定错误的，依照审判监督程序办理；与原判决、裁定无关的，可以自裁定送达之日起15日内向人民法院提起诉讼。

第二百二十八条　执行工作由执行员进行。

采取强制执行措施时，执行员应当出示证件。执行完毕后，应当将执行情况制作笔录，由在场的有关人员签名或者盖章。

人民法院根据需要可以设立执行机构。

第二百二十九条　被执行人或者被执行的财产在外地的，可以委托当地人民法院代为执行。受委托人民法院收到委托函件后，必须在15日内开始执行，不得拒绝。执行完毕后，应当将执行结果及时函复委托人民法院；在30日内如果还未执行完毕，也应当将执行情况函告委托人民法院。

受委托人民法院自收到委托函件之日起15日内不执行的，委托人民法院可以请求受委托人民法院的上级人民法院指令受委托人民法院执行。

第二百三十条　在执行中，双方当事人自行和解达成协议的，执行员应当将协议内容记入笔录，由双方当事人签名或者盖章。

申请执行人因受欺诈、胁迫与被执行人达成和解协议，或者当事人不履行和解协议的，人民法院可以根据当事人的申请，恢复对原生效法律文书的执行。

第二百三十一条　在执行中，被执行人向人民法院提供担保，并经申请执行人同意的，人民法院可以决定暂缓执行及暂缓执行的期限。被执行人逾期仍不履行的，人民法院有权执行被执行人的担保财产或者担保人的财产。

第二百三十二条　作为被执行人的公民死亡的，以其遗产偿还债务。作为被执行人的法人或者其他组织终止的，由其权利义务承受人履行义务。

第二百三十三条　执行完毕后，据以执行的判决、裁定和其他法律文书确有错误，被人民法院撤销的，对已被执行的财产，人民法院应当作出裁定，责令取得财产的人返还；拒不返还的，强制执行。

第二百三十四条　人民法院制作的调解书的执行，适用本编的规定。

第二百三十五条　人民检察院有权对民事执行活动实行法律监督。

第二十章　执行的申请和移送

第二百三十六条　发生法律效力的民事判决、裁定，当事人必须履行。一方拒绝履行的，对方当事人可以向人民法院申请执行，也可以由审判员移送执行员执行。

调解书和其他应当由人民法院执行的法律文书，当事人必须履行。一方拒绝履行的，对方当事人可以向人民法院申请执行。

第二百三十七条　对依法设立的仲裁机构的裁决，一方当事人不履行的，对方当事人可以向有管辖权的人民法院申请执行。受申请的人民法院应当执行。

被申请人提出证据证明仲裁裁决有下列情形之一的，经人民法院组成合议庭审查核实，裁定不予执行：

（一）当事人在合同中没有订有仲裁条款或者事后没有达成书面仲裁协议的；

（二）裁决的事项不属于仲裁协议的范围或者仲裁机构无权仲裁的；

（三）仲裁庭的组成或者仲裁的程序违反法定程序的；

（四）裁决所根据的证据是伪造的；

（五）对方当事人向仲裁机构隐瞒了足以影响公正裁决的证据的；

（六）仲裁员在仲裁该案时有贪污受贿，徇私舞弊，枉法裁决行为的。

人民法院认定执行该裁决违背社会公共利益的，裁定不予执行。

裁定书应当送达双方当事人和仲裁机构。

仲裁裁决被人民法院裁定不予执行的，当事人可以根据双方达成的书面仲裁协议重新申请仲裁，也可以向人民法院起诉。

第二百三十八条　对公证机关依法赋予强制执行效力的债权文书，一方当事人不履行的，对方当事人可以向有管辖权的人民法院申请执行，受申请的人民法院应当执行。

公证债权文书确有错误的，人民法院裁定不予执行，并将裁定书送达双方当事人和公证机关。

第二百三十九条　申请执行的期间为 2 年。申请执行时效的中止、中断，适用法律有关诉讼时效中止、中断的规定。

前款规定的期间，从法律文书规定履行期间的最后一日起计算；法律文书规定分期履行的，从规定的每次履行期间的最后一日起计算；法律文书未规定履行期间的，从法律文书生效之日起计算。

第二百四十条　执行员接到申请执行书或者移交执行书，应当向被执行人发出执行通知，并可以立即采取强制执行措施。

第二十一章　执行措施

第二百四十一条　被执行人未按执行通知履行法律文书确定的义务，应当报告当前以及收到执行通知之日前一年的财产情况。被执行人拒绝报告或者虚假报告的，人民法院可以根据情节轻重对被执行人或者其法定代理人、有关单位的主要负责人或者直接责任人员予以罚款、拘留。

第二百四十二条　被执行人未按执行通知履行法律文书确定的义务，人民法院有权向有关单位查询被执行人的存款、债券、股票、基金份额等财产情况。人民法院有权根据不同情形扣押、冻结、划拨、变价被执行人的财产。人民法院查询、扣押、冻结、划拨、变价的财产不得超出被执行人应当履行义务的范围。

人民法院决定扣押、冻结、划拨、变价财产，应当作出裁定，并发出协助执行通知书，有关单位必须办理。

第二百四十三条　被执行人未按执行通知履行法律文书确定的义务，人民法院有权扣留、提取被执行人应当履行义务部分的收入。但应当保留被执行人及其所扶养家属的生活必需费用。

人民法院扣留、提取收入时，应当作出裁定，并发出协助执行通知书，被执行人所在单位、银行、信用合作社和其他有储蓄业务的单位必须办理。

第二百四十四条　被执行人未按执行通知履行法律文书确定的义务，人民法院有权查封、扣押、冻结、拍卖、变卖被执行人应当履行义务部分的财产。但应当保留被执行人及其所扶养家属的生活必需品。

采取前款措施，人民法院应当作出裁定。

第二百四十五条　人民法院查封、扣押财产时，被执行人是公民的，应当通知被执行人或者他的成年家属到场；被执行人是法人或者其他组织的，应当通知其法定代表人或者主要负责人到场。拒不到场的，不影响执行。被执行人是公民的，其工作单位或者财产所在地的基层组织应当派人参加。

对被查封、扣押的财产，执行员必须造具清单，由在场人签名或者盖章后，交被执行人一份。被执行人是公民的，也可以交他的成年家属一份。

第二百四十六条　被查封的财产，执行员可以指定被执行人负责保管。因被执行人的过错造成的损失，由被执行人承担。

第二百四十七条　财产被查封、扣押后，执行员应当责令被执行人在指定期间履行法律文书确定的义务。被执行人逾期不履行的，人民法院应当拍卖被查封、扣押的财产；不适于拍卖或者当事人双方同意不进行拍卖的，人民法院可以委托有关单位变卖或者自行变卖。国家禁止自由买卖的物品，交有关单位按照国家规定的价格收购。

第二百四十八条　被执行人不履行法律文书确定的义务，并隐匿财产的，人民法院有权发出搜查令，对被执行人及其住所或者财产隐匿地进行搜查。

采取前款措施，由院长签发搜查令。

第二百四十九条　法律文书指定交付的财物或者票证，由执行员传唤双方当事人当面交付，或者由执行员转交，并由被交付人签收。

有关单位持有该项财物或者票证的，应当根据人民法院的协助执行通知书转交，并由被交付人签收。

有关公民持有该项财物或者票证的，人民法院通知其交出。拒不交出的，强制执行。

第二百五十条　强制迁出房屋或者强制退出土地，由院长签发公告，责令被执行人在指定期间履行。被执行人逾期不履行的，由执行员强制执行。

强制执行时，被执行人是公民的，应当通知被执行人或者他的成年家属到场；被执行人是法人或者其他组织的，应当通知其法定代表人或者主要负责人到场。拒不到场的，不影响执行。被执行人是公民的，其工作单位或者房屋、土地所在地的基层组织应当派人参加。执行员应当将强制执行情况记入笔录，由在场人签名或者盖章。

强制迁出房屋被搬出的财物，由人民法院派人运至指定处所，交给被执行人。被执行人是公民的，也可以交给他的成年家属。因拒绝接收而造成的损失，由被执行人承担。

第二百五十一条　在执行中，需要办理有关财产权证照转移手续的，人民法院可以向有关单位发出协助执行通知书，有关单位必须办理。

第二百五十二条　对判决、裁定和其他法律文书指定的行为，被执行人未按执行通知履行的，人民法院可以强制执行或者委托有关单位或者其他人完成，费用由被执行人承担。

第二百五十三条　被执行人未按判决、裁定和其他法律文书指定的期间履行给付金钱义务的，应当加倍支付迟延履行期间的债务利息。被执行人未按判决、裁定和其他法律文书指定的期间履行其他义务的，应当支付迟延履行金。

第二百五十四条　人民法院采取本法第242条、第243条、第244条规定的执行措施后，被执行人仍不能偿还债务的，应当继续履行义务。债权人发现被执行人有其他财产的，可以随时请求人民法院执行。

第二百五十五条　被执行人不履行法律文书确定的义务的，人民法院可以对其采取或者通知有关单位协助采取限制出境，在征信系统记录、通过媒体公布不履行义务信息以及法律规定的其他措施。

第二十二章　执行中止和终结

第二百五十六条　有下列情形之一的，人民法院应当裁定中止执行：

（一）申请人表示可以延期执行的；

（二）案外人对执行标的提出确有理由的异议的；

（三）作为一方当事人的公民死亡，需要等待继承人继承权利或者承担义务的；

（四）作为一方当事人的法人或者其他组织终止，尚未确定权利义务承受人的；

（五）人民法院认为应当中止执行的其他情形。

中止的情形消失后，恢复执行。

第二百五十七条　有下列情形之一的，人民法院裁定终结执行：

（一）申请人撤销申请的；

（二）据以执行的法律文书被撤销的；

（三）作为被执行人的公民死亡，无遗产可供执行，又无义务承担人的；

（四）追索赡养费、扶养费、抚育费案件的权利人死亡的；

（五）作为被执行人的公民因生活困难无力偿还借款，无收入来源，又丧失劳动能力的；

（六）人民法院认为应当终结执行的其他情形。

第二百五十八条　中止和终结执行的裁定，送达当事人后立即生效。

第四编　涉外民事诉讼程序的特别规定

第二十三章　一般原则

第二百五十九条　在中华人民共和国领域内进行涉外民事诉讼，适用本编规定。本编没有规定的，适用本法其他有关规定。

第二百六十条　中华人民共和国缔结或者参加的国际条约同本法有不同规定的，适用该国际条约的规定，但中华人民共和国声明保留的条款除外。

第二百六十一条　对享有外交特权与豁免的外国人、外国组织或者国际组织提起的民事诉讼，应当依照中华人民共和国有关法律和中华人民共和国缔结或者参加的国际条约的规定办理。

第二百六十二条　人民法院审理涉外民事案件，应当使用中华人民共和国通用的语言、文字。当事人要求提供翻译的，可以提供，费用由当事人承担。

第二百六十三条　外国人、无国籍人、外国企业和组织在人民法院起诉、应诉，需要委托律师代理诉讼的，必须委托中华人民共和国的律师。

第二百六十四条　在中华人民共和国领域内没有住所的外国人、无国籍人、外国企业和组织委托中华人民共和国律师或者其他人代理诉讼，从中华人民共和国领域外寄交或者托交的授权委托书，应当经所在国公证机关证明，并经中华人民共和国驻该国使领馆认证，或者履行中华人民共和国与该所在国订立的有关条约中规定的证明手续后，才具有效力。

第二十四章　管　辖

第二百六十五条　因合同纠纷或者其他财产权益纠纷，对在中华人民共和国领域内没有住所的被告提起的诉讼，如果合同在中华人民共和国领域内签订或者履行，或者诉讼标的物在中华人民共和国领域内，或者被告在中华人民共和国领域内有可供扣押的财产，或者被告在中华人民共和国领域内设有代表机构，可以由合同签订地、合同履行地、诉讼标的物所在地、可供扣押财产所在地、侵权行为地或者代表机构住所地人民法院管辖。

第二百六十六条　因在中华人民共和国履行中外合资经营企业合同、中外合作经营企业合同、中外合作勘探开发自然资源合同发生纠纷提起的诉讼，由中华人民共和国人民法院管辖。

第二十五章　送达、期间

第二百六十七条　人民法院对在中华人民共和国领域内没有住所的当事人送达诉讼文书，可以采用下列方式：

（一）依照受送达人所在国与中华人民共和国缔结或者共同参加的国际条约中规定的方式送达；

（二）通过外交途径送达；

（三）对具有中华人民共和国国籍的受送达人，可以委托中华人民共和国驻受送达人所在国的使领馆代为送达；

（四）向受送达人委托的有权代其接受送达的诉讼代理人送达；

（五）向受送达人在中华人民共和国领域内设立的代表机构或者有权接受送达的分支机构、业务代办人送达；

（六）受送达人所在国的法律允许邮寄送达的，可以邮寄送达，自邮寄之日起满3个月，送达回证没有退回，但根据各种情况足以认定已经送达的，期间届满之日视为送达；

（七）采用传真、电子邮件等能够确认受送达人收悉的方式送达；

（八）不能用上述方式送达的，公告送达，自公告之日起满3个月，即视为送达。

第二百六十八条　被告在中华人民共和国领域内没有住所的，人民法院应当将起诉状副本送达被告，并通知被告在收到起诉状副本后30日内提出答辩状。被告申请延期的，是否准许，由人民法院决定。

第二百六十九条　在中华人民共和国领域内没有住所的当事人，不服第一审人民法院判决、裁定的，有权在判决书、裁定书送达之日起30日内提起上诉。被上诉人在收到上诉状副本后，应当在30日内提出答辩状。当事人不能在法定期间提起上诉或者提出答辩状，申请延期的，是否准许，由人民法院决定。

第二百七十条　人民法院审理涉外民事案件的期间，不受本法第149条、第176条规定的限制。

第二十六章　仲　裁

第二百七十一条　涉外经济贸易、运输和海事中发生的纠纷，当事人在合同中订有仲裁条款或者事后达成书面仲裁协议，提交中华人民共和国涉外仲裁机构或者其他仲裁机构仲裁的，当事人不得向人民法院起诉。

当事人在合同中没有订有仲裁条款或者事后没有达成书面仲裁协议的，可以向人民法院起诉。

第二百七十二条　当事人申请采取保全的，中华人民共和国的涉外仲裁机构应当将当事人的申请，提交被申请人住所地或者财产所在地的中级人民法院裁定。

第二百七十三条　经中华人民共和国涉外仲裁机构裁决的，当事人不得向人民法院起诉。一方当事人不履行仲裁裁决的，对方当事人可以向被申请人住所地或者财产所在地的中级人民法院申请执行。

第二百七十四条　对中华人民共和国涉外仲裁机构作出的裁决，被申请人提出证据证明仲裁裁决有下列情形之一的，经人民法院组成合议庭审查核实，裁定不予执行：

（一）当事人在合同中没有订有仲裁条款或者事后没有达成书面仲裁协议的；

（二）被申请人没有得到指定仲裁员或者进行仲裁程序的通知，或者由于其他不属于被申请人负责的原因未能陈述意见的；

（三）仲裁庭的组成或者仲裁的程序与仲裁规则不符的；

（四）裁决的事项不属于仲裁协议的范围或者仲裁机构无权仲裁的。

人民法院认定执行该裁决违背社会公共利益的，裁定不予执行。

第二百七十五条　仲裁裁决被人民法院裁定不予执行的，当事人可以根据双方达成的书面仲裁协议重新申请仲裁，也可以向人民法院起诉。

第二十七章　司法协助

第二百七十六条　根据中华人民共和国缔结或者参加的国际条约，或者按照互惠原则，人民法院和外国法院可以相互请求，代为送达文书、调查取证以及进行其他诉讼行为。

外国法院请求协助的事项有损于中华人民共和国的主权、安全或者社会公共利益的，人民法院不予执行。

第二百七十七条　请求和提供司法协助，应当依照中华人民共和国缔结或者参加的国际条约所规定的途径进行；没有条约关系的，通过外交途径进行。

外国驻中华人民共和国的使领馆可以向该国公民送达文书和调查取证，但不得违反中华人民共和国的法律，并不得采取强制措施。

除前款规定的情况外，未经中华人民共和国主管机关准许，任何外国机关或者个人不得在中华人民共和国领域内送达文书、调查取证。

第二百七十八条　外国法院请求人民法院提供司法协助的请求书及其所附文件，应当附有中文译本或者国际条约规定的其他文字文本。

人民法院请求外国法院提供司法协助的请求书及其所附文件，应当附有该国文字译本或者国际条约规定的其他文字文本。

第二百七十九条　人民法院提供司法协助，依照中华人民共和国法律规定的程序进行。外国法院请求采用特殊方式的，也可以按照其请求的特殊方式进行，但请求采用的特殊方式不得违反中华人民共和国法律。

第二百八十条　人民法院作出的发生法律效力的判决、裁定，如果被执行人或者其财产不在中华人民共和国领域内，当事人请求执行的，可以由当事人直接向有管辖权的外国法院申请承认和执行，也可以由人民法院依照中华人民共和国缔结或者参加的国际条约的规定，或者按照互惠原则，请求外国法院承认和执行。

中华人民共和国涉外仲裁机构作出的发生法律效力的仲裁裁决，当事人请求执行的，如果被执行人或者其财产不在中华人民共和国领域内，应当由当事人直接向有管辖权的外国法院申请承认和执行。

第二百八十一条　外国法院作出的发生法律效力的判决、裁定，需要中华人民共和国人民法院承认和执行的，可以由当事人直接向中华人民共和国有管辖权的中级人民法院申请承认和执行，也可以由外国法院依照该国与中华人民共和国缔结或者参加的国际条约的规定，或者按照互惠原则，请求人民法院承认和执行。

第二百八十二条　人民法院对申请或者请求承认和执行的外国法院作出的发生法律效力的判决、裁定，依照中华人民共和国缔结或者参加的国际条约，或者按照互惠原则进行审查后，认为不违反中华人民共和国法律的基本原则或者国家主权、安全、社会公共利益的，裁定承认其效力，需要执行的，发出执行令，依照本法的有关规定执行。违反中华人民共和国法律的基本原则或者国家主权、安全、社会公共利益的，不予承认和执行。

第二百八十三条　国外仲裁机构的裁决，需要中华人民共和国人民法院承认和执行的，应当由当事人直接向被执行人住所地或者其财产所在地的中级人民法院申请，人民法院应当依照中华人民共和国缔结或者参加的国际条约，或者按照互惠原则办理。

第二百八十四条　本法自公布之日起施行，《中华人民共和国民事诉讼法（试行）》同时废止。

附 4　《民事诉讼法解释》

最高人民法院关于适用《中华人民共和国民事诉讼法》的解释

（法释〔2015〕5号）

2012年8月31日，第十一届全国人民代表大会常务委员会第二十八次会议审议通过了《关于修改〈中华人民共和国民事诉讼法〉的决定》。根据修改后的民事诉讼法，结合人民法院民事审判和执行工作实际，制定本解释。

一、管辖

第一条　民事诉讼法第18条第1项规定的重大涉外案件，包括争议标的额大的案件、案情复杂的案件，或者一方当事人人数众多等具有重大影响的案件。

第二条　专利纠纷案件由知识产权法院、最高人民法院确定的中级人民法院和基层人民法院管辖。

海事、海商案件由海事法院管辖。

第三条　公民的住所地是指公民的户籍所在地，法人或者其他组织的住所地是指法人或者其他组织的主要办事机构所在地。

法人或者其他组织的主要办事机构所在地不能确定的，法人或者其他组织的注册地或者登记地为住所地。

第四条　公民的经常居住地是指公民离开住所地至起诉时已连续居住一年以上的地方，但公民住院就医的地方除外。

第五条　对没有办事机构的个人合伙、合伙型联营体提起的诉讼，由被告注册登记地人民法院管辖。没有注册登记，几个被告又不在同一辖区的，被告住所地的人民法院都有管辖权。

第六条　被告被注销户籍的，依照民事诉讼法第22条规定确定管辖；原告、被告均被注销户籍的，由被告居住地人民法院管辖。

第七条　当事人的户籍迁出后尚未落户，有经常居住地的，由该地人民法院管辖；没有经常居住地的，由其原户籍所在地人民法院管辖。

第八条　双方当事人都被监禁或者被采取强制性教育措施的，由被告原住所地人民法院管辖。被告被监禁或者被采取强制性教育措施1年以上的，由被告被监禁地或者被采取强制性教育措施地人民法院管辖。

第九条　追索赡养费、抚育费、扶养费案件的几个被告住所地不在同一辖区的，可以由原告住所地人民法院管辖。

第十条　不服指定监护或者变更监护关系的案件，可以由被监护人住所地人民法院管辖。

第十一条　双方当事人均为军人或者军队单位的民事案件由军事法院管辖。

第十二条　夫妻一方离开住所地超过1年，另一方起诉离婚的案件，可以由原告住所地人民法院管辖。

夫妻双方离开住所地超过1年，一方起诉离婚的案件，由被告经常居住地人民法院管辖；没有经常居住地的，由原告起诉时被告居住地人民法院管辖。

第十三条　在国内结婚并定居国外的华侨，如定居国法院以离婚诉讼须由婚姻缔结地法院管辖为由不予受理，当事人向人民法院提出离婚诉讼的，由婚姻缔结地或者一方在国内的最后居住地人民法院管辖。

第十四条　在国外结婚并定居国外的华侨，如定居国法院以离婚诉讼须由国籍所属国法院管辖为由不予受理，当事人向人民法院提出离婚诉讼的，由一方原住所地或者在国内的最后居住地人民法院管辖。

第十五条　中国公民一方居住在国外，一方居住在国内，不论哪一方向人民法院提起离婚诉讼，国内一方住所地人民法院都有权管辖。国外一方在居住国法院起诉，国内一方向人民法院起诉的，受诉人民法院有权管辖。

第十六条　中国公民双方在国外但未定居，一方向人民法院起诉离婚的，应由原告或者被告原住所地人民法院管辖。

第十七条　已经离婚的中国公民，双方均定居国外，仅就国内财产分割提起诉讼的，由主要财产所在地人民法院管辖。

第十八条　合同约定履行地点的，以约定的履行地点为合同履行地。

合同对履行地点没有约定或者约定不明确，争议标的为给付货币的，接收货币一方所在地为合同履行地；交付不动产的，不动产所在地为合同履行地；其他标的，履行义务一方所在地为合同履行地。即时结清的合同，交易行为地为合同履行地。

合同没有实际履行，当事人双方住所地都不在合同约定的履行地的，由被告住所地人民法院管辖。

第十九条 财产租赁合同、融资租赁合同以租赁物使用地为合同履行地。合同对履行地有约定的，从其约定。

第二十条 以信息网络方式订立的买卖合同，通过信息网络交付标的的，以买受人住所地为合同履行地；通过其他方式交付标的的，收货地为合同履行地。合同对履行地有约定的，从其约定。

第二十一条 因财产保险合同纠纷提起的诉讼，如果保险标的物是运输工具或者运输中的货物，可以由运输工具登记注册地、运输目的地、保险事故发生地人民法院管辖。

因人身保险合同纠纷提起的诉讼，可以由被保险人住所地人民法院管辖。

第二十二条 因股东名册记载、请求变更公司登记、股东知情权、公司决议、公司合并、公司分立、公司减资、公司增资等纠纷提起的诉讼，依照民事诉讼法第 26 条规定确定管辖。

第二十三条 债权人申请支付令，适用民事诉讼法第 21 条规定，由债务人住所地基层人民法院管辖。

第二十四条 民事诉讼法第 28 条规定的侵权行为地，包括侵权行为实施地、侵权结果发生地。

第二十五条 信息网络侵权行为实施地包括实施被诉侵权行为的计算机等信息设备所在地，侵权结果发生地包括被侵权人住所地。

第二十六条 因产品、服务质量不合格造成他人财产、人身损害提起的诉讼，产品制造地、产品销售地、服务提供地、侵权行为地和被告住所地人民法院都有管辖权。

第二十七条 当事人申请诉前保全后没有在法定期间起诉或者申请仲裁，给被申请人、利害关系人造成损失引起的诉讼，由采取保全措施的人民法院管辖。

当事人申请诉前保全后在法定期间内起诉或者申请仲裁，被申请人、利害关系人因保全受到损失提起的诉讼，由受理起诉的人民法院或者采取保全措施的人民法院管辖。

第二十八条 民事诉讼法第 33 条第 1 项规定的不动产纠纷是指因不动产的权利确认、分割、相邻关系等引起的物权纠纷。

农村土地承包经营合同纠纷、房屋租赁合同纠纷、建设工程施工合同纠纷、政策性房屋买卖合同纠纷，按照不动产纠纷确定管辖。

不动产已登记的，以不动产登记簿记载的所在地为不动产所在地；不动产未登记的，以不动产实际所在地为不动产所在地。

第二十九条　民事诉讼法第34条规定的书面协议，包括书面合同中的协议管辖条款或者诉讼前以书面形式达成的选择管辖的协议。

第三十条　根据管辖协议，起诉时能够确定管辖法院的，从其约定；不能确定的，依照民事诉讼法的相关规定确定管辖。

管辖协议约定两个以上与争议有实际联系的地点的人民法院管辖，原告可以向其中一个人民法院起诉。

第三十一条　经营者使用格式条款与消费者订立管辖协议，未采取合理方式提请消费者注意，消费者主张管辖协议无效的，人民法院应予支持。

第三十二条　管辖协议约定由一方当事人住所地人民法院管辖，协议签订后当事人住所地变更的，由签订管辖协议时的住所地人民法院管辖，但当事人另有约定的除外。

第三十三条　合同转让的，合同的管辖协议对合同受让人有效，但转让时受让人不知道有管辖协议，或者转让协议另有约定且原合同相对人同意的除外。

第三十四条　当事人因同居或者在解除婚姻、收养关系后发生财产争议，约定管辖的，可以适用民事诉讼法第34条规定确定管辖。

第三十五条　当事人在答辩期间届满后未应诉答辩，人民法院在一审开庭前，发现案件不属于本院管辖的，应当裁定移送有管辖权的人民法院。

第三十六条　两个以上人民法院都有管辖权的诉讼，先立案的人民法院不得将案件移送给另一个有管辖权的人民法院。人民法院在立案前发现其他有管辖权的人民法院已先立案的，不得重复立案；立案后发现其他有管辖权的人民法院已先立案的，裁定将案件移送给先立案的人民法院。

第三十七条　案件受理后，受诉人民法院的管辖权不受当事人住所地、经常居住地变更的影响。

第三十八条　有管辖权的人民法院受理案件后，不得以行政区域变更为由，将案件移送给变更后有管辖权的人民法院。判决后的上诉案件和依审判监督程序提审的案件，由原审人民法院的上级人民法院进行审判；上级人民法院指令再审、发回重审的案件，由原审人民法院再审或者重审。

第三十九条　人民法院对管辖异议审查后确定有管辖权的，不因当事人提起反诉、增加或者变更诉讼请求等改变管辖，但违反级别管辖、专属管辖规定的除外。

人民法院发回重审或者按第一审程序再审的案件，当事人提出管辖异议的，人民法院不予审查。

第四十条　依照民事诉讼法第 37 条第 2 款规定，发生管辖权争议的两个人民法院因协商不成报请它们的共同上级人民法院指定管辖时，双方为同属一个地、市辖区的基层人民法院的，由该地、市的中级人民法院及时指定管辖；同属一个省、自治区、直辖市的两个人民法院的，由该省、自治区、直辖市的高级人民法院及时指定管辖；双方为跨省、自治区、直辖市的人民法院，高级人民法院协商不成的，由最高人民法院及时指定管辖。

依照前款规定报请上级人民法院指定管辖时，应当逐级进行。

第四十一条　人民法院依照民事诉讼法第 37 条第 2 款规定指定管辖的，应当作出裁定。

对报请上级人民法院指定管辖的案件，下级人民法院应当中止审理。指定管辖裁定作出前，下级人民法院对案件作出判决、裁定的，上级人民法院应当在裁定指定管辖的同时，一并撤销下级人民法院的判决、裁定。

第四十二条　下列第一审民事案件，人民法院依照民事诉讼法第 38 条第 1 款规定，可以在开庭前交下级人民法院审理：

（一）破产程序中有关债务人的诉讼案件；

（二）当事人人数众多且不方便诉讼的案件；

（三）最高人民法院确定的其他类型案件。

人民法院交下级人民法院审理前，应当报请其上级人民法院批准。上级人民法院批准后，人民法院应当裁定将案件交下级人民法院审理。

二、回避

第四十三条　审判人员有下列情形之一的，应当自行回避，当事人有权申请其回避：

（一）是本案当事人或者当事人近亲属的；

（二）本人或者其近亲属与本案有利害关系的；

（三）担任过本案的证人、鉴定人、辩护人、诉讼代理人、翻译人员的；

（四）是本案诉讼代理人近亲属的；

（五）本人或者其近亲属持有本案非上市公司当事人的股份或者股权的；

（六）与本案当事人或者诉讼代理人有其他利害关系，可能影响公正审理的。

第四十四条　审判人员有下列情形之一的，当事人有权申请其回避：

（一）接受本案当事人及其受托人宴请，或者参加由其支付费用的活动的；

（二）索取、接受本案当事人及其受托人财物或者其他利益的；

（三）违反规定会见本案当事人、诉讼代理人的；

（四）为本案当事人推荐、介绍诉讼代理人，或者为律师、其他人员介绍代理本案的；

（五）向本案当事人及其受托人借用款物的；

（六）有其他不正当行为，可能影响公正审理的。

第四十五条　在一个审判程序中参与过本案审判工作的审判人员，不得再参与该案其他程序的审判。

发回重审的案件，在一审法院作出裁判后又进入第二审程序的，原第二审程序中合议庭组成人员不受前款规定的限制。

第四十六条　审判人员有应当回避的情形，没有自行回避，当事人也没有申请其回避的，由院长或者审判委员会决定其回避。

第四十七条　人民法院应当依法告知当事人对合议庭组成人员、独任审判员和书记员等人员有申请回避的权利。

第四十八条　民事诉讼法第44条所称的审判人员，包括参与本案审理的人民法院院长、副院长、审判委员会委员、庭长、副庭长、审判员、助理审判员和人民陪审员。

第四十九条　书记员和执行员适用审判人员回避的有关规定。

三、诉讼参加人

第五十条　法人的法定代表人以依法登记的为准，但法律另有规定的除外。依法不需要办理登记的法人，以其正职负责人为法定代表人；没有正职负责人的，以其主持工作的副职负责人为法定代表人。

法定代表人已经变更，但未完成登记，变更后的法定代表人要求代表法人参加诉讼的，人民法院可以准许。

其他组织，以其主要负责人为代表人。

第五十一条　在诉讼中，法人的法定代表人变更的，由新的法定代表人继续进行诉讼，并应向人民法院提交新的法定代表人身份证明书。原法定代表人进行的诉讼行为有效。

前款规定，适用于其他组织参加的诉讼。

第五十二条　民事诉讼法第48条规定的其他组织是指合法成立、有一定的组织机构和财产，但又不具备法人资格的组织，包括：

（一）依法登记领取营业执照的个人独资企业；

（二）依法登记领取营业执照的合伙企业；

（三）依法登记领取我国营业执照的中外合作经营企业、外资企业；

（四）依法成立的社会团体的分支机构、代表机构；

（五）依法设立并领取营业执照的法人的分支机构；

（六）依法设立并领取营业执照的商业银行、政策性银行和非银行金融机构的分支机构；

（七）经依法登记领取营业执照的乡镇企业、街道企业；

（八）其他符合本条规定条件的组织。

第五十三条　法人非依法设立的分支机构，或者虽依法设立，但没有领取营业执照的分支机构，以设立该分支机构的法人为当事人。

第五十四条　以挂靠形式从事民事活动，当事人请求由挂靠人和被挂靠人依法承担民事责任的，该挂靠人和被挂靠人为共同诉讼人。

第五十五条　在诉讼中，一方当事人死亡，需要等待继承人表明是否参加诉讼的，裁定中止诉讼。人民法院应当及时通知继承人作为当事人承担诉讼，被继承人已经进行的诉讼行为对承担诉讼的继承人有效。

第五十六条　法人或者其他组织的工作人员执行工作任务造成他人损害的，该法人或者其他组织为当事人。

第五十七条　提供劳务一方因劳务造成他人损害，受害人提起诉讼的，以接受劳务一方为被告。

第五十八条　在劳务派遣期间，被派遣的工作人员因执行工作任务造成他人损害的，以接受劳务派遣的用工单位为当事人。当事人主张劳务派遣单位承担责任的，该劳务派遣单位为共同被告。

第五十九条　在诉讼中，个体工商户以营业执照上登记的经营者为当事人。有字号的，以营业执照上登记的字号为当事人，但应同时注明该字号经营者的基本信息。

营业执照上登记的经营者与实际经营者不一致的，以登记的经营者和实际经营者为共同诉讼人。

第六十条　在诉讼中，未依法登记领取营业执照的个人合伙的全体合伙人为共同诉讼人。个人合伙有依法核准登记的字号的，应在法律文书中注明登记的字号。全体合伙人可以推选代表人；被推选的代表人，应由全体合伙人出具推选书。

第六十一条　当事人之间的纠纷经人民调解委员会调解达成协议后，一方当事人不履行调解协议，另一方当事人向人民法院提起诉讼的，应以对方当事人为被告。

第六十二条　下列情形，以行为人为当事人：

（一）法人或者其他组织应登记而未登记，行为人即以该法人或者其他组织名义进行民事活动的；

（二）行为人没有代理权、超越代理权或者代理权终止后以被代理人名义进行民事活动的，但相对人有理由相信行为人有代理权的除外；

（三）法人或者其他组织依法终止后，行为人仍以其名义进行民事活动的。

第六十三条　企业法人合并的，因合并前的民事活动发生的纠纷，以合并后的企业为当事人；企业法人分立的，因分立前的民事活动发生的纠纷，以分立后的企业为共同诉讼人。

第六十四条　企业法人解散的，依法清算并注销前，以该企业法人为当事人；未依法清算即被注销的，以该企业法人的股东、发起人或者出资人为当事人。

第六十五条　借用业务介绍信、合同专用章、盖章的空白合同书或者银行账户的，出借单位和借用人为共同诉讼人。

第六十六条　因保证合同纠纷提起的诉讼，债权人向保证人和被保证人一并主张权利的，人民法院应当将保证人和被保证人列为共同被告。保证合同约定为一般保证，债权人仅起诉保证人的，人民法院应当通知被保证人作为共同被告参加诉讼；债权人仅起诉被保证人的，可以只列被保证人为被告。

第六十七条　无民事行为能力人、限制民事行为能力人造成他人损害的，无民事行为能力人、限制民事行为能力人和其监护人为共同被告。

第六十八条　村民委员会或者村民小组与他人发生民事纠纷的，村民委员会或者有独立财产的村民小组为当事人。

第六十九条　对侵害死者遗体、遗骨以及姓名、肖像、名誉、荣誉、隐私等行为提起诉讼的，死者的近亲属为当事人。

第七十条　在继承遗产的诉讼中，部分继承人起诉的，人民法院应通知其他继承人作为共同原告参加诉讼；被通知的继承人不愿意参加诉讼又未明确表示放弃实体权利的，人民法院仍应将其列为共同原告。

第七十一条　原告起诉被代理人和代理人，要求承担连带责任的，被代理人和代理人为共同被告。

第七十二条　共有财产权受到他人侵害，部分共有权人起诉的，其他共有权人为共同诉讼人。

第七十三条　必须共同进行诉讼的当事人没有参加诉讼的，人民法院应当依照民事诉讼法第 132 条的规定，通知其参加；当事人也可以向人民法院申请追加。人民法院对当事人提出的申请，应当进行审查，申请理由不成立的，裁定驳回；申请理由成立的，书面通知被追加的当事人参加诉讼。

第七十四条　人民法院追加共同诉讼的当事人时，应当通知其他当事人。应当追加的原告，已明确表示放弃实体权利的，可不予追加；既不愿意参加诉讼，又不放弃实体权利的，仍应追加为共同原告，其不参加诉讼，不影响人民法院对案件的审理和依法作出判决。

第七十五条　民事诉讼法第 53 条、第 54 条和第 199 条规定的人数众多，一般指 10 人以上。

第七十六条　依照民事诉讼法第 53 条规定，当事人一方人数众多在起诉时确定的，可以由全体当事人推选共同的代表人，也可以由部分当事人推选自己的代表人；推选不出代表人的当事人，在必要的共同诉讼中可以自己参加诉讼，在普通的共同诉讼中可以另行起诉。

第七十七条　根据民事诉讼法第 54 条规定，当事人一方人数众多在起诉时不确定的，由当事人推选代表人。当事人推选不出的，可以由人民法院提出人选与当事人协商；协商不成的，也可以由人民法院在起诉的当事人中指定代表人。

第七十八条　民事诉讼法第53条和第54条规定的代表人为二至五人，每位代表人可以委托一至二人作为诉讼代理人。

第七十九条　依照民事诉讼法第54条规定受理的案件，人民法院可以发出公告，通知权利人向人民法院登记。公告期间根据案件的具体情况确定，但不得少于30日。

第八十条　根据民事诉讼法第54条规定向人民法院登记的权利人，应当证明其与对方当事人的法律关系和所受到的损害。证明不了的，不予登记，权利人可以另行起诉。人民法院的裁判在登记的范围内执行。未参加登记的权利人提起诉讼，人民法院认定其请求成立的，裁定适用人民法院已作出的判决、裁定。

第八十一条　根据民事诉讼法第56条的规定，有独立请求权的第三人有权向人民法院提出诉讼请求和事实、理由，成为当事人；无独立请求权的第三人，可以申请或者由人民法院通知参加诉讼。

第一审程序中未参加诉讼的第三人，申请参加第二审程序的，人民法院可以准许。

第八十二条　在一审诉讼中，无独立请求权的第三人无权提出管辖异议，无权放弃、变更诉讼请求或者申请撤诉，被判决承担民事责任的，有权提起上诉。

第八十三条　在诉讼中，无民事行为能力人、限制民事行为能力人的监护人是他的法定代理人。事先没有确定监护人的，可以由有监护资格的人协商确定；协商不成的，由人民法院在他们之中指定诉讼中的法定代理人。当事人没有民法通则第16条第1款、第2款或者第17条第1款规定的监护人的，可以指定该法第16条第四款或者第17条第3款规定的有关组织担任诉讼中的法定代理人。

第八十四条　无民事行为能力人、限制民事行为能力人以及其他依法不能作为诉讼代理人的，当事人不得委托其作为诉讼代理人。

第八十五条　根据民事诉讼法第58条第2款第2项规定，与当事人有夫妻、直系血亲、三代以内旁系血亲、近姻亲关系以及其他有抚养、赡养关系的亲属，可以当事人近亲属的名义作为诉讼代理人。

第八十六条　根据民事诉讼法第58条第2款第2项规定，与当事人有合法劳动人事关系的职工，可以当事人工作人员的名义作为诉讼代理人。

第八十七条　根据民事诉讼法第58条第2款第3项规定，有关社会团体推荐公民担任诉讼代理人的，应当符合下列条件：

（一）社会团体属于依法登记设立或者依法免予登记设立的非营利性法人组织；

（二）被代理人属于该社会团体的成员，或者当事人一方住所地位于该社会团体的活动地域；

（三）代理事务属于该社会团体章程载明的业务范围；

（四）被推荐的公民是该社会团体的负责人或者与该社会团体有合法劳动人事关系的工作人员。

专利代理人经中华全国专利代理人协会推荐，可以在专利纠纷案件中担任诉讼代理人。

第八十八条　诉讼代理人除根据民事诉讼法第59条规定提交授权委托书外，还应当按照下列规定向人民法院提交相关材料：

（一）律师应当提交律师执业证、律师事务所证明材料；

（二）基层法律服务工作者应当提交法律服务工作者执业证、基层法律服务所出具的介绍信以及当事人一方位于本辖区内的证明材料；

（三）当事人的近亲属应当提交身份证件和与委托人有近亲属关系的证明材料；

（四）当事人的工作人员应当提交身份证件和与当事人有合法劳动人事关系的证明材料；

（五）当事人所在社区、单位推荐的公民应当提交身份证件、推荐材料和当事人属于该社区、单位的证明材料；

（六）有关社会团体推荐的公民应当提交身份证件和符合本解释第87条规定条件的证明材料。

第八十九条　当事人向人民法院提交的授权委托书，应当在开庭审理前送交人民法院。授权委托书仅写“全权代理”而无具体授权的，诉讼代理人无权代为承认、放弃、变更诉讼请求，进行和解，提出反诉或者提起上诉。

适用简易程序审理的案件，双方当事人同时到庭并径行开庭审理的，可以当场口头委托诉讼代理人，由人民法院记入笔录。

四、证据

第九十条　当事人对自己提出的诉讼请求所依据的事实或者反驳对方诉讼请求所依据的事实，应当提供证据加以证明，但法律另有规定的除外。

在作出判决前，当事人未能提供证据或者证据不足以证明其事实主张的，由负有举证证明责任的当事人承担不利的后果。

第九十一条　人民法院应当依照下列原则确定举证证明责任的承担，但法律另有规定的除外：

（一）主张法律关系存在的当事人，应当对产生该法律关系的基本事实承担举证证明责任；

（二）主张法律关系变更、消灭或者权利受到妨害的当事人，应当对该法律关系变更、消灭或者权利受到妨害的基本事实承担举证证明责任。

第九十二条　一方当事人在法庭审理中，或者在起诉状、答辩状、代理词等书面材料中，对于己不利的事实明确表示承认的，另一方当事人无须举证证明。

对于涉及身份关系、国家利益、社会公共利益等应当由人民法院依职权调查的事实，不适用前款自认的规定。

自认的事实与查明的事实不符的，人民法院不予确认。

第九十三条　下列事实，当事人无须举证证明：

（一）自然规律以及定理、定律；

（二）众所周知的事实；

（三）根据法律规定推定的事实；

（四）根据已知的事实和日常生活经验法则推定出的另一事实；

（五）已为人民法院发生法律效力的裁判所确认的事实；

（六）已为仲裁机构生效裁决所确认的事实；

（七）已为有效公证文书所证明的事实。

前款第2项至第4项规定的事实，当事人有相反证据足以反驳的除外；第5项至第7项规定的事实，当事人有相反证据足以推翻的除外。

第九十四条　民事诉讼法第64条第2款规定的当事人及其诉讼代理人因客观原因不能自行收集的证据包括：

（一）证据由国家有关部门保存，当事人及其诉讼代理人无权查阅调取的；

（二）涉及国家秘密、商业秘密或者个人隐私的；

（三）当事人及其诉讼代理人因客观原因不能自行收集的其他证据。

当事人及其诉讼代理人因客观原因不能自行收集的证据，可以在举证期限届满前书面申请人民法院调查收集。

第九十五条　当事人申请调查收集的证据，与待证事实无关联、对证明待证事实无意义或者其他无调查收集必要的，人民法院不予准许。

第九十六条　民事诉讼法第64条第2款规定的人民法院认为审理案件需要的证据包括：

（一）涉及可能损害国家利益、社会公共利益的；

（二）涉及身份关系的；

（三）涉及民事诉讼法第55条规定诉讼的；

（四）当事人有恶意串通损害他人合法权益可能的；

（五）涉及依职权追加当事人、中止诉讼、终结诉讼、回避等程序性事项的。

除前款规定外，人民法院调查收集证据，应当依照当事人的申请进行。

第九十七条　人民法院调查收集证据，应当由两人以上共同进行。调查材料要由调查人、被调查人、记录人签名、捺印或者盖章。

第九十八条　当事人根据民事诉讼法第81条第1款规定申请证据保全的，可以在举证期限届满前书面提出。

证据保全可能对他人造成损失的，人民法院应当责令申请人提供相应的担保。

第九十九条　人民法院应当在审理前的准备阶段确定当事人的举证期限。举证期限可以由当事人协商，并经人民法院准许。

人民法院确定举证期限，第一审普通程序案件不得少于15日，当事人提供新的证据的第二审案件不得少于10日。

举证期限届满后，当事人对已经提供的证据，申请提供反驳证据或者对证据来源、形式等方面的瑕疵进行补正的，人民法院可以酌情再次确定举证期限，该期限不受前款规定的限制。

第一百条　当事人申请延长举证期限的，应当在举证期限届满前向人民法院提出书面申请。

申请理由成立的，人民法院应当准许，适当延长举证期限，并通知其他当事人。延长的举证期限适用于其他当事人。

申请理由不成立的，人民法院不予准许，并通知申请人。

第一百零一条　当事人逾期提供证据的，人民法院应当责令其说明理由，必要时可以要求其提供相应的证据。

当事人因客观原因逾期提供证据，或者对方当事人对逾期提供证据未提出异议的，视为未逾期。

第一百零二条　当事人因故意或者重大过失逾期提供的证据，人民法院不予采纳。但该证据与案件基本事实有关的，人民法院应当采纳，并依照民事诉讼法第 65 条、第 115 条第 1 款的规定予以训诫、罚款。

当事人非因故意或者重大过失逾期提供的证据，人民法院应当采纳，并对当事人予以训诫。

当事人一方要求另一方赔偿因逾期提供证据致使其增加的交通、住宿、就餐、误工、证人出庭作证等必要费用的，人民法院可予支持。

第一百零三条　证据应当在法庭上出示，由当事人互相质证。未经当事人质证的证据，不得作为认定案件事实的根据。

当事人在审理前的准备阶段认可的证据，经审判人员在庭审中说明后，视为质证过的证据。

涉及国家秘密、商业秘密、个人隐私或者法律规定应当保密的证据，不得公开质证。

第一百零四条　人民法院应当组织当事人围绕证据的真实性、合法性以及与待证事实的关联性进行质证，并针对证据有无证明力和证明力大小进行说明和辩论。

能够反映案件真实情况、与待证事实相关联、来源和形式符合法律规定的证据，应当作为认定案件事实的根据。

第一百零五条　人民法院应当按照法定程序，全面、客观地审核证据，依照法律规定，运用逻辑推理和日常生活经验法则，对证据有无证明力和证明力大小进行判断，并公开判断的理由和结果。

第一百零六条　对以严重侵害他人合法权益、违反法律禁止性规定或者严重违背公序良俗的方法形成或者获取的证据，不得作为认定案件事实的根据。

第一百零七条　在诉讼中，当事人为达成调解协议或者和解协议做出妥协而认可的事实，不得在后续的诉讼中作为对其不利的根据，但法律另有规定或者当事人均同意的除外。

第一百零八条　对负有举证证明责任的当事人提供的证据，人民法院经审查并结合相关事实，确信待证事实的存在具有高度可能性的，应当认定该事实存在。

对一方当事人为反驳负有举证证明责任的当事人所主张事实而提供的证据，人民法院经审查并结合相关事实，认为待证事实真伪不明的，应当认定该事实不存在。

法律对于待证事实所应达到的证明标准另有规定的，从其规定。

第一百零九条　当事人对欺诈、胁迫、恶意串通事实的证明，以及对口头遗嘱或者赠与事实的证明，人民法院确信该待证事实存在的可能性能够排除合理怀疑的，应当认定该事实存在。

第一百一十条　人民法院认为有必要的，可以要求当事人本人到庭，就案件有关事实接受询问。在询问当事人之前，可以要求其签署保证书。

保证书应当载明据实陈述、如有虚假陈述愿意接受处罚等内容。当事人应当在保证书上签名或者捺印。

负有举证证明责任的当事人拒绝到庭、拒绝接受询问或者拒绝签署保证书，待证事实又欠缺其他证据证明的，人民法院对其主张的事实不予认定。

第一百一十一条　民事诉讼法第70条规定的提交书证原件确有困难，包括下列情形：

（一）书证原件遗失、灭失或者毁损的；

（二）原件在对方当事人控制之下，经合法通知提交而拒不提交的；

（三）原件在他人控制之下，而其有权不提交的；

（四）原件因篇幅或者体积过大而不便提交的；

（五）承担举证证明责任的当事人通过申请人民法院调查收集或者其他方式无法获得书证原件的。

前款规定情形，人民法院应当结合其他证据和案件具体情况，审查判断书证复制品等能否作为认定案件事实的根据。

第一百一十二条　书证在对方当事人控制之下的，承担举证证明责任的当事人可以在举证期限届满前书面申请人民法院责令对方当事人提交。

申请理由成立的，人民法院应当责令对方当事人提交，因提交书证所产生的费用，由申请人负担。对方当事人无正当理由拒不提交的，人民法院可以认定申请人所主张的书证内容为真实。

第一百一十三条　持有书证的当事人以妨碍对方当事人使用为目的，毁灭有关书证或者实施其他致使书证不能使用行为的，人民法院可以依照民事诉讼法第 111 条规定，对其处以罚款、拘留。

第一百一十四条　国家机关或者其他依法具有社会管理职能的组织，在其职权范围内制作的文书所记载的事项推定为真实，但有相反证据足以推翻的除外。必要时，人民法院可以要求制作文书的机关或者组织对文书的真实性予以说明。

第一百一十五条　单位向人民法院提出的证明材料，应当由单位负责人及制作证明材料的人员签名或者盖章，并加盖单位印章。人民法院就单位出具的证明材料，可以向单位及制作证明材料的人员进行调查核实。必要时，可以要求制作证明材料的人员出庭作证。

单位及制作证明材料的人员拒绝人民法院调查核实，或者制作证明材料的人员无正当理由拒绝出庭作证的，该证明材料不得作为认定案件事实的根据。

第一百一十六条　视听资料包括录音资料和影像资料。

电子数据是指通过电子邮件、电子数据交换、网上聊天记录、博客、微博客、手机短信、电子签名、域名等形成或者存储在电子介质中的信息。

存储在电子介质中的录音资料和影像资料，适用电子数据的规定。

第一百一十七条　当事人申请证人出庭作证的，应当在举证期限届满前提出。

符合本解释第 96 条第 1 款规定情形的，人民法院可以依职权通知证人出庭作证。

未经人民法院通知，证人不得出庭作证，但双方当事人同意并经人民法院准许的除外。

第一百一十八条　民事诉讼法第 74 条规定的证人因履行出庭作证义务而支出的交通、住宿、就餐等必要费用，按照机关事业单位工作人员差旅费用和补贴标准计算；误工损失按照国家上年度职工日平均工资标准计算。

人民法院准许证人出庭作证申请的，应当通知申请人预缴证人出庭作证费用。

第一百一十九条 人民法院在证人出庭作证前应当告知其如实作证的义务以及作伪证的法律后果，并责令其签署保证书，但无民事行为能力人和限制民事行为能力人除外。

证人签署保证书适用本解释关于当事人签署保证书的规定。

第一百二十条 证人拒绝签署保证书的，不得作证，并自行承担相关费用。

第一百二十一条 当事人申请鉴定，可以在举证期限届满前提出。申请鉴定的事项与待证事实无关联，或者对证明待证事实无意义的，人民法院不予准许。

人民法院准许当事人鉴定申请的，应当组织双方当事人协商确定具备相应资格的鉴定人。当事人协商不成的，由人民法院指定。

符合依职权调查收集证据条件的，人民法院应当依职权委托鉴定，在询问当事人的意见后，指定具备相应资格的鉴定人。

第一百二十二条 当事人可以依照民事诉讼法第 79 条的规定，在举证期限届满前申请一至二名具有专门知识的人出庭，代表当事人对鉴定意见进行质证，或者对案件事实所涉及的专业问题提出意见。

具有专门知识的人在法庭上就专业问题提出的意见，视为当事人的陈述。

人民法院准许当事人申请的，相关费用由提出申请的当事人负担。

第一百二十三条 人民法院可以对出庭的具有专门知识的人进行询问。经法庭准许，当事人可以对出庭的具有专门知识的人进行询问，当事人各自申请的具有专门知识的人可以就案件中的有关问题进行对质。

具有专门知识的人不得参与专业问题之外的法庭审理活动。

第一百二十四条 人民法院认为有必要的，可以根据当事人的申请或者依职权对物证或者现场进行勘验。勘验时应当保护他人的隐私和尊严。

人民法院可以要求鉴定人参与勘验。必要时，可以要求鉴定人在勘验中进行鉴定。

五、期间和送达

第一百二十五条 依照民事诉讼法第 82 条第 2 款规定，民事诉讼中以时起算的期间从次时起算；以日、月、年计算的期间从次日起算。

第一百二十六条　民事诉讼法第123条规定的立案期限，因起诉状内容欠缺通知原告补正的，从补正后交人民法院的次日起算。由上级人民法院转交下级人民法院立案的案件，从受诉人民法院收到起诉状的次日起算。

第一百二十七条　民事诉讼法第56条第3款、第205条以及本解释第374条、第384条、第401条、第422条、第423条规定的6个月，民事诉讼法第223条规定的1年，为不变期间，不适用诉讼时效中止、中断、延长的规定。

第一百二十八条　再审案件按照第一审程序或者第二审程序审理的，适用民事诉讼法第149条、第176条规定的审限。审限自再审立案的次日起算。

第一百二十九条　对申请再审案件，人民法院应当自受理之日起3个月内审查完毕，但公告期间、当事人和解期间等不计入审查期限。有特殊情况需要延长的，由本院院长批准。

第一百三十条　向法人或者其他组织送达诉讼文书，应当由法人的法定代表人、该组织的主要负责人或者办公室、收发室、值班室等负责收件的人签收或者盖章，拒绝签收或者盖章的，适用留置送达。

民事诉讼法第86条规定的有关基层组织和所在单位的代表，可以是受送达人住所地的居民委员会、村民委员会的工作人员以及受送达人所在单位的工作人员。

第一百三十一条　人民法院直接送达诉讼文书的，可以通知当事人到人民法院领取。当事人到达人民法院，拒绝签署送达回证的，视为送达。审判人员、书记员应当在送达回证上注明送达情况并签名。

人民法院可以在当事人住所地以外向当事人直接送达诉讼文书。当事人拒绝签署送达回证的，采用拍照、录像等方式记录送达过程即视为送达。审判人员、书记员应当在送达回证上注明送达情况并签名。

第一百三十二条　受送达人有诉讼代理人的，人民法院既可以向受送达人送达，也可以向其诉讼代理人送达。受送达人指定诉讼代理人为代收人的，向诉讼代理人送达时，适用留置送达。

第一百三十三条　调解书应当直接送达当事人本人，不适用留置送达。当事人本人因故不能签收的，可由其指定的代收人签收。

第一百三十四条　依照民事诉讼法第88条规定，委托其他人民法院代为送达的，委托法院应当出具委托函，并附需要送达的诉讼文书和送达回证，以受送达人在送达回证上签收的日期为送达日期。

委托送达的，受委托人民法院应当自收到委托函及相关诉讼文书之日起10日内代为送达。

第一百三十五条 电子送达可以采用传真、电子邮件、移动通信等即时收悉的特定系统作为送达媒介。

民事诉讼法第87条第2款规定的到达受送达人特定系统的日期，为人民法院对应系统显示发送成功的日期，但受送达人证明到达其特定系统的日期与人民法院对应系统显示发送成功的日期不一致的，以受送达人证明到达其特定系统的日期为准。

第一百三十六条 受送达人同意采用电子方式送达的，应当在送达地址确认书中予以确认。

第一百三十七条 当事人在提起上诉、申请再审、申请执行时未书面变更送达地址的，其在第一审程序中确认的送达地址可以作为第二审程序、审判监督程序、执行程序的送达地址。

第一百三十八条 公告送达可以在法院的公告栏和受送达人住所地张贴公告，也可以在报纸、信息网络等媒体上刊登公告，发出公告日期以最后张贴或者刊登的日期为准。对公告送达方式有特殊要求的，应当按要求的方式进行。公告期满，即视为送达。

人民法院在受送达人住所地张贴公告的，应当采取拍照、录像等方式记录张贴过程。

第一百三十九条 公告送达应当说明公告送达的原因；公告送达起诉状或者上诉状副本的，应当说明起诉或者上诉要点，受送达人答辩期限及逾期不答辩的法律后果；公告送达传票，应当说明出庭的时间和地点及逾期不出庭的法律后果；公告送达判决书、裁定书的，应当说明裁判主要内容，当事人有权上诉的，还应当说明上诉权利、上诉期限和上诉的人民法院。

第一百四十条 适用简易程序的案件，不适用公告送达。

第一百四十一条 人民法院在定期宣判时，当事人拒不签收判决书、裁定书的，应视为送达，并在宣判笔录中记明。

六、调解

第一百四十二条 人民法院受理案件后，经审查，认为法律关系明确、事实清楚，在征得当事人双方同意后，可以径行调解。

第一百四十三条　适用特别程序、督促程序、公示催告程序的案件，婚姻等身份关系确认案件以及其他根据案件性质不能进行调解的案件，不得调解。

第一百四十四条　人民法院审理民事案件，发现当事人之间恶意串通，企图通过和解、调解方式侵害他人合法权益的，应当依照民事诉讼法第 112 条的规定处理。

第一百四十五条　人民法院审理民事案件，应当根据自愿、合法的原则进行调解。当事人一方或者双方坚持不愿调解的，应当及时裁判。

人民法院审理离婚案件，应当进行调解，但不应久调不决。

第一百四十六条　人民法院审理民事案件，调解过程不公开，但当事人同意公开的除外。

调解协议内容不公开，但为保护国家利益、社会公共利益、他人合法权益，人民法院认为确有必要公开的除外。

主持调解以及参与调解的人员，对调解过程以及调解过程中获悉的国家秘密、商业秘密、个人隐私和其他不宜公开的信息，应当保守秘密，但为保护国家利益、社会公共利益、他人合法权益的除外。

第一百四十七条　人民法院调解案件时，当事人不能出庭的，经其特别授权，可由其委托代理人参加调解，达成的调解协议，可由委托代理人签名。

离婚案件当事人确因特殊情况无法出庭参加调解的，除本人不能表达意志的以外，应当出具书面意见。

第一百四十八条　当事人自行和解或者调解达成协议后，请求人民法院按照和解协议或者调解协议的内容制作判决书的，人民法院不予准许。

无民事行为能力人的离婚案件，由其法定代理人进行诉讼。法定代理人与对方达成协议要求发给判决书的，可根据协议内容制作判决书。

第一百四十九条　调解书需经当事人签收后才发生法律效力的，应当以最后收到调解书的当事人签收的日期为调解书生效日期。

第一百五十条　人民法院调解民事案件，需由无独立请求权的第三人承担责任的，应当经其同意。该第三人在调解书送达前反悔的，人民法院应当及时裁判。

第一百五十一条　根据民事诉讼法第 98 条第 1 款第 4 项规定，当事人各方同意在调解协议上签名或者盖章后即发生法律效力的，经人民法院审查确认后，应当记入笔录或者将调解协议附卷，并由当事人、审判人员、书记员签名或者盖章后即具有法律效力。

前款规定情形，当事人请求制作调解书的，人民法院审查确认后可以制作调解书送交当事人。当事人拒收调解书的，不影响调解协议的效力。

七、保全和先予执行

第一百五十二条　人民法院依照民事诉讼法第 100 条、第 101 条规定，在采取诉前保全、诉讼保全措施时，责令利害关系人或者当事人提供担保的，应当书面通知。

利害关系人申请诉前保全的，应当提供担保。申请诉前财产保全的，应当提供相当于请求保全数额的担保；情况特殊的，人民法院可以酌情处理。申请诉前行为保全的，担保的数额由人民法院根据案件的具体情况决定。

在诉讼中，人民法院依申请或者依职权采取保全措施的，应当根据案件的具体情况，决定当事人是否应当提供担保以及担保的数额。

第一百五十三条　人民法院对季节性商品、鲜活、易腐烂变质以及其他不宜长期保存的物品采取保全措施时，可以责令当事人及时处理，由人民法院保存价款；必要时，人民法院可予以变卖，保存价款。

第一百五十四条　人民法院在财产保全中采取查封、扣押、冻结财产措施时，应当妥善保管被查封、扣押、冻结的财产。不宜由人民法院保管的，人民法院可以指定被保全人负责保管；不宜由被保全人保管的，可以委托他人或者申请保全人保管。

查封、扣押、冻结担保物权人占有的担保财产，一般由担保物权人保管；由人民法院保管的，质权、留置权不因采取保全措施而消灭。

第一百五十五条　由人民法院指定被保全人保管的财产，如果继续使用对该财产的价值无重大影响，可以允许被保全人继续使用；由人民法院保管或者委托他人、申请保全人保管的财产，人民法院和其他保管人不得使用。

第一百五十六条　人民法院采取财产保全的方法和措施，依照执行程序相关规定办理。

第一百五十七条　人民法院对抵押物、质押物、留置物可以采取财产保全措施，但不影响抵押权人、质权人、留置权人的优先受偿权。

第一百五十八条　人民法院对债务人到期应得的收益，可以采取财产保全措施，限制其支取，通知有关单位协助执行。

第一百五十九条　债务人的财产不能满足保全请求，但对他人有到期债权的，人民法院可以依债权人的申请裁定该他人不得对本案债务人清偿。该他人要求偿付的，由人民法院提存财物或者价款。

第一百六十条　当事人向采取诉前保全措施以外的其他有管辖权的人民法院起诉的，采取诉前保全措施的人民法院应当将保全手续移送受理案件的人民法院。诉前保全的裁定视为受移送人民法院作出的裁定。

第一百六十一条　对当事人不服一审判决提起上诉的案件，在第二审人民法院接到报送的案件之前，当事人有转移、隐匿、出卖或者毁损财产等行为，必须采取保全措施的，由第一审人民法院依当事人申请或者依职权采取。第一审人民法院的保全裁定，应当及时报送第二审人民法院。

第一百六十二条　第二审人民法院裁定对第一审人民法院采取的保全措施予以续保或者采取新的保全措施的，可以自行实施，也可以委托第一审人民法院实施。

再审人民法院裁定对原保全措施予以续保或者采取新的保全措施的，可以自行实施，也可以委托原审人民法院或者执行法院实施。

第一百六十三条　法律文书生效后，进入执行程序前，债权人因对方当事人转移财产等紧急情况，不申请保全将可能导致生效法律文书不能执行或者难以执行的，可以向执行法院申请采取保全措施。债权人在法律文书指定的履行期间届满后5日内不申请执行的，人民法院应当解除保全。

第一百六十四条　对申请保全人或者他人提供的担保财产，人民法院应当依法办理查封、扣押、冻结等手续。

第一百六十五条　人民法院裁定采取保全措施后，除作出保全裁定的人民法院自行解除或者其上级人民法院决定解除外，在保全期限内，任何单位不得解除保全措施。

第一百六十六条　裁定采取保全措施后，有下列情形之一的，人民法院应当作出解除保全裁定：

（一）保全错误的；

（二）申请人撤回保全申请的；

（三）申请人的起诉或者诉讼请求被生效裁判驳回的；

（四）人民法院认为应当解除保全的其他情形。

解除以登记方式实施的保全措施的，应当向登记机关发出协助执行通知书。

第一百六十七条　财产保全的被保全人提供其他等值担保财产且有利于执行的，人民法院可以裁定变更保全标的物为被保全人提供的担保财产。

第一百六十八条　保全裁定未经人民法院依法撤销或者解除，进入执行程序后，自动转为执行中的查封、扣押、冻结措施，期限连续计算，执行法院无须重新制作裁定书，但查封、扣押、冻结期限届满的除外。

第一百六十九条　民事诉讼法规定的先予执行，人民法院应当在受理案件后终审判决作出前采取。先予执行应当限于当事人诉讼请求的范围，并以当事人的生活、生产经营的急需为限。

第一百七十条　民事诉讼法第106条第3项规定的情况紧急，包括：

（一）需要立即停止侵害、排除妨碍的；

（二）需要立即制止某项行为的；

（三）追索恢复生产、经营急需的保险理赔费的；

（四）需要立即返还社会保险金、社会救助资金的；

（五）不立即返还款项，将严重影响权利人生活和生产经营的。

第一百七十一条　当事人对保全或者先予执行裁定不服的，可以自收到裁定书之日起5日内向作出裁定的人民法院申请复议。人民法院应当在收到复议申请后10日内审查。裁定正确的，驳回当事人的申请；裁定不当的，变更或者撤销原裁定。

第一百七十二条　利害关系人对保全或者先予执行的裁定不服申请复议的，由作出裁定的人民法院依照民事诉讼法第108条规定处理。

第一百七十三条　人民法院先予执行后，根据发生法律效力的判决，申请人应当返还因先予执行所取得的利益的，适用民事诉讼法第233条的规定。

八、对妨害民事诉讼的强制措施

第一百七十四条　民事诉讼法第109条规定的必须到庭的被告，是指负有赡养、抚育、扶养义务和不到庭就无法查清案情的被告。

人民法院对必须到庭才能查清案件基本事实的原告，经两次传票传唤，无正当理由拒不到庭的，可以拘传。

第一百七十五条 拘传必须用拘传票，并直接送达被拘传人；在拘传前，应当向被拘传人说明拒不到庭的后果，经批评教育仍拒不到庭的，可以拘传其到庭。

第一百七十六条 诉讼参与人或者其他人有下列行为之一的，人民法院可以适用民事诉讼法第110条规定处理：

（一）未经准许进行录音、录像、摄影的；

（二）未经准许以移动通信等方式现场传播审判活动的；

（三）其他扰乱法庭秩序，妨害审判活动进行的。

有前款规定情形的，人民法院可以暂扣诉讼参与人或者其他人进行录音、录像、摄影、传播审判活动的器材，并责令其删除有关内容；拒不删除的，人民法院可以采取必要手段强制删除。

第一百七十七条 训诫、责令退出法庭由合议庭或者独任审判员决定。训诫的内容、被责令退出法庭者的违法事实应当记入庭审笔录。

第一百七十八条 人民法院依照民事诉讼法第110条至第114条的规定采取拘留措施的，应经院长批准，作出拘留决定书，由司法警察将被拘留人送交当地公安机关看管。

第一百七十九条 被拘留人不在本辖区的，作出拘留决定的人民法院应当派员到被拘留人所在地的人民法院，请该院协助执行，受委托的人民法院应当及时派员协助执行。被拘留人申请复议或者在拘留期间承认并改正错误，需要提前解除拘留的，受委托人民法院应当向委托人民法院转达或者提出建议，由委托人民法院审查决定。

第一百八十条 人民法院对被拘留人采取拘留措施后，应当在24小时内通知其家属；确实无法按时通知或者通知不到的，应当记录在案。

第一百八十一条 因哄闹、冲击法庭，用暴力、威胁等方法抗拒执行公务等紧急情况，必须立即采取拘留措施的，可在拘留后，立即报告院长补办批准手续。院长认为拘留不当的，应当解除拘留。

第一百八十二条 被拘留人在拘留期间认错悔改的，可以责令其具结悔过，提前解除拘留。提前解除拘留，应报经院长批准，并作出提前解除拘留决定书，交负责看管的公安机关执行。

第一百八十三条 民事诉讼法第110条至第113条规定的罚款、拘留可以单独适用，也可以合并适用。

第一百八十四条　对同一妨害民事诉讼行为的罚款、拘留不得连续适用。发生新的妨害民事诉讼行为的，人民法院可以重新予以罚款、拘留。

第一百八十五条　被罚款、拘留的人不服罚款、拘留决定申请复议的，应当自收到决定书之日起3日内提出。上级人民法院应当在收到复议申请后5日内作出决定，并将复议结果通知下级人民法院和当事人。

第一百八十六条　上级人民法院复议时认为强制措施不当的，应当制作决定书，撤销或者变更下级人民法院作出的拘留、罚款决定。情况紧急的，可以在口头通知后3日内发出决定书。

第一百八十七条　民事诉讼法第111条第1款第5项规定的以暴力、威胁或者其他方法阻碍司法工作人员执行职务的行为，包括：

（一）在人民法院哄闹、滞留，不听从司法工作人员劝阻的；

（二）故意毁损、抢夺人民法院法律文书、查封标志的；

（三）哄闹、冲击执行公务现场，围困、扣押执行或者协助执行公务人员的；

（四）毁损、抢夺、扣留案件材料、执行公务车辆、其他执行公务器械、执行公务人员服装和执行公务证件的；

（五）以暴力、威胁或者其他方法阻碍司法工作人员查询、查封、扣押、冻结、划拨、拍卖、变卖财产的；

（六）以暴力、威胁或者其他方法阻碍司法工作人员执行职务的其他行为。

第一百八十八条　民事诉讼法第111条第1款第6项规定的拒不履行人民法院已经发生法律效力的判决、裁定的行为，包括：

（一）在法律文书发生法律效力后隐藏、转移、变卖、毁损财产或者无偿转让财产、以明显不合理的价格交易财产、放弃到期债权、无偿为他人提供担保等，致使人民法院无法执行的；

（二）隐藏、转移、毁损或者未经人民法院允许处分已向人民法院提供担保的财产的；

（三）违反人民法院限制高消费令进行消费的；

（四）有履行能力而拒不按照人民法院执行通知履行生效法律文书确定的义务的；

（五）有义务协助执行的个人接到人民法院协助执行通知书后，拒不协助执行的。

第一百八十九条　诉讼参与人或者其他人有下列行为之一的，人民法院可以适用民事诉讼法第 111 条的规定处理：

（一）冒充他人提起诉讼或者参加诉讼的；

（二）证人签署保证书后作虚假证言，妨碍人民法院审理案件的；

（三）伪造、隐藏、毁灭或者拒绝交出有关被执行人履行能力的重要证据，妨碍人民法院查明被执行人财产状况的；

（四）擅自解冻已被人民法院冻结的财产的；

（五）接到人民法院协助执行通知书后，给当事人通风报信，协助其转移、隐匿财产的。

第一百九十条　民事诉讼法第 112 条规定的他人合法权益，包括案外人的合法权益、国家利益、社会公共利益。

第三人根据民事诉讼法第 56 条第 3 款规定提起撤销之诉，经审查，原案当事人之间恶意串通进行虚假诉讼的，适用民事诉讼法第 112 条规定处理。

第一百九十一条　单位有民事诉讼法第 112 条或者第 113 条规定行为的，人民法院应当对该单位进行罚款，并可以对其主要负责人或者直接责任人员予以罚款、拘留；构成犯罪的，依法追究刑事责任。

第一百九十二条　有关单位接到人民法院协助执行通知书后，有下列行为之一的，人民法院可以适用民事诉讼法第 114 条规定处理：

（一）允许被执行人高消费的；

（二）允许被执行人出境的；

（三）拒不停止办理有关财产权证照转移手续、权属变更登记、规划审批等手续的；

（四）以需要内部请示、内部审批，有内部规定等为由拖延办理的。

第一百九十三条　人民法院对个人或者单位采取罚款措施时，应当根据其实施妨害民事诉讼行为的性质、情节、后果，当地的经济发展水平，以及诉讼标的额等因素，在民事诉讼法第 115 条第 1 款规定的限额内确定相应的罚款金额。

九、诉讼费用

第一百九十四条　依照民事诉讼法第 54 条审理的案件不预交案件受理

费，结案后按照诉讼标的额由败诉方交纳。

第一百九十五条 支付令失效后转入诉讼程序的，债权人应当按照《诉讼费用交纳办法》补交案件受理费。

支付令被撤销后，债权人另行起诉的，按照《诉讼费用交纳办法》交纳诉讼费用。

第一百九十六条 人民法院改变原判决、裁定、调解结果的，应当在裁判文书中对原审诉讼费用的负担一并作出处理。

第一百九十七条 诉讼标的物是证券的，按照证券交易规则并根据当事人起诉之日前最后一个交易日的收盘价、当日的市场价或者其载明的金额计算诉讼标的金额。

第一百九十八条 诉讼标的物是房屋、土地、林木、车辆、船舶、文物等特定物或者知识产权，起诉时价值难以确定的，人民法院应当向原告释明主张过高或者过低的诉讼风险，以原告主张的价值确定诉讼标的金额。

第一百九十九条 适用简易程序审理的案件转为普通程序的，原告自接到人民法院交纳诉讼费用通知之日起七日内补交案件受理费。

原告无正当理由未按期足额补交的，按撤诉处理，已经收取的诉讼费用退还一半。

第二百条 破产程序中有关债务人的民事诉讼案件，按照财产案件标准交纳诉讼费，但劳动争议案件除外。

第二百零一条 既有财产性诉讼请求，又有非财产性诉讼请求的，按照财产性诉讼请求的标准交纳诉讼费。

有多个财产性诉讼请求的，合并计算交纳诉讼费；诉讼请求中有多个非财产性诉讼请求的，按一件交纳诉讼费。

第二百零二条 原告、被告、第三人分别上诉的，按照上诉请求分别预交二审案件受理费。

同一方多人共同上诉的，只预交一份二审案件受理费；分别上诉的，按照上诉请求分别预交二审案件受理费。

第二百零三条 承担连带责任的当事人败诉的，应当共同负担诉讼费用。

第二百零四条 实现担保物权案件，人民法院裁定拍卖、变卖担保财产的，申请费由债务人、担保人负担；人民法院裁定驳回申请的，申请费由申请人负担。

申请人另行起诉的，其已经交纳的申请费可以从案件受理费中扣除。

第二百零五条　拍卖、变卖担保财产的裁定作出后，人民法院强制执行的，按照执行金额收取执行申请费。

第二百零六条　人民法院决定减半收取案件受理费的，只能减半一次。

第二百零七条　判决生效后，胜诉方预交但不应负担的诉讼费用，人民法院应当退还，由败诉方向人民法院交纳，但胜诉方自愿承担或者同意败诉方直接向其支付的除外。

当事人拒不交纳诉讼费用的，人民法院可以强制执行。

十、第一审普通程序

第二百零八条　人民法院接到当事人提交的民事起诉状时，对符合民事诉讼法第119条的规定，且不属于第124条规定情形的，应当登记立案；对当场不能判定是否符合起诉条件的，应当接收起诉材料，并出具注明收到日期的书面凭证。

需要补充必要相关材料的，人民法院应当及时告知当事人。在补齐相关材料后，应当在7日内决定是否立案。

立案后发现不符合起诉条件或者属于民事诉讼法第124条规定情形的，裁定驳回起诉。

第二百零九条　原告提供被告的姓名或者名称、住所等信息具体明确，足以使被告与他人相区别的，可以认定为有明确的被告。

起诉状列写被告信息不足以认定明确的被告的，人民法院可以告知原告补正。原告补正后仍不能确定明确的被告的，人民法院裁定不予受理。

第二百一十条　原告在起诉状中有谩骂和人身攻击之辞的，人民法院应当告知其修改后提起诉讼。

第二百一十一条　对本院没有管辖权的案件，告知原告向有管辖权的人民法院起诉；原告坚持起诉的，裁定不予受理；立案后发现本院没有管辖权的，应当将案件移送有管辖权的人民法院。

第二百一十二条　裁定不予受理、驳回起诉的案件，原告再次起诉，符合起诉条件且不属于民事诉讼法第124条规定情形的，人民法院应予受理。

第二百一十三条　原告应当预交而未预交案件受理费，人民法院应当通知其预交，通知后仍不预交或者申请减、缓、免未获批准而仍不预交的，裁定按撤诉处理。

第二百一十四条　原告撤诉或者人民法院按撤诉处理后，原告以同一诉讼请求再次起诉的，人民法院应予受理。

原告撤诉或者按撤诉处理的离婚案件，没有新情况、新理由，6个月内又起诉的，比照民事诉讼法第124条第7项的规定不予受理。

第二百一十五条　依照民事诉讼法第124条第2项的规定，当事人在书面合同中订有仲裁条款，或者在发生纠纷后达成书面仲裁协议，一方向人民法院起诉的，人民法院应当告知原告向仲裁机构申请仲裁，其坚持起诉的，裁定不予受理，但仲裁条款或者仲裁协议不成立、无效、失效、内容不明确无法执行的除外。

第二百一十六条　在人民法院首次开庭前，被告以有书面仲裁协议为由对受理民事案件提出异议的，人民法院应当进行审查。

经审查符合下列情形之一的，人民法院应当裁定驳回起诉：

（一）仲裁机构或者人民法院已经确认仲裁协议有效的；

（二）当事人没有在仲裁庭首次开庭前对仲裁协议的效力提出异议的；

（三）仲裁协议符合仲裁法第16条规定且不具有仲裁法第17条规定情形的。

第二百一十七条　夫妻一方下落不明，另一方诉至人民法院，只要求离婚，不申请宣告下落不明人失踪或者死亡的案件，人民法院应当受理，对下落不明人公告送达诉讼文书。

第二百一十八条　赡养费、扶养费、抚育费案件，裁判发生法律效力后，因新情况、新理由，一方当事人再行起诉要求增加或者减少费用的，人民法院应作为新案受理。

第二百一十九条　当事人超过诉讼时效期间起诉的，人民法院应予受理。受理后对方当事人提出诉讼时效抗辩，人民法院经审理认为抗辩事由成立的，判决驳回原告的诉讼请求。

第二百二十条　民事诉讼法第68条、第134条、第156条规定的商业秘密，是指生产工艺、配方、贸易联系、购销渠道等当事人不愿公开的技术秘密、商业情报及信息。

第二百二十一条　基于同一事实发生的纠纷，当事人分别向同一人民法院起诉的，人民法院可以合并审理。

第二百二十二条　原告在起诉状中直接列写第三人的，视为其申请人民法院追加该第三人参加诉讼。是否通知第三人参加诉讼，由人民法院审查决定。

第二百二十三条　当事人在提交答辩状期间提出管辖异议，又针对起诉状的内容进行答辩的，人民法院应当依照民事诉讼法第127条第1款的规定，对管辖异议进行审查。

当事人未提出管辖异议，就案件实体内容进行答辩、陈述或者反诉的，可以认定为民事诉讼法第127条第2款规定的应诉答辩。

第二百二十四条　依照民事诉讼法第133条第4项规定，人民法院可以在答辩期届满后，通过组织证据交换、召集庭前会议等方式，作好审理前的准备。

第二百二十五条　根据案件具体情况，庭前会议可以包括下列内容：

（一）明确原告的诉讼请求和被告的答辩意见；

（二）审查处理当事人增加、变更诉讼请求的申请和提出的反诉，以及第三人提出的与本案有关的诉讼请求；

（三）根据当事人的申请决定调查收集证据，委托鉴定，要求当事人提供证据，进行勘验，进行证据保全；

（四）组织交换证据；

（五）归纳争议焦点；

（六）进行调解。

第二百二十六条　人民法院应当根据当事人的诉讼请求、答辩意见以及证据交换的情况，归纳争议焦点，并就归纳的争议焦点征求当事人的意见。

第二百二十七条　人民法院适用普通程序审理案件，应当在开庭3日前用传票传唤当事人。对诉讼代理人、证人、鉴定人、勘验人、翻译人员应当用通知书通知其到庭。当事人或者其他诉讼参与人在外地的，应当留有必要的在途时间。

第二百二十八条　法庭审理应当围绕当事人争议的事实、证据和法律适用等焦点问题进行。

第二百二十九条　当事人在庭审中对其在审理前的准备阶段认可的事实和证据提出不同意见的，人民法院应当责令其说明理由。必要时，可以责令其提供相应证据。人民法院应当结合当事人的诉讼能力、证据和案件的具体情况进行审查。理由成立的，可以列入争议焦点进行审理。

第二百三十条　人民法院根据案件具体情况并征得当事人同意，可以将法庭调查和法庭辩论合并进行。

第二百三十一条　当事人在法庭上提出新的证据的，人民法院应当依照民事诉讼法第65条第2款规定和本解释相关规定处理。

第二百三十二条　在案件受理后，法庭辩论结束前，原告增加诉讼请求，被告提出反诉，第三人提出与本案有关的诉讼请求，可以合并审理的，人民法院应当合并审理。

第二百三十三条　反诉的当事人应当限于本诉的当事人的范围。

反诉与本诉的诉讼请求基于相同法律关系、诉讼请求之间具有因果关系，或者反诉与本诉的诉讼请求基于相同事实的，人民法院应当合并审理。

反诉应由其他人民法院专属管辖，或者与本诉的诉讼标的及诉讼请求所依据的事实、理由无关联的，裁定不予受理，告知另行起诉。

第二百三十四条　无民事行为能力人的离婚诉讼，当事人的法定代理人应当到庭；法定代理人不能到庭的，人民法院应当在查清事实的基础上，依法作出判决。

第二百三十五条　无民事行为能力的当事人的法定代理人，经传票传唤无正当理由拒不到庭，属于原告方的，比照民事诉讼法第143条的规定，按撤诉处理；属于被告方的，比照民事诉讼法第144条的规定，缺席判决。必要时，人民法院可以拘传其到庭。

第二百三十六条　有独立请求权的第三人经人民法院传票传唤，无正当理由拒不到庭的，或者未经法庭许可中途退庭的，比照民事诉讼法第143条的规定，按撤诉处理。

第二百三十七条　有独立请求权的第三人参加诉讼后，原告申请撤诉，人民法院在准许原告撤诉后，有独立请求权的第三人作为另案原告，原案原告、被告作为另案被告，诉讼继续进行。

第二百三十八条　当事人申请撤诉或者依法可以按撤诉处理的案件，如果当事人有违反法律的行为需要依法处理的，人民法院可以不准许撤诉或者不按撤诉处理。

法庭辩论终结后原告申请撤诉，被告不同意的，人民法院可以不予准许。

第二百三十九条　人民法院准许本诉原告撤诉的，应当对反诉继续审理；

被告申请撤回反诉的，人民法院应予准许。

第二百四十条　无独立请求权的第三人经人民法院传票传唤，无正当理由拒不到庭，或者未经法庭许可中途退庭的，不影响案件的审理。

第二百四十一条　被告经传票传唤无正当理由拒不到庭，或者未经法庭许可中途退庭的，人民法院应当按期开庭或者继续开庭审理，对到庭的当事人诉讼请求、双方的诉辩理由以及已经提交的证据及其他诉讼材料进行审理后，可以依法缺席判决。

第二百四十二条　一审宣判后，原审人民法院发现判决有错误，当事人在上诉期内提出上诉的，原审人民法院可以提出原判决有错误的意见，报送第二审人民法院，由第二审人民法院按照第二审程序进行审理；当事人不上诉的，按照审判监督程序处理。

第二百四十三条　民事诉讼法第 149 条规定的审限，是指从立案之日起至裁判宣告、调解书送达之日止的期间，但公告期间、鉴定期间、双方当事人和解期间、审理当事人提出的管辖异议以及处理人民法院之间的管辖争议期间不应计算在内。

第二百四十四条　可以上诉的判决书、裁定书不能同时送达双方当事人的，上诉期从各自收到判决书、裁定书之日计算。

第二百四十五条　民事诉讼法第 154 条第 1 款第 7 项规定的笔误是指法律文书误写、误算，诉讼费用漏写、误算和其他笔误。

第二百四十六条　裁定中止诉讼的原因消除，恢复诉讼程序时，不必撤销原裁定，从人民法院通知或者准许当事人双方继续进行诉讼时起，中止诉讼的裁定即失去效力。

第二百四十七条　当事人就已经提起诉讼的事项在诉讼过程中或者裁判生效后再次起诉，同时符合下列条件的，构成重复起诉：

（一）后诉与前诉的当事人相同；

（二）后诉与前诉的诉讼标的相同；

（三）后诉与前诉的诉讼请求相同，或者后诉的诉讼请求实质上否定前诉裁判结果。

当事人重复起诉的，裁定不予受理；已经受理的，裁定驳回起诉，但法律、司法解释另有规定的除外。

第二百四十八条　裁判发生法律效力后，发生新的事实，当事人再次提起诉讼的，人民法院应当依法受理。

第二百四十九条　在诉讼中，争议的民事权利义务转移的，不影响当事人的诉讼主体资格和诉讼地位。人民法院作出的发生法律效力的判决、裁定对受让人具有拘束力。

受让人申请以无独立请求权的第三人身份参加诉讼的，人民法院可予准许。受让人申请替代当事人承担诉讼的，人民法院可以根据案件的具体情况决定是否准许；不予准许的，可以追加其为无独立请求权的第三人。

第二百五十条　依照本解释第249条规定，人民法院准许受让人替代当事人承担诉讼的，裁定变更当事人。

变更当事人后，诉讼程序以受让人为当事人继续进行，原当事人应当退出诉讼。原当事人已经完成的诉讼行为对受让人具有拘束力。

第二百五十一条　二审裁定撤销一审判决发回重审的案件，当事人申请变更、增加诉讼请求或者提出反诉，第三人提出与本案有关的诉讼请求的，依照民事诉讼法第140条规定处理。

第二百五十二条　再审裁定撤销原判决、裁定发回重审的案件，当事人申请变更、增加诉讼请求或者提出反诉，符合下列情形之一的，人民法院应当准许：

（一）原审未合法传唤缺席判决，影响当事人行使诉讼权利的；

（二）追加新的诉讼当事人的；

（三）诉讼标的物灭失或者发生变化致使原诉讼请求无法实现的；

（四）当事人申请变更、增加的诉讼请求或者提出的反诉，无法通过另诉解决的。

第二百五十三条　当庭宣判的案件，除当事人当庭要求邮寄发送裁判文书的外，人民法院应当告知当事人或者诉讼代理人领取裁判文书的时间和地点以及逾期不领取的法律后果。上述情况，应当记入笔录。

第二百五十四条　公民、法人或者其他组织申请查阅发生法律效力的判决书、裁定书的，应当向作出该生效裁判的人民法院提出。申请应当以书面形式提出，并提供具体的案号或者当事人姓名、名称。

第二百五十五条　对于查阅判决书、裁定书的申请，人民法院根据下列情形分别处理：

（一）判决书、裁定书已经通过信息网络向社会公开的，应当引导申请人自行查阅；

（二）判决书、裁定书未通过信息网络向社会公开，且申请符合要求的，应当及时提供便捷的查阅服务；

（三）判决书、裁定书尚未发生法律效力，或者已失去法律效力的，不提供查阅并告知申请人；

（四）发生法律效力的判决书、裁定书不是本院作出的，应当告知申请人向作出生效裁判的人民法院申请查阅；

（五）申请查阅的内容涉及国家秘密、商业秘密、个人隐私的，不予准许并告知申请人。

十一、简易程序

第二百五十六条　民事诉讼法第157条规定的简单民事案件中的事实清楚，是指当事人对争议的事实陈述基本一致，并能提供相应的证据，无须人民法院调查收集证据即可查明事实；权利义务关系明确是指能明确区分谁是责任的承担者，谁是权利的享有者；争议不大是指当事人对案件的是非、责任承担以及诉讼标的争执无原则分歧。

第二百五十七条　下列案件，不适用简易程序：

（一）起诉时被告下落不明的；

（二）发回重审的；

（三）当事人一方人数众多的；

（四）适用审判监督程序的；

（五）涉及国家利益、社会公共利益的；

（六）第三人起诉请求改变或者撤销生效判决、裁定、调解书的；

（七）其他不宜适用简易程序的案件。

第二百五十八条　适用简易程序审理的案件，审理期限到期后，双方当事人同意继续适用简易程序的，由本院院长批准，可以延长审理期限。延长后的审理期限累计不得超过6个月。

人民法院发现案情复杂，需要转为普通程序审理的，应当在审理期限届满前作出裁定并将合议庭组成人员及相关事项书面通知双方当事人。

案件转为普通程序审理的，审理期限自人民法院立案之日计算。

第二百五十九条　当事人双方可就开庭方式向人民法院提出申请，由人民法院决定是否准许。经当事人双方同意，可以采用视听传输技术等方式开庭。

第二百六十条　已经按照普通程序审理的案件，在开庭后不得转为简易程序审理。

第二百六十一条　适用简易程序审理案件，人民法院可以采取捎口信、电话、短信、传真、电子邮件等简便方式传唤双方当事人、通知证人和送达裁判文书以外的诉讼文书。

以简便方式送达的开庭通知，未经当事人确认或者没有其他证据证明当事人已经收到的，人民法院不得缺席判决。

适用简易程序审理案件，由审判员独任审判，书记员担任记录。

第二百六十二条　人民法庭制作的判决书、裁定书、调解书，必须加盖基层人民法院印章，不得用人民法庭的印章代替基层人民法院的印章。

第二百六十三条　适用简易程序审理案件，卷宗中应当具备以下材料：

（一）起诉状或者口头起诉笔录；

（二）答辩状或者口头答辩笔录；

（三）当事人身份证明材料；

（四）委托他人代理诉讼的授权委托书或者口头委托笔录；

（五）证据；

（六）询问当事人笔录；

（七）审理（包括调解）笔录；

（八）判决书、裁定书、调解书或者调解协议；

（九）送达和宣判笔录；

（十）执行情况；

（十一）诉讼费收据；

（十二）适用民事诉讼法第 162 条规定审理的，有关程序适用的书面告知。

第二百六十四条　当事人双方根据民事诉讼法第 157 条第 2 款规定约定适用简易程序的，应当在开庭前提出。口头提出的，记入笔录，由双方当事人签名或者捺印确认。

本解释第 257 条规定的案件，当事人约定适用简易程序的，人民法院不予准许。

第二百六十五条　原告口头起诉的，人民法院应当将当事人的姓名、性别、工作单位、住所、联系方式等基本信息，诉讼请求，事实及理由等准确记入笔录，由原告核对无误后签名或者捺印。对当事人提交的证据材料，应当出具收据。

第二百六十六条　适用简易程序案件的举证期限由人民法院确定，也可以由当事人协商一致并经人民法院准许，但不得超过15日。被告要求书面答辩的，人民法院可在征得其同意的基础上，合理确定答辩期间。

人民法院应当将举证期限和开庭日期告知双方当事人，并向当事人说明逾期举证以及拒不到庭的法律后果，由双方当事人在笔录和开庭传票的送达回证上签名或者捺印。

当事人双方均表示不需要举证期限、答辩期间的，人民法院可以立即开庭审理或者确定开庭日期。

第二百六十七条　适用简易程序审理案件，可以简便方式进行审理前的准备。

第二百六十八条　对没有委托律师、基层法律服务工作者代理诉讼的当事人，人民法院在庭审过程中可以对回避、自认、举证证明责任等相关内容向其作必要的解释或者说明，并在庭审过程中适当提示当事人正确行使诉讼权利、履行诉讼义务。

第二百六十九条　当事人就案件适用简易程序提出异议，人民法院经审查，异议成立的，裁定转为普通程序；异议不成立的，口头告知当事人，并记入笔录。

转为普通程序的，人民法院应当将合议庭组成人员及相关事项以书面形式通知双方当事人。

转为普通程序前，双方当事人已确认的事实，可以不再进行举证、质证。

第二百七十条　适用简易程序审理的案件，有下列情形之一的，人民法院在制作判决书、裁定书、调解书时，对认定事实或者裁判理由部分可以适当简化：

（一）当事人达成调解协议并需要制作民事调解书的；

（二）一方当事人明确表示承认对方全部或者部分诉讼请求的；

（三）涉及商业秘密、个人隐私的案件，当事人一方要求简化裁判文书中的相关内容，人民法院认为理由正当的；

（四）当事人双方同意简化的。

十二、简易程序中的小额诉讼

第二百七十一条　人民法院审理小额诉讼案件，适用民事诉讼法第 162 条的规定，实行一审终审。

第二百七十二条　民事诉讼法第 162 条规定的各省、自治区、直辖市上年度就业人员年平均工资，是指已经公布的各省、自治区、直辖市上一年度就业人员年平均工资。在上一年度就业人员年平均工资公布前，以已经公布的最近年度就业人员年平均工资为准。

第二百七十三条　海事法院可以审理海事、海商小额诉讼案件。案件标的额应当以实际受理案件的海事法院或者其派出法庭所在的省、自治区、直辖市上年度就业人员年平均工资百分之三十为限。

第二百七十四条　下列金钱给付的案件，适用小额诉讼程序审理：

（一）买卖合同、借款合同、租赁合同纠纷；

（二）身份关系清楚，仅在给付的数额、时间、方式上存在争议的赡养费、抚育费、扶养费纠纷；

（三）责任明确，仅在给付的数额、时间、方式上存在争议的交通事故损害赔偿和其他人身损害赔偿纠纷；

（四）供用水、电、气、热力合同纠纷；

（五）银行卡纠纷；

（六）劳动关系清楚，仅在劳动报酬、工伤医疗费、经济补偿金或者赔偿金给付数额、时间、方式上存在争议的劳动合同纠纷；

（七）劳务关系清楚，仅在劳务报酬给付数额、时间、方式上存在争议的劳务合同纠纷；

（八）物业、电信等服务合同纠纷；

（九）其他金钱给付纠纷。

第二百七十五条　下列案件，不适用小额诉讼程序审理：

（一）人身关系、财产确权纠纷；

（二）涉外民事纠纷；

（三）知识产权纠纷；

（四）需要评估、鉴定或者对诉前评估、鉴定结果有异议的纠纷；

（五）其他不宜适用一审终审的纠纷。

第二百七十六条　人民法院受理小额诉讼案件，应当向当事人告知该类案件的审判组织、一审终审、审理期限、诉讼费用交纳标准等相关事项。

第二百七十七条　小额诉讼案件的举证期限由人民法院确定，也可以由当事人协商一致并经人民法院准许，但一般不超过7日。

被告要求书面答辩的，人民法院可以在征得其同意的基础上合理确定答辩期间，但最长不得超过15日。

当事人到庭后表示不需要举证期限和答辩期间的，人民法院可立即开庭审理。

第二百七十八条　当事人对小额诉讼案件提出管辖异议的，人民法院应当作出裁定。裁定一经作出即生效。

第二百七十九条　人民法院受理小额诉讼案件后，发现起诉不符合民事诉讼法第119条规定的起诉条件的，裁定驳回起诉。裁定一经作出即生效。

第二百八十条　因当事人申请增加或者变更诉讼请求、提出反诉、追加当事人等，致使案件不符合小额诉讼案件条件的，应当适用简易程序的其他规定审理。

前款规定案件，应当适用普通程序审理的，裁定转为普通程序。

适用简易程序的其他规定或者普通程序审理前，双方当事人已确认的事实，可以不再进行举证、质证。

第二百八十一条　当事人对按照小额诉讼案件审理有异议的，应当在开庭前提出。人民法院经审查，异议成立的，适用简易程序的其他规定审理；异议不成立的，告知当事人，并记入笔录。

第二百八十二条　小额诉讼案件的裁判文书可以简化，主要记载当事人基本信息、诉讼请求、裁判主文等内容。

第二百八十三条　人民法院审理小额诉讼案件，本解释没有规定的，适用简易程序的其他规定。

十三、公益诉讼

第二百八十四条　环境保护法、消费者权益保护法等法律规定的机关和有关组织对污染环境、侵害众多消费者合法权益等损害社会公共利益的行为，根据民事诉讼法第55条规定提起公益诉讼，符合下列条件的，人民法院应当受理：

（一）有明确的被告；

（二）有具体的诉讼请求；

（三）有社会公共利益受到损害的初步证据；

（四）属于人民法院受理民事诉讼的范围和受诉人民法院管辖。

第二百八十五条　公益诉讼案件由侵权行为地或者被告住所地中级人民法院管辖，但法律、司法解释另有规定的除外。

因污染海洋环境提起的公益诉讼，由污染发生地、损害结果地或者采取预防污染措施地海事法院管辖。

对同一侵权行为分别向两个以上人民法院提起公益诉讼的，由最先立案的人民法院管辖，必要时由它们的共同上级人民法院指定管辖。

第二百八十六条　人民法院受理公益诉讼案件后，应当在10日内书面告知相关行政主管部门。

第二百八十七条　人民法院受理公益诉讼案件后，依法可以提起诉讼的其他机关和有关组织，可以在开庭前向人民法院申请参加诉讼。人民法院准许参加诉讼的，列为共同原告。

第二百八十八条　人民法院受理公益诉讼案件，不影响同一侵权行为的受害人根据民事诉讼法第119条规定提起诉讼。

第二百八十九条　对公益诉讼案件，当事人可以和解，人民法院可以调解。

当事人达成和解或者调解协议后，人民法院应当将和解或者调解协议进行公告。公告期间不得少于30日。

公告期满后，人民法院经审查，和解或者调解协议不违反社会公共利益的，应当出具调解书；和解或者调解协议违反社会公共利益的，不予出具调解书，继续对案件进行审理并依法作出裁判。

第二百九十条　公益诉讼案件的原告在法庭辩论终结后申请撤诉的，人民法院不予准许。

第二百九十一条　公益诉讼案件的裁判发生法律效力后，其他依法具有原告资格的机关和有关组织就同一侵权行为另行提起公益诉讼的，人民法院裁定不予受理，但法律、司法解释另有规定的除外。

十四、第三人撤销之诉

第二百九十二条　第三人对已经发生法律效力的判决、裁定、调解书提起撤销之诉的，应当自知道或者应当知道其民事权益受到损害之日起六个月内，向作出生效判决、裁定、调解书的人民法院提出，并应当提供存在下列情形的证据材料：

（一）因不能归责于本人的事由未参加诉讼；

（二）发生法律效力的判决、裁定、调解书的全部或者部分内容错误；

（三）发生法律效力的判决、裁定、调解书内容错误损害其民事权益。

第二百九十三条　人民法院应当在收到起诉状和证据材料之日起5日内送交对方当事人，对方当事人可以自收到起诉状之日起10日内提出书面意见。

人民法院应当对第三人提交的起诉状、证据材料以及对方当事人的书面意见进行审查。必要时，可以询问双方当事人。

经审查，符合起诉条件的，人民法院应当在收到起诉状之日起30日内立案。不符合起诉条件的，应当在收到起诉状之日起30日内裁定不予受理。

第二百九十四条　人民法院对第三人撤销之诉案件，应当组成合议庭开庭审理。

第二百九十五条　民事诉讼法第56条第3款规定的因不能归责于本人的事由未参加诉讼，是指没有被列为生效判决、裁定、调解书当事人，且无过错或者无明显过错的情形。包括：

（一）不知道诉讼而未参加的；

（二）申请参加未获准许的；

（三）知道诉讼，但因客观原因无法参加的；

（四）因其他不能归责于本人的事由未参加诉讼的。

第二百九十六条　民事诉讼法第56条第3款规定的判决、裁定、调解书的部分或者全部内容，是指判决、裁定的主文，调解书中处理当事人民事权利义务的结果。

第二百九十七条　对下列情形提起第三人撤销之诉的，人民法院不予受理：

（一）适用特别程序、督促程序、公示催告程序、破产程序等非讼程序处理的案件；

（二）婚姻无效、撤销或者解除婚姻关系等判决、裁定、调解书中涉及身份关系的内容；

（三）民事诉讼法第54条规定的未参加登记的权利人对代表人诉讼案件的生效裁判；

（四）民事诉讼法第55条规定的损害社会公共利益行为的受害人对公益诉讼案件的生效裁判。

第二百九十八条　第三人提起撤销之诉，人民法院应当将该第三人列为原告，生效判决、裁定、调解书的当事人列为被告，但生效判决、裁定、调解书中没有承担责任的无独立请求权的第三人列为第三人。

第二百九十九条　受理第三人撤销之诉案件后，原告提供相应担保，请求中止执行的，人民法院可以准许。

第三百条　对第三人撤销或者部分撤销发生法律效力的判决、裁定、调解书内容的请求，人民法院经审理，按下列情形分别处理：

（一）请求成立且确认其民事权利的主张全部或部分成立的，改变原判决、裁定、调解书内容的错误部分；

（二）请求成立，但确认其全部或部分民事权利的主张不成立，或者未提出确认其民事权利请求的，撤销原判决、裁定、调解书内容的错误部分；

（三）请求不成立的，驳回诉讼请求。

对前款规定裁判不服的，当事人可以上诉。

原判决、裁定、调解书的内容未改变或者未撤销的部分继续有效。

第三百零一条　第三人撤销之诉案件审理期间，人民法院对生效判决、裁定、调解书裁定再审的，受理第三人撤销之诉的人民法院应当裁定将第三人的诉讼请求并入再审程序。但有证据证明原审当事人之间恶意串通损害第三人合法权益的，人民法院应当先行审理第三人撤销之诉案件，裁定中止再审诉讼。

第三百零二条　第三人诉讼请求并入再审程序审理的，按照下列情形分别处理：

（一）按照第一审程序审理的，人民法院应当对第三人的诉讼请求一并审理，所作的判决可以上诉；

（二）按照第二审程序审理的，人民法院可以调解，调解达不成协议的，应当裁定撤销原判决、裁定、调解书，发回一审法院重审，重审时应当列明第三人。

第三百零三条　第三人提起撤销之诉后，未中止生效判决、裁定、调解书执行的，执行法院对第三人依照民事诉讼法第 227 条规定提出的执行异议，应予审查。第三人不服驳回执行异议裁定，申请对原判决、裁定、调解书再审的，人民法院不予受理。

案外人对人民法院驳回其执行异议裁定不服，认为原判决、裁定、调解书内容错误损害其合法权益的，应当根据民事诉讼法第 227 条规定申请再审，提起第三人撤销之诉的，人民法院不予受理。

十五、执行异议之诉

第三百零四条　根据民事诉讼法第 227 条规定，案外人、当事人对执行异议裁定不服，自裁定送达之日起 15 日内向人民法院提起执行异议之诉的，由执行法院管辖。

第三百零五条　案外人提起执行异议之诉，除符合民事诉讼法第 119 条规定外，还应当具备下列条件：

（一）案外人的执行异议申请已经被人民法院裁定驳回；

（二）有明确的排除对执行标的执行的诉讼请求，且诉讼请求与原判决、裁定无关；

（三）自执行异议裁定送达之日起 15 日内提起。

人民法院应当在收到起诉状之日起 15 日内决定是否立案。

第三百零六条　申请执行人提起执行异议之诉，除符合民事诉讼法第 119 条规定外，还应当具备下列条件：

（一）依案外人执行异议申请，人民法院裁定中止执行；

（二）有明确的对执行标的继续执行的诉讼请求，且诉讼请求与原判决、裁定无关；

（三）自执行异议裁定送达之日起 15 日内提起。

人民法院应当在收到起诉状之日起 15 日内决定是否立案。

第三百零七条　案外人提起执行异议之诉的，以申请执行人为被告。被执行人反对案外人异议的，被执行人为共同被告；被执行人不反对案外人异议的，可以列被执行人为第三人。

第三百零八条　申请执行人提起执行异议之诉的，以案外人为被告。被执行人反对申请执行人主张的，以案外人和被执行人为共同被告；被执行人不反对申请执行人主张的，可以列被执行人为第三人。

第三百零九条　申请执行人对中止执行裁定未提起执行异议之诉，被执行人提起执行异议之诉的，人民法院告知其另行起诉。

第三百一十条　人民法院审理执行异议之诉案件，适用普通程序。

第三百一十一条　案外人或者申请执行人提起执行异议之诉的，案外人应当就其对执行标的享有足以排除强制执行的民事权益承担举证证明责任。

第三百一十二条　对案外人提起的执行异议之诉，人民法院经审理，按照下列情形分别处理：

（一）案外人就执行标的享有足以排除强制执行的民事权益的，判决不得执行该执行标的；

（二）案外人就执行标的不享有足以排除强制执行的民事权益的，判决驳回诉讼请求。

案外人同时提出确认其权利的诉讼请求的，人民法院可以在判决中一并作出裁判。

第三百一十三条　对申请执行人提起的执行异议之诉，人民法院经审理，按照下列情形分别处理：

（一）案外人就执行标的不享有足以排除强制执行的民事权益的，判决准许执行该执行标的；

（二）案外人就执行标的享有足以排除强制执行的民事权益的，判决驳回诉讼请求。

第三百一十四条　对案外人执行异议之诉，人民法院判决不得对执行标的执行的，执行异议裁定失效。

对申请执行人执行异议之诉，人民法院判决准许对该执行标的执行的，执行异议裁定失效，执行法院可以根据申请执行人的申请或者依职权恢复执行。

第三百一十五条　案外人执行异议之诉审理期间，人民法院不得对执行标的进行处分。申请执行人请求人民法院继续执行并提供相应担保的，人民法院可以准许。

被执行人与案外人恶意串通，通过执行异议、执行异议之诉妨害执行的，人民法院应当依照民事诉讼法第 113 条规定处理。申请执行人因此受到损害的，可以提起诉讼要求被执行人、案外人赔偿。

第三百一十六条　人民法院对执行标的裁定中止执行后，申请执行人在法律规定的期间内未提起执行异议之诉的，人民法院应当自起诉期限届满之日起 7 日内解除对该执行标的采取的执行措施。

十六、第二审程序

第三百一十七条　双方当事人和第三人都提起上诉的，均列为上诉人。人民法院可以依职权确定第二审程序中当事人的诉讼地位。

第三百一十八条　民事诉讼法第 166 条、第 167 条规定的对方当事人包括被上诉人和原审其他当事人。

第三百一十九条　必要共同诉讼人的一人或者部分人提起上诉的，按下列情形分别处理：

（一）上诉仅对与对方当事人之间权利义务分担有意见，不涉及其他共同诉讼人利益的，对方当事人为被上诉人，未上诉的同一方当事人依原审诉讼地位列明；

（二）上诉仅对共同诉讼人之间权利义务分担有意见，不涉及对方当事人利益的，未上诉的同一方当事人为被上诉人，对方当事人依原审诉讼地位列明；

（三）上诉对双方当事人之间以及共同诉讼人之间权利义务承担有意见的，未提起上诉的其他当事人均为被上诉人。

第三百二十条　一审宣判时或者判决书、裁定书送达时，当事人口头表示上诉的，人民法院应告知其必须在法定上诉期间内递交上诉状。未在法定上诉期间内递交上诉状的，视为未提起上诉。虽递交上诉状，但未在指定的期限内交纳上诉费的，按自动撤回上诉处理。

第三百二十一条　无民事行为能力人、限制民事行为能力人的法定代理人，可以代理当事人提起上诉。

第三百二十二条　上诉案件的当事人死亡或者终止的，人民法院依法通知其权利义务承继者参加诉讼。

需要终结诉讼的，适用民事诉讼法第 151 条规定。

第三百二十三条　第二审人民法院应当围绕当事人的上诉请求进行审理。

当事人没有提出请求的，不予审理，但一审判决违反法律禁止性规定，或者损害国家利益、社会公共利益、他人合法权益的除外。

第三百二十四条　开庭审理的上诉案件，第二审人民法院可以依照民事诉讼法第 133 条第 4 项规定进行审理前的准备。

第三百二十五条　下列情形，可以认定为民事诉讼法第 170 条第 1 款第 4 项规定的严重违反法定程序：

（一）审判组织的组成不合法的；

（二）应当回避的审判人员未回避的；

（三）无诉讼行为能力人未经法定代理人代为诉讼的；

（四）违法剥夺当事人辩论权利的。

第三百二十六条　对当事人在第一审程序中已经提出的诉讼请求，原审人民法院未作审理、判决的，第二审人民法院可以根据当事人自愿的原则进行调解；调解不成的，发回重审。

第三百二十七条　必须参加诉讼的当事人或者有独立请求权的第三人，在第一审程序中未参加诉讼，第二审人民法院可以根据当事人自愿的原则予以调解；调解不成的，发回重审。

第三百二十八条　在第二审程序中，原审原告增加独立的诉讼请求或者原审被告提出反诉的，第二审人民法院可以根据当事人自愿的原则就新增加的诉讼请求或者反诉进行调解；调解不成的，告知当事人另行起诉。

双方当事人同意由第二审人民法院一并审理的，第二审人民法院可以一并裁判。

第三百二十九条　一审判决不准离婚的案件，上诉后，第二审人民法院认为应当判决离婚的，可以根据当事人自愿的原则，与子女抚养、财产问题一并调解；调解不成的，发回重审。

双方当事人同意由第二审人民法院一并审理的，第二审人民法院可以一并裁判。

第三百三十条　人民法院依照第二审程序审理案件，认为依法不应由人民法院受理的，可以由第二审人民法院直接裁定撤销原裁判，驳回起诉。

第三百三十一条　人民法院依照第二审程序审理案件，认为第一审人民法院受理案件违反专属管辖规定的，应当裁定撤销原裁判并移送有管辖权的人民法院。

第三百三十二条　第二审人民法院查明第一审人民法院作出的不予受理裁定有错误的，应当在撤销原裁定的同时，指令第一审人民法院立案受理；查明第一审人民法院作出的驳回起诉裁定有错误的，应当在撤销原裁定的同时，指令第一审人民法院审理。

第三百三十三条　第二审人民法院对下列上诉案件，依照民事诉讼法第169条规定可以不开庭审理：

(一) 不服不予受理、管辖权异议和驳回起诉裁定的；

(二) 当事人提出的上诉请求明显不能成立的；

(三) 原判决、裁定认定事实清楚，但适用法律错误的；

(四) 原判决严重违反法定程序，需要发回重审的。

第三百三十四条　原判决、裁定认定事实或者适用法律虽有瑕疵，但裁判结果正确的，第二审人民法院可以在判决、裁定中纠正瑕疵后，依照民事诉讼法第170条第1款第1项规定予以维持。

第三百三十五条　民事诉讼法第170条第1款第3项规定的基本事实，是指用以确定当事人主体资格、案件性质、民事权利义务等对原判决、裁定的结果有实质性影响的事实。

第三百三十六条　在第二审程序中，作为当事人的法人或者其他组织分立的，人民法院可以直接将分立后的法人或者其他组织列为共同诉讼人；合并的，将合并后的法人或者其他组织列为当事人。

第三百三十七条　在第二审程序中，当事人申请撤回上诉，人民法院经审查认为一审判决确有错误，或者当事人之间恶意串通损害国家利益、社会公共利益、他人合法权益的，不应准许。

第三百三十八条　在第二审程序中，原审原告申请撤回起诉，经其他当事人同意，且不损害国家利益、社会公共利益、他人合法权益的，人民法院可以准许。准许撤诉的，应当一并裁定撤销一审裁判。

原审原告在第二审程序中撤回起诉后重复起诉的，人民法院不予受理。

第三百三十九条　当事人在第二审程序中达成和解协议的，人民法院可以根据当事人的请求，对双方达成的和解协议进行审查并制作调解书送达当事人；因和解而申请撤诉，经审查符合撤诉条件的，人民法院应予准许。

第三百四十条　第二审人民法院宣告判决可以自行宣判，也可以委托原审人民法院或者当事人所在地人民法院代行宣判。

第三百四十一条　人民法院审理对裁定的上诉案件，应当在第二审立案之日起30日内作出终审裁定。有特殊情况需要延长审限的，由本院院长批准。

第三百四十二条　当事人在第一审程序中实施的诉讼行为，在第二审程序中对该当事人仍具有拘束力。

当事人推翻其在第一审程序中实施的诉讼行为时，人民法院应当责令其说明理由。理由不成立的，不予支持。

十七、特别程序

第三百四十三条　宣告失踪或者宣告死亡案件，人民法院可以根据申请人的请求，清理下落不明人的财产，并指定案件审理期间的财产管理人。公告期满后，人民法院判决宣告失踪的，应当同时依照民法通则第21条第1款的规定指定失踪人的财产代管人。

第三百四十四条　失踪人的财产代管人经人民法院指定后，代管人申请变更代管的，比照民事诉讼法特别程序的有关规定进行审理。申请理由成立的，裁定撤销申请人的代管人身份，同时另行指定财产代管人；申请理由不成立的，裁定驳回申请。

失踪人的其他利害关系人申请变更代管的，人民法院应当告知其以原指定的代管人为被告起诉，并按普通程序进行审理。

第三百四十五条　人民法院判决宣告公民失踪后，利害关系人向人民法院申请宣告失踪人死亡，自失踪之日起满4年的，人民法院应当受理，宣告失踪的判决即是该公民失踪的证明，审理中仍应依照民事诉讼法第185条规定进行公告。

第三百四十六条　符合法律规定的多个利害关系人提出宣告失踪、宣告死亡申请的，列为共同申请人。

第三百四十七条　寻找下落不明人的公告应当记载下列内容：

（一）被申请人应当在规定期间内向受理法院申报其具体地址及其联系方式。否则，被申请人将被宣告失踪、宣告死亡；

（二）凡知悉被申请人生存现状的人，应当在公告期间内将其所知道情况向受理法院报告。

第三百四十八条　人民法院受理宣告失踪、宣告死亡案件后，作出判决前，申请人撤回申请的，人民法院应当裁定终结案件，但其他符合法律规定的利害关系人加入程序要求继续审理的除外。

第三百四十九条　在诉讼中，当事人的利害关系人提出该当事人患有精神病，要求宣告该当事人无民事行为能力或者限制民事行为能力的，应由利害关系人向人民法院提出申请，由受诉人民法院按照特别程序立案审理，原诉讼中止。

第三百五十条　认定财产无主案件，公告期间有人对财产提出请求的，人民法院应当裁定终结特别程序，告知申请人另行起诉，适用普通程序审理。

第三百五十一条　被指定的监护人不服指定，应当自接到通知之日起30日内向人民法院提出异议。经审理，认为指定并无不当的，裁定驳回异议；指定不当的，判决撤销指定，同时另行指定监护人。判决书应当送达异议人、原指定单位及判决指定的监护人。

第三百五十二条　申请认定公民无民事行为能力或者限制民事行为能力的案件，被申请人没有近亲属的，人民法院可以指定其他亲属为代理人。被申请人没有亲属的，人民法院可以指定经被申请人所在单位或者住所地的居民委员会、村民委员会同意，且愿意担任代理人的关系密切的朋友为代理人。

没有前款规定的代理人的，由被申请人所在单位或者住所地的居民委员会、村民委员会或者民政部门担任代理人。

代理人可以是一人，也可以是同一顺序中的两人。

第三百五十三条　申请司法确认调解协议的，双方当事人应当本人或者由符合民事诉讼法第58条规定的代理人向调解组织所在地基层人民法院或者人民法庭提出申请。

第三百五十四条　两个以上调解组织参与调解的，各调解组织所在地基层人民法院均有管辖权。

双方当事人可以共同向其中一个调解组织所在地基层人民法院提出申请；双方当事人共同向两个以上调解组织所在地基层人民法院提出申请的，由最先立案的人民法院管辖。

第三百五十五条　当事人申请司法确认调解协议，可以采用书面形式或者口头形式。当事人口头申请的，人民法院应当记入笔录，并由当事人签名、捺印或者盖章。

第三百五十六条　当事人申请司法确认调解协议，应当向人民法院提交调解协议、调解组织主持调解的证明，以及与调解协议相关的财产权利证明等材料，并提供双方当事人的身份、住所、联系方式等基本信息。

当事人未提交上述材料的，人民法院应当要求当事人限期补交。

第三百五十七条　当事人申请司法确认调解协议，有下列情形之一的，人民法院裁定不予受理：

（一）不属于人民法院受理范围的；

（二）不属于收到申请的人民法院管辖的；

（三）申请确认婚姻关系、亲子关系、收养关系等身份关系无效、有效或者解除的；

（四）涉及适用其他特别程序、公示催告程序、破产程序审理的；

（五）调解协议内容涉及物权、知识产权确权的。

人民法院受理申请后，发现有上述不予受理情形的，应当裁定驳回当事人的申请。

第三百五十八条　人民法院审查相关情况时，应当通知双方当事人共同到场对案件进行核实。

人民法院经审查，认为当事人的陈述或者提供的证明材料不充分、不完备或者有疑义的，可以要求当事人限期补充陈述或者补充证明材料。必要时，人民法院可以向调解组织核实有关情况。

第三百五十九条　确认调解协议的裁定作出前，当事人撤回申请的，人民法院可以裁定准许。

当事人无正当理由未在限期内补充陈述、补充证明材料或者拒不接受询问的，人民法院可以按撤回申请处理。

第三百六十条　经审查，调解协议有下列情形之一的，人民法院应当裁定驳回申请：

（一）违反法律强制性规定的；

（二）损害国家利益、社会公共利益、他人合法权益的；

（三）违背公序良俗的；

（四）违反自愿原则的；

（五）内容不明确的；

（六）其他不能进行司法确认的情形。

第三百六十一条　民事诉讼法第 196 条规定的担保物权人，包括抵押权人、质权人、留置权人；其他有权请求实现担保物权的人，包括抵押人、出质人、财产被留置的债务人或者所有权人等。

第三百六十二条　实现票据、仓单、提单等有权利凭证的权利质权案件，可以由权利凭证持有人住所地人民法院管辖；无权利凭证的权利质权，由出质登记地人民法院管辖。

第三百六十三条　实现担保物权案件属于海事法院等专门人民法院管辖的，由专门人民法院管辖。

第三百六十四条　同一债权的担保物有多个且所在地不同，申请人分别向有管辖权的人民法院申请实现担保物权的，人民法院应当依法受理。

第三百六十五条　依照物权法第176条的规定，被担保的债权既有物的担保又有人的担保，当事人对实现担保物权的顺序有约定，实现担保物权的申请违反该约定的，人民法院裁定不予受理；没有约定或者约定不明的，人民法院应当受理。

第三百六十六条　同一财产上设立多个担保物权，登记在先的担保物权尚未实现的，不影响后顺位的担保物权人向人民法院申请实现担保物权。

第三百六十七条　申请实现担保物权，应当提交下列材料：

（一）申请书。申请书应当记明申请人、被申请人的姓名或者名称、联系方式等基本信息，具体的请求和事实、理由；

（二）证明担保物权存在的材料，包括主合同、担保合同、抵押登记证明或者他项权利证书，权利质权的权利凭证或者质权出质登记证明等；

（三）证明实现担保物权条件成就的材料；

（四）担保财产现状的说明；

（五）人民法院认为需要提交的其他材料。

第三百六十八条　人民法院受理申请后，应当在5日内向被申请人送达申请书副本、异议权利告知书等文书。

被申请人有异议的，应当在收到人民法院通知后的5日内向人民法院提出，同时说明理由并提供相应的证据材料。

第三百六十九条　实现担保物权案件可以由审判员一人独任审查。担保财产标的额超过基层人民法院管辖范围的，应当组成合议庭进行审查。

第三百七十条　人民法院审查实现担保物权案件，可以询问申请人、被申请人、利害关系人，必要时可以依职权调查相关事实。

第三百七十一条　人民法院应当就主合同的效力、期限、履行情况，担保物权是否有效设立、担保财产的范围、被担保的债权范围、被担保的债权是否已届清偿期等担保物权实现的条件，以及是否损害他人合法权益等内容进行审查。

被申请人或者利害关系人提出异议的，人民法院应当一并审查。

第三百七十二条　人民法院审查后，按下列情形分别处理：

（一）当事人对实现担保物权无实质性争议且实现担保物权条件成就的，裁定准许拍卖、变卖担保财产；

（二）当事人对实现担保物权有部分实质性争议的，可以就无争议部分裁定准许拍卖、变卖担保财产；

（三）当事人对实现担保物权有实质性争议的，裁定驳回申请，并告知申请人向人民法院提起诉讼。

第三百七十三条　人民法院受理申请后，申请人对担保财产提出保全申请的，可以按照民事诉讼法关于诉讼保全的规定办理。

第三百七十四条　适用特别程序作出的判决、裁定，当事人、利害关系人认为有错误的，可以向作出该判决、裁定的人民法院提出异议。人民法院经审查，异议成立或者部分成立的，作出新的判决、裁定撤销或者改变原判决、裁定；异议不成立的，裁定驳回。

对人民法院作出的确认调解协议、准许实现担保物权的裁定，当事人有异议的，应当自收到裁定之日起15日内提出；利害关系人有异议的，自知道或者应当知道其民事权益受到侵害之日起6个月内提出。

十八、审判监督程序

第三百七十五条　当事人死亡或者终止的，其权利义务承继者可以根据民事诉讼法第199条、第201条的规定申请再审。

判决、调解书生效后，当事人将判决、调解书确认的债权转让，债权受让人对该判决、调解书不服申请再审的，人民法院不予受理。

第三百七十六条　民事诉讼法第199条规定的人数众多的一方当事人，包括公民、法人和其他组织。

民事诉讼法第199条规定的当事人双方为公民的案件，是指原告和被告均为公民的案件。

第三百七十七条　当事人申请再审，应当提交下列材料：

（一）再审申请书，并按照被申请人和原审其他当事人的人数提交副本；

（二）再审申请人是自然人的，应当提交身份证明；再审申请人是法人或者其他组织的，应当提交营业执照、组织机构代码证书、法定代表人或者主要负责人身份证明书。委托他人代为申请的，应当提交授权委托书和代理人身份证明；

（三）原审判决书、裁定书、调解书；

（四）反映案件基本事实的主要证据及其他材料。

前款第2项、第3项、第4项规定的材料可以是与原件核对无异的复印件。

第三百七十八条　再审申请书应当记明下列事项：

（一）再审申请人与被申请人及原审其他当事人的基本信息；

（二）原审人民法院的名称，原审裁判文书案号；

（三）具体的再审请求；

（四）申请再审的法定情形及具体事实、理由。

再审申请书应当明确申请再审的人民法院，并由再审申请人签名、捺印或者盖章。

第三百七十九条　当事人一方人数众多或者当事人双方为公民的案件，当事人分别向原审人民法院和上一级人民法院申请再审且不能协商一致的，由原审人民法院受理。

第三百八十条　适用特别程序、督促程序、公示催告程序、破产程序等非讼程序审理的案件，当事人不得申请再审。

第三百八十一条　当事人认为发生法律效力的不予受理、驳回起诉的裁定错误的，可以申请再审。

第三百八十二条　当事人就离婚案件中的财产分割问题申请再审，如涉及判决中已分割的财产，人民法院应当依照民事诉讼法第200条的规定进行审查，符合再审条件的，应当裁定再审；如涉及判决中未作处理的夫妻共同财产，应当告知当事人另行起诉。

第三百八十三条　当事人申请再审，有下列情形之一的，人民法院不予受理：

（一）再审申请被驳回后再次提出申请的；

（二）对再审判决、裁定提出申请的；

（三）在人民检察院对当事人的申请作出不予提出再审检察建议或者抗诉决定后又提出申请的。

前款第1项、第2项规定情形，人民法院应当告知当事人可以向人民检察院申请再审检察建议或者抗诉，但因人民检察院提出再审检察建议或者抗诉而再审作出的判决、裁定除外。

第三百八十四条　当事人对已经发生法律效力的调解书申请再审，应当在调解书发生法律效力后6个月内提出。

第三百八十五条　人民法院应当自收到符合条件的再审申请书等材料之日起5日内向再审申请人发送受理通知书，并向被申请人及原审其他当事人发送应诉通知书、再审申请书副本等材料。

第三百八十六条　人民法院受理申请再审案件后，应当依照民事诉讼法第200条、第201条、第204条等规定，对当事人主张的再审事由进行审查。

第三百八十七条　再审申请人提供的新的证据，能够证明原判决、裁定认定基本事实或者裁判结果错误的，应当认定为民事诉讼法第200条第1项规定的情形。

对于符合前款规定的证据，人民法院应当责令再审申请人说明其逾期提供该证据的理由；拒不说明理由或者理由不成立的，依照民事诉讼法第65条第2款和本解释第102条的规定处理。

第三百八十八条　再审申请人证明其提交的新的证据符合下列情形之一的，可以认定逾期提供证据的理由成立：

（一）在原审庭审结束前已经存在，因客观原因于庭审结束后才发现的；

（二）在原审庭审结束前已经发现，但因客观原因无法取得或者在规定的期限内不能提供的；

（三）在原审庭审结束后形成，无法据此另行提起诉讼的。

再审申请人提交的证据在原审中已经提供，原审人民法院未组织质证且未作为裁判根据的，视为逾期提供证据的理由成立，但原审人民法院依照民事诉讼法第65条规定不予采纳的除外。

第三百八十九条　当事人对原判决、裁定认定事实的主要证据在原审中拒绝发表质证意见或者质证中未对证据发表质证意见的，不属于民事诉讼法第200条第4项规定的未经质证的情形。

第三百九十条　有下列情形之一，导致判决、裁定结果错误的，应当认定为民事诉讼法第200条第6项规定的原判决、裁定适用法律确有错误：

（一）适用的法律与案件性质明显不符的；

（二）确定民事责任明显违背当事人约定或者法律规定的；

（三）适用已经失效或者尚未施行的法律的；

（四）违反法律溯及力规定的；

（五）违反法律适用规则的；

（六）明显违背立法原意的。

第三百九十一条　原审开庭过程中有下列情形之一的，应当认定为民事诉讼法第200条第9项规定的剥夺当事人辩论权利：

（一）不允许当事人发表辩论意见的；

（二）应当开庭审理而未开庭审理的；

（三）违反法律规定送达起诉状副本或者上诉状副本，致使当事人无法行使辩论权利的；

（四）违法剥夺当事人辩论权利的其他情形。

第三百九十二条　民事诉讼法第200条第11项规定的诉讼请求，包括一审诉讼请求、二审上诉请求，但当事人未对一审判决、裁定遗漏或者超出诉讼请求提起上诉的除外。

第三百九十三条　民事诉讼法第200条第12项规定的法律文书包括：

（一）发生法律效力的判决书、裁定书、调解书；

（二）发生法律效力的仲裁裁决书；

（三）具有强制执行效力的公证债权文书。

第三百九十四条　民事诉讼法第200条第13项规定的审判人员审理该案件时有贪污受贿、徇私舞弊、枉法裁判行为，是指已经由生效刑事法律文书或者纪律处分决定所确认的行为。

第三百九十五条　当事人主张的再审事由成立，且符合民事诉讼法和本解释规定的申请再审条件的，人民法院应当裁定再审。

当事人主张的再审事由不成立，或者当事人申请再审超过法定申请再审期限、超出法定再审事由范围等不符合民事诉讼法和本解释规定的申请再审条件的，人民法院应当裁定驳回再审申请。

第三百九十六条　人民法院对已经发生法律效力的判决、裁定、调解书依法决定再审，依照民事诉讼法第206条规定，需要中止执行的，应当在再审裁定中同时写明中止原判决、裁定、调解书的执行；情况紧急的，可以将中止执行裁定口头通知负责执行的人民法院，并在通知后10日内发出裁定书。

第三百九十七条 人民法院根据审查案件的需要决定是否询问当事人。新的证据可能推翻原判决、裁定的，人民法院应当询问当事人。

第三百九十八条 审查再审申请期间，被申请人及原审其他当事人依法提出再审申请的，人民法院应当将其列为再审申请人，对其再审事由一并审查，审查期限重新计算。经审查，其中一方再审申请人主张的再审事由成立的，应当裁定再审。各方再审申请人主张的再审事由均不成立的，一并裁定驳回再审申请。

第三百九十九条 审查再审申请期间，再审申请人申请人民法院委托鉴定、勘验的，人民法院不予准许。

第四百条 审查再审申请期间，再审申请人撤回再审申请的，是否准许，由人民法院裁定。

再审申请人经传票传唤，无正当理由拒不接受询问的，可以按撤回再审申请处理。

第四百零一条 人民法院准许撤回再审申请或者按撤回再审申请处理后，再审申请人再次申请再审的，不予受理，但有民事诉讼法第200条第1项、第3项、第12项、第13项规定情形，自知道或者应当知道之日起6个月内提出的除外。

第四百零二条 再审申请审查期间，有下列情形之一的，裁定终结审查：

（一）再审申请人死亡或者终止，无权利义务承继者或者权利义务承继者声明放弃再审申请的；

（二）在给付之诉中，负有给付义务的被申请人死亡或者终止，无可供执行的财产，也没有应当承担义务的人的；

（三）当事人达成和解协议且已履行完毕的，但当事人在和解协议中声明不放弃申请再审权利的除外；

（四）他人未经授权以当事人名义申请再审的；

（五）原审或者上一级人民法院已经裁定再审的；

（六）有本解释第383条第1款规定情形的。

第四百零三条 人民法院审理再审案件应当组成合议庭开庭审理，但按照第二审程序审理，有特殊情况或者双方当事人已经通过其他方式充分表达意见，且书面同意不开庭审理的除外。

符合缺席判决条件的，可以缺席判决。

第四百零四条 人民法院开庭审理再审案件，应当按照下列情形分别进行：

（一）因当事人申请再审的，先由再审申请人陈述再审请求及理由，后由被申请人答辩、其他原审当事人发表意见；

（二）因抗诉再审的，先由抗诉机关宣读抗诉书，再由申请抗诉的当事人陈述，后由被申请人答辩、其他原审当事人发表意见；

（三）人民法院依职权再审，有申诉人的，先由申诉人陈述再审请求及理由，后由被申诉人答辩、其他原审当事人发表意见；

（四）人民法院依职权再审，没有申诉人的，先由原审原告或者原审上诉人陈述，后由原审其他当事人发表意见。

对前款第1项至第3项规定的情形，人民法院应当要求当事人明确其再审请求。

第四百零五条 人民法院审理再审案件应当围绕再审请求进行。当事人的再审请求超出原审诉讼请求的，不予审理；符合另案诉讼条件的，告知当事人可以另行起诉。

被申请人及原审其他当事人在庭审辩论结束前提出的再审请求，符合民事诉讼法第205条规定的，人民法院应当一并审理。

人民法院经再审，发现已经发生法律效力的判决、裁定损害国家利益、社会公共利益、他人合法权益的，应当一并审理。

第四百零六条 再审审理期间，有下列情形之一的，可以裁定终结再审程序：

（一）再审申请人在再审期间撤回再审请求，人民法院准许的；

（二）再审申请人经传票传唤，无正当理由拒不到庭的，或者未经法庭许可中途退庭，按撤回再审请求处理的；

（三）人民检察院撤回抗诉的；

（四）有本解释第402条第1项至第4项规定情形的。

因人民检察院提出抗诉裁定再审的案件，申请抗诉的当事人有前款规定的情形，且不损害国家利益、社会公共利益或者他人合法权益的，人民法院应当裁定终结再审程序。

再审程序终结后，人民法院裁定中止执行的原生效判决自动恢复执行。

第四百零七条　人民法院经再审审理认为，原判决、裁定认定事实清楚、适用法律正确的，应予维持；原判决、裁定认定事实、适用法律虽有瑕疵，但裁判结果正确的，应当在再审判决、裁定中纠正瑕疵后予以维持。

原判决、裁定认定事实、适用法律错误，导致裁判结果错误的，应当依法改判、撤销或者变更。

第四百零八条　按照第二审程序再审的案件，人民法院经审理认为不符合民事诉讼法规定的起诉条件或者符合民事诉讼法第 124 条规定不予受理情形的，应当裁定撤销一、二审判决，驳回起诉。

第四百零九条　人民法院对调解书裁定再审后，按照下列情形分别处理：

（一）当事人提出的调解违反自愿原则的事由不成立，且调解书的内容不违反法律强制性规定的，裁定驳回再审申请；

（二）人民检察院抗诉或者再审检察建议所主张的损害国家利益、社会公共利益的理由不成立的，裁定终结再审程序。

前款规定情形，人民法院裁定中止执行的调解书需要继续执行的，自动恢复执行。

第四百一十条　一审原告在再审审理程序中申请撤回起诉，经其他当事人同意，且不损害国家利益、社会公共利益、他人合法权益的，人民法院可以准许。裁定准许撤诉的，应当一并撤销原判决。

一审原告在再审审理程序中撤回起诉后重复起诉的，人民法院不予受理。

第四百一十一条　当事人提交新的证据致使再审改判，因再审申请人或者申请检察监督当事人的过错未能在原审程序中及时举证，被申请人等当事人请求补偿其增加的交通、住宿、就餐、误工等必要费用的，人民法院应予支持。

第四百一十二条　部分当事人到庭并达成调解协议，其他当事人未作出书面表示的，人民法院应当在判决中对该事实作出表述；调解协议内容不违反法律规定，且不损害其他当事人合法权益的，可以在判决主文中予以确认。

第四百一十三条　人民检察院依法对损害国家利益、社会公共利益的发生法律效力的判决、裁定、调解书提出抗诉，或者经人民检察院检察委员会讨论决定提出再审检察建议的，人民法院应予受理。

第四百一十四条　人民检察院对已经发生法律效力的判决以及不予受理、驳回起诉的裁定依法提出抗诉的，人民法院应予受理，但适用特别程序、督促程序、公示催告程序、破产程序以及解除婚姻关系的判决、裁定等不适用审判监督程序的判决、裁定除外。

第四百一十五条　人民检察院依照民事诉讼法第209条第1款第3项规定对有明显错误的再审判决、裁定提出抗诉或者再审检察建议的，人民法院应予受理。

第四百一十六条　地方各级人民检察院依当事人的申请对生效判决、裁定向同级人民法院提出再审检察建议，符合下列条件的，应予受理：

（一）再审检察建议书和原审当事人申请书及相关证据材料已经提交；

（二）建议再审的对象为依照民事诉讼法和本解释规定可以进行再审的判决、裁定；

（三）再审检察建议书列明该判决、裁定有民事诉讼法第208条第2款规定情形；

（四）符合民事诉讼法第209条第1款第1项、第2项规定情形；

（五）再审检察建议经该人民检察院检察委员会讨论决定。

不符合前款规定的，人民法院可以建议人民检察院予以补正或者撤回；不予补正或者撤回的，应当函告人民检察院不予受理。

第四百一十七条　人民检察院依当事人的申请对生效判决、裁定提出抗诉，符合下列条件的，人民法院应当在30日内裁定再审：

（一）抗诉书和原审当事人申请书及相关证据材料已经提交；

（二）抗诉对象为依照民事诉讼法和本解释规定可以进行再审的判决、裁定；

（三）抗诉书列明该判决、裁定有民事诉讼法第208条第1款规定情形；

（四）符合民事诉讼法第209条第1款第1项、第2项规定情形。

不符合前款规定的，人民法院可以建议人民检察院予以补正或者撤回；不予补正或者撤回的，人民法院可以裁定不予受理。

第四百一十八条　当事人的再审申请被上级人民法院裁定驳回后，人民检察院对原判决、裁定、调解书提出抗诉，抗诉事由符合民事诉讼法第200条第1项至第5项规定情形之一的，受理抗诉的人民法院可以交由下一级人民法院再审。

第四百一十九条　人民法院收到再审检察建议后，应当组成合议庭，在三个月内进行审查，发现原判决、裁定、调解书确有错误，需要再审的，依照民事诉讼法第198条规定裁定再审，并通知当事人；经审查，决定不予再审的，应当书面回复人民检察院。

第四百二十条　人民法院审理因人民检察院抗诉或者检察建议裁定再审的案件，不受此前已经作出的驳回当事人再审申请裁定的影响。

第四百二十一条　人民法院开庭审理抗诉案件，应当在开庭3日前通知人民检察院、当事人和其他诉讼参与人。同级人民检察院或者提出抗诉的人民检察院应当派员出庭。

人民检察院因履行法律监督职责向当事人或者案外人调查核实的情况，应当向法庭提交并予以说明，由双方当事人进行质证。

第四百二十二条　必须共同进行诉讼的当事人因不能归责于本人或者其诉讼代理人的事由未参加诉讼的，可以根据民事诉讼法第200条第8项规定，自知道或者应当知道之日起6个月内申请再审，但符合本解释第423条规定情形的除外。

人民法院因前款规定的当事人申请而裁定再审，按照第一审程序再审的，应当追加其为当事人，作出新的判决、裁定；按照第二审程序再审，经调解不能达成协议的，应当撤销原判决、裁定，发回重审，重审时应追加其为当事人。

第四百二十三条　根据民事诉讼法第227条规定，案外人对驳回其执行异议的裁定不服，认为原判决、裁定、调解书内容错误损害其民事权益的，可以自执行异议裁定送达之日起6个月内，向作出原判决、裁定、调解书的人民法院申请再审。

第四百二十四条　根据民事诉讼法第227条规定，人民法院裁定再审后，案外人属于必要的共同诉讼当事人的，依照本解释第422条第2款规定处理。

案外人不是必要的共同诉讼当事人的，人民法院仅审理原判决、裁定、调解书对其民事权益造成损害的内容。经审理，再审请求成立的，撤销或者改变原判决、裁定、调解书；再审请求不成立的，维持原判决、裁定、调解书。

第四百二十五条　本解释第340条规定适用于审判监督程序。

第四百二十六条　对小额诉讼案件的判决、裁定，当事人以民事诉讼法第200条规定的事由向原审人民法院申请再审的，人民法院应当受理。申请再审事由成立的，应当裁定再审，组成合议庭进行审理。作出的再审判决、裁定，当事人不得上诉。

当事人以不应按小额诉讼案件审理为由向原审人民法院申请再审的，人民法院应当受理。理由成立的，应当裁定再审，组成合议庭审理。作出的再审判决、裁定，当事人可以上诉。

十九、督促程序

第四百二十七条　两个以上人民法院都有管辖权的，债权人可以向其中一个基层人民法院申请支付令。

债权人向两个以上有管辖权的基层人民法院申请支付令的，由最先立案的人民法院管辖。

第四百二十八条　人民法院收到债权人的支付令申请书后，认为申请书不符合要求的，可以通知债权人限期补正。人民法院应当自收到补正材料之日起5日内通知债权人是否受理。

第四百二十九条　债权人申请支付令，符合下列条件的，基层人民法院应当受理，并在收到支付令申请书后5日内通知债权人：

（一）请求给付金钱或者汇票、本票、支票、股票、债券、国库券、可转让的存款单等有价证券；

（二）请求给付的金钱或者有价证券已到期且数额确定，并写明了请求所根据的事实、证据；

（三）债权人没有对待给付义务；

（四）债务人在我国境内且未下落不明；

（五）支付令能够送达债务人；

（六）收到申请书的人民法院有管辖权；

（七）债权人未向人民法院申请诉前保全。

不符合前款规定的，人民法院应当在收到支付令申请书后5日内通知债权人不予受理。

基层人民法院受理申请支付令案件，不受债权金额的限制。

第四百三十条　人民法院受理申请后，由审判员一人进行审查。经审查，有下列情形之一的，裁定驳回申请：

（一）申请人不具备当事人资格的；

（二）给付金钱或者有价证券的证明文件没有约定逾期给付利息或者违约金、赔偿金，债权人坚持要求给付利息或者违约金、赔偿金的；

（三）要求给付的金钱或者有价证券属于违法所得的；

（四）要求给付的金钱或者有价证券尚未到期或者数额不确定的。

人民法院受理支付令申请后，发现不符合本解释规定的受理条件的，应当在受理之日起15日内裁定驳回申请。

第四百三十一条　向债务人本人送达支付令，债务人拒绝接收的，人民法院可以留置送达。

第四百三十二条　有下列情形之一的，人民法院应当裁定终结督促程序，已发出支付令的，支付令自行失效：

（一）人民法院受理支付令申请后，债权人就同一债权债务关系又提起诉讼的；

（二）人民法院发出支付令之日起30日内无法送达债务人的；

（三）债务人收到支付令前，债权人撤回申请的。

第四百三十三条　债务人在收到支付令后，未在法定期间提出书面异议，而向其他人民法院起诉的，不影响支付令的效力。

债务人超过法定期间提出异议的，视为未提出异议。

第四百三十四条　债权人基于同一债权债务关系，在同一支付令申请中向债务人提出多项支付请求，债务人仅就其中一项或者几项请求提出异议的，不影响其他各项请求的效力。

第四百三十五条　债权人基于同一债权债务关系，就可分之债向多个债务人提出支付请求，多个债务人中的一人或者几人提出异议的，不影响其他请求的效力。

第四百三十六条　对设有担保的债务的主债务人发出的支付令，对担保人没有拘束力。

债权人就担保关系单独提起诉讼的，支付令自人民法院受理案件之日起失效。

第四百三十七条　经形式审查，债务人提出的书面异议有下列情形之一的，应当认定异议成立，裁定终结督促程序，支付令自行失效：

（一）本解释规定的不予受理申请情形的；

（二）本解释规定的裁定驳回申请情形的；

（三）本解释规定的应当裁定终结督促程序情形的；

（四）人民法院对是否符合发出支付令条件产生合理怀疑的。

第四百三十八条　债务人对债务本身没有异议，只是提出缺乏清偿能力、延缓债务清偿期限、变更债务清偿方式等异议的，不影响支付令的效力。

人民法院经审查认为异议不成立的，裁定驳回。

债务人的口头异议无效。

第四百三十九条　人民法院作出终结督促程序或者驳回异议裁定前，债务人请求撤回异议的，应当裁定准许。

债务人对撤回异议反悔的，人民法院不予支持。

第四百四十条　支付令失效后，申请支付令的一方当事人不同意提起诉讼的，应当自收到终结督促程序裁定之日起 7 日内向受理申请的人民法院提出。

申请支付令的一方当事人不同意提起诉讼的，不影响其向其他有管辖权的人民法院提起诉讼。

第四百四十一条　支付令失效后，申请支付令的一方当事人自收到终结督促程序裁定之日起 7 日内未向受理申请的人民法院表明不同意提起诉讼的，视为向受理申请的人民法院起诉。

债权人提出支付令申请的时间，即为向人民法院起诉的时间。

第四百四十二条　债权人向人民法院申请执行支付令的期间，适用民事诉讼法第 239 条的规定。

第四百四十三条　人民法院院长发现本院已经发生法律效力的支付令确有错误，认为需要撤销的，应当提交本院审判委员会讨论决定后，裁定撤销支付令，驳回债权人的申请。

二十、公示催告程序

第四百四十四条　民事诉讼法第 218 条规定的票据持有人，是指票据被盗、遗失或者灭失前的最后持有人。

第四百四十五条　人民法院收到公示催告的申请后，应当立即审查，并决定是否受理。经审查认为符合受理条件的，通知予以受理，并同时通知支付人停止支付；认为不符合受理条件的，7日内裁定驳回申请。

第四百四十六条 因票据丧失，申请公示催告的，人民法院应结合票据存根、丧失票据的复印件、出票人关于签发票据的证明、申请人合法取得票据的证明、银行挂失止付通知书、报案证明等证据，决定是否受理。

第四百四十七条 人民法院依照民事诉讼法第219条规定发出的受理申请的公告，应当写明下列内容：

（一）公示催告申请人的姓名或者名称；

（二）票据的种类、号码、票面金额、出票人、背书人、持票人、付款期限等事项以及其他可以申请公示催告的权利凭证的种类、号码、权利范围、权利人、义务人、行权日期等事项；

（三）申报权利的期间；

（四）在公示催告期间转让票据等权利凭证，利害关系人不申报的法律后果。

第四百四十八条 公告应当在有关报纸或者其他媒体上刊登，并于同日公布于人民法院公告栏内。人民法院所在地有证券交易所的，还应当同日在该交易所公布。

第四百四十九条 公告期间不得少于60日，且公示催告期间届满日不得早于票据付款日后15日。

第四百五十条 在申报期届满后、判决作出之前，利害关系人申报权利的，应当适用民事诉讼法第221条第2款、第3款规定处理。

第四百五十一条 利害关系人申报权利，人民法院应当通知其向法院出示票据，并通知公示催告申请人在指定的期间查看该票据。公示催告申请人申请公示催告的票据与利害关系人出示的票据不一致的，应当裁定驳回利害关系人的申报。

第四百五十二条 在申报权利的期间无人申报权利，或者申报被驳回的，申请人应当自公示催告期间届满之日起1个月内申请作出判决。逾期不申请判决的，终结公示催告程序。

裁定终结公示催告程序的，应当通知申请人和支付人。

第四百五十三条 判决公告之日起，公示催告申请人有权依据判决向付款人请求付款。

付款人拒绝付款，申请人向人民法院起诉，符合民事诉讼法第119条规定的起诉条件的，人民法院应予受理。

第四百五十四条　适用公示催告程序审理案件，可由审判员一人独任审理；判决宣告票据无效的，应当组成合议庭审理。

第四百五十五条　公示催告申请人撤回申请，应在公示催告前提出；公示催告期间申请撤回的，人民法院可以径行裁定终结公示催告程序。

第四百五十六条　人民法院依照民事诉讼法第220条规定通知支付人停止支付，应当符合有关财产保全的规定。支付人收到停止支付通知后拒不止付的，除可依照民事诉讼法第111条、第114条规定采取强制措施外，在判决后，支付人仍应承担付款义务。

第四百五十七条　人民法院依照民事诉讼法第221条规定终结公示催告程序后，公示催告申请人或者申报人向人民法院提起诉讼，因票据权利纠纷提起的，由票据支付地或者被告住所地人民法院管辖；因非票据权利纠纷提起的，由被告住所地人民法院管辖。

第四百五十八条　依照民事诉讼法第221条规定制作的终结公示催告程序的裁定书，由审判员、书记员署名，加盖人民法院印章。

第四百五十九条　依照民事诉讼法第223条的规定，利害关系人向人民法院起诉的，人民法院可按票据纠纷适用普通程序审理。

第四百六十条　民事诉讼法第223条规定的正当理由，包括：

（一）因发生意外事件或者不可抗力致使利害关系人无法知道公告事实的；

（二）利害关系人因被限制人身自由而无法知道公告事实，或者虽然知道公告事实，但无法自己或者委托他人代为申报权利的；

（三）不属于法定申请公示催告情形的；

（四）未予公告或者未按法定方式公告的；

（五）其他导致利害关系人在判决作出前未能向人民法院申报权利的客观事由。

第四百六十一条　根据民事诉讼法第223条的规定，利害关系人请求人民法院撤销除权判决的，应当将申请人列为被告。

利害关系人仅诉请确认其为合法持票人的，人民法院应当在裁判文书中写明，确认利害关系人为票据权利人的判决作出后，除权判决即被撤销。

二十一、执行程序

第四百六十二条　发生法律效力的实现担保物权裁定、确认调解协议裁定、支付令，由作出裁定、支付令的人民法院或者与其同级的被执行财产所在地的人民法院执行。

认定财产无主的判决，由作出判决的人民法院将无主财产收归国家或者集体所有。

第四百六十三条　当事人申请人民法院执行的生效法律文书应当具备下列条件：

（一）权利义务主体明确；

（二）给付内容明确。

法律文书确定继续履行合同的，应当明确继续履行的具体内容。

第四百六十四条　根据民事诉讼法第227条规定，案外人对执行标的提出异议的，应当在该执行标的执行程序终结前提出。

第四百六十五条　案外人对执行标的提出的异议，经审查，按照下列情形分别处理：

（一）案外人对执行标的不享有足以排除强制执行的权益的，裁定驳回其异议；

（二）案外人对执行标的享有足以排除强制执行的权益的，裁定中止执行。

驳回案外人执行异议裁定送达案外人之日起15日内，人民法院不得对执行标的进行处分。

第四百六十六条　申请执行人与被执行人达成和解协议后请求中止执行或者撤回执行申请的，人民法院可以裁定中止执行或者终结执行。

第四百六十七条　一方当事人不履行或者不完全履行在执行中双方自愿达成的和解协议，对方当事人申请执行原生效法律文书的，人民法院应当恢复执行，但和解协议已履行的部分应当扣除。和解协议已经履行完毕的，人民法院不予恢复执行。

第四百六十八条　申请恢复执行原生效法律文书，适用民事诉讼法第229条申请执行期间的规定。申请执行期间因达成执行中的和解协议而中断，其期间自和解协议约定履行期限的最后一日起重新计算。

第四百六十九条　人民法院依照民事诉讼法第 231 条规定决定暂缓执行的，如果担保是有期限的，暂缓执行的期限应当与担保期限一致，但最长不得超过 1 年。被执行人或者担保人对担保的财产在暂缓执行期间有转移、隐藏、变卖、毁损等行为的，人民法院可以恢复强制执行。

第四百七十条　根据民事诉讼法第 231 条规定向人民法院提供执行担保的，可以由被执行人或者他人提供财产担保，也可以由他人提供保证。担保人应当具有代为履行或者代为承担赔偿责任的能力。

他人提供执行保证的，应当向执行法院出具保证书，并将保证书副本送交申请执行人。被执行人或者他人提供财产担保的，应当参照物权法、担保法的有关规定办理相应手续。

第四百七十一条　被执行人在人民法院决定暂缓执行的期限届满后仍不履行义务的，人民法院可以直接执行担保财产，或者裁定执行担保人的财产，但执行担保人的财产以担保人应当履行义务部分的财产为限。

第四百七十二条　依照民事诉讼法第 232 条规定，执行中作为被执行人的法人或者其他组织分立、合并的，人民法院可以裁定变更后的法人或者其他组织为被执行人；被注销的，如果依照有关实体法的规定有权利义务承受人的，可以裁定该权利义务承受人为被执行人。

第四百七十三条　其他组织在执行中不能履行法律文书确定的义务的，人民法院可以裁定执行对该其他组织依法承担义务的法人或者公民个人的财产。

第四百七十四条　在执行中，作为被执行人的法人或者其他组织名称变更的，人民法院可以裁定变更后的法人或者其他组织为被执行人。

第四百七十五条　作为被执行人的公民死亡，其遗产继承人没有放弃继承的，人民法院可以裁定变更被执行人，由该继承人在遗产的范围内偿还债务。继承人放弃继承的，人民法院可以直接执行被执行人的遗产。

第四百七十六条　法律规定由人民法院执行的其他法律文书执行完毕后，该法律文书被有关机关或者组织依法撤销的，经当事人申请，适用民事诉讼法第 233 条规定。

第四百七十七条　仲裁机构裁决的事项，部分有民事诉讼法第 237 条第 2 款、第 3 款规定情形的，人民法院应当裁定对该部分不予执行。

应当不予执行部分与其他部分不可分的，人民法院应当裁定不予执行仲裁裁决。

第四百七十八条　依照民事诉讼法第237条第2款、第3款规定，人民法院裁定不予执行仲裁裁决后，当事人对该裁定提出执行异议或者复议的，人民法院不予受理。当事人可以就该民事纠纷重新达成书面仲裁协议申请仲裁，也可以向人民法院起诉。

第四百七十九条　在执行中，被执行人通过仲裁程序将人民法院查封、扣押、冻结的财产确权或者分割给案外人的，不影响人民法院执行程序的进行。

案外人不服的，可以根据民事诉讼法第227条规定提出异议。

第四百八十条　有下列情形之一的，可以认定为民事诉讼法第228条第2款规定的公证债权文书确有错误：

（一）公证债权文书属于不得赋予强制执行效力的债权文书的；

（二）被执行人一方未亲自或者未委托代理人到场公证等严重违反法律规定的公证程序的；

（三）公证债权文书的内容与事实不符或者违反法律强制性规定的；

（四）公证债权文书未载明被执行人不履行义务或者不完全履行义务时同意接受强制执行的。

人民法院认定执行该公证债权文书违背社会公共利益的，裁定不予执行。

公证债权文书被裁定不予执行后，当事人、公证事项的利害关系人可以就债权争议提起诉讼。

第四百八十一条　当事人请求不予执行仲裁裁决或者公证债权文书的，应当在执行终结前向执行法院提出。

第四百八十二条　人民法院应当在收到申请执行书或者移交执行书后10日内发出执行通知。

执行通知中除应责令被执行人履行法律文书确定的义务外，还应通知其承担民事诉讼法第253条规定的迟延履行利息或者迟延履行金。

第四百八十三条　申请执行人超过申请执行时效期间向人民法院申请强制执行的，人民法院应予受理。被执行人对申请执行时效期间提出异议，人民法院经审查异议成立的，裁定不予执行。

被执行人履行全部或者部分义务后，又以不知道申请执行时效期间届满为由请求执行回转的，人民法院不予支持。

第四百八十四条　对必须接受调查询问的被执行人、被执行人的法定代表人、负责人或者实际控制人，经依法传唤无正当理由拒不到场的，人民法院可以拘传其到场。

人民法院应当及时对被拘传人进行调查询问，调查询问的时间不得超过8小时；情况复杂，依法可能采取拘留措施的，调查询问的时间不得超过24小时。

人民法院在本辖区以外采取拘传措施时，可以将被拘传人拘传到当地人民法院，当地人民法院应予协助。

第四百八十五条　人民法院有权查询被执行人的身份信息与财产信息，掌握相关信息的单位和个人必须按照协助执行通知书办理。

第四百八十六条　对被执行的财产，人民法院非经查封、扣押、冻结不得处分。对银行存款等各类可以直接扣划的财产，人民法院的扣划裁定同时具有冻结的法律效力。

第四百八十七条　人民法院冻结被执行人的银行存款的期限不得超过1年，查封、扣押动产的期限不得超过2年，查封不动产、冻结其他财产权的期限不得超过3年。

申请执行人申请延长期限的，人民法院应当在查封、扣押、冻结期限届满前办理续行查封、扣押、冻结手续，续行期限不得超过前款规定的期限。

人民法院也可以依职权办理续行查封、扣押、冻结手续。

第四百八十八条　依照民事诉讼法第247条规定，人民法院在执行中需要拍卖被执行人财产的，可以由人民法院自行组织拍卖，也可以交由具备相应资质的拍卖机构拍卖。

交拍卖机构拍卖的，人民法院应当对拍卖活动进行监督。

第四百八十九条　拍卖评估需要对现场进行检查、勘验的，人民法院应当责令被执行人、协助义务人予以配合。被执行人、协助义务人不予配合的，人民法院可以强制进行。

第四百九十条　人民法院在执行中需要变卖被执行人财产的，可以交有关单位变卖，也可以由人民法院直接变卖。

对变卖的财产，人民法院或者其工作人员不得买受。

第四百九十一条　经申请执行人和被执行人同意，且不损害其他债权人合法权益和社会公共利益的，人民法院可以不经拍卖、变卖，直接将被执行人的财产作价交申请执行人抵偿债务。对剩余债务，被执行人应当继续清偿。

第四百九十二条 被执行人的财产无法拍卖或者变卖的，经申请执行人同意，且不损害其他债权人合法权益和社会公共利益的，人民法院可以将该项财产作价后交付申请执行人抵偿债务，或者交付申请执行人管理；申请执行人拒绝接收或者管理的，退回被执行人。

第四百九十三条 拍卖成交或者依法定程序裁定以物抵债的，标的物所有权自拍卖成交裁定或者抵债裁定送达买受人或者接受抵债物的债权人时转移。

第四百九十四条 执行标的物为特定物的，应当执行原物。原物确已毁损或者灭失的，经双方当事人同意，可以折价赔偿。

双方当事人对折价赔偿不能协商一致的，人民法院应当终结执行程序。申请执行人可以另行起诉。

第四百九十五条 他人持有法律文书指定交付的财物或者票证，人民法院依照民事诉讼法第249条第2款、第3款规定发出协助执行通知后，拒不转交的，可以强制执行，并可依照民事诉讼法第114条、第115条规定处理。

他人持有期间财物或者票证毁损、灭失的，参照本解释第494条规定处理。

他人主张合法持有财物或者票证的，可以根据民事诉讼法第227条规定提出执行异议。

第四百九十六条 在执行中，被执行人隐匿财产、会计账簿等资料的，人民法院除可依照民事诉讼法第111条第1款第6项规定对其处理外，还应责令被执行人交出隐匿的财产、会计账簿等资料。被执行人拒不交出的，人民法院可以采取搜查措施。

第四百九十七条 搜查人员应当按规定着装并出示搜查令和工作证件。

第四百九十八条 人民法院搜查时禁止无关人员进入搜查现场；搜查对象是公民的，应当通知被执行人或者他的成年家属以及基层组织派员到场；搜查对象是法人或者其他组织的，应当通知法定代表人或者主要负责人到场。拒不到场的，不影响搜查。

搜查妇女身体，应当由女执行人员进行。

第四百九十九条 搜查中发现应当依法采取查封、扣押措施的财产，依照民事诉讼法第245条第2款和第247条规定办理。

第五百条　搜查应当制作搜查笔录，由搜查人员、被搜查人及其他在场人签名、捺印或者盖章。拒绝签名、捺印或者盖章的，应当记入搜查笔录。

第五百零一条　人民法院执行被执行人对他人的到期债权，可以作出冻结债权的裁定，并通知该他人向申请执行人履行。

该他人对到期债权有异议，申请执行人请求对异议部分强制执行的，人民法院不予支持。利害关系人对到期债权有异议的，人民法院应当按照民事诉讼法第 227 条规定处理。

对生效法律文书确定的到期债权，该他人予以否认的，人民法院不予支持。

第五百零二条　人民法院在执行中需要办理房产证、土地证、林权证、专利证书、商标证书、车船执照等有关财产权证照转移手续的，可以依照民事诉讼法第 251 条规定办理。

第五百零三条　被执行人不履行生效法律文书确定的行为义务，该义务可由他人完成的，人民法院可以选定代履行人；法律、行政法规对履行该行为义务有资格限制的，应当从有资格的人中选定。必要时，可以通过招标的方式确定代履行人。

申请执行人可以在符合条件的人中推荐代履行人，也可以申请自己代为履行，是否准许，由人民法院决定。

第五百零四条　代履行费用的数额由人民法院根据案件具体情况确定，并由被执行人在指定期限内预先支付。被执行人未预付的，人民法院可以对该费用强制执行。

代履行结束后，被执行人可以查阅、复制费用清单以及主要凭证。

第五百零五条　被执行人不履行法律文书指定的行为，且该项行为只能由被执行人完成的，人民法院可以依照民事诉讼法第 111 条第 1 款第 6 项规定处理。

被执行人在人民法院确定的履行期间内仍不履行的，人民法院可以依照民事诉讼法第 111 条第 1 款第 6 项规定再次处理。

第五百零六条　被执行人迟延履行的，迟延履行期间的利息或者迟延履行金自判决、裁定和其他法律文书指定的履行期间届满之日起计算。

第五百零七条　被执行人未按判决、裁定和其他法律文书指定的期间履行非金钱给付义务的，无论是否已给申请执行人造成损失，都应当支付迟延履行金。已经造成损失的，双倍补偿申请执行人已经受到的损失；没有造成损失的，迟延履行金可以由人民法院根据具体案件情况决定。

第五百零八条　被执行人为公民或者其他组织，在执行程序开始后，被执行人的其他已经取得执行依据的债权人发现被执行人的财产不能清偿所有债权的，可以向人民法院申请参与分配。

对人民法院查封、扣押、冻结的财产有优先权、担保物权的债权人，可以直接申请参与分配，主张优先受偿权。

第五百零九条　申请参与分配，申请人应当提交申请书。申请书应当写明参与分配和被执行人不能清偿所有债权的事实、理由，并附有执行依据。

参与分配申请应当在执行程序开始后，被执行人的财产执行终结前提出。

第五百一十条　参与分配执行中，执行所得价款扣除执行费用，并清偿应当优先受偿的债权后，对于普通债权，原则上按照其占全部申请参与分配债权数额的比例受偿。清偿后的剩余债务，被执行人应当继续清偿。债权人发现被执行人有其他财产的，可以随时请求人民法院执行。

第五百一十一条　多个债权人对执行财产申请参与分配的，执行法院应当制作财产分配方案，并送达各债权人和被执行人。债权人或者被执行人对分配方案有异议的，应当自收到分配方案之日起15日内向执行法院提出书面异议。

第五百一十二条　债权人或者被执行人对分配方案提出书面异议的，执行法院应当通知未提出异议的债权人、被执行人。

未提出异议的债权人、被执行人自收到通知之日起15日内未提出反对意见的，执行法院依异议人的意见对分配方案审查修正后进行分配；提出反对意见的，应当通知异议人。异议人可以自收到通知之日起15日内，以提出反对意见的债权人、被执行人为被告，向执行法院提起诉讼；异议人逾期未提起诉讼的，执行法院按照原分配方案进行分配。

诉讼期间进行分配的，执行法院应当提存与争议债权数额相应的款项。

第五百一十三条　在执行中，作为被执行人的企业法人符合企业破产法第2条第1款规定情形的，执行法院经申请执行人之一或者被执行人同意，应当裁定中止对该被执行人的执行，将执行案件相关材料移送被执行人住所地人民法院。

第五百一十四条　被执行人住所地人民法院应当自收到执行案件相关材

料之日起30日内，将是否受理破产案件的裁定告知执行法院。不予受理的，应当将相关案件材料退回执行法院。

第五百一十五条　被执行人住所地人民法院裁定受理破产案件的，执行法院应当解除对被执行人财产的保全措施。被执行人住所地人民法院裁定宣告被执行人破产的，执行法院应当裁定终结对该被执行人的执行。

被执行人住所地人民法院不受理破产案件的，执行法院应当恢复执行。

第五百一十六条　当事人不同意移送破产或者被执行人住所地人民法院不受理破产案件的，执行法院就执行变价所得财产，在扣除执行费用及清偿优先受偿的债权后，对于普通债权，按照财产保全和执行中查封、扣押、冻结财产的先后顺序清偿。

第五百一十七条　债权人根据民事诉讼法第254条规定请求人民法院继续执行的，不受民事诉讼法第239条规定申请执行时效期间的限制。

第五百一十八条　被执行人不履行法律文书确定的义务的，人民法院除对被执行人予以处罚外，还可以根据情节将其纳入失信被执行人名单，将被执行人不履行或者不完全履行义务的信息向其所在单位、征信机构以及其他相关机构通报。

第五百一十九条　经过财产调查未发现可供执行的财产，在申请执行人签字确认或者执行法院组成合议庭审查核实并经院长批准后，可以裁定终结本次执行程序。

依照前款规定终结执行后，申请执行人发现被执行人有可供执行财产的，可以再次申请执行。再次申请不受申请执行时效期间的限制。

第五百二十条　因撤销申请而终结执行后，当事人在民事诉讼法第239条规定的申请执行时效期间内再次申请执行的，人民法院应当受理。

第五百二十一条　在执行终结6个月内，被执行人或者其他人对已执行的标的有妨害行为的，人民法院可以依申请排除妨害，并可以依照民事诉讼法第111条规定进行处罚。因妨害行为给执行债权人或者其他人造成损失的，受害人可以另行起诉。

二十二、涉外民事诉讼程序的特别规定

第五百二十二条　有下列情形之一，人民法院可以认定为涉外民事案件：

（一）当事人一方或者双方是外国人、无国籍人、外国企业或者组织的；

（二）当事人一方或者双方的经常居所地在中华人民共和国领域外的；

（三）标的物在中华人民共和国领域外的；

（四）产生、变更或者消灭民事关系的法律事实发生在中华人民共和国领域外的；

（五）可以认定为涉外民事案件的其他情形。

第五百二十三条　外国人参加诉讼，应当向人民法院提交护照等用以证明自己身份的证件。

外国企业或者组织参加诉讼，向人民法院提交的身份证明文件，应当经所在国公证机关公证，并经中华人民共和国驻该国使领馆认证，或者履行中华人民共和国与该所在国订立的有关条约中规定的证明手续。

代表外国企业或者组织参加诉讼的人，应当向人民法院提交其有权作为代表人参加诉讼的证明，该证明应当经所在国公证机关公证，并经中华人民共和国驻该国使领馆认证，或者履行中华人民共和国与该所在国订立的有关条约中规定的证明手续。

本条所称的“所在国”，是指外国企业或者组织的设立登记地国，也可以是办理了营业登记手续的第三国。

第五百二十四条　依照民事诉讼法第 264 条以及本解释第 523 条规定，需要办理公证、认证手续，而外国当事人所在国与中华人民共和国没有建立外交关系的，可以经该国公证机关公证，经与中华人民共和国有外交关系的第三国驻该国使领馆认证，再转由中华人民共和国驻该第三国使领馆认证。

第五百二十五条　外国人、外国企业或者组织的代表人在人民法院法官的见证下签署授权委托书，委托代理人进行民事诉讼的，人民法院应予认可。

第五百二十六条　外国人、外国企业或者组织的代表人在中华人民共和国境内签署授权委托书，委托代理人进行民事诉讼，经中华人民共和国公证机构公证的，人民法院应予认可。

第五百二十七条　当事人向人民法院提交的书面材料是外文的，应当同时向人民法院提交中文翻译件。

当事人对中文翻译件有异议的，应当共同委托翻译机构提供翻译文本；当事人对翻译机构的选择不能达成一致的，由人民法院确定。

第五百二十八条　涉外民事诉讼中的外籍当事人，可以委托本国人为诉讼代理人，也可以委托本国律师以非律师身份担任诉讼代理人；外国驻华使领馆官员，受本国公民的委托，可以以个人名义担任诉讼代理人，但在诉讼中不享有外交或者领事特权和豁免。

第五百二十九条　涉外民事诉讼中，外国驻华使领馆授权其本馆官员，在作为当事人的本国国民不在中华人民共和国领域内的情况下，可以以外交代表身份为其本国国民在中华人民共和国聘请中华人民共和国律师或者中华人民共和国公民代理民事诉讼。

第五百三十条　涉外民事诉讼中，经调解双方达成协议，应当制发调解书。当事人要求发给判决书的，可以依协议的内容制作判决书送达当事人。

第五百三十一条　涉外合同或者其他财产权益纠纷的当事人，可以书面协议选择被告住所地、合同履行地、合同签订地、原告住所地、标的物所在地、侵权行为地等与争议有实际联系地点的外国法院管辖。

根据民事诉讼法第33条和第266条规定，属于中华人民共和国法院专属管辖的案件，当事人不得协议选择外国法院管辖，但协议选择仲裁的除外。

第五百三十二条　涉外民事案件同时符合下列情形的，人民法院可以裁定驳回原告的起诉，告知其向更方便的外国法院提起诉讼：

（一）被告提出案件应由更方便外国法院管辖的请求，或者提出管辖异议；

（二）当事人之间不存在选择中华人民共和国法院管辖的协议；

（三）案件不属于中华人民共和国法院专属管辖；

（四）案件不涉及中华人民共和国国家、公民、法人或者其他组织的利益；

（五）案件争议的主要事实不是发生在中华人民共和国境内，且案件不适用中华人民共和国法律，人民法院审理案件在认定事实和适用法律方面存在重大困难；

（六）外国法院对案件享有管辖权，且审理该案件更加方便。

第五百三十三条　中华人民共和国法院和外国法院都有管辖权的案件，一方当事人向外国法院起诉，而另一方当事人向中华人民共和国法院起诉的，人民法院可予受理。判决后，外国法院申请或者当事人请求人民法院承认和执行外国法院对本案作出的判决、裁定的，不予准许；但双方共同缔结或者参加的国际条约另有规定的除外。

外国法院判决、裁定已经被人民法院承认，当事人就同一争议向人民法院起诉的，人民法院不予受理。

第五百三十四条　对在中华人民共和国领域内没有住所的当事人，经用公告方式送达诉讼文书，公告期满不应诉，人民法院缺席判决后，仍应当将裁判文书依照民事诉讼法第 267 条第 8 项规定公告送达。自公告送达裁判文书满 3 个月之日起，经过 30 日的上诉期当事人没有上诉的，一审判决即发生法律效力。

第五百三十五条　外国人或者外国企业、组织的代表人、主要负责人在中华人民共和国领域内的，人民法院可以向该自然人或者外国企业、组织的代表人、主要负责人送达。

外国企业、组织的主要负责人包括该企业、组织的董事、监事、高级管理人员等。

第五百三十六条　受送达人所在国允许邮寄送达的，人民法院可以邮寄送达。

邮寄送达时应当附有送达回证。受送达人未在送达回证上签收但在邮件回执上签收的，视为送达，签收日期为送达日期。

自邮寄之日起满 3 个月，如果未收到送达的证明文件，且根据各种情况不足以认定已经送达的，视为不能用邮寄方式送达。

第五百三十七条　人民法院一审时采取公告方式向当事人送达诉讼文书的，二审时可径行采取公告方式向其送达诉讼文书，但人民法院能够采取公告方式之外的其他方式送达的除外。

第五百三十八条　不服第一审人民法院判决、裁定的上诉期，对在中华人民共和国领域内有住所的当事人，适用民事诉讼法第 164 条规定的期限；对在中华人民共和国领域内没有住所的当事人，适用民事诉讼法第 269 条规定的期限。当事人的上诉期均已届满没有上诉的，第一审人民法院的判决、裁定即发生法律效力。

第五百三十九条　人民法院对涉外民事案件的当事人申请再审进行审查的期间，不受民事诉讼法第 204 条规定的限制。

第五百四十条　申请人向人民法院申请执行中华人民共和国涉外仲裁机构的裁决，应当提出书面申请，并附裁决书正本。如申请人为外国当事人，其申请书应当用中文文本提出。

第五百四十一条　人民法院强制执行涉外仲裁机构的仲裁裁决时，被执行人以有民事诉讼法第 274 条第 1 款规定的情形为由提出抗辩的，人民法院应当对被执行人的抗辩进行审查，并根据审查结果裁定执行或者不予执行。

第五百四十二条　依照民事诉讼法第 272 条规定，中华人民共和国涉外仲裁机构将当事人的保全申请提交人民法院裁定的，人民法院可以进行审查，裁定是否进行保全。裁定保全的，应当责令申请人提供担保，申请人不提供担保的，裁定驳回申请。

当事人申请证据保全，人民法院经审查认为无须提供担保的，申请人可以不提供担保。

第五百四十三条　申请人向人民法院申请承认和执行外国法院作出的发生法律效力的判决、裁定，应当提交申请书，并附外国法院作出的发生法律效力的判决、裁定正本或者经证明无误的副本以及中文译本。外国法院判决、裁定为缺席判决、裁定的，申请人应当同时提交该外国法院已经合法传唤的证明文件，但判决、裁定已经对此予以明确说明的除外。

中华人民共和国缔结或者参加的国际条约对提交文件有规定的，按照规定办理。

第五百四十四条　当事人向中华人民共和国有管辖权的中级人民法院申请承认和执行外国法院作出的发生法律效力的判决、裁定的，如果该法院所在国与中华人民共和国没有缔结或者共同参加国际条约，也没有互惠关系的，裁定驳回申请，但当事人向人民法院申请承认外国法院作出的发生法律效力的离婚判决的除外。

承认和执行申请被裁定驳回的，当事人可以向人民法院起诉。

第五百四十五条　对临时仲裁庭在中华人民共和国领域外作出的仲裁裁决，一方当事人向人民法院申请承认和执行的，人民法院应当依照民事诉讼法第 283 条规定处理。

第五百四十六条　对外国法院作出的发生法律效力的判决、裁定或者外国仲裁裁决，需要中华人民共和国法院执行的，当事人应当先向人民法院申请承认。人民法院经审查，裁定承认后，再根据民事诉讼法第三编的规定予以执行。

当事人仅申请承认而未同时申请执行的，人民法院仅对应否承认进行审查并作出裁定。

第五百四十七条　当事人申请承认和执行外国法院作出的发生法律效力

的判决、裁定或者外国仲裁裁决的期间，适用民事诉讼法第 239 条的规定。

当事人仅申请承认而未同时申请执行的，申请执行的期间自人民法院对承认申请作出的裁定生效之日起重新计算。

第五百四十八条　承认和执行外国法院作出的发生法律效力的判决、裁定或者外国仲裁裁决的案件，人民法院应当组成合议庭进行审查。

人民法院应当将申请书送达被申请人。被申请人可以陈述意见。

人民法院经审查作出的裁定，一经送达即发生法律效力。

第五百四十九条　与中华人民共和国没有司法协助条约又无互惠关系的国家的法院，未通过外交途径，直接请求人民法院提供司法协助的，人民法院应予退回，并说明理由。

第五百五十条　当事人在中华人民共和国领域外使用中华人民共和国法院的判决书、裁定书，要求中华人民共和国法院证明其法律效力的，或者外国法院要求中华人民共和国法院证明判决书、裁定书的法律效力的，作出判决、裁定的中华人民共和国法院，可以本法院的名义出具证明。

第五百五十一条　人民法院审理涉及香港、澳门特别行政区和台湾地区的民事诉讼案件，可以参照适用涉外民事诉讼程序的特别规定。

二十三、附则

第五百五十二条　本解释公布施行后，最高人民法院于 1992 年 7 月 14 日发布的《关于适用〈中华人民共和国民事诉讼法〉若干问题的意见》同时废止；最高人民法院以前发布的司法解释与本解释不一致的，不再适用。

第八章

仲裁业务全流程解析

上一章笔者以民事诉讼流程为纲，梳理了我国民事诉讼的主要流程，并对其中的诸多细节进行了提示。在民商事活动中，为了提高纠纷解决的效率，节省诉讼成本等，很多时候当事人会在合同中约定选用仲裁的方式解决纠纷，在这一章里，笔者就什么是仲裁，仲裁的基本法律规定，如何进行仲裁，仲裁与诉讼的比较等方面，对仲裁进行一次全方位的梳理，以便读者在选择纠纷解决方式时，更有目的地进行选择。

当事人在合同中明确约定了仲裁条款或存在仲裁协议的，在符合仲裁立案受理范围内，便可以向约定的仲裁机构申请仲裁，一般申请仲裁应提供以下材料。

一、申请仲裁应提交的材料

（一）仲裁申请书

（1）仲裁申请书的份数：申请人需提交仲裁申请书5份。若争议涉及多位当事人主体的，则须按当事人主体人数提供仲裁申请书份数。

（2）仲裁申请书的书写：打印或字迹工整的碳素墨水书写。

（3）仲裁申请书的内容包括：

①申请人、被申请人的基本情况：姓名、性别、出生年月日、民族、职业、工作单位和住所。申请人、被申请人为单位的，写明名称、住所，以及法定代表人或主要负责人的姓名、职务、住所等并提供双方当事人的联系方式。②仲裁请求：要求简洁、明确、具体，同时注意不要遗漏。③事实和理由。具体内容主要包括：a. 当事人之间的法律关系。b. 争议的发展过程。c. 争议的焦点和主要内容。d. 对方（被申请人）应承担的责任等。所依据的事实要如实陈述、具体清楚，实事求是，有理有据。e. 签名或盖章：申请人为个人的，仲裁申请书均由个人亲笔签名并加按手印；为单位的，单位加盖

公章。

（二）身份证件

当事人不仅要提供本人的身份情况，还须提供被申请人的身份情况，以证明所列被申请人的主体资格。

申请人为个人的，提供居民身份证复印件；申请人为法人或其他组织的，应提交营业执照副本复印件和法定代表人身份证明书或主要负责人证明书（加盖公章）。

被申请人为个人的，提供居民身份证复印件；为法人的，提供企业登记信息表（通过工商局查询）。

（三）送达地址确认函

申请人申请立案时，应提供申请人及被申请人准确的仲裁文书送达地址确认函。

（四）委托手续

当事人可以委托代理人一至二人代理有关的仲裁事项；接受委托的代理人，应当向仲裁委员会提交授权委托书。授权委托书应当注明委托的事项和权限。委托公民代理的，应提交代理人身份证复印件；委托律师代理的，应提交律师事务所的公函。

以上授权为个人的，由个人亲笔签名并加按手印；为单位的，单位加盖公章。

（五）证据材料

申请人需提交证据材料 5 份。若争议涉及多位当事人主体的，则须按当事人主体人数提供仲裁申请书份数。

申请人负有举证的责任，申请人举证要注意：①列举证据名称、内容及证明的对象；②说明证据的来源和可靠程度；③写明证人的姓名和住所；④提交证据的原件和复印件。

（六）纸张要求

立案时提交的所有材料纸张规格均为 A4 纸。

（七）财产保全申请书和/或证据保全申请书

若需申请财产保全和/或证据保全，须提交注明本案争议应由哪一人民法院依法进行保全的财产保全申请书和/或证据保全申请书原件 2 份，并增加提交一份仲裁申请书。

二、仲裁流程图解

下图展示了整个仲裁流程。

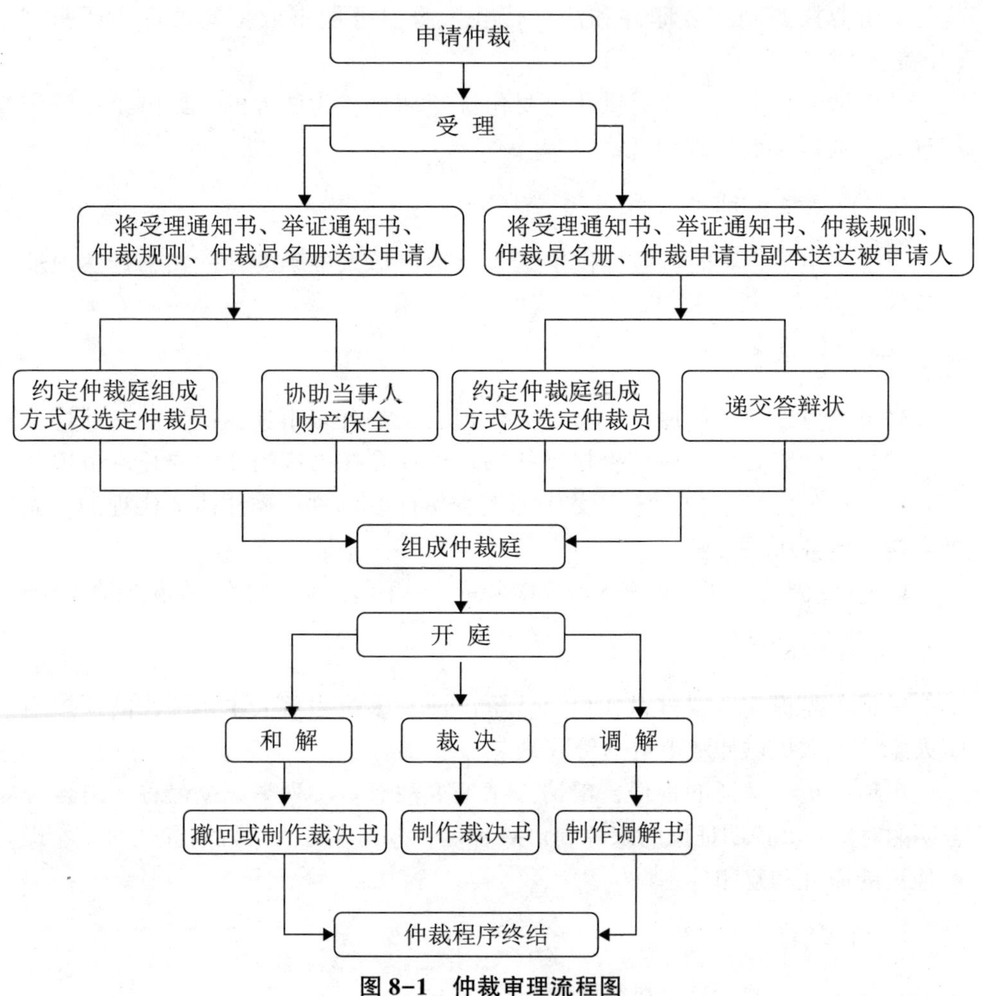

图 8-1　仲裁审理流程图

很多读者会关心仲裁的收费情况，笔者整理了山东省济南仲裁委员会公布的收费标准，供大家参考。

仲裁案件收费标准

经山东省物价局鲁价费函〔2016〕120号文件批准，济南仲裁委员会仲裁案件按以下标准收费：

争议标的额	应收受理费
1000元（含）以下（部分）	50元
1001~50 000元（含）部分	50元+［（争议标的-1000）×4%］元
50 001~100 000元（含）部分	2010元+［（争议标的-50 000）×3.5%］元
100 001~200 000元（含）部分	3760元+［（争议标的-100 000）×2.5%］元
200 001~500 000元（含）部分	6260元+［（争议标的-200 000）×1.5%］元
500 001~1 000 000元（含）部分	10 760元+［（争议标的-500 000×0.8%）］元
1 000 000元以上部分	14 760元+［（争议标的-1 000 000）×0.4%］元

注：仲裁案件除按上述标准收取案件受理费外，还需收取案件处理费。案件处理费按案件受理费的20%收取，案件受理费不足300元的按照300元计算。

三、诉讼与仲裁的区别与选择

（一）诉讼与仲裁的不同

在面临纠纷解决时，究竟是选择诉讼还是仲裁呢？让我们先来看看仲裁与诉讼有哪些不同。

（1）仲裁的前提是当事人双方达成仲裁协议，表明自愿将争议提交仲裁机构。而民事诉讼不需要双方协商，只要一方的起诉符合法定条件法院就会受理。

（2）当事人有权选择仲裁员，民事诉讼的审判人员只能由人民法院决定。

（3）仲裁实行一裁终局制，当事人不得就同一事实再次申请仲裁，也不能向人民法院再行起诉、上诉。而民事诉讼可经过一审、二审和再审三个阶段。

（4）管辖不同。仲裁是协议管辖，诉讼是法定管辖。仲裁以当事人双方自愿为原则，必须有双方事前或事后达成的仲裁协议，仲裁机构才能依法受理，并在此种情况下，法院无权受理此案件；而法院诉讼不必得到另一方当事人的同意或者双方达成诉讼协议，只要一方当事人向有管辖权的法院起诉，法院就可以依法受理争议案件。仲裁不实行地域管辖和级别管辖，而法院诉讼实行地域管辖和级别管辖。当事人双方有权选择任一合法成立的仲裁机构进行仲裁，不同的仲裁机构之间无任何隶属关系；而诉讼只能依法向有管辖权的法院起诉，当事人无权选择法院。

(5) 仲裁庭和法院审判庭的组成方式不同。仲裁可由当事人约定仲裁庭的组成方式并自主选定或者委托指定仲裁员，而法院诉讼当事人不能选择审判庭的组成方式和审判员。

(6) 审理不同。除特殊情形外，诉讼实行公开审理，而仲裁注重保护当事人的商业秘密，一般实行不公开审理。

(7) 制度不同。仲裁实行一裁终局制度，不存在上诉或再审，也不得向法院起诉。当事人只有提出证据证明仲裁裁决确实存在《仲裁法》第58条所列情形之一，经中级人民法院审查核实，方可依法裁定撤销仲裁裁决；而我国法院诉讼实行两审终审制，当事人不服法院判决可以上诉或者申诉。

(8) 境外执行不同。法院判决在境外执行一般需要判决地国与执行地国签订有司法协助条约，或者有共同确认的互惠原则；仲裁裁决在境外执行，如果是在《承认及执行外国仲裁裁决公约》的缔约国执行，则会比较方便。

(二) 仲裁的优势

笔者总结了仲裁有以下几点优势：(1) 仲裁是一种效率较高的解决争议的方式，一般来说费用也较低，而诉讼由于受到严格的民事诉讼法程序的限制，则比较慢，且费用往往偏高。(2) 就交易中发生的争议寻求公正而权威的人士协调解决，比通过诉讼对当事人之间的感情产生的影响更小，有利于当事人今后的交易继续进行。(3) 仲裁一般以不公开的方式进行，这样有利于保守当事人的商业秘密，也有利于维护当事人的商业信誉，而通过诉讼则难以做到这一点。(4) 通过仲裁的方式解决争议，当事人可以自愿选择仲裁机构、仲裁员，甚至可以选择仲裁程序等，而审判庭组成人员（法官）的人数和人选，诉讼当事人无权过问。因此，从这方面讲当事人有更大的自主权，更加方便。

但是笔者要提醒各位读者的是，虽然理论上仲裁会有上述一些优点，但在我国司法实践中，仲裁员水平参差不齐，有时候其专业能力远远达不到公正处理案件的水平。而且由于仲裁员可以由当事人选择，其仲裁结果也更容易受到个人水平甚至其他因素的影响。而且仲裁也未必就节省纠纷解决时间，如果读者翻看过仲裁机构的仲裁规则后就会发现，仲裁规则对裁决期限是没有明确规定的，仅取决于仲裁委员会秘书长或者仲裁院院长认为延长裁决期限的请求是否有正当理由和必要。而且，仲裁规则对延长期限的次数也没有明确的限制性规定。根据笔者经验，国内仲裁裁决期限一般在8~10个月（自受理仲裁申请之日起算）。在这一方面与诉讼相比并无绝对的优势。因此在选择仲裁还是诉讼时要针对具体案情，综合分析利弊，再作出适合的决断。

附1　仲裁协议书样本

仲裁协议书

（甲方）

甲方　　　　与乙方　　　　因　　　　而发生争议。为了尽快、公正合法地处理该争议，经甲、乙双方协商，一致同意选择　　　　仲裁委员会作为解决该争议的仲裁机构。

甲方　　　　　　　　　　乙方

法定代表人　　　　　　　　　　法定代表人

委托代理人　　　　　　　　　　委托代理人

年　月　日

附2 仲裁申请书样本

仲裁申请书

申　请　人：
法定代表人：
住　　　所：
被申请人：
法定代表人：
住　　　所：

请 求 事 项

(一)
(二)
(三)

事实及理由

此致
×××仲裁委员会

申请人（盖章）

年　　月　　日

附3　财产保全申请书样本

财产保全申请书

申　请　人：
法定代表人：
住　　　所：
被 申 请人：
法定代表人：
住　　　所：

请 求 事 项

事实及理由

（叙述事实）

现根据《中华人民共和国仲裁法》和《中华人民共和国民事诉讼法》及相关法律法规的规定，特提出财产保全申请，请求依法对被申请人进行财产保全。特此申请。

申请人（盖章）
年　　月　　日

附4　标准仲裁条款

因本合同引起的或与本合同有关的争议，当事人协商解决，协商不成提交×××仲裁委员会仲裁。如合同中无仲裁条款，纠纷发生后需达成如下补充仲裁协议：双方同意，就×××争议提交×××仲裁委员会仲裁。

附5　仲裁法

中华人民共和国仲裁法

（2017年9月1日修正）

第一章　总　则

第一条　为保证公正、及时地仲裁经济纠纷，保护当事人的合法权益，保障社会主义市场经济健康发展，制定本法。

第二条　平等主体的公民、法人和其他组织之间发生的合同纠纷和其他财产权益纠纷，可以仲裁。

第三条　下列纠纷不能仲裁：

（一）婚姻、收养、监护、扶养、继承纠纷；

（二）依法应当由行政机关处理的行政争议。

第四条　当事人采用仲裁方式解决纠纷，应当双方自愿，达成仲裁协议。没有仲裁协议，一方申请仲裁的，仲裁委员会不予受理。

第五条　当事人达成仲裁协议，一方向人民法院起诉的，人民法院不予受理，但仲裁协议无效的除外。

第六条　仲裁委员会应当由当事人协议选定。

仲裁不实行级别管辖和地域管辖。

第七条　仲裁应当根据事实，符合法律规定，公平合理地解决纠纷。

第八条　仲裁依法独立进行，不受行政机关、社会团体和个人的干涉。

第九条　仲裁实行一裁终局的制度。裁决作出后，当事人就同一纠纷再申请仲裁或者向人民法院起诉的，仲裁委员会或者人民法院不予受理。

裁决被人民法院依法裁定撤销或者不予执行的，当事人就该纠纷可以根据双方重新达成的仲裁协议申请仲裁，也可以向人民法院起诉。

第二章　仲裁委员会和仲裁协会

第十条　仲裁委员会可以在直辖市和省、自治区人民政府所在地的市设立，也可以根据需要在其他设区的市设立，不按行政区划层层设立。

仲裁委员会由前款规定的市的人民政府组织有关部门和商会统一组建。

设立仲裁委员会，应当经省、自治区、直辖市的司法行政部门登记。

第十一条 仲裁委员会应当具备下列条件：

（一）有自己的名称、住所和章程；

（二）有必要的财产；

（三）有该委员会的组成人员；

（四）有聘任的仲裁员。

仲裁委员会的章程应当依照本法制定。

第十二条 仲裁委员会由主任一人、副主任二至四人和委员七至十一人组成。

仲裁委员会的主任、副主任和委员由法律、经济贸易专家和有实际工作经验的人员担任。仲裁委员会的组成人员中，法律、经济贸易专家不得少于三分之二。

第十三条 仲裁委员会应当从公道正派的人员中聘任仲裁员。

仲裁员应当符合下列条件之一：

（一）通过国家统一法律职业资格考试取得法律职业资格，从事仲裁工作满八年的；

（二）从事律师工作满 8 年的；

（三）曾任法官满 8 年的；

（四）从事法律研究、教学工作并具有高级职称的；

（五）具有法律知识、从事经济贸易等专业工作并具有高级职称或者具有同等专业水平的。

仲裁委员会按照不同专业设仲裁员名册。

第十四条 仲裁委员会独立于行政机关，与行政机关没有隶属关系。仲裁委员会之间也没有隶属关系。

第十五条 中国仲裁协会是社会团体法人。仲裁委员会是中国仲裁协会的会员。中国仲裁协会的章程由全国会员大会制定。

中国仲裁协会是仲裁委员会的自律性组织，根据章程对仲裁委员会及其组成人员、仲裁员的违纪行为进行监督。

中国仲裁协会依照本法和民事诉讼法的有关规定制定仲裁规则。

第三章　仲裁协议

第十六条　仲裁协议包括合同中订立的仲裁条款和以其他书面方式在纠纷发生前或者纠纷发生后达成的请求仲裁的协议。

仲裁协议应当具有下列内容：

（一）请求仲裁的意思表示；

（二）仲裁事项；

（三）选定的仲裁委员会。

第十七条　有下列情形之一的，仲裁协议无效：

（一）约定的仲裁事项超出法律规定的仲裁范围的；

（二）无民事行为能力人或者限制民事行为能力人订立的仲裁协议；

（三）一方采取胁迫手段，迫使对方订立仲裁协议的。

第十八条　仲裁协议对仲裁事项或者仲裁委员会没有约定或者约定不明确的，当事人可以补充协议；达不成补充协议的，仲裁协议无效。

第十九条　仲裁协议独立存在，合同的变更、解除、终止或者无效，不影响仲裁协议的效力。

仲裁庭有权确认合同的效力。

第二十条　当事人对仲裁协议的效力有异议的，可以请求仲裁委员会作出决定或者请求人民法院作出裁定。一方请求仲裁委员会作出决定，另一方请求人民法院作出裁定的，由人民法院裁定。

当事人对仲裁协议的效力有异议，应当在仲裁庭首次开庭前提出。

第四章　仲裁程序

第一节　申请和受理

第二十一条　当事人申请仲裁应当符合下列条件：

（一）有仲裁协议；

（二）有具体的仲裁请求和事实、理由；

（三）属于仲裁委员会的受理范围。

第二十二条　当事人申请仲裁，应当向仲裁委员会递交仲裁协议、仲裁申请书及副本。

第二十三条　仲裁申请书应当载明下列事项：

（一）当事人的姓名、性别、年龄、职业、工作单位和住所，法人或者其他组织的名称、住所和法定代表人或者主要负责人的姓名、职务；

（二）仲裁请求和所根据的事实、理由；

（三）证据和证据来源、证人姓名和住所。

第二十四条　仲裁委员会收到仲裁申请书之日起五日内，认为符合受理条件的，应当受理，并通知当事人；认为不符合受理条件的，应当书面通知当事人不予受理，并说明理由。

第二十五条　仲裁委员会受理仲裁申请后，应当在仲裁规则规定的期限内将仲裁规则和仲裁员名册送达申请人，并将仲裁申请书副本和仲裁规则、仲裁员名册送达被申请人。

被申请人收到仲裁申请书副本后，应当在仲裁规则规定的期限内向仲裁委员会提交答辩书。仲裁委员会收到答辩书后，应当在仲裁规则规定的期限内将答辩书副本送达申请人。被申请人未提交答辩书的，不影响仲裁程序的进行。

第二十六条　当事人达成仲裁协议，一方向人民法院起诉未声明有仲裁协议，人民法院受理后，另一方在首次开庭前提交仲裁协议的，人民法院应当驳回起诉，但仲裁协议无效的除外；另一方在首次开庭前未对人民法院受理该案提出异议的，视为放弃仲裁协议，人民法院应当继续审理。

第二十七条　申请人可以放弃或者变更仲裁请求。被申请人可以承认或者反驳仲裁请求，有权提出反请求。

第二十八条　一方当事人因另一方当事人的行为或者其他原因，可能使裁决不能执行或者难以执行的，可以申请财产保全。

当事人申请财产保全的，仲裁委员会应当将当事人的申请依照民事诉讼法的有关规定提交人民法院。

申请有错误的，申请人应当赔偿被申请人因财产保全所遭受的损失。

第二十九条　当事人、法定代理人可以委托律师和其他代理人进行仲裁活动。委托律师和其他代理人进行仲裁活动的，应当向仲裁委员会提交授权委托书。

第二节　仲裁庭的组成

第三十条　仲裁庭可以由三名仲裁员或者一名仲裁员组成。由三名仲裁员组成的，设首席仲裁员。

第三十一条　当事人约定由三名仲裁员组成仲裁庭的，应当各自选定或者各自委托仲裁委员会主任指定一名仲裁员，第三名仲裁员由当事人共同选定或者共同委托仲裁委员会主任指定。第三名仲裁员是首席仲裁员。

当事人约定由一名仲裁员成立仲裁庭的，应当由当事人共同选定或者共同委托仲裁委员会主任指定仲裁员。

第三十二条　当事人没有在仲裁规则规定的期限内约定仲裁庭的组成方式或者选定仲裁员的，由仲裁委员会主任指定。

第三十三条　仲裁庭组成后，仲裁委员会应当将仲裁庭的组成情况书面通知当事人。

第三十四条　仲裁员有下列情形之一的，必须回避，当事人也有权提出回避申请：

（一）是本案当事人或者当事人、代理人的近亲属；

（二）与本案有利害关系；

（三）与本案当事人、代理人有其他关系，可能影响公正仲裁的；

（四）私自会见当事人、代理人，或者接受当事人、代理人的请客送礼的。

第三十五条　当事人提出回避申请，应当说明理由，在首次开庭前提出。回避事由在首次开庭后知道的，可以在最后一次开庭终结前提出。

第三十六条　仲裁员是否回避，由仲裁委员会主任决定；仲裁委员会主任担任仲裁员时，由仲裁委员会集体决定。

第三十七条　仲裁员因回避或者其他原因不能履行职责的，应当依照本法规定重新选定或者指定仲裁员。

因回避而重新选定或者指定仲裁员后，当事人可以请求已进行的仲裁程序重新进行，是否准许，由仲裁庭决定；仲裁庭也可以自行决定已进行的仲裁程序是否重新进行。

第三十八条　仲裁员有本法第 34 条第 4 项规定的情形，情节严重的，或者有本法第 58 条第 6 项规定的情形的，应当依法承担法律责任，仲裁委员会应当将其除名。

第三节　开庭和裁决

第三十九条　仲裁应当开庭进行。当事人协议不开庭的，仲裁庭可以根据仲裁申请书、答辩书以及其他材料作出裁决。

第四十条　仲裁不公开进行。当事人协议公开的，可以公开进行，但涉及国家秘密的除外。

第四十一条　仲裁委员会应当在仲裁规则规定的期限内将开庭日期通知双方当事人。当事人有正当理由的，可以在仲裁规则规定的期限内请求延期开庭。是否延期，由仲裁庭决定。

第四十二条　申请人经书面通知，无正当理由不到庭或者未经仲裁庭许可中途退庭的，可以视为撤回仲裁申请。

被申请人经书面通知，无正当理由不到庭或者未经仲裁庭许可中途退庭的，可以缺席裁决。

第四十三条　当事人应当对自己的主张提供证据。

仲裁庭认为有必要收集的证据，可以自行收集。

第四十四条　仲裁庭对专门性问题认为需要鉴定的，可以交由当事人约定的鉴定部门鉴定，也可以由仲裁庭指定的鉴定部门鉴定。

根据当事人的请求或者仲裁庭的要求，鉴定部门应当派鉴定人参加开庭。当事人经仲裁庭许可，可以向鉴定人提问。

第四十五条　证据应当在开庭时出示，当事人可以质证。

第四十六条　在证据可能灭失或者以后难以取得的情况下，当事人可以申请证据保全。当事人申请证据保全的，仲裁委员会应当将当事人的申请提交证据所在地的基层人民法院。

第四十七条　当事人在仲裁过程中有权进行辩论。辩论终结时，首席仲裁员或者独任仲裁员应当征询当事人的最后意见。

第四十八条　仲裁庭应当将开庭情况记入笔录。当事人和其他仲裁参与人认为对自己陈述的记录有遗漏或者差错的，有权申请补正。如果不予补正，应当记录该申请。

笔录由仲裁员、记录人员、当事人和其他仲裁参与人签名或者盖章。

第四十九条　当事人申请仲裁后，可以自行和解。达成和解协议的，可以请求仲裁庭根据和解协议作出裁决书，也可以撤回仲裁申请。

第五十条 当事人达成和解协议，撤回仲裁申请后反悔的，可以根据仲裁协议申请仲裁。

第五十一条 仲裁庭在作出裁决前，可以先行调解。当事人自愿调解的，仲裁庭应当调解。调解不成的，应当及时作出裁决。

调解达成协议的，仲裁庭应当制作调解书或者根据协议的结果制作裁决书。调解书与裁决书具有同等法律效力。

第五十二条 调解书应当写明仲裁请求和当事人协议的结果。调解书由仲裁员签名，加盖仲裁委员会印章，送达双方当事人。

调解书经双方当事人签收后，即发生法律效力。

在调解书签收前当事人反悔的，仲裁庭应当及时作出裁决。

第五十三条 裁决应当按照多数仲裁员的意见作出，少数仲裁员的不同意见可以记入笔录。仲裁庭不能形成多数意见时，裁决应当按照首席仲裁员的意见作出。

第五十四条 裁决书应当写明仲裁请求、争议事实、裁决理由、裁决结果、仲裁费用的负担和裁决日期。当事人协议不愿写明争议事实和裁决理由的，可以不写。裁决书由仲裁员签名，加盖仲裁委员会印章。对裁决持不同意见的仲裁员，可以签名，也可以不签名。

第五十五条 仲裁庭仲裁纠纷时，其中一部分事实已经清楚，可以就该部分先行裁决。

第五十六条 对裁决书中的文字、计算错误或者仲裁庭已经裁决但在裁决书中遗漏的事项，仲裁庭应当补正；当事人自收到裁决书之日起30日内，可以请求仲裁庭补正。

第五十七条 裁决书自作出之日起发生法律效力。

第五章 申请撤销裁决

第五十八条 当事人提出证据证明裁决有下列情形之一的，可以向仲裁委员会所在地的中级人民法院申请撤销裁决：

（一）没有仲裁协议的；

（二）裁决的事项不属于仲裁协议的范围或者仲裁委员会无权仲裁的；

（三）仲裁庭的组成或者仲裁的程序违反法定程序的；

（四）裁决所根据的证据是伪造的；

（五）对方当事人隐瞒了足以影响公正裁决的证据的；

（六）仲裁员在仲裁该案时有索贿受贿，徇私舞弊，枉法裁决行为的。

人民法院经组成合议庭审查核实裁决有前款规定情形之一的，应当裁定撤销。

人民法院认定该裁决违背社会公共利益的，应当裁定撤销。

第五十九条　当事人申请撤销裁决的，应当自收到裁决书之日起6个月内提出。

第六十条　人民法院应当在受理撤销裁决申请之日起2个月内作出撤销裁决或者驳回申请的裁定。

第六十一条　人民法院受理撤销裁决的申请后，认为可以由仲裁庭重新仲裁的，通知仲裁庭在一定期限内重新仲裁，并裁定中止撤销程序。仲裁庭拒绝重新仲裁的，人民法院应当裁定恢复撤销程序。

第六章　执　行

第六十二条　当事人应当履行裁决。一方当事人不履行的，另一方当事人可以依照民事诉讼法的有关规定向人民法院申请执行。受申请的人民法院应当执行。

第六十三条　被申请人提出证据证明裁决有民事诉讼法第213条第2款规定的情形之一的，经人民法院组成合议庭审查核实，裁定不予执行。

第六十四条　一方当事人申请执行裁决，另一方当事人申请撤销裁决的，人民法院应当裁定中止执行。

人民法院裁定撤销裁决的，应当裁定终结执行。撤销裁决的申请被裁定驳回的，人民法院应当裁定恢复执行。

第七章　涉外仲裁的特别规定

第六十五条　涉外经济贸易、运输和海事中发生的纠纷的仲裁，适用本章规定。本章没有规定的，适用本法其他有关规定。

第六十六条　涉外仲裁委员会可以由中国国际商会组织设立。

涉外仲裁委员会由主任一人、副主任若干人和委员若干人组成。

涉外仲裁委员会的主任、副主任和委员可以由中国国际商会聘任。

第六十七条　涉外仲裁委员会可以从具有法律、经济贸易、科学技术等专门知识的外籍人士中聘任仲裁员。

第六十八条　涉外仲裁的当事人申请证据保全的，涉外仲裁委员会应当将当事人的申请提交证据所在地的中级人民法院。

第六十九条　涉外仲裁的仲裁庭可以将开庭情况记入笔录，或者作出笔录要点，笔录要点可以由当事人和其他仲裁参与人签字或者盖章。

第七十条　当事人提出证据证明涉外仲裁裁决有民事诉讼法第 258 条第 1 款规定的情形之一的，经人民法院组成合议庭审查核实，裁定撤销。

第七十一条　被申请人提出证据证明涉外仲裁裁决有民事诉讼法第 258 条第 1 款规定的情形之一的，经人民法院组成合议庭审查核实，裁定不予执行。

第七十二条　涉外仲裁委员会作出的发生法律效力的仲裁裁决，当事人请求执行的，如果被执行人或者其财产不在中华人民共和国领域内，应当由当事人直接向有管辖权的外国法院申请承认和执行。

第七十三条　涉外仲裁规则可以由中国国际商会依照本法和民事诉讼法的有关规定制定。

第八章　附　则

第七十四条　法律对仲裁时效有规定的，适用该规定。法律对仲裁时效没有规定的，适用诉讼时效的规定。

第七十五条　中国仲裁协会制定仲裁规则前，仲裁委员会依照本法和民事诉讼法的有关规定可以制定仲裁暂行规则。

第七十六条　当事人应当按照规定交纳仲裁费用。

收取仲裁费用的办法，应当报物价管理部门核准。

第七十七条　劳动争议和农业集体经济组织内部的农业承包合同纠纷的仲裁，另行规定。

第七十八条　本法施行前制定的有关仲裁的规定与本法的规定相抵触的，以本法为准。

第七十九条　本法施行前在直辖市、省、自治区人民政府所在地的市和其他设区的市设立的仲裁机构，应当依照本法的有关规定重新组建；未重新组建的，自本法施行之日起届满一年时终止。

本法施行前设立的不符合本法规定的其他仲裁机构，自本法施行之日起终止。

第八十条　本法自1995年9月1日起施行。

附6　仲裁法司法解释

最高人民法院关于适用《中华人民共和国仲裁法》若干问题的解释

（2005年12月26日通过）

根据《中华人民共和国仲裁法》和《中华人民共和国民事诉讼法》等法律规定，对人民法院审理涉及仲裁案件适用法律的若干问题作如下解释：

第一条　仲裁法第16条规定的“其他书面形式”的仲裁协议，包括以合同书、信件和数据电文（包括电报、电传、传真、电子数据交换和电子邮件）等形式达成的请求仲裁的协议。

第二条　当事人概括约定仲裁事项为合同争议的，基于合同成立、效力、变更、转让、履行、违约责任、解释、解除等产生的纠纷都可以认定为仲裁事项。

第三条　仲裁协议约定的仲裁机构名称不准确，但能够确定具体的仲裁机构的，应当认定选定了仲裁机构。

第四条　仲裁协议仅约定纠纷适用的仲裁规则的，视为未约定仲裁机构，但当事人达成补充协议或者按照约定的仲裁规则能够确定仲裁机构的除外。

第五条　仲裁协议约定两个以上仲裁机构的，当事人可以协议选择其中的一个仲裁机构申请仲裁；当事人不能就仲裁机构选择达成一致的，仲裁协议无效。

第六条　仲裁协议约定由某地的仲裁机构仲裁且该地仅有一个仲裁机构的，该仲裁机构视为约定的仲裁机构。该地有两个以上仲裁机构的，当事人可以协议选择其中的一个仲裁机构申请仲裁；当事人不能就仲裁机构选择达成一致的，仲裁协议无效。

第七条　当事人约定争议可以向仲裁机构申请仲裁也可以向人民法院起诉的，仲裁协议无效。但一方向仲裁机构申请仲裁，另一方未在仲裁法第20条第2款规定期间内提出异议的除外。

第八条　当事人订立仲裁协议后合并、分立的，仲裁协议对其权利义务的继受人有效。

当事人订立仲裁协议后死亡的，仲裁协议对承继其仲裁事项中的权利义务的继承人有效。

前两款规定情形，当事人订立仲裁协议时另有约定的除外。

第九条　债权债务全部或者部分转让的，仲裁协议对受让人有效，但当事人另有约定、在受让债权债务时受让人明确反对或者不知有单独仲裁协议的除外。

第十条　合同成立后未生效或者被撤销的，仲裁协议效力的认定适用仲裁法第 19 条第 1 款的规定。

当事人在订立合同时就争议达成仲裁协议的，合同未成立不影响仲裁协议的效力。

第十一条　合同约定解决争议适用其他合同、文件中的有效仲裁条款的，发生合同争议时，当事人应当按照该仲裁条款提请仲裁。

涉外合同应当适用的有关国际条约中有仲裁规定的，发生合同争议时，当事人应当按照国际条约中的仲裁规定提请仲裁。

第十二条　当事人向人民法院申请确认仲裁协议效力的案件，由仲裁协议约定的仲裁机构所在地的中级人民法院管辖；仲裁协议约定的仲裁机构不明确的，由仲裁协议签订地或者被申请人住所地的中级人民法院管辖。

申请确认涉外仲裁协议效力的案件，由仲裁协议约定的仲裁机构所在地、仲裁协议签订地、申请人或者被申请人住所地的中级人民法院管辖。

涉及海事海商纠纷仲裁协议效力的案件，由仲裁协议约定的仲裁机构所在地、仲裁协议签订地、申请人或者被申请人住所地的海事法院管辖；上述地点没有海事法院的，由就近的海事法院管辖。

第十三条　依照仲裁法第 20 条第 2 款的规定，当事人在仲裁庭首次开庭前没有对仲裁协议的效力提出异议，而后向人民法院申请确认仲裁协议无效的，人民法院不予受理。

仲裁机构对仲裁协议的效力作出决定后，当事人向人民法院申请确认仲裁协议效力或者申请撤销仲裁机构的决定的，人民法院不予受理。

第十四条　仲裁法第 26 条规定的“首次开庭”是指答辩期满后人民法院组织的第一次开庭审理，不包括审前程序中的各项活动。

第十五条 人民法院审理仲裁协议效力确认案件，应当组成合议庭进行审查，并询问当事人。

第十六条 对涉外仲裁协议的效力审查，适用当事人约定的法律；当事人没有约定适用的法律但约定了仲裁地的，适用仲裁地法律；没有约定适用的法律也没有约定仲裁地或者仲裁地约定不明的，适用法院地法律。

第十七条 当事人以不属于仲裁法第 58 条或者民事诉讼法第 258 条规定的事由申请撤销仲裁裁决的，人民法院不予支持。

第十八条 仲裁法第 58 条第 1 款第 1 项规定的“没有仲裁协议”是指当事人没有达成仲裁协议。仲裁协议被认定无效或者被撤销的，视为没有仲裁协议。

第十九条 当事人以仲裁裁决事项超出仲裁协议范围为由申请撤销仲裁裁决，经审查属实的，人民法院应当撤销仲裁裁决中的超裁部分。但超裁部分与其他裁决事项不可分的，人民法院应当撤销仲裁裁决。

第二十条 仲裁法第 58 条规定的“违反法定程序”，是指违反仲裁法规定的仲裁程序和当事人选择的仲裁规则可能影响案件正确裁决的情形。

第二十一条 当事人申请撤销国内仲裁裁决的案件属于下列情形之一的，人民法院可以依照仲裁法第 61 条的规定通知仲裁庭在一定期限内重新仲裁：

（一）仲裁裁决所根据的证据是伪造的；

（二）对方当事人隐瞒了足以影响公正裁决的证据的。

人民法院应当在通知中说明要求重新仲裁的具体理由。

第二十二条 仲裁庭在人民法院指定的期限内开始重新仲裁的，人民法院应当裁定终结撤销程序；未开始重新仲裁的，人民法院应当裁定恢复撤销程序。

第二十三条 当事人对重新仲裁裁决不服的，可以在重新仲裁裁决书送达之日起六个月内依据仲裁法第 58 条规定向人民法院申请撤销。

第二十四条 当事人申请撤销仲裁裁决的案件，人民法院应当组成合议庭审理，并询问当事人。

第二十五条 人民法院受理当事人撤销仲裁裁决的申请后，另一方当事人申请执行同一仲裁裁决的，受理执行申请的人民法院应当在受理后裁定中止执行。

第二十六条 当事人向人民法院申请撤销仲裁裁决被驳回后，又在执行程序中以相同理由提出不予执行抗辩的，人民法院不予支持。

第二十七条　当事人在仲裁程序中未对仲裁协议的效力提出异议，在仲裁裁决作出后以仲裁协议无效为由主张撤销仲裁裁决或者提出不予执行抗辩的，人民法院不予支持。

当事人在仲裁程序中对仲裁协议的效力提出异议，在仲裁裁决作出后又以此为由主张撤销仲裁裁决或者提出不予执行抗辩，经审查符合仲裁法第58条或者民事诉讼法第213条、第260条规定的，人民法院应予支持。

第二十八条　当事人请求不予执行仲裁调解书或者根据当事人之间的和解协议作出的仲裁裁决书的，人民法院不予支持。

第二十九条　当事人申请执行仲裁裁决案件，由被执行人住所地或者被执行的财产所在地的中级人民法院管辖。

第三十条　根据审理撤销、执行仲裁裁决案件的实际需要，人民法院可以要求仲裁机构作出说明或者向相关仲裁机构调阅仲裁案卷。

人民法院在办理涉及仲裁的案件过程中作出的裁定，可以送相关的仲裁机构。

第三十一条　本解释自公布之日起实施。

本院以前发布的司法解释与本解释不一致的，以本解释为准。

第九章

民商事执行业务

谈到民商事执行工作，相信很多律师都会有一肚子的话要说，笔者更是经常听到很多当事人抱怨案子赢了却拿不到钱，甚至很多当事人由于对执行工作没有信心而放弃维护自己的债权，认为债权回收无望，再付出一部分律师费用是得不偿失。笔者在过往的工作中发现，执行工作想要有所成效，基本取决于两个方面的因素：第一个因素是执行申请人所能掌握的被执行财产信息（包括申请法院调取的）；第二个因素取决于经办执行法官的执行力度。没有清晰的财产信息，即便执行法官愿意花精力去办案也是巧妇难为无米之炊。即使有了清晰的财产线索，也可能由于执行法官不愿意配合而影响执行工作的进展。笔者在这里为读者梳理一下执行阶段的各个环节，希望能使读者更加清晰地了解执行工作。

一、申请执行

（一）申请执行时间

对于法院出具的判决书、调解书，负有履行义务的义务人未履行的，当事人可以向法院申请履行。对于生效法律文书已经确定好履行期间的，自履行期间届满之日起次日可以向法院申请执行；对于未明确履行期间的，可以自法院生效之日起次日向法院申请执行。可申请执行的法院为一审法院或者与一审法院同级的财产所在地法院。

需要注意的是，申请执行的期间为2年。一旦出现生效法律文书未履行的情况，权利人应该第一时间向法院申请执行。执行工作中的很多环节都对效率有较高的要求，一般被执行人都会想方设法地采取逃避、转移被执行财产的手段，申请时间越长，对方采取措施的概率越大，因此兵贵神速，沟通顺畅甚至可以使判决与执行无缝衔接。

（二）执行材料准备

申请执行需要准备的材料因法院不同在细节上有不同的要求，但主要都涉及以下材料：①执行申请书；②申请执行人主体身份信息；③委托代理手续；④被申请执行人的主体身份信息；⑤财产线索；⑥生效法律文书；⑦法律文书生效证明；⑧生效法律文书送达证明；⑨诉讼费、保全费缴费单据；⑩申请执行人收取执行款项银行账户信息；⑪财产线索等。具体材料要求读者在经办具体案件时，可以电话或现场咨询经办法院的立案部门。

二、可供执行的财产类型

笔者总结了实践中可供执行的财产种类，大体分为不动产、动产，动产中又有存款、证券、保证金等。

（一）不动产

申请执行人对被申请执行人名下的不动产可以申请法院查封、拍卖。被申请执行人名下的商品房、住宅等房产，科研教育、商业、农业等土地使用权均可申请法院拍卖。

（二）动产

被申请执行人名下的交通工具、机械、家具、字画等有价值财产均可申请法院强制执行，如是金钱给付的生效法律文书，具体执行措施需要法院查封、扣押、拍卖处置，或者双方协商以物抵偿。

实践中存款、证券、保证金、股权均属可供执行的动产。具体来说被申请执行人名下的银行存款可以向法院申请查封划扣，被申请执行人名下的股票需要通过法院进行查封、拍卖，对拍卖价款进行受偿或者流拍后接受以物抵债。保证金种类很多，不同性质的保证金能否强制执行要区别对待。要考虑被申请执行人对保证金是否失去所有权，考虑保证金是否具有质押担保性质，考虑收取保证金的一方是否具有优先受偿权。例如银行承兑汇票保证金专用账户交存保证金作为垫付票款担保，银行享有优先受偿权并足以排除另案债权强制执行。对于不能强制执行的保证金可以申请法院查封，实践中存在被查封的保证金丧失保证金功能后可以申请执行的可能。申请执行人对被申请执行人对第三方企业享有的股权可以依法申请法院查封、拍卖。实践中商业银行或大型上市公司的股权处置相对容易，原因在于：第一，其财务制度规范，具备股价评估的基本条件；第二，上述股权拥有较好的买方市场，实际拍卖过程中成交的可能性比较大。而对于大多有限责任公司的股权来说，即便查封冻结，后期想要处置也十分困难，因为，第一，在被执行股权涉及的公司不予配合的前提下，法院很难取得股价评估的基础资料；第二，此类型的股权买方市场较小，即便拍卖流程启动，成交的可能性也较小。

除了上述这些执行标的外，还有一些执行标的容易被忽略，笔者认为有必要向读者做简单的提示。

第一类就是对第三人享有的债权。按照法律规定被申请执行人对第三方享有的到期债权，申请执行人可以要求其直接偿付，如第三方债务人拒绝的，可以申请法院执行。实践中的难点在于首先要挖掘出对第三人享有债权的财产线索，这个可以结合被申请执行人所涉及的行业性质进行一定的调查。其次在于确定该笔债权是否真实存在并到期，实践中申请执行人对确认债权的真实性及是否到期举证的难度很大，可以通过执行法官通过合法的手段向第三方债务人进行调查。

第二类是被申请执行人的工资、公积金、养老金。（1）被执行人的工资可以强制执行，但应该给被申请执行人留有维持本人及其所扶养家属的生活必需费用。（2）公积金原则上也可以强制执行，但是必须要满足两个条件，首先满足《住房公积金管理条例》第 24 条规定的提取职工住房公积金账户内的存储余额的条件，其次要保障被执行人依法享有的基本生活及居住条件的情况。③养老金可以强制执行，根据相关司法解释冻结、扣划养老金前应当预留被执行人及其所扶养家属必需的生活费用。

第三类是被执行人名下的保险。保险的种类繁多，不同类型保险单的权益能否强制执行，需要区别对待。实践中的裁判观点倾向于认定保险单的现金价值依法可以作为强制执行的标的。

三、执行与诉讼财产保全

能否通过自己的工作帮助企业避免形成不良财产损失的关键在于，能否通过执行程序得到可供执行的财产，而当一个企业出现债务违约的时候，企业的财务状况往往已是断崖式的恶化，从诉讼到申请执行的漫长过程中，不但企业可供执行的财产会发生减损，其也会面临蜂拥而至的保全、查封、冻结等。

因此诉讼财产保全的作用至关重要，我们在工作中要把诉讼保全的重要性提到极高的高度。笔者建议，在采取诉讼手段收回债权的所有案件中都要及时采取诉讼保全措施。实际上，一个企业到了有大额金钱给付债务需要执行解决的情况时往往已经是“病入膏肓”，这个时候寄希望于能够挖掘有力的财产线索完成债务回收的难度极大，而且同时还要面临其他债权人的竞争。所以结合本章“可供执行的财产类型”部分，把执行的财产挖掘提前到诉讼保全阶段，对最终实现债权具有至关重要的作用。

四、财产处置措施

（一）查封、冻结

对被申请执行人名下财产可以申请法院查封、冻结，对有财产等级的财产可以由人民法院向登记机关发出查封裁定，也可以采取张贴封条、扣押等措施。

（二）扣划

对于金钱资产可以申请法院从被申请执行人银行账户扣划至法院账户，经过异议期后可以申请法院向申请执行人发放。

（三）协商抵偿

被申请执行人名下的财产，经过与被执行人协商，双方同意的可以协商抵顶申请执行人申请执行的债务。

（四）拍卖处置

对于查封、冻结、扣押的被申请执行人名下的财产，可以申请法院拍卖。

以房产拍卖为例，抵押登记权人或者首查封人可以申请法院拍卖被查封财产，其他权利人也可以依法向法院申请，由法院向首查封法院协商，由有处置权的法院委托申请执行法院。

五、其他执行措施

随着国家对个人信用的重视程度越来越高，在司法领域逐渐建立了失信被执行人名单制度、限制高消费制度。这两种制度虽然无法像扣划银行存款一样起到立竿见影的作用，但如果利用得当一样会起到意想不到的效果。针对被执行人有能力而拒不执行，法律层面又设置了行政拘留、拒不执行判决裁定罪等，在不同的层面形成对失信人的立体约束。

（一）失信被执行人制度

申请将被申请执行人列为失信被执行人具有促进执行的作用，特别是对于尚能正常经营的企业，或者对债务承担连带责任且自身有一定经济能力的法人债务人的法定代表人、股东、高管及其配偶。列为失信被执行人后，进入征信黑名单，一旦其不能乘坐高铁、飞机，动车一等座、商务座等，会对被申请执行人产生极大影响。但是近阶段执行政策在减少被申请执行人列入失信被执行人名单的数量，之前法院实践中多依据“被执行人未按规定如实申报财产状况”直接列入失信被执行人名单。根据最新规定，被申请执行人被查封财产足以偿还债务的，不应该再将其列为失信被执行人。

（二）限制高消费制度

相比列入失信被执行人名录，限制高消费相对来说更易于操作。而且不仅可以申请对被申请执行人限制高消费，被申请执行人是企业的，还可以申请限制其法定代表人、公司主要负责人高消费。从而对解决公司债务起到积极的推动作用，实践中一般都是限制法定代表人的高消费。

（三）限制出入境制度

限制出入境的作用有两方面，一方面是针对那些有履行能力而逃避履行但是又有出国需求的，通过限制出境促进其执行；另一方面限制出境也能有效地防止欠债人出逃国外。根据我国《民事诉讼法》的规定，有未结民事案件的可以限制出入境，因此其适用条件还是比较宽泛的。只是需要注意的是，在实践中出入境管理部门受理法院的限制出入境的协执时，往往会有一个限制出境的时间，所以要做好限制出入境的时间管理。笔者在实践中曾遇到被执行人身在国外，因被限制入境而被迫由国内亲属帮忙筹款缴纳执行款项的情况，说明在特殊案件中的特殊时点采用该方式会有较好的效果。

（四）行政拘留

对被执行人、被执行企业的法定代表人采取行政拘留的措施往往也能起到促进执行的效果。

（五）拒执罪

《刑法》第 313 条拒不执行判决、裁定罪规定，对人民法院的判决、裁定有能力执行而拒不执行，情节严重的，处 3 年以下有期徒刑、拘役或者罚金；情节特别严重的，处 3 年以上 7 年以下有期徒刑，并处罚金。单位犯前款罪的，对单位判处罚金，并对其直接负责的主管人员和其他直接责任人员，依照前款的规定处罚。

从笔者内心来讲，并不愿意轻易动用刑事手段来解决经济类纠纷。需要提醒读者注意的是，这里所指的刑事手段与利用刑事手段干预经济纠纷是两个概念。因为经济类纠纷毕竟有民商事法律制度的制约，有相应的救济途径；而刑事手段一旦被启动，会对个人、家庭产生巨大的不良影响，很多时候一个家庭往往会被这样的过程击垮。但是当被执行人利用执行制度的漏洞逍遥法外，甚至明目张胆地挑衅法律制度，挑衅当事人底线的时候，启动拒不执行判决裁定罪的追诉程序会对当事人产生很大威慑，会对被执行人或者责任人施加极大的压力，可促进人民法院执行。

那么很多读者会问，到底什么是有能力执行而拒不履行呢？笔者认为应从以下几个方面来分析判断。第一，有能力执行的时间起算点应为判决、裁定发生法律效力时起；第二，有能力执行是客观事实，不以行为认定主观认识为要件，且不受执行情况的制约；第三，有能力执行包括部分执行能力。

还需要读者注意的是，该罪名为刑事自诉类案件，需要按照刑事自诉的相关要求和流程来操作，在此不再赘述。

六、追加、变更被执行人

在有些执行案件中，可能涉及追加或变更被执行人。

根据《最高人民法院关于民事执行中变更、追加当事人若干问题的规定》，以下情形可以申请变更或者追加被执行人：执行过程中，申请执行人或其继承人、权利承受人可以向人民法院申请变更、追加当事人。（1）为申请执行人的公民死亡或被宣告死亡，该公民的遗嘱执行人、受遗赠人、继承人或其他因该公民死亡或被宣告死亡依法承受生效法律文书确定权利的主体，申请变更、追加其为申请执行人的。作为申请执行人的公民被宣告失踪，该公民的财产代管人申请变更、追加其为申请执行人的。(2) 作为申请执行人的公民离婚时，生效法律文书确定的权利全部或部分分割给其配偶，该配偶申请变更、追加其为申请执行人的。(3) 作为申请执行人的法人或其他组织终止，因该法人或其他组织终止依法承受生效法律文书确定权利的主体，申请变更、追加其为申请执行人的。(4) 作为申请执行人的法人或其他组织因合并而终止，合并后存续或新设的法人、其他组织申请变更其为申请执行人的。(5) 作为申请执行人的法人或其他组织分立，依分立协议约定承受生效法律文书确定权利的新设法人或其他组织，申请变更、追加其为申请执行人的。(6) 作为申请执行人的法人或其他组织清算或破产时，生效法律文书确定的权利依法分配给第三人，该第三人申请变更、追加其为申请执行人的。(7) 作为申请执行人的机关法人被撤销，继续履行其职能的主体申请变更、追加其为申请执行人的，人民法院应予支持，但生效法律文书确定的权利依法应由其他主体承受的除外；没有继续履行其职能的主体，且生效法律文书确定权利的承受主体不明确，作出撤销决定的主体申请变更、追加其为申请执行人的。(8) 申请执行人将生效法律文书确定的债权依法转让给第三人，且书面认可第三人取得该债权，该第三人申请变更、追加其为申请执行人的。(9) 作为被执行人的公民死亡或被宣告死亡，申请执行人申请变更、追加该公民的遗嘱执行人、继承人、受遗赠人或其他因该公民死亡或被宣告死亡取得遗产的主体为被执行人，在遗产范围内承担责任的，人民法院应予支持。继承人放弃继承或受遗赠人放弃受遗赠，又无遗嘱执行人的，人民法院可以直接执行遗产。作为被执行人的公民被宣告失踪，申请执行人申请变更该公民的财产代管人为被执行人，在代管的财产范围内承担责任的。(10) 作为被执行人的法人或其他组织因合并而终止，申请执行人申请变更合并后存续或新设的法人、其他组织为被执行人的。(11) 作为被执行人的法人或其他组织分立，申请执行人申请变更、追加分立后新设的法人或其他组织为被执行人，对生效法律文书确定的债务承担连带责任的，人民法院应予支持。但被执行人在分立前与申请执行人就债务清偿达成的书面协议另有约定的除外。(12) 作为被执行人的个人独资企业，不能清偿生效法律文书确定的债务，申请执行人申请变更、追加其投资人为被执行人的，人民法院应予支持。个人独资企业投资人作为被执行人的，人民法院可以直接执行该个人独资企业的财产。个体工商户的字号为被执行人的，人民法院可以直接执行该字号经营者的财产。(13) 作为被执行行人的合伙企业，不能清偿生效法律文书确定的债务，申请执行人申请变更、追加普通合伙人为被执行人的，人民法院应予支持。作为被执行人的有限合伙企业，财产不足以清偿生效法律文书确定的债务，申请执行人申请变更、追加未按期足额缴纳出资的有限合伙人为被执行人，在未足额缴纳出资的范围内承担责任的。(14) 作为被执行人的法人分支机构，不能清偿生效法律文书确定的债务，申请执行人申请变更、追加该法人为被执行人的，人民法院应予支持。法人直接管理的责任财产仍不能清偿债务的，人民法院可以直接执行该法人其他分支机构的财产；作为被执行人的法人，直接管理的责任财产不能清偿生效法律文书确定债务的，人民法院可以直接执行该法人分支机构的财产。(15) 个人独资企业、合伙企业、法人分支机构以外的其他组织作为被执行人，不能清偿生效法律文书确定的债务，申请执行人申请变更、追加依法对该其他组织的债务承担责任的主体为被执行人的。(16) 作为被执行人的企业法人，财产不足以清偿生效法律文书确定的债务，申请执行人申请变更、追加未缴纳或未足额缴纳出资的股东、出资人或依公司法规定对该出资承担连带责任的发起人为被执行人，在尚未缴纳出资的范围内依法承担责任的。(17) 作为被执行人的企业法人，财产不足以清偿生效法律文书确定的债务，申请执行人申请变更、追加抽逃出资的股东、出资人为被执行人，在抽逃出资的范围内承担责任的。(18) 作为被执行人的公司，财产不足以清偿生效法律文书确定的债务，其股东未依法履行出资义务即转让股权，申请执行人申请变更、追加该原股东或依公司法规定对该出资承担连带责任的发起人为被执行人，在未依法出资的范围内承担责任的。(19) 作为被执行人的一人有限责任公司，财产不足以清偿生效法律文书确定的债务，股东不能证明公司财产独立于自己的财产，申请执行人申请变更、追加该股东为被执行人，对公司债务承担连带责任的。(20) 作为被执行人的公司，未经清算即办理注销登记，导致公司无法进行清算，申请执行人申请变更、追加有限责任公司的股东、股份有限公司的董事和控股股东为被执行人，对公司债务承担连带清偿责任的。(21) 作为被执行人的法人或其他组织，被注销或出现被吊销营业执照、被撤销、被责令关闭、歇业等解散事由后，其股东、出资人或主管部门无偿接受其财产，致使该被执行人无遗留财产或遗留财产不足以清偿债务，申请执行人申请变更、追加该股东、出资人或主管部门为被执行人，在接受的财产范围内承担责任的。(22) 作为被执行人的法人或其他组织，未经依法清算即办理注销登记，在登记机关办理注销登记时，第三人书面承诺对被执行人的债务承担清偿责任，申请执行人申请变更、追加该第三人为被执行人，在承诺范围内承担清偿责任的。(23) 执行过程中，第三人向执行法院书面承诺自愿代被执行人履行生效法律文书确定的债务，申请执行人申请变更、追加该第三人为被执行人，在承诺范围内承担责任的。(24) 作为被执行人的法人或其他组织，财产依行政命令被无偿调拨、划转给第三人，致使该被执行人财产不足以清偿生效法律文书确定的债务，申请执行人申请变更、追加该第三人为被执行人，在接受的财产范围内承担责任的。

追加变更被执行人，符合法律规定情形的，申请执行人可以向执行法院申请，执行法院应当自收到书面申请之日起60日内作出裁定。

七、通过执行程序外的诉讼推动资产回收

除了执行程序外，有些案件采用执行程序外推动会取得意想不到的效果。笔者在这里介绍其中的几种，希望能为读者打开另一扇窗。

(一) 债权人撤销之诉

根据《合同法》第74条，因债务人放弃其到期债权或者无偿转让财产，对债权人造成损害的，债权人可以请求人民法院撤销债务人的行为。债务人以明显不合理的低价转让财产，对债权人造成损害，并且受让人知道该情形的，债权人也可以请求人民法院撤销债务人的行为。撤销权的行使范围以债权人的债权为限。债权人行使撤销权的必要费用，由债务人负担。

对于公司存在可能将资产转移给第三方的情况，可以提出债权人撤销之诉，这种诉讼往往会给企业施加极大的压力，因为一经落实企业中很多隐藏的信息会暴露出来，但是这种诉讼的难点在于证据的采集。

(二) 法人人格混同，揭开公司“面纱”

《公司法》第20条股东禁止行为中规定：公司股东应当遵守法律、行政法规和公司章程，依法行使股东权利，不得滥用股东权利损害公司或者其他股东的利益；不得滥用公司法人独立地位和股东有限责任损害公司债权人的利益。公司股东滥用股东权利给公司或者其他股东造成损失的，应当依法承担赔偿责任。公司股东滥用公司法人独立地位和股东有限责任，逃避债务，严重损害公司债权人利益的，应当对公司债务承担连带责任。

根据法律规定如果能够证明存在公司人格混同的，可以诉讼要求股东承担连带责任。最高人民法院在指导案例中确定了三个重要的参考标准：财务混同、人员混同、经营范围混同。但是法人人格混同之诉对证据的要求也是极高的。

（三）破产

执行案件可能会存在执行标的物无法处置，被执行主体无可供执行财产的情形，在这种情况下利用破产程序也未尝不是一种好办法。一方面不会使案件久拖不决最终能有一个结论性的结果，另一方面进入破产程序后对于提起债权人撤销之诉等诉讼行为的证据收集有利。

（四）执行转破产

2017 年 1 月 20 日，最高人民法院发布的《关于执行案件移送破产审查若干问题的指导意见》，明确了执行案件转为破产案件的程序。关于条件具备方面规定，“被执行人为企业法人；被执行人或者有关被执行人的任何一个执行案件的申请执行人书面同意将执行案件移送破产审查；被执行人不能清偿到期债务，并且资产不足以清偿全部债务或者明显缺乏清偿能力”。重点在于认定被执行人不能清偿到期债务，并且资产不足以清偿全部债务或者明显缺乏清偿能力。

各省市也陆续出台相关文件规范执行转破产的程序。通过执行程序转破产对申请执行人来说程序上更为便利，不失为一种好的思路。

八、执行和解

（一）执行和解的利弊

执行过程中经常会遇到执行和解的情况，往往被执行人寄希望于执行和解从而少支付或者延期支付一部分应履行的债务，而执行法官往往希望双方达成和解以促进执行结案所以在存在可能性的情况下也会往这方面努力，因此达成执行和解对申请执行人来说往往意味着要放弃一部分法院判决的利益，或者对被执行人的履行期限给予一定的宽限。

但是从另一个方面来看，从效率的角度上讲也未尝不是一件好事，往往在被执行人隐匿财产或者被执行主体名下没有直接可供执行的财产的情况下，案外人、股东、实际控制人愿意出面和解支付一定价款不一定就是不可接受的条件。实践中的难点在于，融资租赁公司往往是国有资本，或者以国有资本为主，无法进行过多的讨价还价，要不然有国有资产流失的嫌疑。另外利用执行和解给被执行企业一定的宽限可以要求其法定代表人、股东或者案外人对债务提供担保，并约定大额的违约金，在短期内完成执行无望的情况下也未尝不是一件好事。

另外执行和解还往往出现在被执行企业的法人代表、股东被限制高消费后影响其生活、工作后出面进行和解。

（二）执行和解的再执行申请

依据《最高人民法院关于执行和解若干问题的规定》第 9 条，一方当事人不履行或者不完全执行和解协议，对方当事人可以申请恢复执行原生效法律文书。因此在执行和解协议时如果对方没有履行，和解人可以申请法院继续履行，对于提供担保的要注意，担保人应向法院出具担保函。

九、终结本次执行程序与执行终结

（一）终结本次执行程序

实践中，执行案件在立案后 5 个月没有执行可能的，法院一般会与申请执行人商议，要“终结本次执行程序”。这个时候申请执行人往往非常慌张，觉得案件是不是法院就不管了 。其实这是法律规定的正常程序，《最高人民法院关于执行案件立案、结案若干问题的意见》第 16 条第 1 款规定：“有下列情形之一的，可以‘终结本次执行程序’方式结案：（1）被执行人确无财产可供执行，申请执行人书面同意人民法院终结本次执行程序的；（2）因被执行人无财产而中止执行满两年，经查证被执行人确无财产可供执行的；（3）申请执行人明确表示提供不出被执行人的财产或财产线索，并在人民法院穷尽财产调查措施之后，对人民法院认定被执行人无财产可供执行书面表示认可的；（4）被执行人的财产无法拍卖变卖，或者动产经两次拍卖、不动产或其他财产权经三次拍卖仍然流拍，申请执行人拒绝接受或者依法不能交付其抵债，经人民法院穷尽财产调查措施，被执行人确无其他财产可供执行的；（5）经人民法院穷尽财产调查措施，被执行人确无财产可供执行或虽有财产但不宜强制执行，当事人达成分期履行和解协议，且未履行完毕的；（6）被执行人确无财产可供执行，申请执行人属于特困群体，执行法院已经给予其适当救助的。”

被终结本次执行程序的，不影响查封、续封，如有必要向法院申请即可。另外根据《民事诉讼法解释》第519条的规定，被采取终结本次执行程序的案件，如果申请执行人发现被执行人有可供执行财产的，可以再次申请执行。

（二）执行终结

法律规定有下列情形之一的，人民法院裁定终结执行：（1）申请人撤销申请的；（2）据以执行的法律文书被撤销的；（3）作为被执行人的公民死亡，无遗产可供执行，又无义务承担人的；（4）追索赡养费、扶养费、抚育费案件的权利人死亡的；（5）作为被执行人的公民因生活困难无力偿还借款，无收入来源又丧失劳动能力的；（6）人民法院认为应当终结执行的其他情形。

（三）执行中止

按照《民事诉讼法》的规定，有下列情形之一的，人民法院应当裁定中止执行：（1）申请人表示可以延期执行的；（2）案外人对执行标的提出确有理由的异议的；（3）作为一方当事人的公民死亡，需要等待继承人继承权利或者承担义务的；（4）作为一方当事人的法人或者其他组织终止，尚未确定权利义务承受人的；（5）人民法院认为应当中止执行的其他情形。中止的情形消失后，恢复执行。

通过以上章节的梳理，相信读者对执行工作有了较为全面的认识，执行工作中可能遇到的问题还有很多，需要读者结合具体案情来积极应对。笔者也希望读者能有更多、更好的执行手段，也期待与大家更进一步的交流。

十、执行程序文书

为了方便读者参考使用，笔者简单列示几种执行阶段常用的文书。

（一）财产保全申请书

财产保全申请书

执行申请人：

被申请人：

申请执行依据：

申请事项：

事实与理由：

(将案件情况简述)

为维护申请人的合法权益，现申请人依据《调解书》的约定和《民事诉讼法》第236条之规定提出以上请求，请人民法院依法查封被申请人所有的财产。

此致

×××人民法院

申请人：

年　月　日

（二）执行申请书

执行申请书

申请人：

被申请人：

申请执行请求：

事实与理由：

(将案件情况简述)

申请人根据××××，依法向人民法院申请强制执行，请求人民法院尽快予以执结！

此 致

×××人民法院

申请人：

年　月　日

（三）拍卖申请书

评估、拍卖申请书

申请人：

被申请人：

申请执行依据：

申请事项：

1. 评估、拍卖被申请人名下所有的不动产（可供评估、拍卖不动产列表见附件）；

2. 被申请人承担本案执行过程中发生的相关执行费用。

事实与理由：

(将案件情况简述)

为维护申请人的合法权益，现申请人依据《调解书》的约定和《民事诉讼法》第236条之规定提出以上请求，请人民法院依法评估、拍卖被申请人所有的不动产。

此致

×××人民法院

申请人：

年　月　日

（四）纳入失信被执行人名单申请书

纳入失信被执行人名单申请书

执行申请人：

被申请人：

申请执行依据：

申请事项：

请求贵院依法将本案被申请人列入失信被执行人名单，并在征信系统予以记录。

事实与理由：

(将案件情况简述)

为维护申请人的合法权益，现申请人依据《民事诉讼法》第255条以及《最高人民法院关于公布失信被执行人名单信息的若干规定》的相关规定，提出以上请求，请求人民法院依法将被申请人列入失信被执行人名单。

此致

×××人民法院

申请人：

年　月　日

(五) 追加被执行人申请书

追加被执行人申请书

执行申请人：

被申请人：

申请执行依据：

申请事项：

请求人民法院依法追加被申请人成为本案被执行人。

事实与理由：

(将案件情况简述)

基于以上事实和理由，依照《最高人民法院关于民事执行中变更、追加当事人若干问题的规定》第17条，依法申请追加上述被申请人成为本案被执行人，要求其承担×××对申请人的债务。

此致

×××人民法院

申请人：

年　月　日

(六) 变更被执行人申请书

变更被执行人申请书

申请人：

申请事项：

变更×××为执××字第××号执行案件的申请执行人。

事实与理由：

(将案件情况简述)

确认我公司已经享有该债权。为维护我公司利益，特向贵院申请将执××字第××号执行案件的申请执行人变更为×××。

此致

×××人民法院

申请人：

年　月　日

(七) 恢复执行申请书

恢复执行申请书

申请人：

被申请人：

申请事项：

恢复执行×××号民事判决书或调解书。

事实与理由：

(将案件情况简述)

为维护国家司法权威及申请人的合法权益，现申请人恢复执行贵院作出的×××号民事判决书或调解书。

此致

×××人民法院

申请人：

年　月　日

第十章

强制执行公证、支付令、律师调查令等新手段

一、强制执行公证的概念、法律依据、利弊、流程

近几年，强制执行公证一度成为理论热点，有人甚至声称通过该程序大大简化了债权人收回债权的成本，但是大多数人对这一新生事物还不够了解，仅仅停留在概念阶段，笔者在这一章节中对其作一分析。

（一）强制执行公证的概念

以给付货币、物品、有价证券为内容的债权文书，如果债务人承诺自己不履行或不完全履行合同义务时无须经过法院诉讼程序直接接受法院的强制执行，公证机构可对双方所签订的债权文书赋予强制执行效力。一旦债务人不履行债务，债权人即可持强制执行公证书和执行证书向有管辖权的法院申请强制执行，以保护债权。这是强制执行公证的一般概念。

那么这一制度的法律依据是什么呢？

（二）强制执行公证的法律依据

笔者查询了有关强制执行公证的相关法律依据，详见如下：

1.《中华人民共和国公证法》

第三十七条　对经公证的以给付为内容并载明债务人愿意接受强制执行承诺的债权文书，债务人不履行或者履行不适当的，债权人可以依法向有管辖权的人民法院申请执行。

前款规定的债权文书确有错误的，人民法院裁定不予执行，并将裁定书送达双方当事人和公证机构。

2.《中华人民共和国民事诉讼法》(2017年修正)

第二百三十八条 对公证机关依法赋予强制执行效力的债权文书，一方当事人不履行的，对方当事人可以向有管辖权的人民法院申请执行，受申请的人民法院应当执行。

公证债权文书确有错误的，人民法院裁定不予执行，并将裁定书送达双方当事人和公证机关。

3.《最高人民法院关于审理涉及公证活动相关民事案件的若干规定》(法释〔2014〕6号)

第三条 当事人、公证事项的利害关系人对公证书所公证的民事权利义务有争议的，可以依照公证法第40条规定就该争议向人民法院提起民事诉讼。当事人、公证事项的利害关系人对具有强制执行效力的公证债权文书的民事权利义务有争议直接向人民法院提起民事诉讼的，人民法院依法不予受理。但是，公证债权文书被人民法院裁定不予执行的除外。

4.《公证程序规则》

第三十九条 具有强制执行效力的债权文书的公证，应当符合下列条件：

(1) 债权文书以给付货币、物品或者有价证券为内容；(金钱——笔者注)

(2) 债权债务关系明确，债权人和债务人对债权文书有关给付内容无疑义；(债权债务关系——笔者注)

(3) 债权文书中载明当债务人不履行或者不适当履行义务时，债务人愿意接受强制执行的承诺；(债务人强制执行的承诺——笔者注)

(4)《公证法》规定的其他条件。

5.《司法部关于经公证的具有强制执行效力的合同的债权依法转让后，受让人能否持原公证书向公证机构申请出具执行证书问题的批复》(司复〔2006〕13号)

> 债权人将经公证的具有强制执行效力的合同的债权依法转让给第三人的，受让人持原公证书、债权转让协议以及债权人同意转让申请人民法院强制执行的权利的证明材料，可以向公证机构申请出具执行证书。

如，建行将债权转让给信达，信达可以向公证处申请出具执行证书。

6.《最高人民法院、司法部关于公证机关赋予强制执行效力的债权文书执行有关问题的联合通知》（2000年9月1日，以下简称《联合通知》）

> ……
>
> 四、债务人不履行或不完全履行公证机关赋予强制执行效力的债权文书的，债权人可以向原公证机关申请执行证书。
>
> ……
>
> 七、债权人凭原公证书及执行证书可以向有管辖权的人民法院申请执行。
>
> 八、人民法院接到申请执行书，应当依法按规定程序办理。必要时，可以向公证机关调阅公证卷宗，公证机关应当提供。案件执行完毕后，由人民法院在15日内将公证卷宗附结案通知退回公证机关。
>
> ……

7.《民事诉讼法解释》第480条对“公证债权文书确有错误”的内容进行了界定

8.《最高人民法院关于人民法院办理执行异议和复议案件若干问题的规定》（2015年5月5日，以下简称《异议复议规定》）

《异议复议规定》第22条首次明确了担保合同可以办理强制执行公证。

9. 2016年1月，北京市法院执行局局长座谈会（第七次会议）做出《关于公证债权文书执行与不予执行若干问题的意见》（以下简称《公证债权文书意见》）

《公证债权文书意见》对管辖法院、可办理强制执行公证的文书范围、审查依据和标准等进行了较为全面的规定。虽然该意见属于地方法院的规定，但是其中对公证债权文书执行与不予执行中的若干疑难问题做出了较为合理的解释。该意见对于北京法院管辖案件的重要意义无须多言，对于其他地区法院的执行案件也有一定的参考作用。

（三）强制执行公证的适用条件和范围

1. 公证机关赋予强制执行效力的债权文书应当具备的条件

（1）债权文书具有给付货币、物品、有价证券的内容；

（2）债权债务关系明确，债权人和债务人对债权文书有关给付内容无疑义；

（3）债权文书中载明债务人不履行义务或不完全履行义务时，债务人愿意接受依法强制执行的承诺。

2. 公证机关赋予强制执行效力的债权文书的范围

（1）借款合同、借用合同、无财产担保的租赁合同；

（2）赊欠货物的债权文书；

（3）各种借据、欠单；

（4）还款（物）协议；

（5）以给付赡养费、扶养费、抚育费、学费、赔（补）偿金为内容的协议；

（6）符合赋予强制执行效力条件的其他债权文书。

（四）强制执行公证的程序

1. 申请具有强制执行效力的债权文书公证

当事人申请办理具有强制执行效力的债权文书公证，应当由债权人和债务人共同向公证机构提出。涉及第三人担保的债权文书，担保人（包括保证人、抵押人、出质人、反担保人）承诺愿意接受强制执行的，担保人应当向公证机构提出申请。

2. 申请强制执行证书

（1）债务人不履行或不完全履行公证机关赋予强制执行效力的债权文书的，债权人可以向原公证机关申请执行证书。

（2）公证机关签发执行证书应当注意审查以下内容：①不履行或不完全履行的事实确实发生；②债权人履行合同义务的事实和证据；③债务人对债

权文书规定的履行义务有无疑义。

3. 申请法院强制执行

债权人凭原公证书及执行证书可以向有管辖权的人民法院申请执行。

对公证机关依法赋予强制执行效力的债权文书，一方当事人不履行的，对方当事人可以向有管辖权的人民法院申请执行，受申请的人民法院应当执行。

公证债权文书确有错误的，人民法院裁定不予执行，并将裁定书送达双方当事人和公证机关。

（五）办理债权文书赋予强制执行效力公证以及出具执行证书的流程

为了方便读者操作该程序，笔者整理了相关流程图以供读者参考。

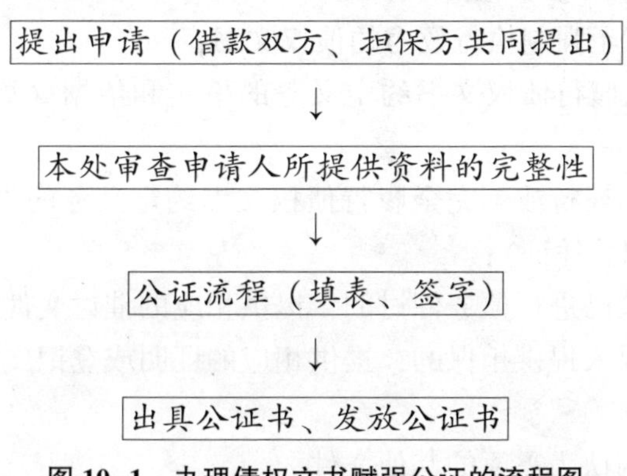

图 10-1　办理债权文书赋强公证的流程图

（六）办理借款合同赋予强制执行效力公证时需要的材料

1. 金融机构需要提供的材料

（1）基本证件：银行、信托公司等金融机构的营业执照、金融经营许可证（盖公章的复印件）。

（2）身份证明：法定代表人（负责人）的身份证复印件（加盖公章），代理人的身份证原件。

（3）法定代表人（负责人）身份证明书。

（4）法定代表人（负责人）的授权委托书（谁代表银行办理公证，代理人就是谁）。

2. 借款人、抵押人、保证人为自然人时需要提供的材料

（1）借款人、抵押人、保证人的身份证 、户口簿、结婚证（未婚的出具未婚声明）。

（2）抵押人以房产抵押的，提供该房产的权属证明。

3. 借款人、抵押人、保证人为公司法人时需要提供的材料

（1）与金融机构提供的材料相同（除金融经营许可证）。

（2）提供针对某事项（借款或抵押或保证）作出的股东会决议。

（七）金融机构申请出具执行证书时需要提供的材料

（1）出具执行证书申请表；

（2）经公证赋予强制执行效力的债权文书；

（3）债权人已履行债权文书约定义务的事实和依据（如放款凭证、当票等）；

（4）债务人不履行或不完全履行债权文书约定义务的事实和依据（主要为还款情况表及相关凭证）；

（5）若债权人已进行债务催讨的，提供相应的催讨文件；

（6）若有担保人提供担保的，提供相应的证明或登记文件（抵押/质押登记证明材料等）；

（7）公证机构认为需要的其他文件。

申请出具执行证书的基本流程如下图所示。

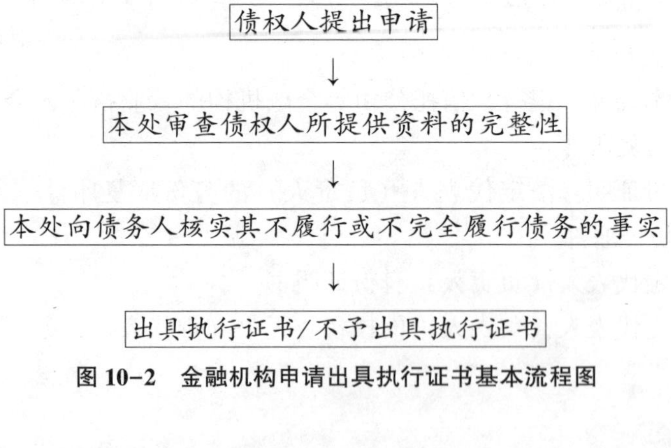

债权人提出申请

↓

本处审查债权人所提供资料的完整性

↓

本处向债务人核实其不履行或不完全履行债务的事实

↓

出具执行证书/不予出具执行证书

图 10–2　金融机构申请出具执行证书基本流程图

（八）担保合同赋予强制执行效力公证的问题

根据最高人民法院、司法部《联合通知》第2条规定："公证机关赋予强制执行效力的债权文书的范围：（一）借款合同、借用合同、无财产担保的租赁合同；（二）赊欠货物的债权文书；（三）各种借据、欠单；（四）还款（物）协议；（五）以给付赡养费、扶养费、抚育费、学费、赔（补）偿金为内容的协议；（六）符合赋予强制执行效力条件的其他债权文书。"

在实践中，除了主债权债务文书外，各方当事人往往会为附属的担保合同（抵押、质押、保证合同等）一并办理强制执行公证。但是无论在学界还是实务领域，始终有一种观点认为抵押、质押合同具有物权属性，而保证合同更具有人身属性，因此担保合同不属于上述联合通知中可办理强制执行公证的债权文书，不可通过办理公证而直接获得强制执行效力。

针对这一问题，《异议复议规定》第22条明确规定："公证债权文书对主债务和担保债务同时赋予强制执行效力的，人民法院应予执行；仅对主债务赋予强制执行效力未涉及担保债务的，对担保债务的执行申请不予受理；仅对担保债务赋予强制执行效力未涉及主债务的，对主债务的执行申请不予受理。人民法院受理担保债务的执行申请后，被执行人仅以担保合同不属于赋予强制执行效力的公证债权文书范围为由申请不予执行的，不予支持。"

《公证债权文书意见》第5条规定："公证债权文书对主债务和担保债务同时赋予强制执行效力的，人民法院应当予以执行；仅对主债务赋予强制执行效力未涉及担保债务的，对担保债务的执行申请不纳入执行范围；仅对担保债务赋予强制执行效力未涉及主债务的，对担保债务的执行申请予以执行，对主债务的执行申请不纳入执行范围。"

《最高人民法院关于含担保的公证债权文书强制执行的批复》规定，"人民法院对公证债权文书的执行监督应从债权人的债权是否真实存在并合法，当事人是否自愿接受强制执行等方面进行审查。《中华人民共和国民事诉讼法》第238条第2款规定，公证债权文书确有错误的，人民法院裁定不予执行，并将裁定书送达双方当事人和公证机关。现行法律、司法解释并未对公证债权文书所附担保协议的强制执行作出限制性规定，公证机构可以对附有担保协议债权文书的真实性与合法性予以证明，并赋予强制执行效力"。

从《异议复议规定》《公证债权文书意见》及最高人民法院的批复可以看出，针对司法实践中的突出问题，相关部门扩大了可办理强制执行公证文书的范围，不再拘泥于债权文书，而是出于更加全面保护债权人的角度，规定担保合同同样可以经公证获得强制执行效力。

关于强制执行公证，相信认真阅读前文的读者基本可以了解并掌握相关的制度流程，如果仍有疑问，可以咨询当地的公证机关。那么强制执行公证在为债权人收回债权提供便利的同时，又有什么缺点呢?

（1）公证费用的成本问题，办理强制执行公证要按照公证处的标准收取一定的费用，这个费用由谁来承担都会加重融资的成本。

（2）强制执行公证未必能起到节省时间的作用。按照流程，债权人需要提交符合公证机关要求的材料以及申请，公证处要对事实以及证据进行核实，而如果债务人提出异议，公证处对异议也要进行核实，这样就会耗费较长的时间，办理公证的目的也就落空了。

（3）公证处是民间证明机构，没有司法裁判权或者执法权，如果办理了强制执行公证，是没有办法向法院申请保全等措施的，如果之前提到的流程耗费了大量时间，有可能给债务人转移资产留下较大空间，从而加重债权收回的风险。

（4）关于申请出具执行债权文书的费用很难得到法院的支持，一般在合同中，只要对律师费有较为明确的约定，在合理范围内法院一般都会支持，但是对于申请债权文书的费用实践中不常见，法院有可能以约定不明为由不予支持。这无形中增加了公司的成本。

（5）公证债权文书存在法院不予执行的风险，根据《民事诉讼法》第238条第2款之规定，公证债权文书确有错误的，人民法院裁定不予执行。《民事诉讼法解释》第480条第1款规定了可以认定为公证债权文书确有错误的几种情形，包括：（1）公证债权文书属于不得赋予强制执行效力的债权文书的；（2）被执行人一方未亲自或者未委托代理人到场公证等严重违反法律规定的公证程序的；（3）公证债权文书的内容与事实不符或者违反法律强制性规定的；（4）公证债权文书未载明被执行人不履行义务或者不完全履行义务时同意接受强制执行的。

至此，关于强制执行公证的内容基本都已涵盖，那么具体到融资租赁公司的业务中是否可以使用这样的方式呢？实践中确实也有法院以公证处赋予融资租赁合同强制执行效力超出了法律和司法解释的范围为由裁定不予执行相应的债权文书。但笔者认为事实上执行法院认定公证处赋予强制执行效力的合同超出法律和司法解释的范围是对《联合通知》的误读。《联合通知》第1条规定："公证机关赋予强制执行效力的债权文书应当具备以下条件：（一）债权文书具有给付货币、物品、有价证券的内容；（二）债权债务关系明确，债权人和债务人对债权文书有关给付内容无疑义；（三）债权文书中载明债务人不履行义务或不完全履行义务时，债务人愿意接受依法强制执行的承诺。"

（九）公证机关赋予强制执行效力的债权文书的范围

《公证债权文书意见》第12条明确规定："公证机构赋予强制执行效力的债权文书包括以下范围：

（1）借款合同、借用合同、无财产担保的租赁合同；

（2）赊欠货物的债权文书；

（3）各种借据、欠单；

（4）还款（物）协议；

（5）以给付赡养费、扶养费、抚育费、学费、赔（补）偿金为内容的协议；

（6）符合赋予强制执行效力条件的其他债权文书。"

那么融资租赁合同是否符合上述规定呢？我们可以看到在《融资租赁合同》项下承租人与出租人的债权债务关系是明确的，且其给付内容、数额都是确定的，如果双方在文书中表明，债务人不履行义务或不完全履行义务时，债务人愿意接受依法强制执行的承诺，那么公证机关赋予融资租赁合同强制执行效力，并未超出法律和司法解释的范围。而这样的观点也最终得到法院的认可。

笔者了解到各地陆续出台了支持融资租赁合同办理强制执行公证的政策，消除了办理融资租赁合同强制执行公证的顾虑。但最终是否采用该模式还要参考具体业务并与当地的公证机关充分沟通，毕竟实践中的情况是复杂多变的。

二、支付令的概念、利弊及申请流程

支付令也即是法律上说的督促程序，这一概念出现后确实比较吸引人的眼球，其案例也见于各种渠道，许多法院也曾“试水”，尤其是一些南方法院，但是最终未能在实践中大范围使用。

（一）支付令的概念

支付令，是指人民法院依照民事诉讼法规定的督促程序，根据债权人的申请，向债务人发出的限期履行给付金钱或有价证券的法律文书。提出申请的债权人称为申请人，被请求履行义务的债务人称为被申请人。

（二）申请支付令的条件

根据民事诉讼法及最高人民法院相关司法解释，债权人申请支付令必须符合以下条件：

（1）债权人请求债务人给付的标的必须是金钱和汇票、本票、支票以及股票、债券、国库券、可转让的存款单等有价证券。金钱及有价证券以外的其他财产的给付请求，不适用于督促程序。

（2）请求给付的金钱或有价证券已到期且数额确定，并写明了请求所根据的事实和证据。尚未到期或者数额不确定的债权，不得请求签发支付令；申请人不写明请求的事实和证据，也不能按督促程序发布支付令。

（3）债权人与债务人之间不存在对等的给付义务。所谓对等给付，是指双方当事人之间互相负有给付义务。债权人要申请支付令，只能是债务人一方有给付义务，而债权人并无任何给付对方的义务。

（4）债务人在我国境内且未下落不明，且支付令必须能够送达债务人。能够送达，主要指能够通过法定的送达方式将支付令实际送达债务人，主要包括直接送达、留置送达等法定送达方式。人民法院对于债务人不在我国境内，需要域外送达，或者虽在我国境内，但需要公告送达支付令的，不适用督促程序。

（5）债权人未向人民法院申请诉前保全。根据法律规定，债权人申请诉前保全的，应当在法定期间内向人民法院提起诉讼或者申请仲裁。因此，在债权人已经申请诉前财产保全的情况下，不适宜再通过督促程序申请支付令。

（三）申请支付令的流程以及法院审查流程

债权人向人民法院提出支付令申请，必须提交申请书，其内容应包括：①债权人、债务人双方的姓名或名称等基本情况；②债权人要求债务人给付的金钱或有价证券的种类、数量；③债权人请求所依据的事实和证据；④债务人的财产状况和可供执行的财产。债权人向人民法院提交申请书的同时，应提交必要的证据材料，如证明债权债务关系存在的合同、收据等。

人民法院受理支付令申请后，应对申请进行内容上的审查。这种审查应在法院决定受理申请之日开始，并在 15 日内作出是否发布支付令的决定。审查内容包括：①进一步查实申请人提供的事实和证据；②债权债务关系是否明确；③债权债务关系是否合法。这种审查只采用书面方式，不需开庭审查。经过审查，人民法院如果认为债权债务关系明确、合法，应当直接向债务人发布支付令，否则应以裁定形式驳回债权人的申请，该裁定不得上诉。

人民法院经过审查申请人的支付令申请，认为符合法定条件的，应当在受理申请之日起 15 日内向债务人发送支付令。支付令应载明以下事项：①债权人、债务人姓名或名称等基本情况；②债务人应当给付的金钱或有价证券的种类、数量；③清偿债务或提出异议的期限；④债务人在法定期间不提出异议的法律后果。

支付令由审判员、书记员署名，并加盖人民法院印章。支付令应向债务人本人直接送达，债务人拒绝接收的，人民法院可以留置送达。支付令送达后将会产生以下法律后果：①债务人应当自收到支付令之日起 15 日内清偿债务，或者向人民法院提出书面异议；②债务人在法定期间内既不提出异议又不履行支付令的，债权人可以向人民法院申请强制执行。在人民法院发出支付令以前，申请人撤回申请的，人民法院应当准予撤回并裁定终结督促程序。

根据上述法律规定，支付令具有方便快捷、成本低等优点，但是据笔者了解，实践中法院签发支付令的情况极为少见。那么到底是什么因素制约了支付令在实践中的广泛应用呢？

笔者总结了以下原因：

（1）支付令极易受到书面异议的影响，根据《民事诉讼法》第 217 条的规定，“人民法院收到债务人提出的书面异议后，经审查，异议成立的，应当裁定终结督促程序，支付令自行失效”。“支付令失效的，转入诉讼程序，但申请支付令的一方当事人不同意提起诉讼的除外。”这里的审查仅是形式上的审查，不做实质审查，而异议导致支付令自然失效，债权人必须重新起诉。本来债权人是为了节省时间采用此方式，反而却拖长了诉讼周期。

（2）有可能增加债权人的成本。根据《人民法院诉讼费收费办法》第 14 条第 3 款规定："依法申请支付令的，比照财产案件受理费标准的 1/3 交纳。"如果支付令随着债务人提出书面异议而被裁定终结，诉讼费用自然而然由申请人承担，相对于普通诉讼来说，等于额外支付了一部分费用。

（3）支付令限制了诉前保全和诉讼保全。由于支付令和诉前财产保全不能同时适用，所以债权人申请支付令给债务人留下了转移资产的机会，为之后的执行程序留下了较大的隐患。

（4）送达措施受限，不利于向债务人送达法律文书。在其他诉讼中送达方式有直接送达、留置送达、委托送达、邮寄送达、公告送达、电子数据方式送达等，而支付令送达除了直接送达外，根据《民事诉讼法解释》第 431 条规定，"向债务人本人送达支付令，债务人拒绝接收的，人民法院可以留置送达"。其他送达方式则不适用于支付令，这就限制了法院办案的速度和效率。

通过以上的分析，读者也就不难理解为什么司法实践中支付令一直无法发挥其立法本来的作用。尤其在经济类纠纷中，因其交易结构、交易内容等的复杂性，支付令很难起到预想的作用。如果想要发挥其立法本意，还需要相关部门从细节入手，完善相关法律以及流程。让我们拭目以待吧！

三、律师调查令的法律规定、利弊、流程

不知道读者在观看国外电影时，是否经常看到为了查明案情，法院经常签发相应的调查令，其实在我国的诉讼或者执行程序中，法院也可以签发调查令给律师或者代理人，从而完成一定的证据收集工作。尤其是针对执行过程中财产线索发现难、法院执行工作压力大的情况，现在各地法院开始探索向律师或代理人出具调查令、调查函，从而充分发挥律师的专业优势，确保人民法院在执行程序中准确、全面地查明被执行人的财产状况，提高执行工作效率，充分实现当事人的合法权益。律师调查令的法律依据散见于《民事诉讼法》《律师法》《最高人民法院关于民事执行中财产调查若干问题的规定》《最高人民法院关于依法制裁规避执行行为的若干意见》等。其中《最高人民法院关于依法制裁规避执行行为的若干意见》第 1 条第 2 款规定了强化申请执行人提供财产线索的责任。各地法院可以根据案件的实际情况，要求申请执行人提供被执行人的财产状况或者财产线索，并告知不能提供的风

险。各地法院也可根据本地的实际情况，探索尝试以调查令、委托调查函等方式赋予代理律师法律规定范围内的财产调查权。而实践中各地法院确实也贯彻执行了最高人民法院的这一规定。

（一）概念

执行程序中的律师调查令是指在案件执行阶段，申请执行人因客观原因无法自行调查取证时，经其向人民法院提出申请，由人民法院批准签发的供律师向相关单位或个人调查收集被执行人财产线索及违反限制高消费令、虚假报告财产等其他拒不履行法院判决裁定证据的法律文书。

（二）调查令一般适用的情形

调查令一般适用于以下情形：

（1）调查被执行人的财产情况，包括房地产登记、机动车登记、机器设备登记、船舶登记、知识产权登记、股权登记，以及股票、债券、基金等有价证券登记情况、拆迁补偿安置情况等；

（2）调查被执行人对外债权情况；

（3）调查被执行人违反限制高消费令、虚假报告财产等其他拒不履行法院判决裁定的情况；

（4）调查能够证明被执行人有履行能力的其他情况。

（三）不能申请调查令的情形

下列情形下不能申请调查令：

（1）涉及国家秘密、商业秘密及个人隐私的；

（2）与执行案件无关的；

（3）其他不宜持调查令调查的。

（四）律师调查令的申请对律师授权的要求

一般各地法院要求，律师申请调查令的，在授权书中应表明特别授权权限。那么律师草拟申请书时要注意哪些内容呢？笔者建议在申请书中表明以下内容：

（1）执行案件的案号、案件当事人的姓名或者名称；

（2）申请人的姓名或者名称；

(3) 接受调查人的姓名或者名称等基本信息；
(4) 持令人的姓名、律师事务所全称；
(5) 调查收集的证据内容；
(6) 无法自行调查取证的客观原因；
(7) 其他需要说明的事项。

申请调查的事项应当具体列明，如果仅写明调查案件相关资料等概括性内容的，法院未必会认可。

律师调查令的优点笔者不再赘述，但是现实中还存在以下几点问题：

第一，申请律师调查令的程序相对繁琐，法院或经办法官对此态度不一，有时候需要律师或代理人充分沟通。第二，有配合执行义务的机构对待调查令的态度不一，虽然人民法院规定律师持调查令进行调查时，有关单位和个人不得以内部规定、领导批准等理由拒绝提供。有协助调查义务的单位和个人，无正当理由拒绝或妨碍持令律师调查取证的，持令律师应当及时向签发调查令的人民法院报告情况。经人民法院核实后，责令其配合，仍拒不配合的，由人民法院根据情节轻重，依照《民事诉讼法》第 114 条以及其他有关规定予以处罚。有协助调查义务的单位及公职人员拒不协助调查的，人民法院可以向监察机关或者有关机关提出予以纪律处分的司法建议。但是现实中仍然有很多单位不予配合。而法院对处罚也相对谨慎。这也是我们国家法治发展中的一大顽疾，就是个人或单位缺乏对法律制度以及执法机关的敬畏，法院执行难的一部分原因也在于此。当然这是我们国家发展过程中的阵痛，笔者相信我们的法律制度、法律信仰都会慢慢建立起来！

附 1　法院调查令样本

济南市×××人民法院
调查令（样市）

本院受理申请执行人　　　与被执行人　　　纠纷一案，申请执行人因无法取得有关证据，根据《中华人民共和国民事诉讼法》相关规定，经本院审查决定，现委托　　律师事务所律师　　　（执业证号：　　　），为本院代为调查如下事项：

1.

2.

请你单位在核对持令人姓名、单位无误后，在有效期内向持令人提供上述指定证据。对本调查令指定调查内容以外的证据，你单位有权拒绝提供。

有义务协助调查令实施的单位和个人，应当积极协助持令人收集、调取证据。无正当理由拒绝或妨碍调查取证的，将承担由此产生的法律责任。

本调查令有效期限为：　　　　年　月　日至　　　　年　月　日

此令

法院联系人：　　　　　　　　　　　　联系电话：

年　月　日

第十一章
融资租赁保理业务及相关法律问题

一、保理业务的渊源

“保理”一词源于国际结算中的国际保理业务。当出口商以赊销方式向进口商销售商品或提供服务时，保理商（银行）通过收购债权向出口商提供进口商坏账担保、应收账款催收和管理、贸易融资等综合性金融服务。

国际保理业务中，依出口商和出口保理商的申请，进口保理商对进口商（债务人）进行信用评估，如果其信用良好，进口商将为其核准信用额度。对经核准额度内的应收账款，保理商提供100%的坏账担保，保理商对出口商没有追索权，即当进口商发生信用危机不能清偿时，保理商不能将转让给他的应收账款退还给出口商并收回已付收购款。但对于超过核准额度的应收账款或因进出口买卖合同争议（如产品质量、交货等）引致的坏账损失，保理商不负责赔偿并享有对出口商的追索权。

国内保理借鉴了国际保理的概念，但在业务操作上有一定特殊性。比如国内保理业务通常为单保理模式，即只有一家保理银行与债权人签订保理合同受让应收债权。国际保理业务中保理商对出口商一般无追索权，在融资租赁国内保理业务中，保理银行为规避风险，在很多项目中设立有追索权保理，要求融资租赁公司回购银行已支付但尚未回收的融资款和有关费用。

二、保理业务的实质

融资租赁公司在业务开展到一定程度后，必然会遇到资金瓶颈，而租赁保理业务就是因此而产生的，目前融资租赁公司与国内商业银行、保理公司开展的国内保理业务，是指根据双方保理合同约定，融资租赁公司将融资租赁合同项下未到期应收租金债权转让给银行，银行支付融资租赁公司一定比例的融资款项，并作为租金债权受让人直接向承租人收取租金。2007 年新修订的《金融租赁公司管理办法》第 22 条规定，金融租赁公司可向商业银行转让应收租赁款业务，即指银行向金融租赁公司开办的国内保理业务。保理成为融资租赁公司解决资金来源的渠道之一，很多银行、保理公司和各类型融资租赁公司开展保理业务合作，其业务核心是融资租赁公司应收租金债权的转让。

三、保理业务的基本分类

（一）融资性和非融资性保理

融资租赁公司找银行办理保理业务的主要目的是获得融资，一般保理业务都是融资性的。实际上，保理银行除向债权转让人提供融资外，还可根据双方约定提供账户管理、向债务人催收等其他服务。不提供融资，仅提供账户管理等其他服务的就是非融资性保理。

（二）有追索权和无追索权保理

依据银行是否有权向融资租赁公司追索已支付的融资款和相关费用，可分为有追索权保理和无追索权保理。在有追索权保理业务中，当承租人无论出于何种原因不支付到期租金时，银行有权直接向融资租赁公司追索，要求其回购银行未回收的收购款和有关费用。[1]

（三）公开型和隐蔽型保理

根据是否通知债务人债权转让，可分为公开型保理（债权转让人书面通知债务人应收账款已转让）和隐蔽型保理（不通知债务人债权已转让）。因我国合同法规定债权转让需通知债务人才能生效，因此融资租赁国内保理业务均为公开型。银行向融资租赁公司发放融资款前，要求融资租赁公司提交承租人签章的“应收租金债权转让通知”回执。[2]

四、业务操作流程

融资租赁保理业务主要操作流程如下：融资租赁公司与银行签订保理合同→融资租赁公司和银行书面通知承租人应收租金债权转让给银行→承租人

〔1〕 姜仲勤：《融资租赁在中国问题与解答》，当代中国出版社 2015 年版，第 120 页。
〔2〕 胡阳编著：《融资租赁风险控制》，中国工信出版集团 2017 年版，第 167 页。

填具确认回执交融资租赁公司 →银行向融资租赁公司发放约定比例融资款 →承租人向银行分期支付到期租金 → 如果银行和融资租赁公司约定有追索权，承租人到期未还租金时，融资租赁公司须根据约定向银行回购银行未收回的融资款。

五、融资租赁保理业务中的相关法律问题

目前国内还没有明确的关于保理业务的专门立法，只能适用合同法有关债权转让的规定，具体规定如下：（1）当事人约定或法定不得转让的债权，不能转让；（2）债权转让未通知债务人的不发生效力；（3）债权受让人取得与债权有关的从权利（比如担保权利）；（4）债务人对合同的抗辩权可以向债权受让人主张。

上述规定虽然是国内保理业务的基本法律依据，但保理业务涉及的其他内容，比如保理业务承办机构是否须有特定资质要求，融资租赁保理业务中承租人未付租时银行是否有权向融资租赁公司追索及应履行程序，银行按多个租赁保理期间向融资租赁公司收取融资费的性质，租赁物所有权保留和处理问题等诸多内容，均没有直接法律规范。《物权法》规定，应收账款可质押，质权自信贷征信机构办理出质登记时设立。2019 年 11 月 22 日中国人民银行发布了修订后的《应收账款质押登记办法》。该办法适应动产融资业务发展的新形势和新要求，对标现代动产担保制度的国际最佳实践，在适用范围、登记协议、登记期限、责任义务等方面作出了修订。

笔者建议：由于没有专门的保理法律规定，融资租赁公司在进行相关业务时应注意以下几点：首先，应尽量建立无追索权保理业务关系，银行设立有追索权保理是为规避承租人信用风险的一种保障措施，但对于出租人来说，当承租人不还租时，就面临须回购银行已付但尚未收回的融资款问题。融资租赁公司可选择银行认可的承租人、设立其他担保等风险控制措施，尝试与银行建立无追索权保理。其次，建议融资租赁公司保留租赁物权，融资租赁公司应避免在保理合同中约定租赁物处分权转让等条款。融资租赁公司可以与租赁物供应商协商，当承租人不还款导致融资租赁公司须向银行履行回购义务时，供应商应保证回购租赁物并按照约定估价方法，向融资租赁公司支付购买款。

第十二章

融资租赁资产证券化业务及相关法律问题

一、概述

近年来，资产证券化的概念如火如荼，实践证明，租赁资产具有与资产证券化业务相结合的可能性。作为一种结构化融资模式，资产证券化从客户集中度、结构化融资以及提高资产流动性三个方面解决了融资租赁企业目前面临的融资渠道单一、融资难的问题，在融资租赁业务及资产规模快速增长的情况下，备受关注。

首先，实施资产证券化将有利于融资租赁公司增强资产的流动性，[1]扩大业务规模。根据《融资租赁企业监督管理办法》的规定，融资租赁企业的风险资产不得超过净资产总额的10倍。当融资租赁企业的业务发展到一定规模时，若希望拓展新的业务，必须通过增加资本金或者盘活现有租赁资产的方式来解决资金瓶颈问题。但融资租赁公司的股东可能无法持续对公司进行无限增资，所以出售现有资产、及时转移风险是融资租赁行业必须探索的道路。而资产证券化将为融资租赁企业提供一种新的可选融资渠道。

其次，资产证券化可以成为融资租赁公司与多层次资本市场对接的直接有效方式。对于一家融资租赁公司来说，若能在多层次的资本市场中实现融资，即可体现公司在治理结构、风险管控能力、盈利能力等方面均达到投资者认可的水平，并达到一个优秀企业或管理团队的标准。

与银行贷款、保理、信托产品等其他融资方式不同，资产证券化是一种直接融资产品，该产品可向适格投资者发行并可以按照规定在证券交易所、全国中小企业股份转让系统、机构间私募产品报价与服务系统、证券公司柜台市场以及中国证监会认可的其他证券交易场所进行挂牌及转让。发行资产

〔1〕 陈稳：《融资租赁实务操作指引案例解析与风险防控》，中国法制出版社2017年版，第130~133页。

证券化产品可提升公司及管理团队在资本市场的知名度，扩大公司及管理团队在行业内的影响力。2018 年租赁企业 ABS 发行 106 笔，发行金额为 1191.29 亿元，同比增长 43.7%，占全年发行总额的 75.33%。2018 年远东租赁全年发行总额依然位居原始权益人首位，全年累计发行租赁企业 ABS115.61 亿元，与 2017 年 115.56 亿元的发行总额基本持平。排名第二位的是易鑫租赁，全年发行 5 笔共计 113.90 亿元，同比上年 58.21 亿元增长 95.67%。排名第三的平安租赁年度发行数量最多，凭借 7 笔企业 ABS 获得 103.46 亿元融资，同比上年 55.01 亿元增长 88.08%。租赁 ABN 在 2018 年共发行 31 笔租赁，发行总额达 371.68 亿元，同比增长 28.94%。2017 年租赁 ABN 发行 17 笔共计 288.26 亿元。按照发行金额排名，中核租赁以 50 亿元发行总额位列第一，同时成为当年租赁 ABN 发行数量最多的融资租赁公司。国药租赁以 34.01 亿元的发行总额位列第二，第三由易鑫租赁以 33.79 亿元发行总额获得。

当融资租赁公司发展到一定规模时，融资渠道的多元化是必然之举。从上述数据读者也能感受到，越来越多的融资租赁公司涉及资产证券化业务。笔者对资产证券化的相关概念以及法律问题进行一次梳理，方便读者学习参考。

二、融资租赁债权资产证券化的概念

融资租赁债权资产证券化（以下简称融资租赁资产证券化）是资产证券化的一种，指融资租赁公司将其能产生稳定现金流的租赁债权资产（基础资产）加以组合，出售给特殊目的载体（SPV），由 SPV 以基础资产所产生的现金流为偿付支持，通过结构化等方式进行信用增级，发行资产支持证券产品，将该证券出售给投资者，实现融资的过程。

（一）交易结构

融资租赁资产证券化通常的交易结构如下图[1]所示：

---

〔1〕 钟鑫："融资租赁证券化最全解析及操作手册"，资料来源：图解金融（网络），最后访问时间：2019 年 5 月 20 日。

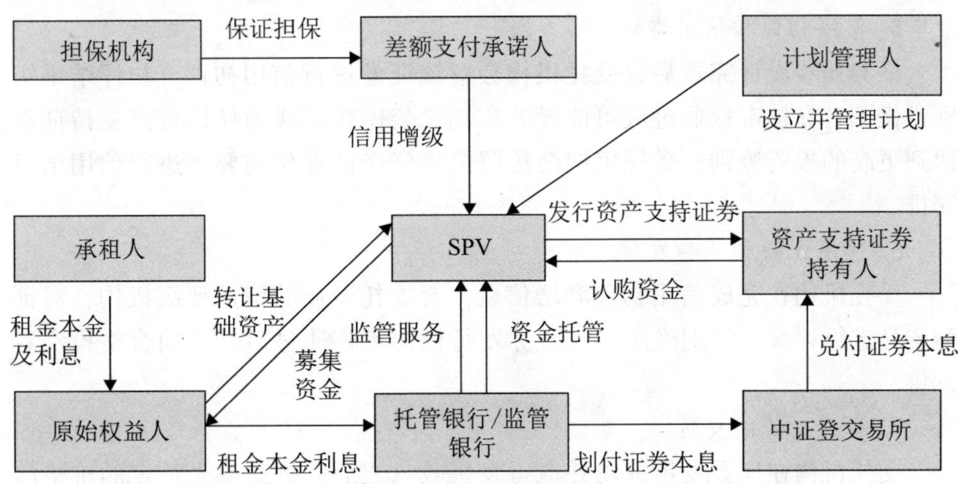

图 12-1　融资租赁资产证券化业务交易结构

(二) 基本流程

1. 确定基础资产

确定基础资产是进行资产证券化的起点和首要问题，融资租赁公司应当根据自己的需求（融资/出表/既融资又出表），同时结合租赁债权的期限、数额、租赁资产的规模等因素，挑选和组合可进行资产证券化的租赁债权资产作为基础资产。

2. 设立 SPV

SPV 是为资产证券化运作而专门设立的一种工具性实体组织，作为租赁资产证券化的发行机构，设立 SPV 是为实现证券化资产与原始权益人其他资产之间的隔离，从而达到风险隔离的目的。

3. 基础资产转让

基础资产转让是指发起人将基础资产转让给 SPV，转让方式通常有两种：一是债务更新，即通过 SPV 与基础资产的债务人重新订立合同，将发起人与债务人的债权债务关系转为 SPV 与债务人的债权债务关系；二是直接转让，即发起人将债权转让给 SPV，并书面通知债务人。

4. 设计证券和交易结构

受托机构将入池基础资产未来的租金收入设计成在市场上可按份销售的租赁资产支持证券，并确定销售方案，以确保能够实现资产变现和回款。

5. 信用初评和信用增级

证券初步设计完成后，受托机构会对该证券进行信用初评。初评结果级别过低不容易被审核通过或可能导致市场销售困难，或为使该资产支持证券达到更高的投资级别，受托机构会按照信贷资产证券化的要求进行信用增级安排。

6. 信用评级和证券发售

受托机构在完成信用初评和增信后，会委托专业的信用评级机构，对证券产品进行评级。级别确定并经证券发行机构审核通过后开始向合格投资者发售。

7. 资产对价的支付

受托机构在证券发售成功并取得发售收入之后，按照事先约定的价格向发起人支付基础资产的认购资金金额，发起人获取现金，改善现金流和财务数据。

8. 回收并管理基础资产现金流

资产服务机构对基础资产所产生的现金流进行收取和记录，并将其存入资金托管人的收款专用账户进行保管。

9. 证券的兑付

受托机构通过资金保管机构与登记结算机构将本息按时、足额地支付给投资者。在这些本息和费用全部偿付完毕之后，若资产池产生的现金流收入仍有剩余，则将其返还给发起人，或者在发起人与受托机构之间依照协议进行分配。

SPV 用证券发行收入偿还购买租赁债权的款项，并以租赁债券的收益归还证券本息。在这一过程中所涉及的法律关系主体主要包括原始权益人（发起人、出组人）、原始债务人（承租人）、SPV、证券投资者、商业银行、券商、信用增级机构、律师事务所、会计师事务所等中介机构，而其中 SPV 处于这些法律关系的核心地位。SPV 与原始权益人（发起人、出租人）以及与原始债务人（承租人）之间的法律关系，是融资租赁资产证券化的基础法律关系，比较典型地反映了融资租赁资产证券化问题的法律特征。

我国尚无专门的资产证券化方面的立法，实务操作中依据《合同法》《担保法》《信托法》《破产法》等相关法律规定。而租赁资产证券化过程中牵涉诸多法律主体，法律关系较为复杂。

三、租赁债权资产证券化中涉及的重大法律问题[1]

（一）租赁债权转让的法律基础

就租赁债权转让的法律基础而言，基础资产具备可转让性是构建基础资产池的前提。租赁债权属于合同债权，根据《合同法》规定，债权人可以将合同的权利全部或者部分转让给第三人，但依合同性质、当事人约定或法律规定不得转让的情形除外。我们理解转让租赁债权并不构成对融资租赁业务资质的转让，其转让应不受法律限制，而至于融资租赁合同中是否存在限制转让的约定条款，则须对拟转让的租赁债权所涉及的租赁合同予以核查，确保。租赁合同中不存在任何限制转让的约定条款。

（二）租赁债权转让通知的处理

在租赁债权资产证券化中，融资租赁合同债权转让应当通知债务人，如果不通知债务人，该债权转让对债务人不产生效力，但债权转让在原始权益人和计划管理人之间是生效的。

（三）附属担保权益的处理

融资租赁业务中，为了保障融资租赁公司作为出租人如期足额收取租金的权益，往往都要求由承租人或第三人提供抵质押或者保证担保，这些附属担保权利都属于融资租赁合同主债权的从权利。根据法律规定，债权人转让权利的，受让人取得与债权有关的从权利。

（四）保证金的处理

在融资租赁业务的实际操作中，出租人往往要求承租人在前期支付一笔租赁保证金，并在融资租赁合同中约定保证金由承租人在合同签订后一次性支付给出租人，租赁期限届满时，出租人将租赁保证金退还给承租人或用以冲抵最后几期租金；此外，如果承租人在租赁期限内违约，出租人有权用保证金抵扣到期租金以及其他应付款项。因此，如果租赁债权作为基础资产，则保证金相应作为基础资产的组成部分予以转让。

---

〔1〕匡双礼："融资租赁资产证券化法律问题汇编"，资料来源：金融租赁及融资租赁圈（网络），最后访问时间：2019年5月25日。

后　记

历时五个多月，本书终于创作完成。我心头的一块大石头终于落地，也算是终于完成了对自己的承诺。记得 2012 年毕业进入银行工作之时，就立志工作几年后要写一本关于银行法律风险方面的专著，然而随着工作的繁重，一直没能成行。进入律所工作后，接触的案件越来越多，经验也越来越丰富，又想出一本案例集，结果又因各种原因依然没能成行。仔细想想自己放弃了无数个这样曾经的梦想，而时间与机会也就这样流逝了。在我最初要写作本书时，很多人都质疑，这样的书有人看吗，出版会不会赔钱，一个人写书会很累，等等。但是这次我不再放弃，无论本书的最终水平如何，无论这本书最终的市场接受度如何，我都要用自己现有的最高水平完成这样的创作。因为这是对自己的一项挑战，是从不断的梦想到将梦想实现的尝试。人生本就非常短暂，又充满着意外与变故，在有限的时间里让自己更有价值的生活、更快乐的生活才是面对生活应有的态度。至少在创作本书的过程中，笔者内心是快乐而充实的。

本书最终成稿，但每次阅读总会觉得还有内容可写，还有内容讲得不够透彻，看到新的案例还想加进去让读者更清晰地理解书中的内容。就像我自身一样，本身有太多不完美的地方，有太多值得去完善的内容，如果有机会，我也将随着自己的成长不断完善本书或者撰写更为有价值的内容。也希望有幸读到本书的各位同仁对本书多加包容，我诚挚地希望能与各位一起交流、探讨书中的观点、问题。愿与大家一起成长！

作者

2019 年 6 月

致 谢

由于笔者水平极为有限，进入融资租赁行业时间也并不算长，撰写这样一本专业书籍得到了很多行业内人士以及法律专家、律师等的教育与指导。在此特别向山东大学法学院胡常龙教授致谢。胡常龙教授是笔者的研究生导师，也是将笔者带入律师行业的启蒙恩师，虽然笔者对法律的领悟能力不强，待人接物还不够成熟，但老师依然言传身教，让笔者受益匪浅。本书的创作完成也是给老师的一份答卷。感谢山东大学法学院冯俊伟教授。冯教授年长笔者几岁，但年纪轻轻已经跻身教授行列，且笔耕不辍，对学术、教育、司法实务等都极具探索精神，本书创作伊始，也是冯教授的指导，增强了笔者创作的信心，而且在撰写过程中冯教授也多次提出宝贵的意见，在此表示衷心感谢。感谢山东常春藤律师事务所王伟律师，上海锦天城律师事务所济南分所刘众丛律师，山东地矿租赁有限公司董事长王英南，总经理助理李慧，风险管理部孙子建、刘锦锦，以及刘钦亚、杨璐等，本书的创作完成与各位不同层面的帮助是分不开的，在此一并向大家表示衷心的感谢，没有你们的帮助，本书定难以成型。

特别感谢的是笔者的家人，由于创作本书，占用了很多本来可以陪伴家人的时间，尤其是韩钰女士、边思赫辰小朋友，本书的完成也是对你们最好的安慰。另外本书最终能出版发行，离不开中国政法大学出版社张琮军主任的大力支持，因为是自己的第一本专业书籍，之前可以说笔者对出版一无所知，正是张主任的全程指导，才能让本书尽快地与读者见面。在此向张主任表示感谢。当然本书创作过程中还有其他很多人也给予了无私的指导与帮助，不再一一致谢。

此外，在本书创作过程中，笔者挚友成龙因意外住院治疗，其在病重期间也多次关心本书的创作进度，鼓励笔者用心完成，本书最终出版也是笔者对朋友期待最好的交代，祝早日康复！

作者

2019 年 6 月